신축건물 취득세 신고 실무

장상록·윤진석·송철한·전배승·성창민 지음

머리말

취득세는 부동산 등을 취득하는 경우에 나타난 담세력에 과세하는 조세이며 1927년 부동산 취득세라는 명칭으로 창설되어 정부수립 후 계승되어 오다가 1952년 취득세로 명칭을 개정하고 수차례 개정을 통하여 차량·중기·입목 등 과세대상이 추가되었고, 지목변경, 주식, 골프·콘도회원권 등이 포함되어 과세범위가 점차 확대되었다.

취득세 과세대상물건을 매매·교환·기부·신축 등으로 취득한 자에게는 납세의무가 발생하고 과세표준은 과세대상물건의 취득가액이고, 세율은 사치성재산 취득과 일반재산 취득에 따라 다른 세율을 적용한다.

납세자는 취득물건의 소재지 지방자치단체이며 부과징수방법으로는 취득한 날로부터 60일이내 신고납부가 원칙이나 취득자가 소정기일 내에 신고납부하지 아니한 경우 지방자치단체에서 가산세를 더하여 고지 발부하고 있다.

취득세 관련 지방세법은 매년 과세대상의 조정, 과세표준 및 세율 등 과세절차까지 보완되어 개정되고 있으며 취득세에 대한 세법 적용이 갈수록 어려워지고 납세자와 과세관청 사이에 많은 논쟁이 일어나고 있다.

이 책에서는 신축건물 취득세신고 관련 지방세 적용시 발생하는 쟁점에 염두어 두고 독자들이 취득세 관련 조문을 이해하는데 도움을 드리고자 노력하였다.

이 책의 주요 특징을 요약하면 다음과 같다.

1. 신축건물 취득세 신고와 관련하여 취득세 과세표준 포함 여부에 대하여 납세자와 과세 관청 간 다툼이 많으므로 과세표준 포함 여부에 대하여 항목별로 대법원, 조세심판원, 행정안전부 해석사례를 최대한 반영하여 독자들이 취득세 신고를 하는데 도움이 되도록하였다.
2. 취득세 과세표준 및 세율 관련 조문 연혁을 이해하는데 도움을 주고자 2011년부터 2025년 까지 15년간 입법취지, 주요 개정내용, 적용요령 등을 입법연혁을 반영하였다.
3. 신축건물 취득세신고 관련 지방세법 적용시 발생하는 쟁점을 염두에 두고 지방세법전이 없이도 법, 시행령, 시행규칙까지 법조문의 모든 내용을 볼 수 있도록 하였다.
4. 신축건물 취득세 신고와 관련하여 납세자에게 요청하는 서류 등을 구체적으로 반영하였고, 신축건물 취득세 등을 과다하게 납부한 경우 경정청구 구비서류 등을 상세하게 반영하였다.

아무쪼록 신축건물 취득세신고 업무를 담당하는 공무원이나 납세자 등 모든 분들이 현장에서 취득세를 과세하고 납부하는 데 참고가 되기를 바라며 부족한 부분은 향후 독자 여러분들의 질책과 조언으로 보완해 나갈것을 약속드립니다.

2025. 7.

장상록 · 윤진석 · 송철한 · 전배승 · 성창민

목차

제1장 과세표준 ··· 1

제1절 과세표준의 기준 ·· 1
1. 과세표준의 개요 ·· 1
2. 과세표준의 기준 ·· 3
3. 시가표준액 ·· 3

제2절 무상취득의 과세표준 ·· 12
1. 무상취득의 과세표준(지방세법 제10조의 2) ·· 12
2. 시가인정액 ·· 12
3. 기타 무상취득의 과세표준 ·· 24

제3절 유상승계취득의 과세표준 ·· 27
1. 유상승계취득의 과세표준 ·· 27
2. 사실상 취득가격 ·· 29
3. 간접비용 ·· 29
4. 부동산등의 일괄취득 ··· 39

제4절 원시취득의 과세표준 ··· 45
1. 원시취득 과세표준의 원칙 ·· 45
2. 원시취득 직·간접비용의 취득세 과세표준 산입여부 ··· 45

제5절 무상취득·유상승계취득·원시취득 과세표준에 대한 특례 ······································· 78
1. 차량, 기계장비의 취득 ·· 78
2. 대물변제, 교환, 양도담보 등 유상취득 ·· 80
3. 합병·분할·조직변경에 따른 취득 ··· 83
4. 정비사업시행자 및 주택조합이 취득하는 비조합원용 부동산 ······································ 84
5. 도시개발사업시행자가 취득하는 체비지 또는 보류지 ·· 86
6. 조합원의 토지 취득 ·· 87

제6절 취득으로 보는 경우(간주취득)의 과세표준 · 89
1. 토지의 지목변경 · 89
2. 선박, 차량 또는 기계장비의 용도변경 등 · 90
3. 건축물의 개수 · 92
4. 과점주주의 간주취득 · 92

제2장 세율 · 93

제1절 일반세율(표준세율) · 95
1. 부동산 취득의 세율 · 95
2. 부동산 외 취득의 세율 · 111

제2절 중과세율 · 124

제3절 세율의 특례 · 125
1. 중과기준세율을 차감하는 세율의 특례(지방세법 제15조 제1항, 구 등록세만 적용) · 125
2. 중과기준세율로 적용하는 세율의 특례(지방세법 제15조 제2항, 구 취득세만 적용) · 141

제3장 비과세와 감면 · 146

제1절 비과세 · 147
1. 국가 또는 지방자치단체 등의 취득 · 147
2. 국가 등에 귀속 및 기부채납하는 부동산 등 · 148
3. 신 탁 · 153
4. 동원대상지역 내의 환매권 행사로 취득하는 부동산 · 154
5. 임시건축물 등의 취득 · 155
6. 공동주택(시가표준액 9억원 이하)의 개수로 인한 취득 · 155
7. 사용불가 차량의 상속 · 156

제2절 감 면 · 160
1. 감면 규정의 이해 · 160
2. 감면 관련 주요 용어 · 161
3. 감면 최저한(최소 납부세제) · 167
4. 감면세액의 추징 · 167
5. 감면 제외 · 168

  6. 중복 지원 배제 ·· 169
  7. 지방세특례제한법 취득세 감면 규정의 요약 ·· 170

제4장 신고와 납부 ··· 194

제1절 신고와 납부 ·· 194
  1. 취득세 징수방법 ··· 194
  2. 취득세 신고납부의 기한 ··· 195
  3. 취득세 신고 첨부서류 ··· 205

제2절 가산세 ·· 206
  1. 신고납부 관련 가산세 ··· 206
  2. 중가산세 ·· 210
  3. 시가인정액 수정신고의 가산세 면제 ··· 211
  4. 장부 미보관 가산세 ··· 212

제3절 납세지 ·· 213
  1. 과세물건 별 납세지 ··· 213
  2. 납세지가 불분명한 경우 ··· 216
  3. 둘 이상의 납세지에 걸쳐 있는 경우 ·· 216

제5장 과점주주 간주취득세 ··· 217

제1절 과점주주 간주취득의 개요 ··· 217

제2절 납세의무의 판단 ·· 218
  1. 과점주주 요건 ··· 218
  2. 주식발행법인 요건 ·· 227

제3절 과세표준 및 세율 ··· 229
  1. 과세표준 ·· 229
  2. 세 율 ··· 231

부록 · 233

참고자료 1. 지방세법, 지방세법 시행령, 지방세법 시행규칙 · 234
참고자료 2. 취득세 신고서류 · 289

제1장 과세표준

제1절 과세표준의 기준

1. 과세표준의 개요

취득세 과세표준은 일반적으로 취득세 과세물건의 금액을 말하며, 과세표준에 취득세율을 곱한 금액이 취득세 산출세액이 된다. 지방세기본법에서는 지방세법에 따라 직접적으로 세액산출의 기초가 되는 과세물건의 수량·면적·가액등으로 규정하고 있다.(지방세기본법 제2조 제1항 제5호)

> **지방세기본법 제2조 [정의]**
> ① 이 법에서 사용하는 용어의 뜻은 다음과 같다.
> 5. "과세표준"이란 「지방세법」에 따라 직접적으로 세액산출의 기초가 되는 과세물건의 수량·면적 또는 가액(價額)등을 말한다.

2022.12.31.까지는 취득세 납세의무자가 신고한 가액을 과세표준으로 적용하되, 신고가 없거나 신고가액이 시가표준액보다 적을 때에는 시가표준액을 과세표준으로 적용하였다. 또한 유상취득에 있어서 법인의 경우 장부가액으로 입증되는 등의 사실상 취득가격을 과세표준으로 인정하였고, 무상취득의 경우 시가표준액을 과세표준으로 하였다.

2023년 과세표준에 관한 지방세법 전면 개정으로 2023.1.1. 이후부터는 유상취득, 무상취득 등 취득의 원인별로 과세표준의 법조문 체계를 명확히 하였다. 유상취득과 원시취득은 2022년 이전과 마찬가지로 취득 당시 실제 지출된 가격인 '사실상 취득가격'을 과세표준으로 한다. 무상취득은 감정가액 등 국세의 규정을 차용한 시가 개념인 '시가인정액'을 원칙으로 하고 예외적인 경우 시가표준액을 적용한다.

⟨2023년 개정전후의 취득세 과세표준 체계⟩

종전 취득세 과세표준(2023년 이전)	변경된 취득세 과세표준(2023년 이후)
• 과세표준을 '신고한 가액' 적용 • 신고가액이 없거나, 시가표준액보다 신고가액이 적은 경우: 시가표준액	• 취득원인별로 조문체계를 명확화(무상, 유상, 원시, 과세특례, 간주취득)
• 유상취득: 사실상 취득가격 일부 인정	• 유상취득: 실제거래가액 신고 인정
• 무상취득: 시가표준액(시가불인정)	• 무상취득: 시가인정액(매매사례가액, 감정가액 등) 제도 도입

조	항	내용	조	내용
§10	①	과세표준: 취득 당시의 가액	§10	과세표준: 취득 당시의 가액
§10	②	취득 당시의 가액 • 납세자가 신고한 가액, 개인이 시가표준액보다 적게 신고한 경우 시가표준액 • 무상취득은 시가표준액	§10의2	무상취득(상속, 증여, 기부 등) • (원칙) 시가인정액(상속 제외) • (예외) 시가표준액 • (부담부증여) 채무외(무상취득)+채무액(유상취득)
§10	③	원시취득 • (원칙) 신고한 가액 • (예외) 시가표준액 개수·지목·구조변경 취득 • (원칙) 증가한 가액 • (예외) 시가표준액	§10의3	유상승계취득 • (원칙) 사실상의 취득가격 • (예외) 부당행위계산부인
§10	④	과점주주 간주취득 • 법인장부가액×지분율	§10의4	원시취득(신축, 증축 등) • (원칙) 사실상의 취득가격 • (예외) 시가표준액

§10	⑤	사실상 취득가격 인정
		• 국가, 지자체로부터의 취득
		• 외국으로부터의 수입
		• 판결문, 법인장부 입증가격
		• 공매 취득
			§10의5	과세표준의 특례
				(1) 차량 및 건설기계 취득
				  • (유상) 사실상의 취득가격
				  • (무상) 시가표준액
				(2) 합병·분할, 대물변제 등
				  • (원칙) 시가인정액
				  • (예외) 시가표준액

§10	⑥	개인의 건축·대수선
		• 장부상 90% 입증시 적용
			§10의6	간주취득
				(1) 개수·지목·구조변경
				  • (원칙) 사실상의 취득가격
				  • (예외) 부당행위계산부인
				(2) 과점주주
				  • 법인장부가액×지분율

§10	⑦	사실상 취득가격 • 실거래 및 국세조사가액 통보, 신고가액보다 높은 경우 추징		
§10	⑧	취득의 시기 시행령 위임	§10의7	취득의 시기 시행령 위임

2. 과세표준의 기준

> **지방세법 제10조 [과세표준의 기준]**
> 취득세의 과세표준은 취득 당시의 가액으로 한다. 다만, 연부로 취득하는 경우 취득세의 과세표준은 연부금액(매회 사실상 지급되는 금액을 말하며, 취득금액에 포함되는 계약보증금을 포함한다. 이하 이 장에서 같다)으로 한다.

취득세의 과세표준은 취득 당시의 가액으로 한다. 다만, 연부로 취득하는 경우 취득세의 과세표준은 연부금액(매회 사실상 지급되는 금액을 말하며, 취득금액에 포함되는 계약보증금을 포함)으로 한다.(지방세법 제10조 제1항)

3. 시가표준액

시가표준액은 지방세 부과 등을 목적으로 재산의 가액을 평가한 가액이며 과세표준액을 결정하는 기본가액이라고 할 수 있다. 시가표준액은 지방세법 제4조에서 규정하고 있으며 용어의 표현 그대로 시가의 표준이 되는 금액으로서, 지방세법 전반에서 사용되고 있다.

(1) 토지 및 주택의 시가표준액

> **지방세법 제4조 [부동산 등의 시가표준액]**
> ① 이 법에서 적용하는 토지 및 주택에 대한 시가표준액은 「부동산 가격공시에 관한 법률」에 따라 공시된 가액(價額)으로 한다. 다만, 개별공시지가 또는 개별주택가격이 공시되지 아니한 경우에는 특별자치시장·특별자치도지사·시장·군수 또는 구청장(자치구의 구청장을 말한다. 이하 같다)이 같은 법에 따라 국토교통부장관이 제공한 토지가격비준표 또는 주택가격비준표를 사용하여 산정한 가액으로 하고, 공동주택가격이 공시되지 아니한 경우에는 대통령령으로 정하는 기준에 따라 특별자치시장·특별자치도지사·시장·군수 또는 구청장이 산정한 가액으로 한다.
>
> **지방세법 시행령 제2조 [토지 및 주택의 시가표준액]**
> 「지방세법」(이하 "법"이라 한다) 제4조 제1항 본문에 따른 토지 및 주택의 시가표준액은 「지방세기본법」 제34조에 따른 세목별 납세의무의 성립시기 당시에 「부동산 가격공시에 관한 법률」에 따라 공시된 개별공시지가, 개별주택가격 또는 공동주택가격으로 한다.(2016.8.31.개정; 부동산 가격공시 및 감정평가에 관한 법률 시행령 부칙)

토지의 시가표준액은 부동산 가격공시에 관한 법률에 따라 공시된 개별공시지가로 하며, 주택의 시가표준액은 같은 법률에 따른 개별주택가격 또는 공동주택가격으로 한다.(지방세법 제4조 제1항 및 지방세법 시행령 제2조)

다만, 개별공시지가 또는 개별주택가격이 공시되지 않은 경우에는 특별자치시장·특별자치도지사·시장·군수 또는 구청장(자치구의 구청장을 말함)이 같은 법에 따라 국토교통부장관이 제공한 토지가격비준표 또는 주택가격비준표를 사용하여 산정한 가액으로 하고, 공동주택가격이 공시되지 않은 경우에는 지역별·단지별·면적별·층별 특성 및 거래가격 등을 고려하여 행정안전부장관이 정하는 기준에 따라 특별자치시장·특별자치도지사·시장·군수 또는 구청장이 산정한 가액으로 한다.(지방세법 제4조 제1항 단서)

1) 개별공시지가

토지의 시가표준액은 개별공시지가로 한다. 개별공시지가는 부동산 공시가격 알리미 사이트(www.realtyprice.kr) 또는 토지대장에서 확인할 수 있다.

토지의 시가표준액으로 개별공시지가를 적용할 때는 취득 시점 기준 가장 최근에 공시된 개별공시지가를 활용해야 한다. 개별공시지가는 매년 5월말에 공시되므로 5월말 전후로 토지의 시가표준액은 다음과 같이 구분할 수 있다.

취득시점	토지 시가표준액
2024년 5월말 이전	2023년 5월말 공시된 개별공시지가
2024년 5월말 이후	2024년 5월말 공시된 개별공시지가

2) 개별주택가격 및 공동주택가격

주택의 시가표준액은 주택의 형태에 따라 개별주택가격과 공동주택가격을 적용한다. 개별주택가격과 공동주택가격 역시 부동산 공시가격 알리미 사이트(www.realtyprice.kr)에서 확인할 수 있다. 개별주택가격과 공동주택가격은 일반적으로 4월에 공시되고 9월에도 일부 공시된다. 토지와 마찬가지로 취득 시점 기준 가장 최근에 공시된 개별주택가격 또는 공동주택가격을 적용해야 한다.

(2) 건축물의 시가표준액

> **지방세법 제4조 [부동산 등의 시가표준액]**
> ② 제1항 외의 건축물(새로 건축하여 건축 당시 개별주택가격 또는 공동주택가격이 공시되지 아니한 주택으로서 토지부분을 제외한 건축물을 포함한다), 선박, 항공기 및 그 밖의 과세대상에 대한 시가표준액은 거래가격, 수입가격, 신축·건조·제조가격 등을 고려하여 정한 기준가격에 종류, 구조, 용도, 경과연수 등 과세대상별 특성을 고려하여 대통령령으로 정하는 기준에 따라 지방자치단체의 장이 결정한 가액으로 한다.

제1장 과세표준

> **지방세법 시행령 제4조 [건축물 등의 시가표준액 산정기준]**
> ① 법 제4조 제2항에서 "대통령령으로 정하는 기준"이란 매년 1월 1일 현재를 기준으로 과세대상별 구체적 특성을 고려하여 다음 각 호의 방식에 따라 행정안전부장관이 정하는 기준을 말한다.
> 1. 오피스텔: 행정안전부장관이 고시하는 표준가격기준액에 다음 각 목의 사항을 적용한다.
>   가. 오피스텔의 용도별·층별 지수
>   나. 오피스텔의 규모·형태·특수한 부대설비 등의 유무 및 그 밖의 여건에 따른 가감산율(加減算率)
> 1의 2. 제1호 외의 건축물: 건설원가 등을 고려하여 행정안전부장관이 산정·고시하는 건물신축가격 기준액에 다음 각 목의 사항을 적용한다.
>   가. 건물의 구조별·용도별·위치별 지수
>   나. 건물의 경과연수별 잔존가치율
>   다. 건물의 규모·형태·특수한 부대설비 등의 유무 및 그 밖의 여건에 따른 가감산율

토지와 주택 외의 건축물(새로 건축하여 건축 당시 개별주택가격 또는 공동주택가격이 공시되지 아니한 주택으로서 토지부분을 제외한 건축물을 포함)의 시가표준액은 ① 오피스텔과 ② 오피스텔 외 건축물로 구분하여 아래 정하는 기준에 따른 금액으로 한다.(지방세법 시행령 제4조 제1항 제1호 및 1의 2호)

1) 오피스텔

오피스텔의 시가표준액은 ① 행정안전부장관이 고시하는 표준가격기준액[주1]에 ② 오피스텔의 용도별·층별 지수 오피스텔의 규모·형태·특수한 부대설비 등의 유무 및 그 밖의 여건에 따른 가감산율[주2]을 적용한다.(지방세법 시행령 제4조 제1항 제1호) **2022개정세법**

$$\text{시가표준액} = \text{표준가격기준액}^* \times \text{각종지수(용도, 층)} \times \text{면적(㎡)} \times \text{가감산율}$$

◆

[주1] 표준가격기준액
◆ 2023년 오피스텔 표준가격기준액 고시 ◆
「지방세법」 제4조 제2항 및 같은 법 시행령 제4조 제1항 제1호에 따라 오피스텔에 대한 표준가격기준 액을 다음과 같이 고시합니다. (2023.5.25. 행정안전부고시 제2023-41호)
제1조 [목적]
이 고시는 「지방세법」 제4조 제2항 및 같은 법 시행령 제4조 제1항 제1호에 따라 행정안전부장관에게 위임된 오피스텔 표준가격기준액을 정함을 목적으로 한다.
제2조 [표준가격기준액]

「지방세법」 제4조 제2항 및 같은 법 시행령 제4조 제1항 제1호에 따른 표준가격기준액은 별표와 같다.
제3조 [재검토기한]
행정안전부장관은「훈령·예규 등의 발령 및 관리에 관한 규정」에 따라 이 고시에 대해 2023년 1월 1일 기준으로 매 3년이 되는 시점(매 3년째의 12월 31일까지를 말한다)마다 그 타당성을 검토하여 개선 등의 조치를 해야 한다.

부칙(2023.5.25. 행정안전부고시 제2023-41호)
제1조 [시행일]
이 고시는 2023년 6월 1일부터 시행한다.
제2조 [적용례]
이 고시는 2023년 6월 1일 이후 납세의무가 성립하는 분부터 적용한다.

[별표] 오피스텔 표준가격기준액 재산정 및 추가산정 목록
(표준가격기준액은 행정안전부에서 산정하여 매년 1월 1일 고시하는데 2023년 기준 지역별 51,000원부터 1,829,000원까지의 범위를 가지고 있음)

[주2] 오피스텔 시가표준액의 지수 및 가감산율

구 분	기 준	지 수	
① 용도지수	별도 신청이 없는 경우	1.000	
	주택으로 신청한 경우	1.150	
② 층지수	구분	주거용	사무용
	0.2 이하	0.999	1.000
	0.2 초과~0.4 이하	1.000	1.000
	0.4 초과~0.6 이하	1.001	1.000
	0.6 초과~0.8 이하	1.002	1.000
	0.8 초과~1 이하	1.003	1.000
	지하층	0.900	0.900
③ 가감산율	50㎡ 이하	1,000/1,000	
	50㎡ 초과~100㎡ 이하	999/1,000	
	100㎡ 초과~150㎡ 이하	998/1,000	
	150㎡ 초과~200㎡ 이하	997/1,000	
	200㎡ 초과~250㎡ 이하	996/1,000	
	250㎡ 초과~300㎡ 이하	995/1,000	
	300㎡ 초과~350㎡ 이하	994/1,000	
	350㎡ 초과~400㎡ 이하	993/1,000	
	400㎡ 초과~450㎡ 이하	992/1,000	
	450㎡ 초과~	991/1,000	

> **2022 개정세법** (오피스텔에 대한 별도의 시가표준액 조정기준 마련, 지방세법 시행령 제4조)
>
> 1. 개정사유
>   - (개정 전) 오피스텔에 대해서는 일반적 건축물과 동일한 시가표준액을 적용함
>   - (개정 후) 건축물에 적용되는 조정기준과 다른 별도의 조정기준 적용
> 2. 적용시기
>   2022.1.1.기준 시가표준액 결정·고시되는 오피스텔에 대하여 적용
> 3. 개정조문
>
> | 현 행 | 개 정 |
> |---|---|
> | 제4조(건축물 등의 시가표준액 결정 등) ① (생략) 〈신 설〉 1. 건축물: (생략) | 제4조(건축물 등의 시가표준액 결정 등) ① (현행과 같음) 1. 오피스텔: 행정안전부장관이 고시하는 표준가격기준액에 다음 각 목의 사항을 적용한다. 가. 오피스텔의 용도별·층별 지수 나. 오피스텔의 규모·형태·특수한 부대설비 등의 유무 및 그 밖의 여건에 따른 가감산율(加減算率) 1의2. 제1호 외의 건축물: (현행과 같음) |

2) 오피스텔 외 건축물

오피스텔 외 건축물의 시가표준액은 건설원가 등을 고려하여 행정안전부장관이 산정·고시하는 건물신축가격기준액에 다음의 사항을 적용한다.

① 건물의 구조별·용도별·위치별 지수
② 건물의 경과연수별 잔존가치율
③ 건물의 규모·형태·특수한 부대설비 등의 유무 및 그 밖의 여건에 따른 가감산율

> **건물신축가격기준액 고시**
>
> 「지방세법」 제4조 제2항 및 같은 법 시행령 제4조 제1항 제1의 2호에 따라 오피스텔 외의 건축물에 대한 건물신축가격기준액을 다음과 같이 고시합니다.(2023.5.25. 행정안전부고시 제2023-40호)
>
> **제1조 [목적]**
> 이 고시는 「지방세법」 제4조 제2항 및 같은 법 시행령 제4조 제1항 제1의 2호에 따라 행정안전부장관에게 위임된 건물신축가격기준액을 정함을 목적으로 한다.
>
> **제2조 [건물신축가격기준액]**
> 「지방세법」 제4조 제2항 및 같은 법 시행령 제4조 제1항 제1의 2호에 따른 건물신축가격기준액은 별표와 같다.

제3조 [재검토기한]

행정안전부장관은 「훈령·예규 등의 발령 및 관리에 관한 규정」에 따라 이 고시에 대해 2023년 1월 1일 기준으로 매 3년이 되는 시점(매 3년째의 12월 31일까지를 말한다)마다 그 타당성을 검토하여 개선 등의 조치를 해야 한다.

부칙(2023.5.25. 행정안전부고시 제2023-40호)

제1조 [시행일]

이 고시는 2023년 6월 1일부터 시행한다.

제2조 [적용례]

이 고시는 2023년 6월 1일 이후 납세의무가 성립하는 분부터 적용한다.

[별표] 건물신축가격기준액

번호	구 분	건물신축가격기준액
1	주거용 건축물	810,000원/㎡
2	상업용 건축물	800,000원/㎡
3	공업용 건축물	790,000원/㎡
4	농수산용 건축물	600,000원/㎡
5	사회문화용 건축물	810,000원/㎡
6	공공용 건축물	800,000원/㎡
7	그 외 건축물	790,000원/㎡

(3) 선박, 항공기 및 기타 과세대상의 시가표준액

지방세법 제4조 [부동산 등의 시가표준액]

② 제1항 외의 건축물(새로 건축하여 건축 당시 개별주택가격 또는 공동주택가격이 공시되지 아니한 주택으로서 토지부분을 제외한 건축물을 포함한다), 선박, 항공기 및 그 밖의 과세대상에 대한 시가표준액은 거래가격, 수입가격, 신축·건조·제조가격 등을 고려하여 정한 기준가격에 종류, 구조, 용도, 경과연수 등 과세대상별 특성을 고려하여 대통령령으로 정하는 기준에 따라 지방자치단체의 장이 결정한 가액으로 한다.

지방세법 시행령 제4조 [건축물 등의 시가표준액 산정기준]

① 법 제4조 제2항에서 "대통령령으로 정하는 기준"이란 매년 1월 1일 현재를 기준으로 과세대상별 구체적 특성을 고려하여 다음 각 호의 방식에 따라 행정안전부장관이 정하는 기준을 말한다.

2. 선박: 선박의 종류·용도 및 건조가격을 고려하여 톤수 간에 차등을 둔 단계별 기준가격에 해당 톤수를 차례대로 적용하여 산출한 가액의 합계액에 다음 각 목의 사항을 적용한다.
   가. 선박의 경과연수별 잔존가치율
   나. 급랭시설 등의 유무에 따른 가감산율
3. 차량: 차량의 종류별·승차정원별·최대적재량별·제조연도별 제조가격(수입하는 경우에는 수입가격을 말한다) 및 거래가격 등을 고려하여 정한 기준가격에 차량의 경과연수별 잔존가치율을 적용한다.
4. 기계장비: 기계장비의 종류별·톤수별·형식별·제조연도별 제조가격(수입하는 경우에는 수입가격을 말한다) 및 거래가격 등을 고려하여 정한 기준가격에 기계장비의 경과연수별 잔존가치율을 적용한다.
5. 입목(立木): 입목의 종류별·수령별 거래가격 등을 고려하여 정한 기준가격에 입목의 목재 부피, 그루 수 등을 적용한다.
6. 항공기: 항공기의 종류별·형식별·제작회사별·정원별·최대이륙중량별·제조연도별 제조가격 및 거래가격(수입하는 경우에는 수입가격을 말한다)을 고려하여 정한 기준가격에 항공기의 경과연수별 잔존가치율을 적용한다.
7. 광업권: 광구의 광물매장량, 광물의 톤당 순 수입가격, 광업권 설정비, 광산시설비 및 인근 광구의 거래가격 등을 고려하여 정한 기준가격에서 해당 광산의 기계 및 시설취득비, 기계설비이전비 등을 뺀다.
8. 어업권·양식업권: 인근 같은 종류의 어장·양식장의 거래가격과 어구 설치비 등을 고려하여 정한 기준가격에 어업·양식업의 종류, 어장·양식장의 위치, 어구 또는 장치, 어업·양식업의 방법, 채취물 또는 양식물 및 면허의 유효기간 등을 고려한다.
9. 골프회원권, 승마회원권, 콘도미니엄 회원권, 종합체육시설 이용회원권 및 요트회원권: 분양 및 거래가격을 고려하여 정한 기준가격에 「소득세법」에 따른 기준시가 등을 고려한다.
10. 토지에 정착하거나 지하 또는 다른 구조물에 설치하는 시설: 종류별 신축가격 등을 고려하여 정한 기준가격에 시설의 용도·구조 및 규모 등을 고려하여 가액을 산출한 후, 그 가액에 다시 시설의 경과연수별 잔존가치율을 적용한다.
11. 건축물에 딸린 시설물: 종류별 제조가격(수입하는 경우에는 수입가격을 말한다), 거래가격 및 설치가격 등을 고려하여 정한 기준가격에 시설물의 용도·형태·성능 및 규모 등을 고려하여 가액을 산출한 후, 그 가액에 다시 시설물의 경과연수별 잔존가치율을 적용한다.

위 (1) 토지와 주택, (2) 오피스텔 및 기타 건축물 외 선박, 항공기 등 기타 취득세 과세대상의 시가표준액은 다음과 같다. 공통적인 특징은 과세대상 별로 기준이 되는 가격이 있고 거기에 과세대상물건별 특징이 반영된 요소를 고려하여 결정된다.

1) 선 박

선박의 종류·용도 및 건조가격을 고려하여 톤수 간에 차등을 둔 단계별 기준가격에 해당 톤수를 차례대로 적용하여 산출한 가액의 합계액에 다음의 사항을 적용한다.

① 선박의 경과연수별 잔존가치율
② 급랭시설 등의 유무에 따른 가감산율

2) 차 량

차량의 종류별·승차정원별·최대적재량별·제조연도별 제조가격(수입하는 경우에는 수입가격) 및 거래가격 등을 고려하여 정한 기준가격에 차량의 경과연수별 잔존가치율을 적용한다.

3) 기계장비

기계장비의 종류별·톤수별·형식별·제조연도별 제조가격(수입하는 경우에는 수입가격) 및 거래가격 등을 고려하여 정한 기준가격에 기계장비의 경과연수별 잔존가치율을 적용한다.

4) 입 목

입목의 종류별·수령별 거래가격 등을 고려하여 정한 기준가격에 입목의 목재 부피, 그루 수 등을 적용한다.

5) 항공기

항공기의 종류별·형식별·제작회사별·정원별·최대이륙중량별·제조연도별 제조가격 및 거래가격(수입하는 경우에는 수입가격)을 고려하여 정한 기준가격에 항공기의 경과연수별 잔존가치율을 적용한다.

6) 광업권

광구의 광물매장량, 광물의 톤당 순 수입가격, 광업권 설정비, 광산시설비 및 인근 광구의 거래가격 등을 고려하여 정한 기준가격에서 해당 광산의 기계 및 시설취득비, 기계설비이전비 등을 뺀다.

7) 어업권·양식업권

인근 같은 종류의 어장·양식장의 거래가격과 어구 설치비 등을 고려하여 정한 기준가격에 어업·양식업의 종류, 어장·양식장의 위치, 어구 또는 장치, 어업·양식업의 방법, 채취물 또는 양식물 및 면허의 유효기간 등을 고려한다.

8) 골프회원권, 승마회원권, 콘도미니엄 회원권, 종합체육시설 이용회원권, 요트회원권

분양 및 거래가격을 고려하여 정한 기준가격에 소득세법에 따른 기준시가 등을 고려한다.

9) 토지에 정착하거나 지하 또는 다른 구조물에 설치하는 시설

종류별 신축가격 등을 고려하여 정한 기준가격에 시설의 용도·구조 및 규모 등을 고려하여 가액을 산출한 후, 그 가액에 다시 시설의 경과연수별 잔존가치율을 적용한다.

10) 건축물에 딸린 시설물

종류별 제조가격($\frac{수입하는\ 경우에는}{수입가격}$), 거래가격 및 설치가격 등을 고려하여 정한 기준가격에 시설물의 용도·형태·성능 및 규모 등을 고려하여 가액을 산출한 후, 그 가액에 다시 시설물의 경과연수별 잔존가치율을 적용한다.

제2절 무상취득의 과세표준

〈무상취득의 과세표준〉

구 분	과세표준
① 일반적인 무상취득	시가인정액(매매사례가액, 감정가액, 경매·공매가액)
② 상속에 따른 무상취득	시가표준액(지방세법 제4조)
③ 시가표준액 1억원 이하 부동산	시가인정액과 시가표준액 중 납세자가 정하는 가액
④ ② 및 ③에 해당하지 않는 경우	시가인정액으로 하되, 시가인정액을 산정하기 어려운 경우 시가표준액
⑤ 부담부증여 중 채무부담액	유상 승계취득의 과세표준 적용

1. 무상취득의 과세표준(지방세법 제10조의 2)

지방세법 제10조의 2 [무상취득의 경우 과세표준]
① 부동산등을 무상취득하는 경우 제10조에 따른 취득 당시의 가액(이하 "취득당시가액"이라 한다)은 취득시기 현재 불특정 다수인 사이에 자유롭게 거래가 이루어지는 경우 통상적으로 성립된다고 인정되는 가액(매매사례가액, 감정가액, 공매가액 등 대통령령으로 정하는 바에 따라 시가로 인정되는 가액을 말하며, 이하 "시가인정액"이라 한다)으로 한다.
② 제1항에도 불구하고 다음 각 호의 경우에는 해당 호에서 정하는 가액을 취득당시가액으로 한다.
1. 상속에 따른 무상취득의 경우: 제4조에 따른 시가표준액
2. 대통령령으로 정하는 가액 이하의 부동산등을 무상취득(제1호의 경우는 제외한다)하는 경우: 시가인정액과 제4조에 따른 시가표준액 중에서 납세자가 정하는 가액
3. 제1호 및 제2호에 해당하지 아니하는 경우: 시가인정액으로 하되, 시가인정액을 산정하기 어려운 경우에는 제4조에 따른 시가표준액

지방세법 시행령 제14조의 2 [시가인정액 적용 예외 부동산등]
법 제10조의 2 제2항 제2호에서 "대통령령으로 정하는 가액 이하의 부동산등"이란 취득물건에 대한 시가표준액이 1억원 이하인 부동산등을 말한다.

부동산등을 무상취득하는 경우 시가인정액을 과세표준으로 한다. 다만, 다음의 경우에는 해당 금액을 과세표준으로 한다.(지방세법 제10조의 2 제1항)

① 상속에 따른 무상취득의 경우: 시가표준액

② 1억원 이하의 부동산등을 무상취득(① 상속의 경우는 제외)하는 경우: 시가인정액과 시가표준액 중에서 납세자가 정하는 가액

③ 위 ① 및 ②에 해당하지 아니하는 경우: 시가인정액으로 하되, 시가인정액을 산정하기 어려운 경우에는 시가표준액

무상취득의 경우 2023년 지방세법 개정으로 도입된 '시가인정액'을 원칙적인 과세표준으로 하되, 상속 등 일부 무상취득에 대해서는 지방세법상 시가표준액을 과세표준으로 하고 있다. 후술하겠지만 시가인정액은 매매사례가액, 감정가액, 공매가액 등 과세대상 물건의 실질가치를 반영하고 있어 지방세법상 시가표준액보다 통상 그 가액 수준이 높다. 따라서 ① 원칙적으로는 시가인정액을 과세표준으로 하고 ② 일부의 무상취득은 예외를 두어 시가표준액을 과세표준으로 하는 것으로 규정하였다.

2. 시가인정액

(1) 개 념

> **지방세법 제10조의 2 [무상취득의 경우 과세표준]**
> ① 부동산등을 무상취득하는 경우 제10조에 따른 취득 당시의 가액(이하 "취득당시가액"이라 한다)은 취득시기 현재 불특정 다수인 사이에 자유롭게 거래가 이루어지는 경우 통상적으로 성립된다고 인정되는 가액(매매사례가액, 감정가액, 공매가액 등 대통령령으로 정하는 바에 따라 시가로 인정되는 가액을 말하며, 이하 "시가인정액"이라 한다)으로 한다.

시가인정액은 취득시기 현재 불특정 다수인 사이에 자유롭게 거래가 이루어지는 경우 통상적으로 성립된다고 인정되는 매매사례가액, 감정가액, 공매가액 등 가액으로 2023년 지방세법 개정에 따라 도입되었다.(지방세법 제10조의 2 제1항)

(2) 시가인정액의 종류

시가인정액은 취득일 전 6개월부터 취득일 후 3개월 이내의 기간에 부동산등 취득세 과세물건에 대한 1) 매매 2) 감정 3) 경매 및 공매한 사실이 있는 경우의 가액으로서 아래의 구분에 따른 가액으로 구성되어 있다.

1) 매매사례가액

> **지방세법 시행령 제14조 [시가인정액의 산정 및 평가기간의 판단 등]**
> ① 법 제10조의 2 제1항에서 "매매사례가액, 감정가액, 공매가액 등 대통령령으로 정하는 바에 따라 시가로 인정되는 가액"(이하 "시가인정액"이라 한다)이란 취득일 전 6개월부터 취득일 후 3개월 이내의 기간(이하 이 절에서 "평가기간"이라 한다)에 취득 대상이 된 법 제7조 제1항에 따른 부동산 등(이하 이 장에서 "부동산등"이라 한다)에 대하여 매매, 감정, 경매(「민사집행법」에 따른 경매를 말한다. 이하 이 장에서 같다) 또는 공매(이하 이 조에서 "매매등"이라 한다)한 사실이 있는 경우의 가액으로서 다음 각 호의 구분에 따라 해당 호에서 정하는 가액을 말한다.
> 1. 취득한 부동산등의 매매사실이 있는 경우: 그 거래가액. 다만, 「소득세법」 제101조 제1항 또는 「법인세법」에 따른 특수관계인(이하 "특수관계인"이라 한다)과의 거래 등으로 그 거래가액이 객관적으로 부당하다고 인정되는 경우는 제외한다.

취득한 부동산등의 매매사실이 있는 경우 그 거래가액을 시가인정액으로 본다. 다만, 소득세법 또는 법인세법에 따른 특수관계인과의 거래 등으로 그 거래가액이 객관적으로 부당하다고 인정되는 경우는 시가인정액으로 보지 않는다.(지방세법 시행령 제14조 제1항 제1호)

2) 감정가액

가. 감정가액의 시가인정액 적용

> **지방세법 제10조의 2 [무상취득의 경우 과세표준]**
> ③ 납세자가 제20조 제1항에 따른 신고를 할 때 과세표준으로 제1항에 따른 감정가액을 신고하려는 경우에는 대통령령으로 정하는 바에 따라 둘 이상의 감정기관(대통령령으로 정하는 가액 이하의 부동산 등의 경우에는 하나의 감정기관으로 한다)에 감정을 의뢰하고 그 결과를 첨부하여야 한다.
>
> **지방세법 시행령 제14조 [시가인정액의 산정 및 평가기간의 판단 등]**
> ① 법 제10조의 2 제1항에서 "매매사례가액, 감정가액, 공매가액 등 대통령령으로 정하는 바에 따라 시가로 인정되는 가액"(이하 "시가인정액"이라 한다)이란 취득일 전 6개월부터 취득일 후 3개월 이내의 기간(이하 이 절에서 "평가기간"이라 한다)에 취득 대상이 된 법 제7조 제1항에 따른 부동산 등(이하 이 장에서 "부동산등"이라 한다)에 대하여 매매, 감정, 경매(「민사집행법」에 따른 경매를 말한다. 이하 이 장에서 같다) 또는 공매(이하 이 조에서 "매매등"이라 한다)한 사실이 있는 경우의 가액으로서 다음 각 호의 구분에 따라 해당 호에서 정하는 가액을 말한다.
> 2. 취득한 부동산등에 대하여 둘 이상의 감정기관(행정안전부령으로 정하는 공신력 있는 감정기관을 말한다. 이하 같다)이 평가한 감정가액이 있는 경우: 그 감정가액의 평균액. 다만, 다음 각 목의 가

> 액은 제외하며, 해당 감정가액이 법 제4조에 따른 시가표준액과 제5항에 따른 시가인정액의 100분의 90에 해당하는 가액 중 적은 금액(이하 이 호에서 "기준금액"이라 한다)에 미달하는 경우나 기준금액 이상인 경우에도 「지방세기본법」 제147조 제1항에 따른 지방세심의위원회(이하 "지방세심의위원회"라 한다)의 심의를 거쳐 감정평가 목적 등을 고려하여 해당 감정가액이 부적정하다고 인정되는 경우에는 지방자치단체의 장이 다른 감정기관에 의뢰하여 감정한 가액으로 하며, 그 가액이 납세자가 제시한 감정가액보다 낮은 경우에는 납세자가 제시한 감정가액으로 한다.
> 가. 일정한 조건이 충족될 것을 전제로 해당 부동산등을 평가하는 등 취득세의 납부 목적에 적합하지 않은 감정가액
> 나. 취득일 현재 해당 부동산등의 원형대로 감정하지 않은 경우 그 감정가액
>
> **지방세법 시행령 제14조의 3 [시가불인정 감정기관의 지정절차 등]**
> ① 법 제10조의 2 제3항에서 "대통령령으로 정하는 가액 이하의 부동산 등"이란 다음 각 호의 부동산등을 말한다.
> 1. 시가표준액이 10억원 이하인 부동산등
> 2. 법 제10조의 5 제3항 제2호의 법인 합병·분할 및 조직 변경을 원인으로 취득하는 부동산등

취득한 부동산등에 대하여 둘 이상의 감정기관(감정평가 및 감정평가사에 관한 법률에 따른 감정평가법인등을 말함)이 평가한 감정가액이 있는 경우 그 감정가액의 평균액을 시가인정액으로 본다.(지방세법 시행령 제14조 제1항 제2호) 이때 납세자가 시가인정액 중 감정가액을 취득세 과세표준으로 신고하려는 경우에는 둘 이상의 감정기관에 감정을 의뢰하고 그 결과를 첨부하여야 한다.(지방세법 제10조의 2 제3항)

다만 아래의 경우에는 하나의 감정기관에 의한 감정가액을 시가인정액으로 할 수 있다.(지방세법 제10조의 2 제3항 및 지방세법 시행령 제14조의 3 제1항)

① 시가표준액이 10억원 이하인 부동산등
② 법인 합병·분할 및 조직 변경을 원인으로 취득하는 부동산등

시가인정액으로서의 감정가액은 둘 이상의 감정기관의 평균액을 원칙으로 하고, 예외적인 경우에 한하여 하나의 감정가액을 인정한다.

나. 시가인정액으로 보지 않는 감정가액

> **지방세법 시행령 제14조 [시가인정액의 산정 및 평가기간의 판단 등]**
> ① 법 제10조의 2 제1항에서 "매매사례가액, 감정가액, 공매가액 등 대통령령으로 정하는 바에 따라 시가로 인정되는 가액"(이하 "시가인정액"이라 한다)이란 취득일 전 6개월부터 취득일 후 3개월 이내의 기간(이하 이 절에서 "평가기간"이라 한다)에 취득 대상이 된 법 제7조 제1항에 따른 부동

> 산 등(이하 이 장에서 "부동산등"이라 한다)에 대하여 매매, 감정, 경매(「민사집행법」에 따른 경매를 말한다. 이하 이 장에서 같다) 또는 공매(이하 이 조에서 "매매등"이라 한다)한 사실이 있는 경우의 가액으로서 다음 각 호의 구분에 따라 해당 호에서 정하는 가액을 말한다.
> 2. 취득한 부동산등에 대하여 둘 이상의 감정기관(행정안전부령으로 정하는 공신력 있는 감정기관을 말한다. 이하 같다)이 평가한 감정가액이 있는 경우: 그 감정가액의 평균액. 다만, 다음 각 목의 가액은 제외하며, 해당 감정가액이 법 제4조에 따른 시가표준액과 제5항에 따른 시가인정액의 100분의 90에 해당하는 가액 중 적은 금액(이하 이 호에서 "기준금액"이라 한다)에 미달하는 경우나 기준금액 이상인 경우에도 「지방세기본법」 제147조 제1항에 따른 지방세심의위원회(이하 "지방세심의위원회"라 한다)의 심의를 거쳐 감정평가 목적 등을 고려하여 해당 감정가액이 부적정하다고 인정되는 경우에는 지방자치단체의 장이 다른 감정기관에 의뢰하여 감정한 가액으로 하며, 그 가액이 납세자가 제시한 감정가액보다 낮은 경우에는 납세자가 제시한 감정가액으로 한다.
>   가. 일정한 조건이 충족될 것을 전제로 해당 부동산등을 평가하는 등 취득세의 납부 목적에 적합하지 않은 감정가액
>   나. 취득일 현재 해당 부동산등의 원형대로 감정하지 않은 경우 그 감정가액

다만, 아래에 해당하는 감정가액은 시가인정액으로 보지 않는다. (지방세법 시행령 제14조 제1항 제2호 단서)

① 일정한 조건이 충족될 것을 전제로 해당 부동산등을 평가하는 등 취득세의 납부 목적에 적합하지 않은 감정가액

② 취득일 현재 해당 부동산등의 원형대로 감정하지 않은 경우 그 감정가액

다. 기준금액과의 비교

> **지방세법 시행령 제14조 [시가인정액의 산정 및 평가기간의 판단 등]**
> ① 법 제10조의 2 제1항에서 "매매사례가액, 감정가액, 공매가액 등 대통령령으로 정하는 바에 따라 시가로 인정되는 가액"(이하 "시가인정액"이라 한다)이란 취득일 전 6개월부터 취득일 후 3개월 이내의 기간(이하 이 절에서 "평가기간"이라 한다)에 취득 대상이 된 법 제7조 제1항에 따른 부동산 등(이하 이 장에서 "부동산등"이라 한다)에 대하여 매매, 감정, 경매(「민사집행법」에 따른 경매를 말한다. 이하 이 장에서 같다) 또는 공매(이하 이 조에서 "매매등"이라 한다)한 사실이 있는 경우의 가액으로서 다음 각 호의 구분에 따라 해당 호에서 정하는 가액을 말한다.
> 2. 취득한 부동산등에 대하여 둘 이상의 감정기관(행정안전부령으로 정하는 공신력 있는 감정기관을 말한다. 이하 같다)이 평가한 감정가액이 있는 경우: 그 감정가액의 평균액. 다만, 다음 각 목의 가액은 제외하며, 해당 감정가액이 법 제4조에 따른 시가표준액과 제5항에 따른 시가인정액의 100분의 90에 해당하는 가액 중 적은 금액(이하 이 호에서 "기준금액"이라 한다)에 미달하는 경우나 기준금액 이상인 경우에도 「지방세기본법」 제147조 제1항에 따른 지방세심의위원회(이하 "지방세

> 심의위원회"라 한다)의 심의를 거쳐 감정평가 목적 등을 고려하여 해당 감정가액이 부적정하다고 인정되는 경우에는 지방자치단체의 장이 다른 감정기관에 의뢰하여 감정한 가액으로 하며, 그 가액이 납세자가 제시한 감정가액보다 낮은 경우에는 납세자가 제시한 감정가액으로 한다.
> 가. 일정한 조건이 충족될 것을 전제로 해당 부동산등을 평가하는 등 취득세의 납부 목적에 적합하지 않은 감정가액
> 나. 취득일 현재 해당 부동산등의 원형대로 감정하지 않은 경우 그 감정가액

 납세자가 시가인정액으로 신고한 감정가액이 ① 기준금액에 미달하는 경우나 ② 기준금액 이상인 경우에도 지방세심의위원회의 심의를 거쳐 감정가액이 부적당하다고 인정되는 경우에는 지방자치단체의 장이 다른 감정기관에 의뢰하여 감정한 가액을 시가인정액으로 하며, 그 가액이 납세자가 제시한 감정가액보다 낮은 경우에는 납세자가 신고한 감정가액을 시가인정액으로 한다.(지방세법 시행령 제14조 제2호 단서)

 이때 기준금액이란 ① 지방세법 제4조에 따른 시가표준액과 ② 시가인정액의 90%에 해당하는 가액 중 적은 금액을 말한다.

라. 시가불인정 감정기관

> **지방세법 제10조의 2 [무상취득의 경우 과세표준]**
> ④ 제3항에 따른 신고를 받은 지방자치단체의 장은 감정기관이 평가한 감정가액이 다른 감정기관이 평가한 감정가액의 100분의 80에 미달하는 등 대통령령으로 정하는 사유에 해당하는 경우에는 1년의 범위에서 기간을 정하여 해당 감정기관을 시가불인정 감정기관으로 지정할 수 있다.
>
> **지방세법 시행령 제14조의 3 [시가불인정 감정기관의 지정절차 등]**
> ② 법 제10조의 2 제4항에서 "감정기관이 평가한 감정가액이 다른 감정기관이 평가한 감정가액의 100분의 80에 미달하는 등 대통령령으로 정하는 사유에 해당하는 경우"란 납세자가 제시한 감정가액(이하 이 조에서 "원감정가액"이라 한다)이 지방자치단체의 장이 다른 감정기관에 의뢰하여 평가한 감정가액(이하 이 조에서 "재감정가액"이라 한다)의 100분의 80에 미달하는 경우를 말한다.
>
> **지방세법 시행규칙 제4조의 4 [시가불인정 감정기관의 지정 기간 등]**
> ① 영 제14조의 3 제3항 전단에서 "행정안전부령으로 정하는 기간"이란 다음 각 호의 구분에 따른 기간을 말한다. 이 경우 감정기관이 제1호 및 제2호에 모두 해당할 때에는 해당 기간 중 가장 긴 기간으로 한다.
> 1. 고의 또는 중대한 과실로 다음 각 목의 어느 하나에 해당하는 부실감정을 한 경우: 1년
>   가. 산정대상 부동산의 위치 · 지형 · 이용상황 · 주변환경 등 객관적 가치에 영향을 미치는 요인을 사실과 다르게 조사한 경우

> 나. 「감정평가 및 감정평가사에 관한 법률」 제2조 및 제25조 제2항을 위반한 경우
> 다. 납세자와 담합하여 취득세를 부당하게 감소시킬 목적으로 감정가액을 평가한 경우
> 2. 납세자가 제시한 감정가액이 지방자치단체의 장이 다른 감정기관에 의뢰하여 평가한 감정가액과 비교해서 다음 각 목의 수준으로 미달하는 경우: 해당 각 목에서 정하는 기간
>   가. 100분의 70 이상 100분의 80 미만인 경우: 6개월
>   나. 100분의 60 이상 100분의 70 미만인 경우: 9개월
>   다. 100분의 60 미만인 경우: 1년

취득세 신고를 받은 지방자치단체의 장은 납세자가 제시한 감정가액(=원감정가액)이 지방자치단체의 장이 다른 감정기관에 의뢰하여 평가한 감정가액(=재감정가액)의 80%에 미달하는 경우에는 1년의 범위에서 기간을 정하여 해당 감정기관을 시가불인정 감정기관으로 지정할 수 있다.(지방세법 제10조의 2 제4항, 지방세법 시행령 제14조의3 제2항, 지방세법 시행규칙 제4조의4 제1항)

〈시가불인정 감정기관의 지정기간〉

사 유	시가불인정 감정기관 지정기간
1. 부실감정(1년)	고의 또는 중대한 과실로 다음 중 어느 하나에 해당하는 부실감정을 한 경우: 1년 ① 산정대상 부동산의 위치·지형·이용상황·주변환경 등 객관적 가치에 영향을 미치는 요인을 사실과 다르게 조사한 경우 ② 감정평가 및 감정평가사에 관한 법률 제2조 및 제25조 제2항을 위반한 경우 ③ 납세자와 담합하여 취득세를 부당하게 감소시킬 목적으로 감정가액을 평가한 경우
2. 미달감정(6개월~1년)	납세자가 제시한 감정가액이 지방자치단체의 장이 다른 감정기관에 의뢰하여 평가한 감정가액과 비교해서 다음 각 수준으로 미달하는 경우: 해당 항목에서 정하는 기간 | 미달감정가액	시가불인정 감정기관 지정기간
70% 이상 80% 미만	6개월
60% 이상 70% 미만	9개월
60% 미만	1년	

시가불인정 감정기관으로 지정된 감정기관이 평가한 감정가액은 그 지정된 기간 동안 시가인정액으로 보지 않는다.(지방세법 제10조의2 제5항)

3) 경매 및 공매가액

> **지방세법 시행령 제14조 [시가인정액의 산정 및 평가기간의 판단 등]**
> ① 법 제10조의 2 제1항에서 "매매사례가액, 감정가액, 공매가액 등 대통령령으로 정하는 바에 따라 시가로 인정되는 가액"(이하 "시가인정액"이라 한다)이란 취득일 전 6개월부터 취득일 후 3개월 이내의 기간(이하 이 절에서 "평가기간"이라 한다)에 취득 대상이 된 법 제7조 제1항에 따른 부동산 등(이하 이 장에서 "부동산등"이라 한다)에 대하여 매매, 감정, 경매(「민사집행법」에 따른 경매를 말한다. 이하 이 장에서 같다) 또는 공매(이하 이 조에서 "매매등"이라 한다)한 사실이 있는 경우의 가액으로서 다음 각 호의 구분에 따라 해당 호에서 정하는 가액을 말한다.
> 3. 취득한 부동산등의 경매 또는 공매 사실이 있는 경우: 그 경매가액 또는 공매가액

취득한 부동산등의 경매 또는 공매 사실이 있는 경우에는 그 경매가액 또는 공매가액을 시가인정액으로 본다. 경매는 민사집행법에 따른 경매를 말한다.

(3) 시가인정액의 적용

1) 평가기간 내 시가인정액

> **지방세법 시행령 제14조 [시가인정액의 산정 및 평가기간의 판단 등]**
> ① 법 제10조의 2 제1항에서 "매매사례가액, 감정가액, 공매가액 등 대통령령으로 정하는 바에 따라 시가로 인정되는 가액"(이하 "시가인정액"이라 한다)이란 취득일 전 6개월부터 취득일 후 3개월 이내의 기간(이하 이 절에서 "평가기간"이라 한다)에 취득 대상이 된 법 제7조 제1항에 따른 부동산 등(이하 이 장에서 "부동산등"이라 한다)에 대하여 매매, 감정, 경매(「민사집행법」에 따른 경매를 말한다. 이하 이 장에서 같다) 또는 공매(이하 이 조에서 "매매등"이라 한다)한 사실이 있는 경우의 가액으로서 다음 각 호의 구분에 따라 해당 호에서 정하는 가액을 말한다.
> 3. 취득한 부동산등의 경매 또는 공매 사실이 있는 경우: 그 경매가액 또는 공매가액
> ② 제1항 각 호의 가액이 평가기간 이내의 가액인지에 대한 판단은 다음 각 호의 구분에 따른 날을 기준으로 하며, 시가인정액이 둘 이상인 경우에는 취득일 전후로 가장 가까운 날의 가액(그 가액이 둘 이상인 경우에는 평균액을 말한다)을 적용한다.
> 1. 제1항 제1호의 경우: 매매계약일
> 2. 제1항 제2호의 경우: 가격산정기준일과 감정가액평가서 작성일
> 3. 제1항 제3호의 경우: 경매가액 또는 공매가액이 결정된 날

상기 (2)에서 살펴본 시가인정액은 취득일 전 6개월부터 취득일 후 3개월 이내의 기간에 취득세 과세대상이 된 부동산등에 대하여 매매, 감정, 경매 및 공매한 사실이 있는 경우의 가액이다. 이때 '취

득일 전 6개월부터 취득일 후 3개월 이내'의 기간을 '평가기간'이라 한다.(지방세법 시행령 제14조 제1항)

매매사례가액, 감정가액, 경매 및 공매가액이 평가기간 이내의 가액인지에 대한 판단은 아래 구분에 따른 날을 기준으로 한다. 또한 시가인정액이 둘 이상인 경우에는 취득일 전후로 가장 가까운 날의 가액을 적용하며, 그 가액이 둘 이상인 경우에는 평균액으로 한다.(지방세법 시행령 제14조 제2항)

〈시가인정액 유형별 평가기간의 판단기준일〉

구 분	판단기준일
① 매매사례가액	매매계약일
② 감정가액	가격산정기준일과 감정가액평가서 작성일
③ 경매가액 및 공매가액	경매가액 또는 공매가액이 결정된 날

2) 확장된 평가기간의 시가인정액

> **지방세법 시행령 제14조 [시가인정액의 산정 및 평가기간의 판단 등]**
> ③ 제1항에도 불구하고 납세자 또는 지방자치단체의 장은 취득일 전 2년 이내의 기간 중 평가기간에 해당하지 않는 기간에 매매등이 있거나 평가기간이 지난 후에도 법 제20조 제1항에 따른 신고·납부기한의 만료일부터 6개월 이내의 기간 중에 매매등이 있는 경우에는 행정안전부령으로 정하는 바에 따라 지방세심의위원회에 해당 매매등의 가액을 제1항 각 호의 가액으로 인정하여 줄 것을 심의요청할 수 있다.
> ④ 제3항에 따른 심의요청을 받은 지방세심의위원회는 취득일부터 제2항 각 호의 날까지의 기간 중에 시간의 경과와 주위환경의 변화 등을 고려할 때 가격변동의 특별한 사정이 없다고 인정하는 경우에는 제3항에 따른 기간 중의 매매등의 가액을 제1항 각 호의 가액으로 심의·의결할 수 있다.

위 시가인정액의 규정에도 불구하고 '취득일 전 2년 이내의 기간 중 평가기간에 해당하지 않는 기간 및 평가기간이 지난 후에도 취득세 신고납부기한의 만료일로부터 6개월 이내의 기간'(이하 '확장된 평가기간'[1]) 중에 매매사례가액, 감정가액, 경매가액 및 공매가액이 있는 경우, 납세자 또는 지방자치단체의 장은 지방세심의위원회에 해당 가액을 시가인정액으로 인정하여 줄 것을 심의요청 할 수 있다.(지방세법 시행령 제14조 제3항 및 제4항)

즉, 평가기간 내 시가인정액을 우선 적용하되 평가기간 내 시가인정액이 없는 경우 확장된 평가기간 중에 시가인정액이 있다면 해당 가액을 시가인정액으로 인정하여 줄 것을 요청할 수 있다.

(=취득일 전 2년부터 취득일 전 6개월전까지)

---

[1] 지방세법상의 용어는 아니나, 이해의 편의상 '확장된 평가기간'으로 칭함

⟨평가기간과 확장된 평가기간의 비교⟩

```
        확장된 평가기간         평가기간        확장된 평가기간
            ②                   ①                 ②
      취득일 전          취득일 전      취득일      취득일 후      취득신고
        2년              6개월                     3개월*       납부기한의
                                                              만료일부터 6개월
```

구 분	판단기준일
① 평가기간	취득일 전 6개월부터 취득일 후 3개월 이내의 기간
② 확장된 평가기간	• (전) 취득일 전 2년 이내의 기간 중 평가기간에 해당하지 않는 기간(=취득일 전 2년에서 취득일 전 6개월까지) • (후) 취득일 후 3개월 이후 취득세 신고납부기한 만료일로부터 6개월 이내의 기간

3) 유사 시가인정액

> **지방세법 시행령 제14조 [시가인정액의 산정 및 평가기간의 판단 등]**
> ⑤ 제1항부터 제4항까지의 규정에 따라 시가인정액으로 인정된 가액이 없는 경우에는 취득한 부동산 등의 면적, 위치, 종류 및 용도와 법 제4조에 따른 시가표준액이 동일하거나 유사하다고 인정되는 다른 부동산등의 제1항 각 호에 따른 가액(취득일 전 1년부터 법 제20조 제1항에 따른 신고 · 납부기한의 만료일까지의 가액으로 한정한다)을 해당 부동산등의 시가인정액으로 본다.
> ⑥ 제5항에 따른 동일하거나 유사하다고 인정되는 다른 부동산등에 대한 판단기준은 행정안전부령으로 정한다.

가. 유사 시가인정액의 개념

평가기간 내 시가인정액 또는 확장된 평가기간 내의 시가인정액이 없는 경우에는 취득한 부동산 등의 면적, 위치 및 용도와 지방세법 제4조에 따른 시가표준액이 동일하거나 유사하다고 인정되는 다른 부동산등에 대한 시가인정액[2]을 해당 부동산등의 시가인정액으로 본다.(지방세법 시행령 제14조 제5항)

나. 유사 시가인정액의 적용기간

유사 시가인정액은 평가기간 이내의 가액 중 취득일 전 1년부터 취득세 신고납부기한의 만료일까지의 시가인정액으로 한정한다.(지방세법 시행령 제14조 제5항) 2024개정세법

---

2) 지방세법상의 용어는 아니나 이해의 편의상 '유사 시가인정액'으로 칭함

2024 개정세법 (유사부동산 등의 시가인정액 산정기간 연장, 지방세법 시행령 제14조)

1. 개정사유
- 효율적인 시가인정액 산정이 진행될 수 있도록 유사 부동산에 대한 산정기간을 취득일 기준 1년 전부터 신고·납부일까지로 연장

2. 적용시기
2024.1.1. 이후 납세의무 성립분부터 적용

3. 개정조문

현 행	개 정
제14조(시가인정액의 산정 및 평가기간의 판단 등) ⑤ 제1항부터 제4항까지의 규정에 따라 시가인정액으로 인정된 가액이 없는 경우에는 취득한 부동산등의 면적, 위치 및 용도와 법 제4조에 따른 시가표준액이 동일하거나 유사하다고 인정되는 다른 부동산등에 대한 시가인정액(법 제20조에 따라 취득세를 신고한 경우에는 평가기간 이내의 가액 중 신고일까지의 시가인정액으로 한정한다)을 해당 부동산등의 시가인정액으로 본다.	제14조(시가인정액의 산정 및 평가기간의 판단 등) ⑤ ~~~~~~~~~~~~~~~~~~~~~~~~~~~~~위치, 종류~~~~ ~~~~~~~~~~~~ 다른 부동산등의 제1항 각 호에 따른 가액(취득일 전 1년부터 법 제20조 제1항에 따른 신고·납부기한의 만료일까지의 가액으로 한정한다)~~~~~~~~~~~~~~~~~~~~~~~~~~~~~~~~~~~~~~~.

〈시가인정액 평가기간 및 적용순서〉

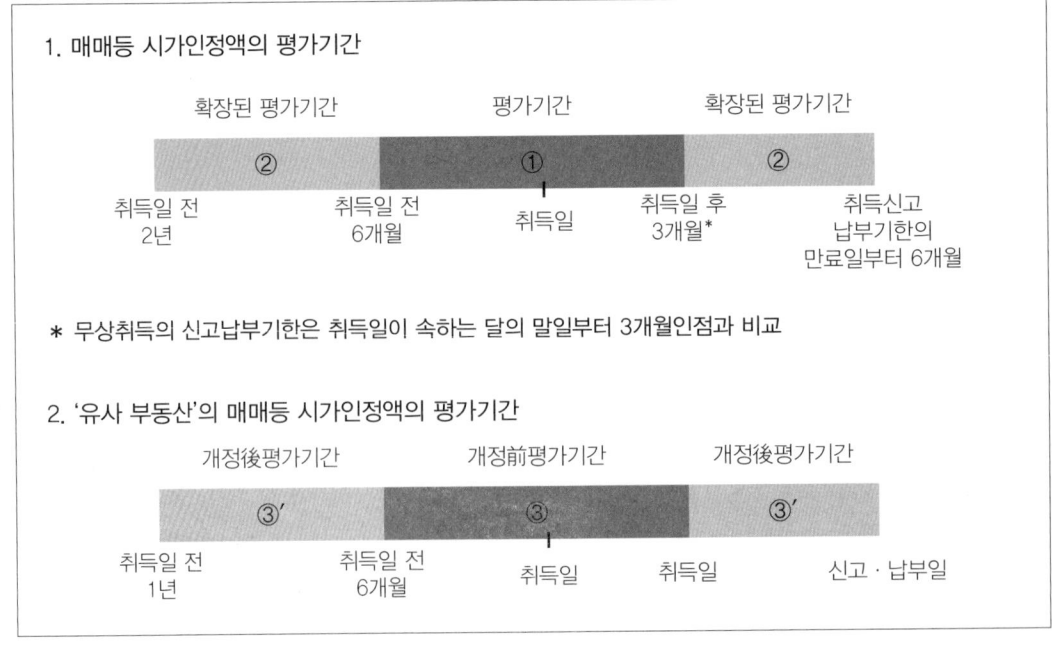

다. 시가인정액과의 적용 순서

유사 시가인정액은 평가기간 및 확장된 평가기간의 시가인정액이 없는 경우에 적용하는 것이며, 시가인정액이 있는 경우에는 해당 시가인정액을 우선 적용하여야 한다.

라. 유사성의 판단기준

> **지방세법 시행령 제14조 [시가인정액의 산정 및 평가기간의 판단 등]**
> ⑤ 제1항부터 제4항까지의 규정에 따라 시가인정액으로 인정된 가액이 없는 경우에는 취득한 부동산 등의 면적, 위치 및 용도와 법 제4조에 따른 시가표준액이 동일하거나 유사하다고 인정되는 다른 부동산등에 대한 시가인정액(법 제20조에 따라 취득세를 신고한 경우에는 평가기간 이내의 가액 중 신고일까지의 시가인정액으로 한정한다)을 해당 부동산등의 시가인정액으로 본다.
> ⑥ 제5항에 따른 동일하거나 유사하다고 인정되는 다른 부동산등에 대한 판단기준은 행정안전부령으로 정한다.
>
> **지방세법 시행규칙 제4조의 3 [시가인정액의 산정 기준 및 절차 등]**
> ④ 영 제14조 제5항에 따라 법 제4조에 따른 시가표준액이 동일하거나 유사하다고 인정되는 다른 부동산등에 대한 판단기준은 다음 각 호의 구분에 따른다.
> 1. 「부동산 가격공시에 관한 법률」에 따른 공동주택가격(새로운 공동주택가격이 고시되기 전에는 직전의 공동주택가격을 말한다. 이하 이 항에서 같다)이 있는 공동주택의 경우: 다음 각 목의 요건을 모두 충족하는 다른 공동주택. 다만, 다음 각 목의 요건을 모두 충족하는 다른 공동주택이 둘 이상인 경우에는 산정대상 공동주택과 공동주택가격 차이가 가장 적은 다른 공동주택으로 한다.
>   가. 산정대상 공동주택과 동일한 공동주택단지(「공동주택관리법」에 따른 공동주택단지를 말한다) 내에 있을 것
>   나. 산정대상 공동주택과의 주거전용면적(「주택법」에 따른 주거전용면적을 말한다. 이하 이 항에서 같다) 차이가 산정대상 공동주택의 주거전용면적을 기준으로 100분의 5 이내일 것
>   다. 산정대상 공동주택과의 공동주택가격 차이가 산정대상 공동주택의 공동주택가격을 기준으로 100분의 5 이내일 것
> 2. 제1호에 따른 공동주택 외의 부동산등의 경우: 다음 각 목의 요건을 모두 충족하는 다른 부동산등
>   가. 산정대상 부동산등과 면적 · 위치 · 용도가 동일 또는 유사할 것
>   나. 산정대상 부동산등과의 시가표준액 차이가 산정대상 부동산등의 시가표준액을 기준으로 100분의 5 이내일 것

시가표준액이 동일하거나 유사하다고 인정되는 다른 부동산등에 대한 판단기준은 아래의 구분에 따른다.(지방세법 시행규칙 제4조의 3 제4항)

구 분	판단기준일
공동주택가격(새로운 공동주택가격이 고시되기 전에는 직전의 공동주택가격)이 있는 공동주택	가. 다음의 요건을 모두 충족하는 다른 공동주택 ① 산정대상 공동주택과 동일한 공동주택단지(공동주택관리법에 따름) 내에 있을 것 ② 산정대상 공동주택과의 주거전용면적(주택법에 따른 주거전용면적) 차이가 산정대상 공동주택의 주거전용면적을 기준으로 5% 이내일 것 ③ 산정대상 공동주택과의 공동주택가격 차이가 산정대상 공동주택의 공동주택가격을 기준으로 5% 이내일 것 나. 위 요건을 모두 충족하는 다른 공동주택이 둘 이상인 경우에는 산정대상 공동주택과 공동주택가격 차이가 가장 적은 다른 공동주택
위 공동주택 외 부동산등	다음의 요건을 모두 충족하는 다른 부동산등 ① 산정대상 부동산등과 면적·위치·용도가 동일 또는 유사할 것 ② 산정대상 부동산등과의 시가표준액 차이가 산정대상 부동산등의 시가표준액을 기준으로 5% 이내일 것

3. 기타 무상취득의 과세표준

(1) 부담부 증여

> **지방세법 제10조의 2 [무상취득의 경우 과세표준]**
> ⑥ 제7조 제11항 및 제12항에 따라 증여자의 채무를 인수하는 부담부 증여의 경우 유상으로 취득한 것으로 보는 채무액에 상당하는 부분(이하 이 조에서 "채무부담액"이라 한다)에 대해서는 제10조의 3에서 정하는 유상승계취득에서의 과세표준을 적용하고, 취득물건의 시가인정액에서 채무부담액을 뺀 잔액에 대해서는 이 조에서 정하는 무상취득에서의 과세표준을 적용한다.
>
> **지방세법 시행령 제14조의 4 [부담부증여시 취득가격]**
> ① 법 제10조의 2 제6항에 따른 부담부증여의 경우 유상으로 취득한 것으로 보는 채무액에 상당하는 부분(이하 이 조에서 "채무부담액"이라 한다)의 범위는 시가인정액을 그 한도로 한다.

증여자의 채무를 인수하는 부담부 증여의 경우 유상으로 취득한 것으로 보는 채무액에 상당하는 부분(이하 채무부담액)에 대해서는 다음 '3절. 유상승계취득의 과세표준'에서 살펴볼 유상승계취득에서의 과세표준을 적용하고, 취득물건의 시가인정액에서 채무부담액을 뺀 잔액에 대해서는 무상취득에서의 과세표준을 적용한다.(지방세법 제10조의2 제6항) 다만 그 채무부담액의 범위는 시가인정액을 한도로 한다.(지방세법 시행령 제14조의4 제1항)

구 분	과세표준
채무부담액(시가인정액 한도)	유상승계취득의 과세표준
시가인정액 – 채무부담액	무상취득의 과세표준

(2) 자본적 지출

지방세법 시행령 제14조 [시가인정액의 산정 및 평가기간의 판단 등]
⑦ 시가인정액을 산정할 때 제2항 각 호의 날이 부동산등의 취득일 전인 경우로서 같은 항 같은 호의 날부터 취득일까지 해당 부동산등에 대한 자본적지출액(「소득세법 시행령」 제163조 제3항에 따른 자본적지출액을 말한다. 이하 이 조에서 같다)이 확인되는 경우에는 그 자본적지출액을 제1항 각 호의 가액에 더할 수 있다.

소득세법 시행령 제163조 [양도자산의 필요경비]
③ 법 제97조 제1항 제2호에서 "자본적지출액 등으로서 대통령령으로 정하는 것"이란 다음 각 호의 어느 하나에 해당하는 것으로서 그 지출에 관한 법 제160조의 2 제2항에 따른 증명서류를 수취·보관하거나 실제 지출사실이 금융거래 증명서류에 의하여 확인되는 경우를 말한다.
1. 제67조 제2항의 규정을 준용하여 계산한 자본적 지출액
2. 양도자산을 취득한 후 쟁송이 있는 경우에 그 소유권을 확보하기 위하여 직접 소요된 소송비용·화해비용 등의 금액으로서 그 지출한 연도의 각 소득금액의 계산에 있어서 필요경비에 산입된 것을 제외한 금액
2의 2. 「공익사업을 위한 토지 등의 취득 및 보상에 관한 법률」이나 그 밖의 법률에 따라 토지 등이 협의 매수 또는 수용되는 경우로서 그 보상금의 증액과 관련하여 직접 소요된 소송비용·화해비용 등의 금액으로서 그 지출한 연도의 각 소득금액의 계산에 있어서 필요경비에 산입된 것을 제외한 금액. 이 경우 증액보상금을 한도로 한다.
3. 양도자산의 용도변경·개량 또는 이용편의를 위하여 지출한 비용(재해·노후화 등 부득이한 사유로 인하여 건물을 재건축한 경우 그 철거비용을 포함한다)
3의 2. 「개발이익환수에 관한 법률」에 따른 개발부담금(개발부담금의 납부의무자와 양도자가 서로 다른 경우에는 양도자에게 사실상 배분될 개발부담금상당액을 말한다)
3의 3. 「재건축초과이익 환수에 관한 법률」에 따른 재건축부담금(재건축부담금의 납부의무자와 양도자가 서로 다른 경우에는 양도자에게 사실상 배분될 재건축부담금상당액을 말한다)
4. 제1호 내지 제3호, 제3호의 2 및 제3호의 3에 준하는 비용으로서 기획재정부령이 정하는 것

소득세법 시행규칙 제79조 [양도자산의 필요경비 계산등]
① 영 제163조 제3항 제4호에서 "기획재정부령이 정하는 것"이라 함은 다음 각 호의 비용을 말한다.
1. 「하천법」·「댐건설 및 주변지역지원 등에 관한 법률」 그 밖의 법률에 따라 시행하는 사업으로 인하여 해당 사업구역 내의 토지소유자가 부담한 수익자부담금 등의 사업비용
2. 토지이용의 편의를 위하여 지출한 장애철거비용
3. 토지이용의 편의를 위하여 해당 토지 또는 해당 토지에 인접한 타인 소유의 토지에 도로를 신설한 경우의 그 시설비
4. 토지이용의 편의를 위하여 해당 토지에 도로를 신설하여 국가 또는 지방자치단체에 이를 무상으로 공여한 경우의 그 도로로 된 토지의 취득당시 가액
5. 사방사업에 소요된 비용
6. 제1호 내지 제5호의 비용과 유사한 비용

시가인정액을 산정할 때 평가기간 내 여부의 판단기준일이 부동산등의 취득일 전인 경우로서 취득일까지 해당 부동산등에 대한 자본적지출액(소득세법 시행령 제163조 제3항에 따른 자본적지출액)이 확인되는 경우에는 그 자본적지출액을 시가인정액에 더할 수 있다.(지방세법 시행령 제14조)

〈시가인정액에 더하는 자본적지출액〉

자본적지출액 (소득세법 시행령 제163조 제3항)

① 소득세법 시행령 제67조 제2항의 규정을 준용하여 계산한 자본적 지출액
  - 본래의 용도를 변경하기 위한 개조
  - 엘리베이터 또는 냉난방장치의 설치
  - 빌딩 등의 피난시설 등의 설치
  - 재해 등으로 인하여 건물·기계·설비 등이 멸실 또는 훼손되어 당해 자산의 본래 용도로의 이용가치가 없는 것의 복구
  - 기타 개량·확장·증설 등 제1호 내지 제4호와 유사한 성질의 것

② 양도자산을 취득한 후 쟁송이 있는 경우에 그 소유권을 확보하기 위하여 직접 소요된 소송비용·화해비용 등의 금액으로서 그 지출한 연도의 각 소득금액의 계산에 있어서 필요경비에 산입된 것을 제외한 금액

③ 공익사업을 위한 토지 등의 취득 및 보상에 관한 법률이나 그 밖의 법률에 따라 토지 등이 협의 매수 또는 수용되는 경우로서 그 보상금의 증액과 관련하여 직접 소요된 소송비용·화해비용 등의 금액으로서 그 지출한 연도의 각 소득금액의 계산에 있어서 필요경비에 산입된 것을 제외한 금액(증액보상금을 한도로 함)

④ 양도자산의 용도변경·개량 또는 이용편의를 위하여 지출한 비용(재해·노후화 등 부득이한 사유로 인하여 건물을 재건축한 경우 그 철거비용을 포함)

⑤ 개발이익환수에 관한 법률에 따른 개발부담금(개발부담금의 납부의무자와 양도자가 서로 다른 경우에는 양도자에게 사실상 배분될 개발부담금상당액을 말함)

⑥ 재건축초과이익 환수에 관한 법률에 따른 재건축부담금(재건축부담금의 납부의무자와 양도자가 서로 다른 경우에는 양도자에게 사실상 배분될 재건축부담금상당액을 말함)

⑦ 제1호 내지 제3호, 제3호의 2 및 제3호의 3에 준하는 비용으로서 아래 기획재정부령이 정하는 것 (소득세법 시행규칙 제79조)
  - 하천법·댐건설 및 주변지역지원 등에 관한 법률 그 밖의 법률에 따라 시행하는 사업으로 인하여 해당 사업구역 내의 토지소유자가 부담한 수익자부담금 등의 사업비용
  - 토지이용의 편의를 위하여 지출한 장애철거비용
  - 토지이용의 편의를 위하여 해당 토지 또는 해당 토지에 인접한 타인 소유의 토지에 도로를 신설한 경우의 그 시설비
  - 토지이용의 편의를 위하여 해당 토지에 도로를 신설하여 국가 또는 지방자치단체에 이를 무상으로 공여한 경우의 그 도로로 된 토지의 취득당시 가액
  - 사방사업에 소요된 비용

제3절 유상승계취득의 과세표준

〈유상승계취득의 과세표준〉

구 분	과세표준
① 일반적인 유상승계 취득	사실상의 취득가격(취득시기 이전에 해당 물건을 취득하기 위하여 다음의 자가 거래 상대방이나 제3자에게 지급하였거나 지급하여야 할 일체의 비용) • 납세의무자 • 신탁법에 따른 신탁의 방식으로 해당 물건을 취득하는 경우에는 같은 법에 따른 위탁자 • 그 밖에 해당 물건을 취득하기 위하여 비용을 지급하였거나 지급하여야 할 자로서 대통령령으로 정하는 자
② 부당행위계산부인[주]의 취득	시가인정액(매매사례가액, 감정가액, 경매·공매가액)

[주] 부당행위계산부인의 요건
특수관계인 간의 거래로 그 취득에 대한 조세부담을 부당하게 감소시키는 행위·계산을 한 것으로 인정되는 경우(=시가인정액보다 낮은 가격으로 부동산을 취득한 경우로서 시가인정액과 사실상 취득가격의 차액이 3억원 이상이거나 시가인정액의 5%에 상당하는 금액 이상인 경우)

1. 유상승계취득의 과세표준

(1) 원칙(사실상 취득가격)

> **지방세법 제10조의 3 [유상승계취득의 경우 과세표준]**
> ① 부동산등을 유상거래(매매 또는 교환 등 취득에 대한 대가를 지급하는 거래를 말한다. 이하 이 장에서 같다)로 승계취득하는 경우 취득당시가액은 취득시기 이전에 해당 물건을 취득하기 위하여 다음 각 호의 자가 거래 상대방이나 제3자에게 지급하였거나 지급하여야 할 일체의 비용으로서 대통령령으로 정하는 사실상의 취득가격(이하 "사실상취득가격"이라 한다)으로 한다.
> 1. 납세의무자
> 2. 「신탁법」에 따른 신탁의 방식으로 해당 물건을 취득하는 경우에는 같은 법에 따른 위탁자
> 3. 그 밖에 해당 물건을 취득하기 위하여 비용을 지급하였거나 지급하여야 할 자로서 대통령령으로 정하는 자
> ② 지방자치단체의 장은 특수관계인 간의 거래로 그 취득에 대한 조세부담을 부당하게 감소시키는 행위 또는 계산을 한 것으로 인정되는 경우(이하 이 장에서 "부당행위계산"이라 한다)에는 제1항에도 불구하고 시가인정액을 취득당시가액으로 결정할 수 있다.

> **지방세법 시행령 제18조의 2 [부당행위계산의 유형]**
> 법 제10조의 3 제2항에 따른 부당행위계산은 특수관계인으로부터 시가인정액보다 낮은 가격으로 부동산을 취득한 경우로서 시가인정액과 사실상취득가격의 차액이 3억원 이상이거나 시가인정액의 100분의 5에 상당하는 금액 이상인 경우로 한다.

유상승계취득은 매매 또는 교환 등 취득에 대한 대가를 지급하는 거래를 말하며 부동산등을 유상거래로 승계취득하는 경우 취득당시가액은 취득시기 이전에 해당 물건을 취득하기 위하여 다음의 자가 거래 상대방이나 제3자에게 지급하였거나 지급하여야 할 일체의 비용으로서 '사실상의 취득가격'으로 한다.(지방세법 제10조의 3 제1항) [2024개정세법]

① 납세의무자
② 신탁법에 따른 신탁의 방식으로 해당 물건을 취득하는 경우에는 같은 법에 따른 위탁자
③ 그 밖에 해당 물건을 취득하기 위하여 비용을 지급하였거나 지급하여야 할 자로서 대통령령으로 정하는 자

2024 개정세법 (유상승계취득의 취득세 과세표준 개념 보완, 지방세법 제10조의 3)

1. 개정사유
- (개정 전) 유상승계취득 과세표준을 비용 지급 주체없이 거래 상대방 또는 제3자에게 지급했거나 지급해야 할 일체의 비용으로 규정하여 취득자가 지급한 비용만 포함되는 것으로 해석
- (개정 후) 유상승계취득 과세표준에 비용 지급 주체를 명시, 각 비용 지급 주체가 거래 상대방 또는 제3자에게 지급했거나 지급해야 할 일체의 비용으로 규정하여 취득자 외 취득에 관여한 자가 취득을 위해 지출한 비용도 과세표준에 포함

2. 적용시기
2024.1.1. 이후 납세의무 성립분부터 적용

3. 개정조문

현 행	개 정
제10조의3(유상승계취득의 경우 과세표준) ① 부동산등을 유상거래(매매 또는 교환 등 취득에 대한 대가를 지급하는 거래를 말한다. 이하 이 장에서 같다)로 승계취득하는 경우 취득당시가액은 취득시기 이전에 해당 물건을 취득하기 위하여 거래 상대방이나 제3자에게 지급하였거나 지급하여야 할 일체의 비용으로서 대통령령으로 정하는 사실상의 취득가격(이하 "사실상취득가격"이라 한다)으로 한다. 〈각 호 신설〉 ② · ③ (현행과 같음)	제10조의3(유상승계취득의 경우 과세표준) ① ~~~~~~~다음 각 호의 자가 거래 상대방 ~~~~~~~~~~. 1. 납세의무자 2. 「신탁법」에 따른 신탁의 방식으로 해당 물건을 취득하는 경우에는 같은 법에 따른 위탁자 3. 그 밖에 해당 물건을 취득하기 위하여 비용을 지급하였거나 지급하여야 할 자로서 대통령령으로 정하는 자 ② · ③ (현행과 같음)

(2) 예외 (부당행위계산)

다만 지방자치단체의 장은 특수관계인 간의 거래로 그 취득에 대한 조세부담을 부당하게 감소시키는 행위 또는 계산을 한 것으로 인정되는 경우(부당행위계산)에는 '사실상 취득가격'이 아닌 '2절. 무상취득의 과세표준'에서 살펴본 '시가인정액'을 과세표준으로 결정할 수 있다.(지방세법 제10조의 3 제2항)

부당행위계산은 특수관계인으로부터 시가인정액보다 낮은 가격으로 부동산을 취득한 경우로서 시가인정액과 사실상취득가격의 차액이 3억원 이상이거나 시가인정액의 5%에 상당하는 금액 이상인 경우로 한다.(지방세법 시행령 제18조의 2)

구 분	과세표준
원 칙	사실상의 취득가격
예외(부당행위계산)	시가인정액으로 할 수 있음

2. 사실상 취득가격

> **지방세법 시행령 제18조 [사실상취득가격의 범위 등]**
> ① 법 제10조의 3 제1항에서 "대통령령으로 정하는 사실상의 취득가격"(이하 "사실상취득가격"이라 한다)이란 해당 물건을 취득하기 위하여 거래 상대방 또는 제3자에게 지급했거나 지급해야 할 직접비용과 다음 각 호의 어느 하나에 해당하는 간접비용의 합계액을 말한다. 다만, 취득대금을 일시급 등으로 지급하여 일정액을 할인받은 경우에는 그 할인된 금액으로 하고, 법인이 아닌 자가 취득한 경우에는 제1호, 제2호 또는 제7호의 금액을 제외한 금액으로 한다.

유상승계취득의 과세표준이 되는 '사실상의 취득가격'이란 취득세 과세물건을 취득하기 위하여 거래 상대방 또는 제3자에게 지급했거나 지급해야 할 직접비용과 간접비용의 합계액을 말한다. 다만, 취득대금을 일시급 등으로 지급하여 일정액을 할인받은 경우에는 그 할인된 금액으로 하고, 법인이 아닌 자가 취득한 경우에는 간접비용 중 일부가 제외된다.(지방세법시행령 제18조 제1항)

사실상취득가격과 관련해서는 취득 시점에 지급을 마친 비용뿐 아니라 지급해야 할 비용도 과세표준에 포함된다는 점을 유의해야 한다.

3. 간접비용

유상승계취득시의 사실상 취득가격은 직접비용과 간접비용의 합계액이다. 직접비용이 취득세 과세표준에 포함되는 것은 일면 당연하다고 볼 수 있지만, 취득 과정에서 발생하는 다양한 간접비용은 그중 어느 범위까지를 취득세 과세표준에 포함해야 할지 실무상 다툼이 있을 수 있다. 이에 따라 지방세법 시행령 제18조에서 과세표준에 포함 또는 제외되는 간접비용을 구체적으로 열거하고 있다.

(1) 과세표준에 포함되는 간접비용

> **지방세법 시행령 제18조 [사실상취득가격의 범위 등]**
> ① 법 제10조의 3 제1항에서 "대통령령으로 정하는 사실상의 취득가격"(이하 "사실상취득가격"이라 한다)이란 해당 물건을 취득하기 위하여 거래 상대방 또는 제3자에게 지급했거나 지급해야 할 직접비용과 다음 각 호의 어느 하나에 해당하는 간접비용의 합계액을 말한다. 다만, 취득대금을 일시급 등으로 지급하여 일정액을 할인받은 경우에는 그 할인된 금액으로 하고, 법인이 아닌 자가 취득한 경우에는 제1호, 제2호 또는 제7호의 금액을 제외한 금액으로 한다.
> 1. 건설자금에 충당한 차입금의 이자 또는 이와 유사한 금융비용
> 2. 할부 또는 연부(年賦) 계약에 따른 이자 상당액 및 연체료
> 3. 「농지법」에 따른 농지보전부담금, 「문화예술진흥법」 제9조 제3항에 따른 미술작품의 설치 또는 문화예술진흥기금에 출연하는 금액, 「산지관리법」에 따른 대체산림자원조성비 등 관계 법령에 따라 의무적으로 부담하는 비용
> 4. 취득에 필요한 용역을 제공받은 대가로 지급하는 용역비·수수료(건축 및 토지조성공사로 수탁자가 취득하는 경우 위탁자가 수탁자에게 지급하는 신탁수수료를 포함한다)
> 5. 취득대금 외에 당사자의 약정에 따른 취득자 조건 부담액과 채무인수액
> 6. 부동산을 취득하는 경우 「주택도시기금법」 제8조에 따라 매입한 국민주택채권을 해당 부동산의 취득 이전에 양도함으로써 발생하는 매각차손. 이 경우 행정안전부령으로 정하는 금융회사 등(이하 이 조에서 "금융회사등"이라 한다) 외의 자에게 양도한 경우에는 동일한 날에 금융회사등에 양도하였을 경우 발생하는 매각차손을 한도로 한다.
> 7. 「공인중개사법」에 따른 공인중개사에게 지급한 중개보수
> 8. 붙박이 가구·가전제품 등 건축물에 부착되거나 일체를 이루면서 건축물의 효용을 유지 또는 증대시키기 위한 설비·시설 등의 설치비용
> 9. 정원 또는 부속시설물 등을 조성·설치하는 비용
> 10. 제1호부터 제9호까지의 비용에 준하는 비용
>
> **지방세법 시행규칙 제4조의 5 [금융회사 등]**
> 영 제18조 제1항 제6호 후단에서 "행정안전부령으로 정하는 금융회사 등"이란 「자본시장과 금융투자업에 관한 법률」에 따른 투자매매업자 또는 투자중개업자 및 「은행법」에 따른 인가를 받아 설립된 은행을 말한다.

아래 간접비용은 유상승계취득 과세표준인 사실상 취득가격에 포함되는 간접비용이다. 주로 취득세 과세대상을 취득함으로써 필수불가결하게 발생하는 성격의 비용이 해당된다.

1) 건설자금이자

건설자금에 충당한 차입금의 이자 또는 이와 유사한 금융비용은 과세표준에 포함한다.

다만, 지방세법상 건설자금이자의 범위에 대한 구체적인 정의 규정이 없어 취득세 과세표준 산정에 어려움이 있다. 다수의 해석사례 등에 기초하면 회계상 처리방법(자산화 또는 비용 계상)과는 무관하게 기업회계기준에 따른 특정차입금 성격의 이자비용을 취득가액에 포함해야 할 것으로 이해된다.

2) 할부이자

할부 또는 연부 계약에 따른 이자 상당액 및 연체료는 과세표준에 포함한다. 취득에 따른 자금조달의 결과 발생한 비용이므로 과세표준에 포함하고 있다.

3) 농지보전부담금 등

농지보전부담금(농지법), 미술작품의 설치(문화예술진흥법 제9조 제3항) 또는 문화예술진흥기금에 출연하는 금액, 대체산림자원조성비(산지관리법) 등 관계 법령에 따라 의무적으로 부담하는 비용은 과세표준에 포함한다. `2020개정세법`

2020 개정세법 (취득가격의 범위 명확화, 지방세법 시행령 제18조)

1. 개정사유
- 법령에 따른 의무적 부담 비용에 미술작품의 설치비용 또는 문화예술진흥기금에 출연하는 금액을 취득가격에 포함하도록 명확화

2. 적용시기
2020.1.1. 이후 납세의무가 성립하는 분부터 적용

3. 개정조문

현 행	개 정
제18조(취득가격의 범위 등) ① 법 제10조 제5항 각 호에 따른 취득가격 또는 연부금액은 취득시기를 기준으로 그 이전에 해당 물건을 취득하기 위하여 거래 상대방 또는 제3자에게 지급하였거나 지급하여야 할 직접비용과 다음 각 호의 어느 하나에 해당하는 간접비용의 합계액으로 한다. 다만, 취득대금을 일시급 등으로 지급하여 일정액을 할인받은 경우에는 그 할인된 금액으로 한다. 1.·2. (생 략) 3.「농지법」에 따른 농지보전부담금,「산지관리법」에 따른 대체산림자원조성비 등 관계 법령에 따라 의무적으로 부담하는 비용	제18조(취득가격의 범위 등) ① ~~~~~~. 1.·2. (현행과 같음) 3. ~~~~~~~~~~~농지보전부담금,「문화예술진흥법」제9조 제3항에 따른 미술작품의 설치 또는 문화예술진흥기금에 출연하는 금액~~~~~~

4) 용역비, 수수료 등

취득에 필요한 용역을 제공받은 대가로 지급하는 용역비·수수료는 과세표준에 포함한다. 이때 건축 및 토지조성공사로 수탁자가 취득하는 경우 위탁자가 수탁자에게 지급하는 신탁수수료를 포함한다. `2022개정세법`

2022 개정세법 (신탁수수료의 과세표준 범위 명확화, 지방세법 시행령 제18조)

1. 개정사유
- (개정 전) 신탁을 통해 부동산개발을 추진하는 경우 모든 직·간접비용은 취득원가에 포함되어야 함에도 취득자(납세의무자)가 수탁자인 경우 신탁수수료는 수탁자가 지급받는다는 이유로 취득세 과표에서 제외된다고 봄(대법원 2020.5.14.선고 2020두32937판결 등)
- (개정 후) 신탁수수료는 신탁회사가 사업 약정에 따라 위탁자로부터 지급받은 수익으로서 신탁회사 입장에서는 취득세 과세표준에 포함할 수 없음. 다만, 수탁자가 신탁받은 부동산에 대해 건축 및 토지조성공사 등을 시행하는 경우, 신탁회사가 납세의무자의 지위에서 수행한 것이므로 위탁자가 수탁자에게 지급한 신탁수수료는 과세표준에 포함됨을 명확히 규정

2. 적용시기
2022.1.1. 이후 납세의무 성립분부터 적용

3. 개정조문

현 행	개 정
제18조(취득가격의 범위 등) ① 법 제10조 제5항 각 호에 따른 취득가격 또는 연부금액은 취득시기를 기준으로 그 이전에 해당 물건을 취득하기 위하여 거래 상대방 또는 제3자에게 지급하였거나 지급하여야 할 직접비용과 다음 각 호의 어느 하나에 해당하는 간접비용의 합계액으로 한다. 다만, 취득대금을 일시급 등으로 지급하여 일정액을 할인받은 경우에는 그 할인된 금액으로 한다. 1.~3. (생 략) 4. 취득에 필요한 용역을 제공받은 대가로 지급하는 용역비·수수료	제18조(취득가격의 범위 등) ① ~~~~~~. 1.~3. (생 략) 4. ~~~~~~~~~~~~~~~~~수수료(건축 및 토지조성공사로 수탁자가 취득하는 경우 위탁자가 수탁자에게 지급하는 신탁수수료를 포함한다)

5) 취득자 조건 부담액과 채무인수액

취득대금 외에 당사자의 약정에 따른 취득자 조건 부담액과 채무인수액은 과세표준에 포함한다. 해당 비용은 취득에 필수불가결한 성격의 비용이므로 과세표준에 포함하고 있다.

6) 국민주택채권 매각차손

부동산을 취득하는 경우 매입한 국민주택채권(주택도시기금법 제8조)을 해당 부동산의 취득 이전에 양도함으로써 발생하는 매각차손은 과세표준에 포함한다. 이 경우 아래 '금융회사 등' 외의 자에게 양도한 경우에는 동일한 날에 금융회사등에 양도하였을 경우 발생하는 매각차손을 한도로 한다.

〈금융회사 등〉

① 자본시장과 금융투자업에 관한 법률」에 따른 투자매매업자 또는 투자중개업자
② 은행법에 따른 인가를 받아 설립된 은행

7) 공인중개사 중개보수

공인중개사법에 따른 공인중개사에게 지급한 중개보수는 과세표준에 포함한다.

2018.12.31. 지방세법 개정 시 법인이 공인중개사에게 지급하는 중개보수는 간접비용으로 인정하여 과세표준에 포함하고, 법인이 아닌 자가 공인중개사에게 지급하는 중개보수는 과세표준에서 제외하도록 하였고 2019.1.1. 이후 납세의무 성립분부터 적용하였다. 2019개정세법 이후 2021.12.31. 지방세법 개정 시 법인이 아닌 자가 공인중개사에게 지급하는 중개보수는 과세표준에서 제외하도록 한 규정을 삭제하여 법인과 동일하게 과세표준에 포함하도록 하였고 2023.1.1. 이후 납세의무 성립분부터 적용한다. 2023개정세법

〈공인중개사 중개보수〉

공인중개사 중개보수		적용시기
법인의 과세표준	개인의 과세표준	
포 함	제 외	2019.1.1. 이후 납세의무 성립분부터 적용
포 함	포 함	2023.1.1. 이후 납세의무 성립분부터 적용

2019 개정세법 (개인간 거래시 취득가격의 범위 직·간접 비용 명확화, 지방세법 시행령 제18조)

1. 개정사유
- (개정 전) 개인간 거래시 공인중개사에게 지급하는 중개보수가 과표에 포함되는지 여부가 명확하지 아니함
- (개정 후) 개인이 부동산을 취득하는 경우 과세표준 산정시 중개보수를 직간접비용에서 제외토록 명확화

2. 적용시기
2019.1.1. 이후 납세의무 성립분부터 적용

3. 개정조문

현 행	개 정
제18조(취득가격의 범위 등) ① 법 제10조 제5항 각 호에 따른 취득가격 또는 연부금액은 취득시기를 기준으로 그 이전에 해당 물건을 취득하기 위하여 거래 상대방 또는 제3자에게 지급하였거나 지급하여야 할 직접비용과 다음 각 호의 어느 하나에 해당하는 간접비용의 합계액으로 한다. 다만, 취득대금을 일시급 등으로 지급하여 일정액을 할인받은 경우에는 그 할인된 금액으로 한다. 1. (생 략) 2. 할부 또는 연부(年賦)계약에 따른 이자 상당액 및 연체료. 다만, 법인이 아닌 자가 취득하는 경우는 취득가격에서 제외한다. 3.~6. (생 략) 〈신 설〉 7. 제1호부터 제6호까지의 비용에 준하는 비용 ②~⑤ (생 략)	제18조(취득가격의 범위 등) ① ~~~~~~. 1. (현행과 같음) 2. ~~~~~~~~~~~~~~~~~취득가격 또는 연부금액~~~~~~~~~~. 3.~6. (현행과 같음) 7. 「공인중개사법」에 따른 공인중개사에게 지급한 중개보수. 다만, 법인이 아닌 자가 취득하는 경우는 취득가격 또는 연부금액에서 제외한다. 8. ~~~~~~~제7호~~~~~~~ ②~⑤ (현행과 같음)

2023 개정세법 (취득가격의 범위 직·간접 비용 명확화, 지방세법 시행령 제18조)

1. 개정사유
- (개정 전) 개인이 부동산을 취득하는 경우 과세표준 산정시 중개보수를 직간접비용에서 제외토록 명확화
- (개정 후) 개인이 부동산을 취득하는 경우에도 과세표준 산정시 중개보수를 직간접비용에 포함하도록 규정

2. 적용시기
2023.1.1. 이후 납세의무 성립분부터 적용

3. 개정조문

현 행	개 정
제18조(취득가격의 범위 등) ① 법 제10조 제5항 각 호에 따른 취득가격 또는 연부금액은 취득시기를 기준으로 그 이전에 해당 물건을 취득하기 위하여 거래 상대방 또는 제3자에게 지급하였거나 지급하여야 할 직접비용과 다음 각 호의 어느 하나에 해당하는 간접비용의 합계액으로 한다. 다만, 취득대금을 일시급 등으로 지급하여 일정액을 할인받은 경우에는 그 할인된 금액으로 한다. 7. 「공인중개사법」에 따른 공인중개사에게 지급한 중개보수. 다만, 법인이 아닌 자가 취득하는 경우는 취득가격 또는 연부금액에서 제외한다. 〈단서 삭제〉	제18조(취득가격의 범위 등) ① ~~~~~~. 7. 「공인중개사법」에 따른 공인중개사에게 지급한 중개보수.

8) 건축물과 일체를 이루는 설비·시설 등의 설치비용

붙박이 가구·가전제품 등 건축물에 부착되거나 일체를 이루면서 건축물의 효용을 유지 또는 증대시키기 위한 설비·시설 등의 설치비용은 과세표준에 포함한다. 2020년 법 개정으로 2019년 이전에는 취득세 과세표준에 포함되지 않았던 '건축물의 효용을 유지 또는 증대시키기 위한 각종 설치비용'이 과세표준에 포함하도록 하였기 때문에 해당 성격의 비용을 누락함에 따른 과소신고에 유의해야 한다. [2020개정세법]

2020 개정세법 (취득가격의 범위 명확화, 지방세법 시행령 제18조)

1. 개정사유
- 건축물과 일체를 이루면서 건축물의 효용을 유지·증가시키는 시설의 설치금액(시스템에어컨, 베란다 확장 등)을 취득가격에 포함하도록 명확화

2. 적용시기
2020.1.1. 이후 납세의무가 성립하는 분부터 적용

3. 개정조문

현 행	개 정
제18조(취득가격의 범위 등) ① 법 제10조 제5항 각 호에 따른 취득가격 또는 연부금액은 취득시기를 기준으로 그 이전에 해당 물건을 취득하기 위하여 거래 상대방 또는 제3자에게 지급하였거나 지급하여야 할 직접비용과 다음 각 호의 어느 하나에 해당하는 간접비용의 합계액으로 한다. 다만, 취득대금을 일시급 등으로 지급하여 일정액을 할인받은 경우에는 그 할인된 금액으로 한다. 〈신 설〉	제18조(취득가격의 범위 등) ① ~~~~~~. 8. 붙박이 가구·가전제품 등 건축물에 부착되거나 일체를 이루면서 건축물의 효용을 유지 또는 증대시키기 위한 설비·시설 등의 설치비용

---

9) 정원 또는 부속시설물 등의 설치비용

정원 또는 부속시설물 등을 조성·설치하는 비용은 과세표준에 포함한다. 위 8)의 간접비용와 유사한 논리로 2020년 이후 과세표준에 포함하도록 하였기 때문에 해당 성격의 비용을 누락함에 따른 과소신고에 유의해야 한다. [2020개정세법]

제1장 과세표준 **37**

2020 개정세법 (취득가격의 범위 명확화, 지방세법 시행령 제18조)

1. 개정사유
- 정원, 조경, 도로포장 등 공사비용을 취득가격에 포함하도록 명확화

2. 적용시기
2020.1.1. 이후 납세의무가 성립하는 분부터 적용

3. 개정조문

현 행	개 정
제18조(취득가격의 범위 등) ① 법 제10조 제5항 각 호에 따른 취득가격 또는 연부금액은 취득시기를 기준으로 그 이전에 해당 물건을 취득하기 위하여 거래 상대방 또는 제3자에게 지급하였거나 지급하여야 할 직접비용과 다음 각 호의 어느 하나에 해당하는 간접비용의 합계액으로 한다. 다만, 취득대금을 일시급 등으로 지급하여 일정액을 할인받은 경우에는 그 할인된 금액으로 한다. 〈신 설〉	제18조(취득가격의 범위 등) ① ~~~~~~~~~ ~~~~~~~~~ ~~~~~~~~~ ~~~~~~~~~ ~~~~~~~~~ ~~~~~~~~~ ~~~~~~~~~ ~~~~~~~~~ ~~~~~~~~~ 9. 정원 또는 부속시설물 등을 조성·설치하는 비용

10) 기타 간접비용

위 1)에서 9)까지의 비용에 준하는 비용은 과세표준에 포함한다.

다만, 법인이 아닌 자가 취득한 경우에는 위 '1) 건설자금이자', '2) 할부 또는 연부 계약에 따른 이자 상당액 및 연체료', '7) 공인중개사에게 지급한 중개보수'의 금액은 과세표준에서 제외한다.

〈법인과 법인 아닌자의 간접비용 범위〉

취득가격에 포함되는 간접비용	과세표준	
	법 인	법인이 아닌 자
① 건설자금에 충당한 차입금의 이자 또는 이와 유사한 금융비용	포 함	제외(2022~)
② 할부 또는 연부 계약에 따른 이자 상당액 및 연체료	포 함	제 외
③ 농지법에 따른 농지보전부담금, 문화예술진흥법 제9조 제3항에 따른 미술작품의 설치 또는 문화예술진흥기금에 출연하는 금액, 산지관리법에 따른 대체산림자원조성비 등 관계 법령에 따라 의무적으로 부담하는 비용	포 함	포 함
④ 취득에 필요한 용역을 제공받은 대가로 지급하는 용역비·수수료 (건축 및 토지조성공사로 수탁자가 취득하는 경우 위탁자가 수탁자에게 지급하는 신탁수수료를 포함)	포 함	포 함

⑤ 취득대금 외에 당사자의 약정에 따른 취득자 조건 부담액과 채무인수액	포 함	포 함
⑥ 부동산을 취득하는 경우 주택도시기금법 제8조에 따라 매입한 국민주택채권을 해당 부동산의 취득 이전에 양도함으로써 발생하는 매각차손. 이 경우 금융회사등 외의 자에게 양도한 경우에는 동일한 날에 금융회사등에 양도하였을 경우 발생하는 매각차손을 한도로 함	포 함	포 함
⑦ 공인중개사법에 따른 공인중개사에게 지급한 중개보수	포 함	제외(2019~2022) 포함(2023~)
⑧ 붙박이 가구·가전제품 등 건축물에 부착되거나 일체를 이루면서 건축물의 효용을 유지 또는 증대시키기 위한 설비·시설 등의 설치비용	포 함	포 함
⑨ 정원 또는 부속시설물 등을 조성·설치하는 비용	포 함	포 함
⑩ 위 ①부터 ⑨의 비용에 준하는 비용	포 함	포 함

(2) 과세표준에서 제외되는 간접비용

> **지방세법 시행령 제18조 [사실상취득가격의 범위 등]**
> ② 제1항에도 불구하고 다음 각 호의 어느 하나에 해당하는 비용은 사실상취득가격에 포함하지 않는다.
> 1. 취득하는 물건의 판매를 위한 광고선전비 등의 판매비용과 그와 관련한 부대비용
> 2. 「전기사업법」, 「도시가스사업법」, 「집단에너지사업법」, 그 밖의 법률에 따라 전기·가스·열 등을 이용하는 자가 분담하는 비용
> 3. 이주비, 지장물 보상금 등 취득물건과는 별개의 권리에 관한 보상 성격으로 지급되는 비용
> 4. 부가가치세
> 5. 제1호부터 제4호까지의 비용에 준하는 비용

아래의 간접비용은 유상승계취득 과세표준인 사실상의 취득가격에 포함하지 않는다. 주로 취득세 과세대상의 취득행위와 무관한 성격의 비용이다.

1) 판매 및 부대비용

취득하는 물건의 판매를 위한 광고선전비 등의 판매비용과 그와 관련한 부대비용은 과세표준에 포함하지 않는다.

2) 전기·가스·열 등을 이용하는 자가 분담하는 비용

전기사업법, 도시가스사업법, 집단에너지사업법, 그 밖의 법률에 따라 전기·가스·열 등을 이용

하는 자가 분담하는 비용은 과세표준에 포함하지 않는다.

3) 이주비 등 권리 보상 성격의 비용
이주비, 지장물 보상금 등 취득물건과는 별개의 권리에 관한 보상 성격으로 지급되는 비용은 과세표준에 포함하지 않는다.

4) 부가가치세
부가가치세는 과세표준에 포함하지 않는다.

5) 기타 간접비용
위 1)에서 9)까지의 비용에 준하는 비용은 사실상의 취득가격에 포함하지 않는다.

4. 부동산등의 일괄취득

(1) 부동산등 일괄취득

> **지방세법 시행령 제19조 [부동산등의 일괄취득]**
> ① 부동산등을 한꺼번에 취득하여 각 과세물건의 취득 당시의 가액이 구분되지 않는 경우에는 한꺼번에 취득한 가격을 각 과세물건별 시가표준액 비율로 나눈 금액을 각각의 취득 당시의 가액으로 한다.
> ④ 제1항의 경우에 시가표준액이 없는 과세물건이 포함되어 있으면 부동산등의 감정가액 등을 고려하여 시장·군수·구청장이 결정한 비율로 나눈 금액을 각각의 취득 당시의 가액으로 한다.

부동산등 2019개정세법 을 한꺼번에 취득하여 각 과세물건의 취득 당시의 가액이 구분되지 않는 경우에는 한꺼번에 취득한 가격을 각 과세물건별 시가표준액 비율로 나눈 금액 2016개정세법 을 각각의 취득 당시의 가액으로 한다.(지방세법 시행령 제19조 제1항)

다만, 일괄취득한 부동산등 중 시가표준액이 없는 과세물건이 포함되어 있으면 부동산등의 감정가액 등을 고려하여 시장·군수·구청장이 결정한 비율로 나눈 금액을 각각의 취득 당시의 가액으로 한다.(지방세법 시행령 제19조 제2항)

2016 개정세법 (취득세 과세대상 안분기준 명확화, 지방세법 시행령 제19조)

1. 개정사유
- (개정 전) 주택과 상가 등을 일괄 취득하면서 취득가격이 구분되지 않는 경우 시가표준액을 기준으로 안분토록 규정. 다만 주택과 상가 등을 일괄 취득하는 경우 각각의 취득가액을 합리적으로 안분하여 신고하여야 함에도, 최근 주택 유상거래 세율이 인하됨에 따라 세율이 낮은 주택부분의 취득가격을 비정상적으로 높게 신고하여 조세를 회피하는 사례 발생
- (개정 후) 주택과 상가 등을 일괄 취득 시 구분 신고가액에 관계없이 건축물 시가표준액 비율로 안분하도록 기준 명확화

2. 적용시기
2016.1.1. 이후 납세의무 성립분부터 적용

3. 개정조문

현 행	개 정
제19조 [토지 등의 일괄취득] ① (생 략) 〈신 설〉	제19조 [토지 등의 일괄취득] ① (현행과 같음) ② 제1항에도 불구하고 주택, 건축물과 그 부속토지를 한꺼번에 취득한 경우에는 다음 각 호의 계산식에 따라 주택 부분과 주택 외 부분의 취득가격을 구분한다. 다만, 법 제10조 제5항 제1호부터 제4호까지에 따른 취득으로서 주택 부분과 주택 외 부분의 취득가격이 구분되는 경우에는 그 가격을 각각의 취득가격으로 한다. 1. 주택부분: $$\text{전체취득가격} \times \frac{\text{건축물 중 주택 부분의 시가표준액 (법 제4조 제2항에 따른 시가표준액을 말한다. 이하 이 항에서 같다.)}}{\text{건축물 전체의 시가표준액}}$$ 2. 주택 외 부분: $$\text{전체취득가격} \times \frac{\text{건축물 중 주택 부분의 시가표준액}}{\text{건축물 전체의 시가표준액}}$$

2019 개정세법 (일괄 취득시 취득가격 안분기준 명확화, 지방세법 시행령 제19조)

1. 개정사유
   - (개정 전) 부동산 이외에 취득세 과세대상 차량 등을 일괄 취득하는 경우에는 별도의 안분 기준을 규정하고 있지 않음
   - (개정 후) 차량·선박등을 일괄 취득하는 경우에도 물건별 시가표준액을 기준으로 취득가격을 안분할 수 있도록 명확히 규정

2. 적용시기
   2019.1.1. 이후 납세의무 성립분부터 적용(현행 제도운영을 명확히 한 것으로 기존과 동일하게 적용)

3. 개정조문

현 행	개 정
지방세법 시행령 제19조(토지 등의 일괄취득) ① 토지와 건축물 등을 한꺼번에 취득하여 토지 또는 건축물 등의 취득가격이 구분되지 아니하는 경우에는 한꺼번에 취득한 가격을 토지와 건축물 등의 시가표준액 비율로 나눈 금액을 각각의 취득가격으로 한다. ②·③ (생 략) ④ 제1항의 경우에 시가표준액이 없는 과세물건이 포함되어 있으면 토지와 건축물 등의 감정가액 등을 고려하여 시장·군수·구청장이 결정한 비율로 나눈 금액을 각각의 취득가격으로 한다.	제19조(부동산등의 일괄취득) ① 법 제7조 제1항에 따른 부동산등(이하 이 조에서 "부동산등"이라 한다)을 ~~~~부동산등~~~~~~~~~~~~~~~~~~ 부동산등의~~~~~~~~~~~~~~~ ~~~~~~~~~~~~~~~~~. ②·③ (현행과 같음) ④ ~~~~~~~~~~~~~~~~~ ~~~~~~~~~~~~~~~~~ ~~~~~~~~~~~~~~~~~ ~~~~~~~~~~~~~부동산등 ~~~~~~~~~~~~~~~.

(2) 주택, 건축물과 그 부속토지의 일괄취득

지방세법 시행령 제19조 [부동산등의 일괄취득]

② 제1항에도 불구하고 주택, 건축물과 그 부속토지를 한꺼번에 취득한 경우에는 다음 각 호의 계산식에 따라 주택 부분과 주택 외 부분의 취득 당시의 가액을 구분하여 산정한다.

1. 주택부분(2021.12.31. 개정)

$$\text{전체 취득당시의 가액} \times \frac{[\text{건축물 중 주택 부분의 시가표준액(법 제4조 제2항에 따른 시가표준액을 말한다. 이하 이 항에서 같다)}] + [\text{부속토지 중 주택 부분의 시가표준액(법 제4조 제1항에 따른 토지 시가표준액을 말한다. 이하 이 항에서 같다)}]}{\text{건축물과 부속토지 전체의 시가표준액}}$$

2. 주택 외 부분(2021.12.31. 개정)

$$\text{전체 취득당시의 가액} \times \frac{\text{(건축물 중 주택 외 부분의 시가표준액)} + \text{(부속토지 중 주택 외 부분의 시가표준액)}}{\text{건축물과 부속토지 전체의 시가표준액}}$$

위 '(1) 부동산등 일괄취득' 규정에도 불구하고 주택, 건축물과 그 부속토지를 한꺼번에 취득한 경우에는 다음의 계산식에 따라 주택 부분과 주택 외 부분의 취득 당시의 가액을 구분하여 산정한다.(지방세법 시행령 제19조 제2항)

즉, 부동산 중에서 주택이 포함되는 경우에는 주택 부문과 주택 외 부문을 구분하는데, 이유는 주택은 일반적인 유상승계취득의 세율보다 낮은 세율이 적용되기 때문이다. 2016개정세법

2016 개정세법 (부동산 일괄취득시 과세표준 안분기준 조정, 지방세법 시행령 제19조)

1. 개정사유
- (개정 전) 주택과 주택 외 부동산을 거래를 통해 일괄취득시 건축물 용도별로 시가표준액을 각각 산정하여 이를 기준으로 과세표준을 안분하도록 규정. 이로 인해 부속토지 가액까지 건축물 시가표준액에 영향을 받게 되어 과세표준이 건축물 가격 위주로만 안분되는 문제가 발생함
- (개정 후) 과세표준 안분 시 건축물 시가표준액과 부속토지 가격을 포함한 전체가격을 토대로 안분하도록 개선. 다만, 건축물을 신·증축으로 취득하는 경우에는 건축물의 연면적을 기준으로 과세표준을 안분(=건축물 신증축의 경우 건축물 취득비용만 발생하며 토지가격은 영향을 주지 않기 때문)

2. 적용시기
2017.1.1. 이후 납세의무 성립분부터 적용
(적용예시) 1층 상가(경량철골조 지수 55, 시가표준액 1,100만원), 2층 주택(연와조 지수 100, 2,000만원)인 1동의 건물을 1억(부속토지 0.6억, 각각 0.3억) 가격으로 취득시

구 분	1층 상가	2층 주택
현 행	0.35억 = 1억×1,100만/(1,100만+2,000만)	0.65억 = 1억×(2,000만/1,100만+2,000만)
개 선	0.45억 = 1억×A	0.55억 = 1억×B

A = (1,100만+3,000만)/(3,100만+6,000만), B = (2,000만+3,000만)/(3,100만+6,000만)

3. 개정조문

현 행	개 정
제19조(토지 등의 일괄취득) ① (생 략) ② 제1항에도 불구하고 주택, 건축물과 그 부속토지를 한꺼번에 취득한 경우에는 다음 각 호의 계산식에 따라 주택 부분과 주택 외 부분의 취득가격을 구분한다. 다만, 법 제10조 제5항 제1호부터 제4호까지에 따른 취득으로서 주택 부분과 주택 외 부분의 취득가격이 구분되는 경우에는 그 가격을 각각의 취득가격으로 한다. 1. 주택부분 전체취득가격 × (건축물 중 주택 부분의 시가표준액(법 제4조 제2항에 따른 시가표준액을 말한다. 이하 이 항에서 같다.)) / (건축물 전체의 시가표준액) 2. 주택 외 부분 전체취득가격 × (건축물 중 주택 외 부분의 시가표준액) / (건축물 전체의 시가표준액) 〈신 설〉 ③ 제1항의 경우에 시가표준액이 없는 과세물건이 포함되어 있으면 토지와 건축물 등의 감정가액 등을 고려하여 시장·군수가 결정한 비율로 나눈 금액을 각각의 취득가격으로 한다.	제19조(토지 등의 일괄취득) ① (현행과 같음) ② ~~~~~구분하여 산정한~~~~~~. 1. 주택부분 전체 취득 가격 × ([건축물 중 주택 부분의 시가표준액(법 제4조 제2항에 따른 시가표준액을 말한다. 이하 이 항에서 같다.)] + [부속토지 중 주택부분의 시가표준액(법 제4조 제1항에 따른 토지 시가표준액을 말한다. 이하 이 항에서 같다.)]) / (건축물과 부속토지 전체의 시가표준액) 2. 주택 외 부분 전체 취득 가격 × ((건축물 중 주택 외 부분의 시가표준액) + (부속토지 중 주택 외 부분의 시가표준액)) / (건축물과 부속토지 전체의 시가표준액) ③ 제1항 및 제2항에도 불구하고 신축 또는 증축으로 주택과 주택 외의 건축물을 한꺼번에 취득한 경우에는 다음 각 호의 계산식에 따라 주택 부분과 주택 외 부분의 취득가격을 구분하여 산정한다. 1. 주택부분 전체 취득가격 × (건축물 중 주택 부분의 연면적) / (건축물 전체의 연면적) 2. 주택 외 부분 전체 취득가격 × (건축물 중 주택 외 부분의 연면적) / (건축물 전체의 연면적) ④ ~~~~~~~~~~~~~~시장·군수·구청장이 ~~~~~~~~~~~.

(3) 신축 또는 증축에 따른 주택과 주택 외 건축물의 일괄취득

> **지방세법 시행령 제19조 [부동산등의 일괄취득]**
> ③ 제1항 및 제2항에도 불구하고 신축 또는 증축으로 주택과 주택 외의 건축물을 한꺼번에 취득한 경우에는 다음 각 호의 계산식에 따라 주택 부분과 주택 외 부분의 취득 당시의 가액을 구분하여 산정한다.
> 1. 주택부분(2021.12.31. 개정)
>
> $$\text{전체 취득당시의 가액} \times \frac{\text{건축물 중 주택 부분의 연면적}}{\text{건축물 전체의 연면적}}$$
>
> 2. 주택 외 부분(2021.12.31. 개정)
>
> $$\text{전체 취득당시의 가액} \times \frac{\text{건축물 중 주택 외 부분의 연면적}}{\text{건축물 전체의 연면적}}$$

신축 또는 증축으로 주택과 주택 외의 건축물을 한꺼번에 취득한 경우에는 다음 각 호의 계산식에 따라 주택 부분과 주택 외 부분의 취득 당시의 가액을 구분하여 산정한다.(지방세법 시행령 제19조 제3항)

1. 주택부분(2021.12.31.개정)

$$\text{전체 취득당시의 가액} \times \frac{\text{건축물 중 주택 부분의 연면적}}{\text{건축물 전체의 연면적}}$$

2. 주택 외 부분(2021.12.31.개정)

$$\text{전체 취득당시의 가액} \times \frac{\text{건축물 중 주택 외 부분의 연면적}}{\text{건축물 전체의 연면적}}$$

제4절 원시취득의 과세표준

1. 원시취득 과세표준의 원칙

> **지방세법 제10조의 4 [원시취득의 경우 과세표준]**
> ① 부동산등을 원시취득하는 경우 취득당시가액은 사실상취득가격으로 한다.
> ② 제1항에도 불구하고 법인이 아닌 자가 건축물을 건축하여 취득하는 경우로서 사실상취득가격을 확인할 수 없는 경우의 취득당시가액은 제4조에 따른 시가표준액으로 한다.

부동산등을 원시취득하는 경우 과세표준인 취득당시가액은 사실상 취득가격으로 한다.(지방세법 제10조의 4 제1항) 사실상취득가격은 앞서 3절에서 살펴본 바와 같다.

다만 법인이 아닌 자가 건축물을 건축하여 취득하는 경우로서 사실상취득가격을 확인할 수 없는 경우의 취득당시가액은 지방세법 제4조에 따른 시가표준액으로 한다.(지방세법 제10조의 4 제2항)

원시취득은 통상 신축 또는 증축 등을 의미하므로 직접적인 공사비용과 공사와 관련한 간접비용이 과세표준 포함되는지가 주요 고려 사항이 된다. 신축 또는 증축 등의 직간접비용 중 과세표준에 포함되거나 포함되지 않는 비용은 다음과 같다.

2. 원시취득 직·간접비용의 취득세 과세표준 산입여부

(1) 공사비(직접)

구 분	문서번호	토지	건물	지목변경	비고
공동구, 지하저수조, 정화조(옥외급수위생 관련공사비)	지방세운영과797, 2008.08.26		○		
급배수 위생설비(수도, 온수공급, 배수설비, 보온공사)	행심20018, 2001.01.30		○		
기존시설물철거, 토지분할측량, 지반보강공사, 가설공사(흙막이공사, 파일공사등)	대법98두6364, 1999.12.10. 대법원98두6364, 1991.12.10. 조심2011지0523, 2012.09.29.		○		
냉동고(신축시 건물 일체)	조심2011지0333, 2012.02.09		○		
리모델링, 증축공사와 함께 시행 → 취득세 대상 '개수'에 해당하는 경우	조심2010지0182, 2011.02.14		○		
마감공사비(미장, 수장, 페인팅, 도배, 타일)	행심2001554, 2001.11.26		○		

항목	출처			
발코니 확장공사 및 새시설치비용	감심2008174, 2008.06.05 감심200979, 2009.04.16 감심200998,99, 2009.04.30 조심12697, 2012.11.28.	○		
발코니공사비(취득시기 이전/이후)	지방세정팀218, 2005.12.26	△		
방화벽 설치공사 → 방화구획 등을 위한 바닥 또는 벽을 증설해체하거나 수선변경 하는 것	조심2010지0182, 2011.02.14 조심2011지0824, 2012.08.30	○		
복도, 사무실 내부칸막이 공사(사용승인전 체결된 공사계약에 포함)	조심2013지0456, 2015.06.19	○		
소화배관 교체공사(단순소화전, 감지기, 경보시설 등 교체는 제외)	세정13407286, 2002.03.23 지방세운영과797, 2008.08.26	○		
송수관 및 급배수시설 설치공사	감심2014113, 2014.04.24	○		
설계비, 산재보험료	세정134071232, 1995.12.01	○		
신축에 사용하지 아니하고 폐기한 설계비	행심2007156, 2007.03.26	×		
인테리어 공사비용 → 취득시기 이전에 지급원인이 발생 또는 확정된 비용은 건축공사 도급계약의 체결이나 공사대금 지급의 약정이행기가 도래하였다는 것 또는 그때까지 이미 지급한 공사대금 금액을 의미하는 것이 아니라 취득시기까지 실제 공사가 완료된 부분의 기성고 금액을 뜻한다.	대법2013두7681,2013.09.12 조심2013지0230, 2014.05.02	△ (기성고)		
전기설비(배관, 배선, 피뢰침 등)	행심20018, 2001.01.30	○		
통신관로·선로 지중과공사비, 한전선로 이설부담금	조심2019지2369, 2020.11.19	×, ○		
전화교환설비	대법92다43142, 1993.08.13 행심9930, 1999.04.28 행심200823, 2008.01.28	○		
측량비, 감정평가비, 직원출장비, 현장인건비 등	행심99315, 1999.05.26.	○		
LED 전광판 설치공사비용, 잔넬	대법원201746257, 2017.8.18. 조심2019지2358, 2019.12.26	○		
사용승인서교부일을 기준으로 그 이전에 거래상대방 또는 제3자에게 지급하였거나 지급하여야 할 일체의비용	행자부세정13407-604, 2001.6.5.	○		
부동산매매가액 수정한 경우 그 수정된 가액	지방세정팀-5208, 2006.10.24.	○		
주상복합건물 신축취득시, 이 건 상가건물의 사실상 취득가격을 건축물 면적비율로 총취득가액을 안분	내심 98-66, 1998.2.24.	△		
지목변경에 대한 기반시설공사비	대법원 2019두56654 2022.10.27.		○	

(2) 공사비(옵션)

구 분	문서번호	토지	건물	지목변경	비고
건물주체구조부와 하나가 되어 건축물로서의 효용가치를 이루었는지 여부에 따라 판단 ☞ 옵션공사대상인 시스템에어컨, 광파오븐, 안전방충망, 태양열차단필름, 주방가구등(수납강화, 팬트리, 슬라이딩도어, 대형드레스룸)과 세표준 제외	대법2020두32937, 2020.05.14. *감심2019233, 2019.08.22. 등은 시스템에어컨비용은 과표산입으로 판단. 조심2020지3669, 2021.02.03., 조심2021지1394, 2021.10.27.		△		
재건축조합의, 발코니 확장공사까지 완료된 상태의 아파트 취득	대법원2018.31535, 2018.4.26.		○		
빌트인 시스템 에어컨 ☞ 이후 지령§18 1항, 8호 입법 보완	대법원2018.31535, 2018.4.26.		×		
천장형 에어컨(건축물과 일체를 이루어 설치한 시설물로서 증축건축물의 효용을 증진)	조심2018지0046,2018.2.6. 조심22021지0514,2021.11.9. 조심2021지2130,2022.5.10		○		
붙박이가구 · 가전제품 등 건축물에 부착되거나 일체를 이루면서 건축물의 효용을 유지 또는 증대시키기 위한 설비 · 시설 등의 설치비용	지방세법 시행령 제18조 1항 8호		○		
옵션공사비 ① 계약관계 불문하고 포함(시공자-수분양자) ② 건물에 고정, 접합하지 아니하였거나, 이동성이 있는 가전제품 등은 제외 ③ 취득일 현재완료되지 아니한 부대공사	대법원92다43142, 1993.8.13. 행자부세정-1819, 2006.5.4. 행심2006-1126호,2006.12.27 행심2007-78호, 2007.2.26. 행자부세정-1230, 2007.4.16. 행자부지방세운영-1876, 2008.10.21 대법원2009두2511, 2009.4.23. 조심2011지156, 2012.3.30. 조심2012지697, 2012.11.28 대법원2013두7681, 2013.9.12.		○		
수분양자의 빌트인 방식의 옵션계약비용	대법원2015두59877,2016.3.24. 조심2021지0514,2021.11.9.		○		
취득시기 이후 발코니 형태변경공사 완료된 경우	행자부세정-217, 2005.12.26.		×		
테라스방부목 설치공사비, 빌트인 김치냉장고 설치비	테라스방부목 설치공사비, 빌트인 김치냉장고 설치비		○		
쇼케이스, 냉동, 냉장설비(건축물에 고정식으로 부착된 설비이지만 쉽게 이동이 가능한 것으로 보이고, 건축물의 효용을 위한시설 이라기보다는 영업을 위하여 설치한 시설로서 고정식으로 부착된 설비)	조심2021지2130, 2022.5.10.		×		

구분	문서번호	토지	건물	지목변경	비고
건축물 사용승인일 이전 계약한 인테리어 비용(건축물 가액에 포함)	대법원2012두1600, 2013.7.11.		○		
건축물 사용승인일 이후 계약한 인테리어 비용(건축물과 별도의 취득으로 개수)	대법원2012두1600, 2013.7.11.		○		
백화점 건물 외부LED, 스크린, 사인	조심2018지1221, 2019.9.25.		○		

(3) 공사비(부대시설)

구분	문서번호	토지	건물	지목변경	비고
백화점 시설물 → 동일장소를 임차하는 백화점 업체가 그대로 활용하기에 충분하다고 판단되는 경우 주체구조부와 일체를 이루어 건축물자체의 효용을 증대하는 경우 시설물로 보아 과표산입	대법원2020두36908, 2020.06.25		○		
물류창고에 설치한 메자닌랙 → 나사와 볼트를 제거하는 방법으로 이를 건축물과 분리하여 철거하고 이설할 수 있도록 설계 및 시공	조심2019지1768, 2019.12.3. 조심2020지1274, 2020.11.12		×		
자동제어장치(BMS/EMS시스템)	조심2015지1274, 2015.12.7. 조심2021지2589, 2022.8.9		×		
제품 생산을 위한 자재 등을 운반하는 엘리베이터	조심2020지1402, 2020.11.11		○		
급배수시설, 수조 등 과세표준 산입	행심99638, 1999.11.24		○		
방음벽 설치비용	조심2019지2308, 2020.1.16. 조심2020지3441, 2021.10.7.		×		
방송시스템 및 특수조명 부분	대법원201746257, 2017.8.18.		×		
건물부착 기계장치	조심2016지0301, 2016.12.8.		○		
지붕이 없는 형태의 보안옹벽	조심 2022지0894, 2023.9.19		×		

(4) 공사비(철거)

구 분	문서번호	토지	건물	지목변경	비고
철거비	지방세운영과1552, 2016.06.17		○		
건물철거비용(건축물 신축과 관련)	세정1340774, 1999.01.21, 대법2009두5350, 2009.09.10 서울고법11누8484, 2011.10.27, 대법원201129472, 2012.1.16, 행자부지방세운영과-1552, 2016.6.17.		○		
나대지 상태로 토지를 제3자에게 매각하는 경우에는 토지만을 사용할 목적인 지상 정착물 철거비	행자부세정-5628, 2006.11.14.	×		○	
지목변경을 수반하지 않은 기존 건축물의 철거비	행자부세정-5439, 2007.12.18.	×		×	
지목변경과 관계없는 토양오염처리비	대법2009두5350, 2009.09.10.	△	×	×	
환지방식의 도시개발사업을 시행하는 과정에서 토지의 지목변경 또는 그 지상의 건축물 신축 등에 필수적으로 소요 되는 비용	대법원2018.3.29. 선고 2017두35844 판결	○		○	

(5) 공장클린룸

구 분	문서번호	토지	건물	지목변경	비고
건물에 연결 부착되어 건물의 상용에 제공된 종물에 해당한다면 과세표준에 포함	세정2, 2007.01.02, 지방세운영과75, 2017.03.16., 행안부지방세운영-321, 2018.2.9.		○		
건축물 일체 시설이라기 보다는 건물 내부 설치된 기계장치에 불과한 경우 과세표준 제외	조심2008지483, 2008.12.09, 조심2012지114, 2012.09.14, 조심2020지0534, 2020.10.26.		×		

(6) 공사비(간접)

구 분	문서번호	토지	건물	지목변경	비고
건축허가시 허가조건 이행에 갈음하여 지급한 공공기여금	조심2013지0388, 2013.7.4		O		
건축컨설팅수수료 ① 건축사업 관련 예정 건축부지 물색, 사업구상지원 및 사업타당성검토, 건축계획의 작성, 건축허가 등의 업무대행 비용 ② 부동산개발사업에 대한 전반적인 회계 및 조세의 검토, 전반적인 경영진단 등 ③ 사업수지정산 및 검토, 계약에 대한 세무 및 회계의 검토, 사업의 준공에 따른 세무검토	대법2009두22034, 2011.01.13. 세정13407151, 2002.02.08. 조심2008지0101, 2009.01.02. 대법2013두22178, 2014.02.13.	O	O		
담합입찰비 → 그 낙찰가격을 저감시키는 데에 지급목적이 있는 것으로 실질적으로 부동산 취득 대가에 해당	대법97누10178, 1997.12.26	O	O		
소개수수료, 준공검사비용	대법95누4155, 1996.01.26		O		
현장관련비용	지방세운영480, 2008.06.18		O		
가설급수공사비, 준공청소비	조심2019지2113, 2020.06.02		O		
건축물의 신축으로 예상되는 교통 혼잡을 방지하기 위하여 보행자도로 및 지하철 구내의 시설을 확장	조심2020지0836, 2020.12.04., 조심2020지0830, 2020.12.04., 조심2020지0848, 2020.12.04		O		
건축물을 신축하면서 선박의 수리 및 건조를 위한 부수토지의 레일 등의 작업공간	조심2020지3454, 2021.01.22., 조심2020지3453, 2021.02.24		O		
직접비용, 간접비용 이외에 과세대상 물건이 아닌 다른 물건이나 권리에 관하여 지급된 비용	대법원95누4155, 1996.1.26.	×	×	×	
소극적으로 보유자산 등을 포기하는 방법을 통해 당해 물건을 취득하는 경우의 그 경제적 가치	대법원2015두41616, 2015.8.27.	O	O		
시공사에 지급한 이익분배금(인센티브)	대법원209구합40957, 2010.4.8. 조심2011지0517, 2012.06.26., 조심2011지0320, 2012.07.03		×		
토지거래계약 불허가된 토지대금 → 토지거래계약이 불허가된 토지에 취득세 부과한 것은 위법함	감심2011174, 2011.10.6	×			

(7) 견본주택

구 분	문서번호	토지	건물	지목변경	비고
견본주택 취득 → 독립적인 과세객체로써 1년 초과 여부에 따라 과세대상 여부가 결정	행자부세정13407-1993, 1998.11.25., 세정13407-706, 2000.06.07., 행자부지방세운영과-3159, 2016.12.19., 행자부지방세운영과-669, 2019.3.18.		○ (별도)		
1년 미만 견본주택	조심2016지1170 2017.4.4.		×		
견본주택승계취득	세정13407아993, 1998.11.25, 세정13407-763, 2000.06.15, 세정411, 2003.07.09, 조심2010지57, 2010.11.19		○ (별도)		
견본주택건축비	세정1280, 2005.06.21		×		
견본주택 대수선	감심제2007-87, 2007.8.16. 지방세운영2503, 2008.12.12		○ (별도)		
견본주택 신탁	지방세운영366, 2008.07.24., 조심2008지22, 2008.06.25 조심0822, 2008.6.25.		○ (별도)		
취득일 이후 발생 견본주택유지비용	조심2012지580, 2012.12.10		×		
모델하우스 부속토지 임차료	세정13407-388, 1997.04.24	×			
존치기간 1년 초과하는 가설건축물	조심2017지0700, 2018.3.29.		○		

(8) 국민주택채권, 국민주택채권매각차손

구 분	문서번호	토지	건물	지목변경	비고
타법인으로부터 부동산을 취득하면서 주택법 제68조에 따라 제1종 국민주택채권을 매입하고 당해 부동산 취득전에 매각함으로써 매각차손이 발생한 경우라면 부동산 취득에 따른 간접비용	세제과640, 2012.05.25, 지방세운영과5018, 2009.11.27, 조심2019지2113, 2020.06.02, 행자부지방세운영과-2656, 2011.6.9.	○	○		
국민주택채권 매입비(만기상환받은 경우) → 구 주택법에서 85제곱미터를 초과하는 공동주택 건설용 공공택지를 공급하는 자는 국민주택채권을 가장 많이 매입하고자 하는 자를 택지공급대상자 결정(채권입찰제)하고 있는바, 택지 취득을 위한 필수적인 비용으로 택지과표에 포함	세정122, 2006.01.19 대법2011두29472, 2012.1.16. 대판2011두27773, 2013.1.16.	○			

구 분	문서번호	토지	건물	지목변경	비고
국민주택채권 매각차손액(토지취득 전 매각한 경우)	대법2011두15473, 2013.01.16. 감심2013-29, 2013.02.28	○			
국민주택채권 매각차손액 ① 주택법 제68조 제1항 제2호에 의해 부동산등기를 위해 매입하는 국민주택채권은 토지과표 불포함 ② 건축허가를 위해 매입하는 제1종 국민주택채권, 채권입찰제 주택분양을 위해 매입하는 제2종 국민주택채권은 건축물 과표포함	구행정자치부지방세정팀-5637, 2007.12.31. 감심제2007-168호, 2007.12.20. 행안부지방세운영과-5018, 2009.11.27., 조심2011지0257, 2012.10.10	×	○		
건축허가를 위해 매입하는 제1종 국민주택채권, 입찰제주택분양을 위해 매입하는 제2종 국민주택채권 등 취득과 관련된 국민주택채권매각차손	감심2007168, 2007.12.20 감심2013-29, 2013.2.28.		○		
주택법 제68조 제1항 제2호에 의해 부동산등기를 위해 매입하는 국민주택채권 매입비용은 과표 제외하나 매각차손은 과표 산입	지방세운영과5090, 2010.10.26. 지방세운영과3142, 2010.07.26.	△			

(9) 명도비, 취득자 조건 부담액, 채무인수액, 보상비

구 분	문서번호	토지	건물	지목변경	비고
이주비보상금 유사한 명도비 → 명도비용이 부동산 취득을 위하여 지급한 것이 아니라 건물을 조속히 명도받아 건물 신축사업을 조속히 실행하기 위하여 임차인들에게 임차권·영업권 등에 대한 보상금 명목 등으로 지급된 것이므로 부동산의 취득가격에 포함 ×	세정98, 2005.12.15., 세정153, 2005.01.11. 감심2010130, 2010.12.09. 대법2010두24586, 2011.02.24 조심2011지0173, 2011.03.21.	×	×		
이주비, 보상금, 분묘이장비 및 유사비용	대법95누4155, 1966.01.26. 수원지법2006구합867, 2006.07.20. 세정5508, 2006.11.08 대법원2020두39044	×	×		
건물 명도과정에서 임차인들에게 임차권·영업권, 명도합의금 등에 대한 보상금 명목 등으로 지급된 것	대법원2010689, 2010.4.15.		×		
경락시 대항력 있는 임차인에게 지급한 임차금	세정4716, 2007.11.12	○	○		
경매 취득시 전소유자의 전세금 채무	조심2018지1217, 2019.1.24		○		

내용	출처				
기존 임차인 명도비, 영업보상금 명목 명도비 → 부동산 취득 당시 임차인 등에게 지급한 명도비와 영업보상금이 확정되어 있지 아니하더라도 부동산 그 자체 가격 지급 후에 명도비 등의 명목으로 임차인 등에게 지급한 이상 이는 이 사건 부동산을 취득하기 위하여 지급한 간접비용	행심2005227, 2005.07.25. 행심2005253, 2005.08.09., 행심2006410, 2006.09.25.	○	○		
임차인들에게 임차보증금을 지급한 사실이 없고, 경락 후에도 임차보증금을 지급하여야 할 의무가 없는 경우의 임차보증금	조심2020지430, 2020.5.7.		×		
유치권포기 합의금(취득절차비용) → 피담보채권 변제가 있을 때까지 유치목적물인 이 사건 부동산의 인도를 거절할 수 있기 때문에 인도를 받기 위하여 지불한 유치권 포기에 대한 합의금은 이 사건 부동산을 취득하기 위하여 제3자에게 지급한 일체의 비용에 해당, 과표 포함	행심2005441, 2005.09.26. 조심2010지0582, 2011.08.08 지방세운영과-684, 2012.3.4.	○	○		
경매 취득시 유치권 해소비용	대법원2019두44385		○		
이사비용, 이주위로보상비, 이사비용 기타 합의금	세정13407717, 1999.06.18. 세정13407589, 1999.05.15. 세정13407956, 2000.07.31		×		
승계한 체납관리비	조심2020지0126, 2020.05.15. 조심2020지0484, 2020.07.06		○		
인근주민 조망권 침해 보상금	감심2009190, 2009.10.01. 지방세운영과4295, 2009.10.12		×		
재건축사업 지연에 따라 조합에 지급한 위로금 및 피분양자에게 지급한 합의금	조심2013지0219, 2014.01.22		×		
묘지이장비 → 골프장 건설공사를 하기 위하여 지장물에 해당하는 묘지를 이장할 목적으로 지급한 위 묘지관련기부금은 지목 변경 공사에 소요된 간접비용으로서 취득세 과세표준에 포함	감심제2008188, 2008.06.19			○	
보상금, 묘지이장비, 지장물보상금, 이주비	지방세정팀6414, 2006.12.21	×			
이주비 지원금의 금융비용(이자)	행심2004-267, 2004.9.23.		×		
이주비 지원금의 금융비용(이자)	조심2019지2525, 2020.08.21		○		
매도자 재산세 등 세금대납액	조심2016지0103		○		
주택임대차보호법이나 상가임대차보호법 등에 의하여 대항력 있는 임차인에게 별도로 지급하는 임차보증금	조심2011지766, 2012.5.24.		○		
경락받은 부동산에 유치권이 설정되어 있고 유치권자와 합의를 하면서 지급한 금액	조심2014지1183, 2015.4.16.		○		

항목	판례				
지장물 이전비 보상금(지장물 자체의 소유권 취득한 경우)	대법원95누4155, 1996.1.26. 대법원2010두15452, 2010.12.9. 조심2013지0159, 2013.7.16 지방세운영과-416, 2017.4.24.	○			
입목에 대한 이전비보상	조심2013지67, 2013.4.24.	×			
종전임차인에게 지급하는 권리금	조심2020지3701, 2021.10.7.	×			
종전 재산 보상비, 종전 거주자 이사비	조심2019지2048, 2020.11.12.	○			
특약조건 미이행에 따른 감액시 과세표준	조심2020지0222, 2020.6.25.	×			
영농비닐하우스, 관리사, 수목, 전기시설, 배수시설, 농기계 등의 지장물과 영농손실에 대한 보상금으로 지급한 지장물 보상금과 영농보상금	감심2012179, 2012.12.13	×			
세입자이주비, 지장물 보상금 → 과세대상 물건 토지를 취득함에 있어서 토지자체 가격으로 지급되는 것이 아니라 취득의 대상이 아닌 물건이나 권리에 대하여 그 지급원인이 발생 또는 확정된 것	지방세법시행령 제18조 2항 3호, 대법95누4155, 1996.01.26. 대법2009두22034, 2011.01.13	×			
대물변제를 원인으로 취득한 부동산 → 대물변제계약을 체결하면서 채무 변제에 갈음하여 부동산의 소유권을 취득하고 그 취득가액을 법인장부에 계상한 것이 확인되므로 이를 부동산의 취득가격으로 인정	조심2010지0523, 2011.06.20 조심2018지0283, 2018.7.26.	○			
약정에 따른 취득자 조건	조심11지408, 2012.3.23. 조심2014지1146, 2014.08.29	○	○		
부담액과채무인수액	조심2014지637, 2014.10.27	○	○		
가압류 해지대금	조심2013지444, 2013.11.4.	○	○		
영업보상금	조심2019지2203, 2019.12.18.	○			
약정비용	대법원2018두36233, 2018.5.30.	×	×		
전통시장상생기금(사실상 영업보상금 성격)	조심2018지1221, 2019.9.25.	○			
종중에 지급한 심적·물적보상에 대한 위로금	대법원2018두62836, 2019.2.18.	○			
토지수용 과정에서 지급한 입목이전비용	조심20130067, 2013.04.24	×			
공용분 체납관리비	2022두42402, 2022.12.01	×			
이주비 금융비용 공동주택	감심2022-57, 2023.2.6.	○			
조합원 이주비 대출이자	대법원2022두45944, 2022.9.29.	○			

(10) 과태료

구 분	문서번호	토지	건물	지목변경	비고
대한주택보증공사에 지급하는 분양보증사고 과태료	지방세운영과-684, 2012.3.4.		×		

(11) 문화재발굴비용

구 분	문서번호	토지	건물	지목변경	비고
건축물을 취득하지 않는 경우에는 지급할 필요가 없는 비용으로서 이 건 건축물의 신축에 필수적으로 요구되는 사실상의 법정비용임	조심2012지0553, 2012.12.10		○		
아파트를 취득하는 데 발생한 비용이 아니라 문화재보호법 제44조 제4항의 규정에 의하여 해당 공사의 시행자가 부담하도록 한 것	지방세정팀4565, 2006.09.20		×		

(12) 미술장식품

구 분	문서번호	토지	건물	지목변경	비고
조형물, 이전전시可	세정3885, 2005.11.21		×		
이전전시 不	지방세운영과792, 2014.3.7		○		
미술작품설치비, 문화예술진흥기금출연금 (문화예술진흥법 제9조 제3항)	지방세법 시행령 제18조 1항 3.호		○		
건축물과 분리된 미술장식품	세정과4687, 2004.12.22		×		
관계법령에 따라 건축물에 의무적으로 설치하는 미술장식품설치비	조심2019지2282, 2019.12.18. 조심2019지2250, 2020.1.6. 조심2020지3669, 2021.02.03 조심2021지1115, 2022.12.30		○		
조형물공사비	대법2000두6404, 2002.6.14. 조심2019지2250, 2020.01.06	○	○		

(13) 부담금

구 분	문서번호	토지	건물	지목변경	비고
광역교통시설부담금	행자부세정-3780, 2004.10.28. 행자부세정-4102, 2005.12.06. 감심2010119, 2010.11.18 대법2011두29472, 2012.01.16 조심2011지891, 2012.03.30		○		
과밀부담금 → 수도권정비계획법 제12조	세정13407-295, 1996.03.16		○		
개발부담금, 개발부담금산정비용	내무부세정13407-365, 1997.4.24. 세정134071664, 1997.12.23. 세정3885, 2005.11.21		×		
급수공사부담금, 전기공사부담금, 도시가스시설부담금	지방세운영2657, 2008.07.10 조심2016지0302, 2017.9.5.		×		
기반시설부담금	감심2010123, 2010.11.18. 조심2011지623, 2012.07.10		○		
농지전용부담금, 산림전용부담금	지방세운영과902, 2008.07.10		×	○	
농지전용부담금, 대체농지조성비, 대체조림비, 산림적용부담금, 개발행위허가관련 면허세 → 지목변경 수반 시	내무부세정13407-365, 1997.4.24. 세정13407717, 1999.06.18. 지방세운영과207, 2008.07.10		×	○	
배수관부설부담금, 통합정수장부담금 → 수도법 제53법 제1항 및 시수도시설의 원인자 및 손괴자부담금 징수조례 제2조	행심2004249, 2004.08.30 행심20061054, 2006.11.27	○			
자연하천경비 공사부담금	세정3257, 2006.07.25		×		
상수도원인자부담금	지방세운영2146, 2010.05.20. 조심2019지2369, 2020.11.19. * 상수도인입공사비는 제외		○		
상수도원인자부담금(배수지증설에 사용될 부담금) → 동 부담금으로 확장된 상수도시설(배수지 등)은 처분청의 자산으로 귀속되어 운영관리되어, 청구인이 독점배타적으로 이용할 수 있는 시설도 아니므로	감심2009-103, 2009.05.07. 조심2011지0408, 2012.03.23		×		
상수도원인자부담금(법정부담금) → 수도법 제71조 및 고양시상수도원인자부담금 산정·징수등에 관한 조례에 따라 1) 기존의 수도시설을 이용함으로써 장래에 수도시설의 신·증설을 유발시키는 경우에 부과하는 법정부담금 2) 신축송수관 등이 특정되지 아니하여 이 건건축물과 별개의 과세대상이 되는 물건의 취득가격으로 보기 어려움	조심2014지1316, 2015.04.27. 조심2015지0859, 2016.08.09		○		

항목	근거				
상수도인입비(시설공사비)	조심2011지408, 2012.03.23 조심2013지715, 2013.11.26 조심2016지0302, 2017.9.5.		×		
하수도원인자부담금 → 하수도법 제61조의 규정에 의하여 공공하수도관리청이 일정한 양 이상의 하수를 공공하수도로 유출시킬 수 있는 건축물 등의 소유자에게 공공하수도 개축비요의 전부 또는 일부를 부담시키는 성격의 부담금	행심2006305, 2006.07.31, 세정2007, 2006.05.18, 조심2010지0057, 2010.11.09, 조심2014지0666, 2015.02.10 대법원2015두47386		○		
취득물건 구외설치 상하수도 인입공사비	행심200580, 2005.04.06, 세정1850, 2006.05.09, 조심2011지408, 2012.03.23, 조심2012지553, 2012.12.10		×		
살수차량구입분담금과 하오수처리시설분담금	행자부심사2001-5, 2001.1.30 세정4607, 2004.12.16		×		
토지개발부담금 → 임야 등 토지를 개발하여 발생하는 개발이익에 부과하는 부담금으로 취득 이후에 부과되므로 과세표준 포함 ×	도세22670533, 1992.08.04	×			
토지의 지목변경에 대한 과세표준 산정시, 토지 개발부담금	대법원2015두41890, 2015.8.19.			○	
상하수도원인자부담금, 폐기물처리시설부담금, 폐수처리시설부담금	조심2015지0762, 2016.10.6 대법원2017두35844, 2018.3.29, 대법2019두36193, 2019.06.13 부산고법2019누21818, 2019.10.18.		○	×	
산업단지 준공에 따른 상하수도원인자부담금, 폐기물처리시설부담금	부동산세제과-154, 2021.1.12.			○	
농지전용 부담금 산림전용 부담금	조심13지268, 2013.12.23.				기타
도시계획도로 개설공사비, 토지지장물보상금 및 도로원인자부담금등 건축물을 취득하기 위하여 필수불가결하게 지급된 비용	감심2016-239, 2017.7.13.		○		
가스관 매설 위한 도로원인자부담금	조심13-71268, 2013.12.23.		○		
건축물 구외의 시설물 공사비 중 상수도부담금, 전기인입비(전선인입비, 지중화비용), 상수도인입비, 하수도원인자부담금	조심13715, 2013.11.26., 조심2015지0762, 2016.10.6		×		
사업시행자가 부담하여야 하는 부담금을 건설사업시행자가 부담한 경우의 상수도원인자부담금, 하수도원인자부담금	대법원2016두61907, 2018.3.29.		○		
부담금 납부주체의 취득비용	부동산세제과~154, 2021.1.12.		×		
교통시설부담금	조심11지891, 2012.3.30.		○		

구분	문서번호	토지	건물	지목변경	비고
지목변경을 수반함과 동시에 발행위허가에 따른 농지전용부담금, 대체산림자원조성비, 대체초지조성비는 농지 조성비, 산림전용부담금, 대체조림비, 허가관련 면허세	행자부지방세운영-902, 2008.7.10.			○	
학교강당의신축공사비(학교용지부담금을 청구법인에게 부과·고지, 청구법인이 공사비를 지원한 경우)	조심2021지2782, 2022.8.18		○		
가스관의 하단에 설치한 시멘트구조물	행자부세정-2244, 2004.7.29.		○		
안전검사필증교부일(가스관 취득시기)에 울타리, 정문 등이 함께 취득된 경우 그 울타리 및 정문	행자부세정-2244, 2004.7.29.		○		
관계법령에 따라 기간시설을 설치토록 의무화하고 있는 대지조성사업 등에서 발생한 인입비	조심2019지1209, 2019.12.19.		○		

(14) 전기, 가스, 열 이용 분담금, 부담금

구분	문서번호	토지	건물	지목변경	비고
① 사용자 전기인입공사비, 상수도인입신설공사비, 상수도시설분담금, 도시가스분담금(당해 건축물까지 인입비용) ② 도시가스사업자입장에서 가스사용자가 부담하는 인입배관공사비분담금	세정1850, 2006.05.09, 세정2007, 2006.05.18 대법2015두39828, 2015.07.10 지방세운영과-2346, 2012.7.23.		×		
전기공사부담금, 지역난방공사부담금	행심2001-252, 2001.05.28		×		
가스관 취득시 가스본관 건설비 분담금	조심2013지529, 2013.10.7.		○		
가스관 매설 후 도로포장공사비	행안부지방세운영-5004, 2009.11.27.		○		
사용자들로부터 받은 시설부담금	조심2013지529, 2013.10.7.		×		

(15) 학교용지 부담금

구분	문서번호	토지	건물	지목변경	비고
학교용지 부담금	행자부세정-429, 2005.1.26 대법원201936353, 2019.6.13. 대법원201935602, 2019.6.13.		×		
학교용지부담금 → 학교용지부담금은 관계 법령에 따라 의무적으로 부담하는 비용으로서 취득가격인 간접비용에 포함됨	조심2015지1973, 2017.1.10. 대법원2020두38836, 2020.09.09. 조심2019지2369, 2020.11.19		○		
학교용지부담금(학교용지를 기부채납하여 학교용지부담금을 면제받은 경우에는 해당 기부채납비용)	지방세운영과3861, 2015.12.11., 조심2020지0686, 2020.12.07., 조심2021지2033, 2021.07.22.		○		

(16) 사업권양수비

구 분	문서번호	토지	건물	지목변경	비고
과 세	지방세심사2005510, 2005.12.26, 지방세심사200726, 2007.01.29 감심2011165, 2011.08.29.	○	○		
제 외	세정0139, 2005.12.20, 세정35, 2005.12.30, 세정2152, 2007.07.02, 조심2008지1076, 2009.09.08, 대법2013두3641, 2013.06.27	×	×		

(17) 시 설

구 분	문서번호	토지	건물	지목변경	비고
액비저장조	지방세운영과3399, 2010.8.5		×		
혐기성소화조	지방세운영과3556, 2010.8.13		×		
열수송관 설치비용	지방세운영과3113, 2015.10.5		○		
도로매설 가스관	지방세운영과1814, 2013.8.6		×		
집단에너지 열원시설, 구내순환펌프	지방세운영과5117, 2010.10.27		×		
해상에 위치하는 가스관	지방세운영과2285, 2019.9.2		○		
송전철탑공사의 복구비용, 대체산림조성비, 진입도로공사비	대법원2009두5343, 2009.9.10. 대법원2009두8717, 2009.9.24.		○		
단지밖 진입도로공사 비용	법제9조세정13407-1193,2000.10.13		×		
단지 밖에 설치된 교통신호기 설치비	조심2021지2782,2022.8.18		×		
가로등주, 가로등기구, 전기공사, 벤치, 통신관로, 통신선로, 감시 CCTV 차량출입통제시스템, 교통신호제어시스템, 기타 공기구비품, 무형자산	조심2016지1277, 2017.9.28.	×	×		
골프장 용수를 위해 공사한 급수시설인 외부용수인입공사	조심2018지-0104, 2018.6.18.	○			
골프장에 전기를 공급하는 시설인 옥외전기공사, 통신공사	조심2014지0964, 2017.05.10 조심2018지-0104, 2018.6.18.	×		×	
전기차 충전시설	행안부지방세운영-174, 2018.1.10.		○		

구분	문서번호	토지	건물	지목변경	비고
증축시 지출한 냉동설비	조심2017지0425, 2017.10.16.		○		
골프장의 조명타워시설	지방세심사99-398, 1999.06.30			×	
골프장 경계석	지방세심사99-398, 1999.06.30			×	
골프장 피뢰침구입비	지방세심사99-398, 1999.06.30		△	×	
골프장 내 에스컬레이터	지방세심사99-398, 1999.06.30		×	×	
골프장 내 스프링쿨러	지방세심사99-398, 1999.06.30			○	
바닥포장공사, 우물파기공사	대법98두6364, 1999.12.10		×		
도로조성시 설치한 신호등 공사비	세정13407-1193, 2000.10.13			×	
건물내부전자파 계측장치	조심2021지0838, 2022.12.19		×		

(18) 수수료

구분	문서번호	토지	건물	지목변경	비고
금융기관에 지급한 개발이익금(대출수수료) → 토지대금을 위한 대출을 받는 경우	행심2007157, 2007.03.26	×			
대출실행수수료, 대출취급수수료, 주선수수료 → 토지취득 이후에 지불되었다고 하더라도 과표산입	대법97누10178, 1997.12.26., 조심2010지0261, 2011.08.30..		○		
취득 자금마련 목적 주식증자 수수료, 차입금조달수수료	조심2020지0551, 2021.6.16.		○		
PF수수료*, 감정평가수수료 및 법률자문수수료 * PF대출 시 사업성 검토, 사업관련정보제공 등 컨설팅을 제공하는 대가로 자금대출이자 외에 고금리의 PF수수료를 별도로 받고 있고, PF수수료를 '선이자'로 납부해야 하는 비정상적인 구조인데 대출이자보다 높지만, 실무적으로 부가세가 면세되는 대출이자와 PF수수료를 구분하기란 쉽지 않음	행자부세정13407-1161, 2000.10.4 심사2001557, 2001.11.26. 감심2011165, 2011.08.29. 조심15지298, 2015.6.10. 조심2016지0302, 2017.9.5.	○	○		
PF수수료(토지취득과 건물공사 모두 관련한 경우) → 이 사건토지와 그 지상에 건축된 아파트의 가액 등으로 안분하여 이 사건 토지에 관하여 지출된 것만을 이 사건 토지의 취득가격에 산입하여야 할 것이나, 처분청이 안분되지 아니한 취급수수료 등을 이 사건 토지의 취득가격에 산입하여 원고에게 취득세 등을 부과한 이 사건 처분은 위법	대법2013두3641, 2013.06.27	×			

항목	출처				
PF 대출보증 수수료	조심2020지3644, 2021.2.18.	○			
은행대출을 위하여 주택도시보증공사에 지출한 PF대출 지급보증에 대한 수수료	조심2018지1078, 2019.06.25	○			
근저당권설정비,수입인지비용 → 근저당권설정비 또한 쟁점부동산을 취득함에 있어 취득시기를 기준으로 그 지급원인이 확정된 것으로서 부동산을 취득하기 위하여 필수적으로 지출하는 간접비용에 해당	조심2019지2180, 2020.04.14	○	○		
금융수수료	조심2018지1167, 2019.7.24.		○		
대출 관련 자문 수수료	조심2019지2180, 2020.04.14	○			
중도상환수수료	조심2020지0346, 2020.07.06		○		
토지취득 이후 조기상환을 원인으로 보증수수료를 일부 상환 받은 경우, 그 상환 받은 보증수수료	대법원 2020두33572, 2020.05.14	○			
대리사무계약수수료, 위탁관리비	조심2020지0227, 2020.09.02., 조심2019지3850, 2020.12.04. 조심2021지2544, 2021.9.17		○		
공모판매주선수수료, 잔액인수수수료 → 건설중인자산으로 계상되어 있는 점 등에 비추어 볼 때 부동산취득과 관련한 간접비용	조심2020지0555, 2020.07.23		○		
건설용지 계상 분양금 관리 및 입주자 대출업무를 대행할 조건으로 지급한 주선수수료	행심200558, 2005.03.03	○			
취득자금 차입 관련 금융자문수수료	조심2018지1205, 2018.12.26	○			
감정평가수수료	세정134071161, 2000.10.4., 대법원20036856, 2004.10.28. 조심2011지0758, 2012.6.13. 조심2015지298, 2015.06.10., 조심2018지1597, 2019.7.11. 조심2019지3850, 2020.12.04. 서울행정법원2020구합84990, 2021.9.17.	○	○		
재건축사업감정평가비 ① 재건축사업에서 감정평가는 종전자산평가와 종후자산평가로 구분되는데 종전자산평가는 조합원들 사이의 형평을 위한 것인 반면, 종후자산평가는 주로 일반분양분이 가격결정을 위하여 필요한 사실 ② 이사건감정평가비는 일반분양분에 대한 종하자산평가에 소요된 비용인 사실을 인정할 수 있는바, 위 감정평가비는 분양을 위한 지출로 기업회계기준에서 판매비에 해당하는 비용이므로 건물취득과 관련 없음	인천지법2009구합5408, 2011.01.28., 대법원2011두29472, 2012.01.16		△		

구분	문서번호	토지	건물	지목변경	비고
재건축사업 감정평가비	조심2019지2048, 2020.11.12., 대법원2022두45944, 2022.9.29.		○		
집합투자증권 판매수수료 인수수수료	부동산세제과571, 2020.03.13		×		
부동산 취득을 위한 자금조달을 위하여 주식을 발행하는 과정에서 발생하는 수수료	조심2020지0551, 2021.6.16.		○		
펀드 금융주관(인수)계약에 따른 수수료	조심2021지0751, 2021.10.6.		○		
자산관리수수료	조심2017지570, 2017.7.14.		○		
재건축, 재개발 관리용역 수수료	대판2011두29472, 2012.1.16.		○		
재건축조합의 조합운영비, 정비기반시설 공사비, 세무회계비 등	조심2021지0750, 2021.9.9. 서울행정법원2020구합84990, 2021.9.17.		○		
PM용역비, 법률자문수수료, 시행사 운영비	조심2021지2943, 2022.8.1		○		
구법인이 지급한 PM 용역비, 법률자문 및 감정평가수수료	조심15375, 2015.5.14.		○		
금융기관자문용역비, 사업성평가용역비, 법률자문용역비	조심20130151, 2013.4.2.		○		
임대용역대행수수료	조심2016지0486, 2017.2.16.		×		
금융보증수수료	대법원201962628, 2020.4.9.		○		
사업성 검토 컨설팅 용역비	대법원2011.1.13.선고 2009두22034 판결		○		

(19) 신탁수수료

구분	문서번호	토지	건물	지목변경	비고
신탁수수료 → 신탁회사가 취득세납부의무자인 경우, 신탁수수료는 해당 물건을 취득하기 위하여 거래상대방 또는 제3자에게 지급한 비용이라 할 수 없으므로 취득세과세표준 ×	대법원2020두32937, 2020.5.14., 조심2021지0751, 2021.10.6.		×		
담보신탁수수료	조심2019지3755, 2021.1.19.		○		
대법원 입장변경 이전의 기존해석은 신탁수수료 성격에 따라 과표산입결정 → 차입금 및 분양대금의 단순자금관리의 대가로 받은 신탁 수수료는 과표제외 → 사업주체 또는 건축주로서 인허가, 건축공사 등의 용역계약 진행 등 업무의 대가로 받은 신탁수수료는 과세표준산입	대법2009두23075판결, 2011.1.13., 조심2016지0302, 2017.09.05., 조심2019지1747, 2020.02.06., 조심2021지1566, 2021.9.27., 조심2021지2032, 2021.10.13., 조심2021지1565, 2021.10.27., 조심2021지2593, 2021.11.2., 조심2021지2567, 2021.11.2., 조심2021지2592, 2021.11.4., 조심2021지0514, 2021.11.9.		△		

구 분	문서번호	토지	건물	지목변경	비고
구법인이 지급한 신탁수수료	조심15375, 2015.5.14.		○		
신탁수수료 및 대출수수료, 신탁계정대이자	조심2021지1859, 2022.6.13. 조심2021지1563, 2022.7.6. 조심2021지2325, 2022.7.18. 조심2021지2543, 2022.7.21. 조심2021지0945, 2022.8.30. 조심2021지5831, 2022.12.22. 조심2022지1237, 2022.12.14.		○		
관리형 신탁수수료	대법원202032937, 2020.5.14.		×		
관리형 신탁수수료	조심20212592, 2021.11.4., 조심20193755, 2021.1.19.		○		

(20) 건설자금이사

구 분	문서번호	토지	건물	지목변경	비고
일반차입금 이자 → 2000.12.31.이전까지 "법인세법 제11호의 규정에 의한 건설자금에 충당한 금액의 이자"로 특정차입금이자만 해당되었으나, 그 이후 "건설자금에 충당한 차입금에 이자 또는 이와 유사한 금융비용"으로 개정되어 일반차입금 이자도 포함	지방세법시행령 제18조 제1항 제1호 대법원2010.4.29.선고2009두17179 대법원2013두5517, 2013.9.12.		○		
법인장부에 계상된 재고자산(예: 분양아파트)에 대한 건설자금이자	행자부세정13407-246, 2001.03.05		○		
비용처리한 건설자금이자	행심2007-228, 2007.04.30., 세정0405, 2007.12.14		○		
토지취득후 발생한 건설자금이자 → 토지취득을 위한 은행대출금을 토지취득에 사용하였고 이 대출금을 다시 건축공사대금으로 사용한 명백한 자료가 없을 경우 건축물의 취득세 과세표준에 포함 ×	행자부세정-4656, 2007.11.8. 대법원2008두11112, 2008.9.25. 조심2009지1109, 2010.11.10. 지방세운영4925, 2011.10.20		×		
토지취득일 이전에 발생한 대출수수료	세정4340, 2006.09.08	○			
토지연부취득시 연부금 취득 시점 까지의 해당 연부금과 관련하여 최종 잔금 지급일까지 발생한 이자	대법2019두52607, 2020.01.16	×	×		
토지연부취득시 연부금 지급일 이후 해당 연부금과 관련하여 최종 잔금 지급일까지 발생한 이자	지방세운영과-2290, 2016.9.2. 조심2021지0960, 2021.4.29.	○	○		

항목	근거			
부동산 취득이후 발생할 이자의 선지급이자	지방세운영1764, 2008.10.13	×	×	
건설자금이자	대판85누430, 1985.12.24. 세정1847, 2005.07.22., 조심2013지594, 2013.12.10., 조심2015지0762, 2016.10.06., 2020지0346, 2020.07.06	○	○	○
건설자금이자 영업외비용에 계상	행심200616, 2006.01.23		○	
일반차입금 이자 비용계정으로 회계처리 → 부동산취득 사용목적으로 사용되었다는 점이 입증되면 과표산입	대법2019두30294, 2019.04.25		△	
당기비용으로 회계처리한 건설자금이자	행자부세정-3608, 2007.9.5. 행자부세정-4474, 2007.10.30. 감심2008제224, 2008.07.17		○	
건설자금이자 중 국민주택기금이자	조심2019지1754, 2020.02.19		○	
토지와 관련된 금융비용	대법원2017두57301, 2017.12.7.	○	×	
취득기간 중 발생한 분양수입금 관련 건설자금이자	조세심판원2017지0078, 2017.9.20.	×	×	
기업회계기준상의 지연이자와 지방세법상의 지연이자는 동일하지 않음	대법원2014두41640, 2014.12.24.		○	
수차에 걸쳐 자금을 차입한 경우에는 총 차입금과 실제 지급이자와의 이자율을 계산한 후 이 비율을 취득에 사용한 가액에 곱한 후 경과일수를 적용하여 건설자금이자를 계산하여야 함	조심2008지0496, 2009.7.10		○	
자금을 빌려서 자본화기간 동안에 지급이자뿐만 아니라 이를 예금하여 이자수익이 발생시 해당 이자	대판2013두5517, 2013.9.12.		×	
공사중단 기간중에 지출된 공사비용	부동산세제과-2307, 2020.9.4.		○	
법인이 대표자의 가수금으로 지급한 매매대금이 대표자 개인이 대출을 받은 자금일 경우 대표자에게 부담할 이자비용	조심2015지1945, 2017.9.8.		○	
일반차입금 중 취득과 관련된 부분에 대한 입증책임이 처분청에 있음	대법원2014두46935, 2018.3.29.		×	
법인이 토지에 대한 매매계약을 체결한 후 은행융자를 받아 잔금을 지급하고 1년이 경과한 후 소유권 이전등기 시 취득이후 발생된 이자비용은 등록세 과세표준에 포함되지 않음	행자부지방세운영-2627, 2009.6.30.		×	

구 분	문서번호	토지	건물	지목변경	비고
토지취득 이후에 발생된 건설자금이자를 기업회계기준에 따라 장부에 계상되었다 하더라도 건축물 신축을 위하여 충당한 이자가 아니라면 건축물 신축에 따른 취득세 과세표준에 포함할 수 없음	행자부도세-295, 2008.4.2		×		
토지를 취득하면서 금융기관으로부터 차입하여 토지취득 비용에 충당한 경우 건설자금에 충당한 이자는 토지의 취득시점까지 발생한 이자만을 포함하는 것임	행자부세정-577, 2008.2.13.	△			
취득시점 이후에 발생한 건설자금에 충당하는 이자	대법원2011두754, 2011.4.14. 조심13715, 2013.11.26.		×		
쟁점전매 토지를 취득하는 과정에서 발생한 차입금의 이자임을 다투지 아니하는 이상 이를 취득세 등의 과세표준에 포함	조심15지1860, 2016.12.6.	○			
선급이자 중 1일분의 이자에 해당하는 금액만을 과세표준에 포함하고 나머지는 제외	조심17지454, 2017.9.19.	△			
건설자금 이외의 용도로 사용된 차입금에 발생한 이자	조심2015지1945, 2017.9.8 조심2017지0062, 2017.8.23. 조심2021지0419, 2021.5.20.	×			
토지취득에 소요된 이자비용	조심 2021지2783 2022.12.12.	×			

(21) 할부이자

구 분	문서번호	토지	건물	지목변경	비고
할부이자	행정자치부 세정1773, 2006.05.02	○	○		
취득과 관련된 차량 할부이자	행자부세정-1773, 2006.5.2. 조심2020지0397, 2021.3.30.		○		

(22) 이자비용

구 분	문서번호	토지	건물	지목변경	비고
후불제 이자	대법원42778, 2022.8.25.	○	○		
조합원 이주비대출이자 기본이주비 과표 포함, 추가이주비 과표 불포함	대법원2022두45944, 2022.9.29.		△		
시공사에게 지급하는 신축공사대금 지급지연이자	대법원2014두41640, 2014.12.24.		○		

(23) 용역비

구 분	문서번호	토지	건물	지목변경	비고
교통영향평가, 재해영향평가, 에너지절약계획, 사전환경성영향, 지구단위계획, 도시계획변경 등과 관련된 용역비용 및 취득절차비용	대법95누4155, 1966.01.26		○		
설계비, 감리비	세정134071232, 1995.12.01 조심2021지0985, 2021.5.31.		○		
교통영향평가용역비, 인테레어 설계용역비	세정13407623, 1996.06.15		○		
법무사비용 → 2018.1.4. 이후 취득분	지방세운영과23, 2018.01.04 조심2018지0465, 2019.9.20.	×	×		
부동산 취득을 위해 지출한 법무사비용	조심2013지730, 2014.2.21.		○		
사업성검토용역비 → 토지상에 신축되는 아파트건설원가에 계상되는 것으로 봄이 타당함	행심2005452, 2005.10.31	×	○		
환경영향평가/재해영향평가/교통영향평가 수수료(용역비)	행심2007443, 2007.08.27., 감심200957, 2009.04.02., 감심2010119, 2010.11.18		○		
토지이용계획수립 관련 컨설팅비용 → 토지 이용관련 비용임을 입증한다면 토지의 취득 과표에 포함 ×	감심2008322, 2008.12.11	×			
사업성검토용역비, 컨설팅용역수수료, PM수수료	조심2019지2113, 2020.06.02., 조심2021지1143, 2021.9.16.		○		
PCM 용역비	조심2016지0302, 2017.9.5.		○		

(24) 조경비용

구 분	문서번호	토지	건물	지목변경	비고
택지공사가 준공된 토지를 분양받아서 건축물을 신축하는 경우의 조경공사비	부동산세제-378, 2021.2.2.			○	
건축물의 건축에 수반하여 정원 및 조형물을 설치하거나 도로포장공사를 하는 경우 그 비용은 건축물의 건축비용에 포함하여 과세하는 것	행정안전부 공고 제2019-484호, 2019.8.14.		○		

구분	근거			
옥상조경설비 → 옥외 조경과는 달리 건축물과 일체를 이루어 건축물의 효용 증대 목적이 있어 건축물 부함된 부합물에 해당	대법95누4155, 1996.01.26., 조심2008지0610, 2009.04.07., 대법2009두22034, 2011.01.13 대법원201746257, 2017.8.18.	○		
건물 주위 조경공사 → 호텔외부토지에 설치되어 거래상 독립한 권리의 객체성을 유지하고 있으며, 이들 모두 취득세 과세대상인 건물, 구축물 및 특수한 부대설비에 해당한다고 볼 수 없으므로 조경공사비 조형물제작비는 호텔건축물과세표준 포함 ×	대법2000두6404, 2002.6.14	×		
지목변경을 수반하지 않는 정원조성공사 및 포장공사	대법원20035433, 2004.11.12.	×		
지하층상부 조경공사비 → 조경시설 하단 이상가등을 일반건축물과 달리 보기 어려운 점, 쟁점건축물이외의 부분은 석축 등으로 구성되어 확연히 구분되고, 조경기준 등에 의할 때 "옥상조경"으로 볼 수 있음	지방세운영과620, 2013.5.13	○		
건축물 외부(지표면) 조경 → 건축물 내부나 위가 아닌 밖에 있는 지표면에 시공하였고 건축물 밖에 있는 지표면에 시공하였고, 건축물의 가치상승은 건축물 부속토지에 대한 자본적 지출에 따른 간접효과에 불과, 지방세법상 토지와 건축물은 별도의 과세대상	감심2015977, 2015.12.17	×	△	
단지내·외 포장공사비, 조경공사비 → 지목변경수반시 토지지목변경과세표준 포함 (2015.12.19. 법 제7조 제14항 신설) 택지 위에 조경 및 도로포장공사 등을 하여 토지의 가액이 상승함에도 지목변경을 수반하지 않아 간주취득세를 과세하지 못해 납세자간 조세불평등이 발생됨에 따라 택지조성공사가 준공된 토지를 분양받아 건축물을 신축하는 경우에도 간주취득세를 부과할 수 있도록 개선. 2016.01.01. 이후적용	행자부심사2000-565, 2000.7.25. 지방세정팀1280, 2005.06.21., 지방세운영과207, 2008.07.10., 지방세법 제7조 14항 조심2015지1973, 2017.1.10.	×	△	
지목변경수반시	세정134071189,2002.12.17 조심2008지483,2008.12.09., 조심20192188,2019.10.28. 조심2022지13272022.12.29.	×	○	
지목변경미수반시	세정13407112,1999.01.21 지방세심사2007459,2007.08.27.	×	×	
택지(대 → 대)일 경우	법 제7조 제14항 신설, 간주취득세부과		○	
옥상조경 → 건축물과 일체를 이루어 건축물의 효용을 증대시키는 데 목적이 있는 경우	조심2008지610, 2009.04.07	○		

구 분	문서번호	토지	건물	지목변경	비고
지하주차장 상부 조경 → 건축물 효용증대 보다는 종전토지의 지목변경으로 봄	조심2019지2515, 2020.05.26			○	
옥외 전광판	조심2011지0758, 2012.6.13.		×		
재건축하는 과정에서 발생한 조경, 도로포장 등의 공사비용 신축비용	조심2021지2782, 2022.8.18		○		
공장 내의 토지 중 아스콘포장공사와 화단정지공사 중 지목변경을 수반하지 않은 경우	조심2013지0267, 2013.5.20.		×	×	
건축물이 소재한 토지에 묘목을 구입하여 식재한 경우(임목취득)	조심2015지1973, 2017.1.10.				○
인공지반공사에 대한 조경비	조심2019지1869, 2019.12.24. 감사원2019심사0473, 2020.5.14.	○	×		
지하주차장의 상층부 포장공사, 아파트 단지 내 1층의 조경	조심2018지2023, 2009.3.7. 조심2018지2280, 2019.10.17.		×		
사실상 지목변경 혼합된 토지에 지출한 조경공사비, 토목공사비	행자부지방세운영과-1439, 2008.9.25.			○	

(25) 지상물 관련비용

구 분	문서번호	토지	건물	지목변경	비고
지상물에 대한 보상용역비, 감정평가수수료, 지적측량비	대법원 2020두39044, 2020.08.27	○	○		
지상정착물 철거비용(토지만 사용할 목적) → 지상정착물 철거비는 토지자체 취득비용이 아니라 지목변경 비용으로 보아야 할 것이므로, 당해토지상에 지목변경을 수반하지 않았다면 토지과표에 포함 ×	세정134071111, 2002.11.22 세정5439, 2007.12.18.,	×		△	
지장물 보상금 토지 취득세 과세표준 제외 → 토지에 정착된 건축물을 취득하는 경우와 혼동 주의	지방세법 시행령 제18조 제2항 제3호	×			

(26) 제세공과금

구 분	문서번호	토지	건물	지목 변경	비고
건축공사 관련 조세 → 건축허가 변경분 면허세, 인지세, 현장사업소세 *종합토지세, 증자등록세, 자동차세, 법인균등할주민세(공사지역이 아닌 본사분)	지방세심사2007459, 2007.08.27		○		
신축공사 현장 노무자 4대보험료(건축주 부담)	지방세운영과128, 2008.06.18		○		
산재보험료	세정134071232, 1995.12.01		○		
생태계보전협력금	세정과870, 2005.02.22		○		
살수차량 구입분담금 → 비산먼지 발생에 따른 민원해소 차원에서 각 시행사들이 공동부담한 살수차량 구입분담금	세정과4607, 2004.12.16		×		
시설개선 및 증설을 위한 투자비용을 '시설투자예치금'의 형식으로 기존 회원이 부담 → 납입한 회원에게 납부액에 대해 취득세 과세	세정2311, 2004.08.03		○		
건축허가 시 의무적으로 구입하는 국공채비	행심2007443, 2007.08.27		○		
법무사수수료(부동산 취득 이후 등기를 위한 경우)	대판97누10178, 1997.12.26 지방세운영과5090, 2010.10.26.		○		
법무사수수료(부동산 취득 이후 등기를 위한 경우)	조심2021지 2626,2022.12.2 조심 2022지 0796,2023.9.19		×		
대납세금 → 소유권 이전시점에 담보가등기를 제외한 모든 권리제한 등은 매수인이 책임을 부담하기로 하고 대납한 세금	대법원2007두16417, 2007.09.11	○			
토지취득시 대납한 양도소득세(토지취득 후 10개월 이후 지급한 경우)	행심2007442, 2007.08.27	○			
신축건물의 종합토지세 → 토지보유에 관한 세금이므로 그 건축물의 신축가액에 포함되지 아니함	세정134071279, 2000.11.07		×		
공사기간 보유토지 재산세	세정134072283, 2004.08.02	×			
현장유지관리채권 → 토지를 취득하면서 위 지상에 건축물을 건축할 수 있는 채권을 취득한 경우 토지의 과표에 포함되지 않음	세정335, 2005.04.21				

(27) 부가세

구 분	문서번호	토지	건물	지목변경	비고
부가세: 건축주가 도급법인에 지급	지방세심사2005-80, 2005.04.06., 지방세법시행령 제18조 제2항 제4호		×		
부가세: 도급법인이 하도급법인에 지급	세정4279,2004.11.25., 세정2509,2005.09.06		○		

(28) 토지취득비용

구 분	문서번호	토지	건물	지목변경	비고
분양완료된 시행사 과점주주의 간주취득 과세표준 → 아파트 건설을 위해 토지를 매입한 후 공사 진행 중에 분양계약을 완료하였다 하더라도 소유권이 분양자에게 이전되지 아니하고 용지계정에서 재료비 계정으로 일부 대체한 경우에도 분양회사 소유이므로 과점주주에 대한 취득세 과세표준은 재료비 계정으로 대체한 부분도 합산한 당초 토지 취득가액	감심2011123, 2011.07.21	○			*
토지취득 시 취득가격 이외에 향후 건물의 영업이익 10%를 조건부로 토지취득가액으로 지급하도록 한 경우 → 이건 토지취득가액은 토지 시가표준액 22.75%에 불과하고 법인장부에 의하여 사실상 취득가액이 입증되는 취득에 해당되지 아니므로 시가표준액이 과세표준이 됨	조심2010지0751, 2011.06.09	○			
임야 취득 후 대지조성공사를 위하여 이전등기하는 경우 그 공사비	대판93누17010, 1993.12.14.	×			
재건축 승계조합원이 원조합원에 지급하는 프리미엄	지방세특례제도과-2207,2023.8.22	○			

(29) 영업권

구 분	문서번호	토지	건물	지목변경	비고
영업권 → 토지와 건축물은 독립적인 과세객체, 토지 및 사업권 양수시점에는 건축물 준공 전이므로 건축물에 대하여 취득할 물건이 없다고 할 것이므로 법인장부상 계정과목에 관계 없이 토지와 관련된 부대비용으로 봄	행심20064, 2006.01.23 조심2017지1122, 2018.2.5.	O			
아파트 사업추진 사업시행권 승계대금	행심2005510, 2005.12.26	O			
영업권, 사업권 대가(사업양수의 대가로 양도인에게 지급) → 사업계획승인 등의 영업권, 도시개발사업을 추진하면서 얻은 유무형적 영업상의 이점과 사업시행자의 지위 등은 취득세의 과세대상인 토지와는 별개의 권리	세정1900, 2005.07.26., 세정139, 2005.12.30 조심2008지0017, 2008.10.23., 대법2008두22280, 2011.04.14. 대법2013두3641, 2013.06.27., 조심2018지0018, 2018.5.29.	X			
사업권 양수비 → 도시개발사업에 관련된 인허가청구가 접수되었거나 인허가 진행된 사실 없는 경우 별도의 사업권 존재하지 않음	대법원2009두12150, 2010.12.23. 조심2011지593, 2012.06.28 대법원2013두3641, 2013.6.27.	X			
카페의 집기·비품 및 영업권에 대한 대가로 지급한 비용	조심2020지1281, 2020.08.21		X		
영업용자동차 번호판 구입비(영업권)	조심2017지0266, 2017.12.28.			O	

(30) 분양관리비용

구 분	문서번호	토지	건물	지목변경	비고
분양보증수수료	대법2010두672, 2010.12.23., 대법2009두12150, 2010.12.23. 조심2012지0152, 2012.6.13.		X		
광고선전비, 분양대행수수료	지방세정팀1280, 2006.06.21. 도세5, 2008.03.13., 조심2018지2022, 2019.3.25.		X		
분양촉진 목적 일반분양자의 중도금대출이자(대추보증료, 수입인지대 포함)를 부담하는 경우 중도금 대출이자 등	지방세정517, 2003.07.18., 행자부지방세심사2007-459, 2007.8.27. 행심2007344, 2007.06.25 지방세심사2007-459, 2008.02.08., 세정143, 2008.02.08.		X		
분양아파트 입주지연에 따른 지체상금	세정1347541, 1998.06.17 지방세심사99543, 1999.09.29. 세정13407-784, 2000.06.22., 지방세운영과-1623, 2018.7.16.		△		
분양자문수수료(시장성, 경영진단 및 사업수지 등 분양관련 자문)	대법2013두22178, 2014.02.13		X		

(31) 충당금, 퇴직금

구 분	문서번호	토지	건물	지목변경	비고
하자보수충당금, 퇴직급여충당금, 퇴직공제부금: 건축주 직접공사시	세정13407-1235, 2000.10.24		×		
하자보수충당금, 퇴직급여충당금, 퇴직공제부금 : 건축주 도급공사시	대법2007두17373, 2010.02.11		○		
하자보수충당금, 퇴직급여충당금 → 건축공사가 종료된 이후에 발생할 비용을 미리 계상한 하자보수충당금과 건축비용과 별개인 퇴직급여충당금은 취득세 과세표준에 포함 ×	세정과45, 2005.12.13		×		
임직원의 퇴직금여충당금 전입액	세정13407753, 2000.06.13		×		
공사손실충당금 전입액 → 공사원가가 아니고, 법인회계처리방식으로 기장된 것이므로 취득세 과세과표에서 제외	세정13407447, 1999.04.15., 조심2008지0327, 2008.12.02.		×		
퇴직공제중지 구입비용과 건축물 지하주차장의 주차선 도색, 스토퍼 등 → 건설근로자 복지증진을 위한 퇴직공제금 지급은 과세표준 × / 건축물 부착된 설비비용은 과세표준 포함	세정1308, 2005.03.08.		△		

(32) 인건비

구 분	문서번호	토지	건물	지목변경	비고
골프장 취득과 관련이 없는 현장사무소 임직원에 대한 인건비가 아닌 관리부서 인건비, 복리후생비, 골프회원권 모집비용	행자부세정13407-36, 1999.1.14.		×		

(33) 할 인

구 분	문서번호	토지	건물	지목변경	비고
분양대금 선납으로 대금할인받은 경우 그 할인금액	내무부세정22670-14061, 1988.12.26.		×		
불하대금 일시금 납입으로 할인된 경우	내무부세정22670-15263, 1985.12.19.		○		

(34) 연체료

구 분	문서번호	토지	건물	지목변경	비고
연체료, 약정이자	내무부 도세13421-47, 1994.1.21.		×		
연체료	대법2014두41640, 2014.12.24	○	○		

(35) 기부채납 관련

구 분	문서번호	토지	건물	지목변경	비고
기부채납한도시계획시설공사비/구외 설치 공사비/부가가치세	조심2019지2369, 2020.11.19. 조심2020지3441, 2021.10.7.		×		
주택건설사업계획 승인조건으로 기부채납한 이 건 도시계획시설(도로, 공원, 녹지, 공공용지)의 조성비	조심2019지1912, 2019.6.28. 조심2021지1913, 2022.8.10.		×		
기부채납할 도로를 조성하는 비용 과표	조심2021지3357, 2022.8.8.		×		
기부채납한 공영주차장 공사비	조심2021지0839, 2022.5.2.		×		
호안제방 및 연료하역부두의 부지가 준공과 동시에 그 소유권이 국가로 귀속되는 경우 공사비	대법원2000두7018, 2002.5.17.		×		

(36) 비품, 소모품

구 분	문서번호	토지	건물	지목변경	비고
헬스기구, 주방용품	조심2019지1747, 2020.2.6.		×		
건물준공 기념행사 식사비, 소모품비	세정13407183, 1999.02.10		×		
계정별 원장에 이중계산된 금액	조심2011지0300, 2012.02.09	×	×		
냉장고 설치비용	조심11지300, 2012.2.9.		○		
냉동고 설치비용	조심2011지300, 2012.02.09		○		
무정전전원공급장치(바퀴로이동이 가능한 기계장치)	조심2012지802, 2013.11.21.		×		
신축시 함께 설치된 방송조명시설의 설치비용, 위성수신안테나 비용	지방세운영과792, 2014.3.7.		○		

구 분	문서번호	토지	건물	지목변경	비고
창고자동화설비(나사와 볼트를 이용하여 연결된 것으로 철거 및 이설이 가능하도록 설계부착) 건축물 내부에 설치된랙	조심2013지0041, 2013.05.14.		×		
난방용 보일러	감심2001-142, 2001.12.11.		×		
소화기 구입비용	조심2022지1327 2022.12.29.		○		

(37) 건축 중인 건물

구 분	문서번호	토지	건물	지목변경	비고
사용승인을 받지 않은 건물과 토지를 함께 취득함으로써 법인장부상 건설가계정에 기장된 금액	행자부세정13407-207, 2001.2.23.		×		
하도급업체에 대한 미지급금을 인수하여 건축물 완공시, 그 인수한 미지급	행자부세정13407-1196, 2000.10.13.		○		

(38) 판매부대비용

구 분	문서번호	토지	건물	지목변경	비고
총회비용	서울행정법원2020구합84990, 2021.9.17.		○		
노면커팅 공사비, 청소대행료·쓰레기수거수수료 및 전기안전관리대행료	조심2020지0346, 2020.07.06.		○		
등록일 이전에 지출한 골프장의 수선비, 코스유지관리비	행자부세정13407-36, 1999.1.14.		○		
공사기간 중에 회원권 판매업무와 일반관리업무를 위하여 건설현장이 아닌 본사에서 발생한 임·직원의 급여(공사인부임은 제외), 차량유지비, 교통비, 도서비, 접대비 등 일반관리비와 회원분양광고비	내무부세정13407-487, 1996.5.3. 대법원2013두5517, 2013.9.12. 조심2016지0302, 2017.9.5.		×		
가설재에 대한 감가상각비	행자부지방세운영과-415, 2017.4.24.		○		
건설용고정자산의 감가상각비 → 현금 유출이 없는 비용이 만큼 거래상대방 또는 제3자에게 지급하였거나 지급하여야 할 비용으로 볼 수 없으며, 취득세 과세대상 건설용 고정자산에 대해서는 취득시에 이미 취득세를 납부하였으므로 건축물의 건축비용에 해당안됨	세정13430720, 1999.06.18		×		

항목	출처			
매매예약 가등기 등기비용	조심2013지730, 2014.2.21.		○	
수분양자의 중도금 대출이자 대납액	조심2017지0442, 2017.12.12.		×	
토지 취득과 관련된 조사 출장비	행자부지방세운영과-111, 2009.1.8.		○	
출장비(토지보상협의 물건조사 등 토지 취득 관련 출장)	지방세운영111, 2009.01.08	○	○	
탁송료	내무부도세13421-47, 1994.1.21.		○	
분양촉진을 위한 대리사무보수	조심2017지0601, 2018.5.23.		○	
판매부대비용성격의 인지세	조심2016지0302, 2017.9.5.		×	
법인세비용	조심2019지2048, 2020.11.12.		×	
조합사무실 임차료	조심2018지1597, 2019.7.11.		×	
시행사 발생경비(급여, 접대경비 등) → 시행사가 시공사에 신축공사 관련 일괄도급을 위임하였다고 하더라도, 시행사에서 발생한 비용이 해당 부동산 취득과 관련성이 있다면(신축건물 판매와 관련된 비용은 제외), 취득시기까지 발생한 비용은 취득세 과세표준에 포함	지방세운영과1845, 2016.07.14 조심2018지1597, 2019.7.11.		○	
일반운영비 → 아파트 시공현장 운영비가 아닌 법인에서 발생한 임직원 급여, 차량유지비, 교통비, 통신비, 도서비 접대비 등 건축행위 또는 쟁점아파트 취득과 관련 없는 비용	조심2011지0891, 2012.03.30		×	
개업비, 건물준공기념식행사	행자부세정13407-183, 1999.2.10. 행자부심사2000-511, 2000.6.27.		×	
골프장 공사와 관련된 개업비	지방세심사99-398, 1999.06.30	○		
현장관리비 전도금	조심2022지1327, 2022.12.29.		○	
공용부분 체납관리비	대법원2022두42402, 2022.12.10.		×	
조합운영비, 조합 총회비용	대법원2022두45944, 2022.9.29. 조심2023지4085, 2023.10.13		○	

(39) 국세(상증세)의 시가 사례

구 분	문서번호	토지	건물	지목변경	비고
매매가액 형식상 매매를 원인으로 하여 소유권 이전 등기를 하였으나 사실상 증여받은 주택에 해당하는 경우 매매가액은 시가인정액으로 적용할 수 없음	국세청서면4팀-3656, 2006.11.6.		×		
매매가액 특수관계에 있는 자와의 거래라 하더라도 제반사정을 고려하여 객관적 교환가치가 적정하게 반영된 정상정인 거래라고 판단되면 그 거래가격을 시가로 보아 그 거래가격으로 평가하여야 함	대법원2006두17055, 2007.01.11.		○		
계약만 체결된 상태의 거래가액	재산세제과-658, 2017.09.26.		×		
감정평가가액	대법원2001두6029판결, 2003.5.30. 대법원2010두8751, 2010.09.30.		○		
가격산정요인이 존재하지 않는 감정평가가액	서울행법2008구합41335, 2009.3.11.		×		
유사한 다른 재산의 매매사례가액(유사매매사례가액)	대법93누22333, 1994.12.22. 헌재2005헌바39, 2006.6.29. 헌재2008헌바140, 2010.10.28.		○		
비교대상의 면적보다 큰 경우 유사매매사례가액	조심2009중301, 2009.10.14.		×		
인테리어금액은 유사매매사례가액에 포함되는지 여부	국심20075295, 2008.05.29.		×		
비교대상의 기준시가보다 낮은 경우 유사매매사례가액에 포함되는지 여부	국심2007중3559, 2007.12.8.		×		
유일한 거래가격인 경우 유사매매사례가액에 포함되는지 여부	국심2007중1029, 2007.9.27.		×		

(40) 교환거래

구 분	문서번호	토지	건물	지목변경	비고
시가감정 없는 단순교환 거래시 그 교환가액	구지방세법 제111조 제5항 현지방세법 제10조 제5항 대법2013두11680, 2013.10.24.	×			
부동산을 교환 취득하면서 그 차액을 무상으로 출연(증여)한 경우 그 차액	대법2019두45074, 2019.11.28.	×	×		

(41) 지목변경 취득시기

구 분	문서번호	토지	건물	지목변경	비고
단순 골프장 점검일은 사실상 취득시기가 아님	행자부세정-2547, 2005.9.7			×	
시범라운딩 시작한 때부터 사실상 취득시기에 해당함	행자부지방세운영과-1351, 2013.7			○	
사실상 골프장으로 사용하였다면(시범라운딩 이용대가로 카트피, 캐디피 징수) 사실상 사용한날(시범라운딩개시일)을 취득시기로 봄	대법원2008.8.21.선고2008두7175 감심2009-166, 2009.08.20. 조심2011지0580, 2012.01.20. 조심2014지1229, 2014.10.21.			○	

제5절 무상취득 · 유상승계취득 · 원시취득 과세표준에 대한 특례

지금까지 2절의 무상취득(시가인정액 등), 3절의 유상승계취득(사실상 취득가격), 4절의 원시취득(신축 또는 증축에 관한 사실상 취득가격)의 과세표준을 살펴보았다. 5절에서는 무상취득, 유상승계취득, 원시취득에 대한 특례 규정들을 살펴본다.

1. 차량, 기계장비의 취득

(1) 원 칙

> **지방세법 제10조의 5 [무상취득 · 유상승계취득 · 원시취득의 경우 과세표준에 대한 특례]**
> ① 제10조의 2 및 제10조의 3에도 불구하고 차량 또는 기계장비를 취득하는 경우 취득당시가액은 다음 각 호의 구분에 따른 가격 또는 가액으로 한다.
> 1. 차량 또는 기계장비를 무상취득하는 경우: 제4조 제2항에 따른 시가표준액
> 2. 차량 또는 기계장비를 유상승계취득하는 경우: 사실상취득가격. 다만, 사실상취득가격에 대한 신고 또는 신고가액의 표시가 없거나 그 신고가액이 제4조 제2항에 따른 시가표준액보다 적은 경우 취득당시가액은 같은 항에 따른 시가표준액으로 한다.
> 3. 차량 제조회사가 생산한 차량을 직접 사용하는 경우: 사실상취득가격

무상취득, 유상승계취득의 규정에도 불구하고 차량 또는 기계장비를 취득하는 경우 취득당시가액은 다음 구분에 따른 가격 또는 가액으로 한다.(지방세법 제10조의 5 제1항)

① 차량 또는 기계장비를 무상취득하는 경우: 제4조 제2항에 따른 시가표준액
② 차량 또는 기계장비를 유상승계취득하는 경우: 사실상취득가격. 다만, 사실상취득가격에 대한 신고 또는 신고가액의 표시가 없거나 그 신고가액이 제4조 제2항에 따른 시가표준액보다 적은 경우 취득당시가액은 같은 항에 따른 시가표준액으로 한다.
③ 차량 제조회사가 생산한 차량을 직접 사용하는 경우: 사실상취득가격

구 분	취득당시가액(과세표준)
① 차량 또는 기계장비의 무상취득	시가표준액(거래가격, 수입가격, 신축·건조·제조가격 등을 고려하여 정한 기준가격에 종류, 구조, 용도, 경과연수 등 과세대상별 특성을 고려하여 지방자치단체의 장이 결정한 가액)
② 차량 또는 기계장비의 유상승계취득	(원칙) 사실상 취득가격 (예외) 시가표준액(사실상 취득가격에 대한 신고 또는 신고가액의 표시가 없거나 그 신고가액이 시가표준액보다 적은 경우)
③ 차량 제조회사가 생산한 차량을 직접 사용	사실상 취득가격

(2) 예외(천재지변으로 피해를 입은 차량 또는 기계장비의 취득)

지방세법 제10조의 5 [무상취득·유상승계취득·원시취득의 경우 과세표준에 대한 특례]
② 제1항에도 불구하고 천재지변으로 피해를 입은 차량 또는 기계장비를 취득하여 그 사실상취득가격이 제4조 제2항에 따른 시가표준액보다 낮은 경우 등 대통령령으로 정하는 경우 그 차량 또는 기계장비의 취득당시가액은 대통령령으로 정하는 바에 따라 달리 산정할 수 있다.

지방세법 시행령 제18조의 3 [차량 등의 취득가격]
① 법 제10조의 5 제2항에서 "천재지변으로 피해를 입은 차량 또는 기계장비를 취득하여 그 사실상 취득가격이 제4조 제2항에 따른 시가표준액보다 낮은 경우 등 대통령령으로 정하는 경우"란 다음 각 호의 어느 하나에 해당하는 경우를 말한다.
1. 천재지변, 화재, 교통사고 등으로 중고 차량이나 중고 기계장비의 가액이 시가표준액보다 낮은 것으로 시장·군수·구청장이 인정하는 경우
2. 국가, 지방자치단체 또는 지방자치단체조합으로부터 취득하는 경우
3. 수입으로 취득하는 경우
4. 민사소송 및 행정소송의 확정 판결(화해·포기·인낙 또는 자백간주에 의한 것은 제외한다)에 따라 취득가격이 증명되는 경우
5. 법인장부(금융회사의 금융거래 내역서 또는 「감정평가 및 감정평가사에 관한 법률」 제6조에 따른 감정평가서 등 객관적 증거서류에 따라 법인이 작성한 원장·보조장·출납전표 또는 결산서를 말한다)에 따라 취득가격이 증명되는 경우
6. 경매 또는 공매로 취득하는 경우
② 차량 또는 기계장비의 취득이 제1항에 해당하는 경우 법 제10조에 따른 취득 당시의 가액(이하 "취득당시가액"이라 한다)은 사실상취득가액으로 한다. 다만, 제1항 제5호에 따른 중고 차량 또는 중고 기계장비로서 그 취득가격이 시가표준액보다 낮은 경우(제1호의 경우는 제외한다)에는 해당 시가표준액을 취득당시가액으로 한다.

위 (1)의 원칙적인 규정에도 불구하고 다음 중 어느 하나에 해당하는 경우 그 차량 또는 기계장비의 취득당시가액은 사실상 취득가액으로 한다.(지방세법 제10조의 5 제2항 및 지방세법 시행령 제18조의 3 제1항 및 제2항)

① 천재지변, 화재, 교통사고 등으로 중고 차량이나 중고 기계장비의 가액이 시가표준액보다 낮은 것으로 시장·군수·구청장이 인정하는 경우
② 국가, 지방자치단체 또는 지방자치단체조합으로부터 취득하는 경우
③ 수입으로 취득하는 경우
④ 민사소송 및 행정소송의 확정 판결(화해·포기·인낙 또는 자백간주에 의한 것은 제외)에 따라 취득가격이 증명되는 경우
⑤ 법인장부(금융회사의 금융거래 내역서 또는 감정평가 및 감정평가사에 관한 법률 제6조에 따른 감정평가서 등 객관적 증거서류에 따라 법인이 작성한 원장·보조장·출납전표 또는 결산서를 말함)에 따라 취득가격이 증명되는 경우
⑥ 경매 또는 공매로 취득하는 경우

위 ①에서 ⑥의 상황은 거래 상대방의 특성을 고려했을 때 취득가격이 증빙 등에 의해 입증되므로 취득세 과세표준을 임의로 조작하기 어려운 성격이 있어 납세자의 사실상 취득가액을 과세표준으로 인정한다.

다만, '위 ⑤의 법인장부에 따라 취득가격이 증명되는' 중고 차량 또는 중고 기계장비로서그 취득가격이 시가표준액보다 낮은 경우에는 해당 시가표준액을 취득당시가액으로 한다.

2. 대물변제, 교환, 양도담보 등 유상취득

지방세법 제10조의 5 [무상취득·유상승계취득·원시취득의 경우 과세표준에 대한 특례]
③ 제10조의 2부터 제10조의 4까지의 규정에도 불구하고 다음 각 호의 경우 취득당시가액의 산정 및 적용 등은 대통령령으로 정한다.
1. 대물변제, 교환, 양도담보 등 유상거래를 원인으로 취득하는 경우

지방세법 시행령 제18조의 4 [유상·무상·원시취득의 경우 과세표준에 대한 특례]
① 법 제10조의 5 제3항 각 호에 따른 취득의 경우 취득당시가액은 다음 각 호의 구분에 따른 가액으로 한다.
1. 법 제10조의 5 제3항 제1호의 경우: 다음 각 목의 구분에 따른 가액. 다만, 특수관계인으로부터 부동산등을 취득하는 경우로서 법 제10조의 3 제2항에 따른 부당행위계산을 한 것으로 인정되는 경우 취득당시가액은 시가인정액으로 한다.
가. 대물변제: 대물변제액(대물변제액 외에 추가로 지급한 금액이 있는 경우에는 그 금액을 포함한다). 다만, 대물변제액이 시가인정액보다 적은 경우 취득당시가액은 시가인정액으로 한다.
나. 교환: 교환을 원인으로 이전받는 부동산등의 시가인정액과 이전하는 부동산등의 시가인정액(상대

> 방에게 추가로 지급하는 금액과 상대방으로부터 승계받는 채무액이 있는 경우 그 금액을 더하고, 상대방으로부터 추가로 지급받는 금액과 상대방에게 승계하는 채무액이 있는 경우 그 금액을 차감한다) 중 높은 가액
> 다. 양도담보: 양도담보에 따른 채무액(채무액 외에 추가로 지급한 금액이 있는 경우 그 금액을 포함한다). 다만, 그 채무액이 시가인정액보다 적은 경우 취득당시가액은 시가인정액으로 한다.

대물변제, 교환, 양도담보 등 유상거래를 원인으로 취득하는 경우의 취득당시가액은 아래에 따른다. 2024개정세법 (지방세법 시행령 제18조의 4 제1항 제1호)

구 분	취득당시가액(과세표준)
대물변제	(원칙) 대물변제액(대물변제액 외에 추가로 지급한 금액이 있는 경우에는 그 금액을 포함) (예외) 대물변제액이 시가인정액보다 적은 경우 시가인정액
교 환	① 교환을 원인으로 이전받는 부동산등의 시가인정액과 ② 이전하는 부동산등의 시가인정액 중 높은 가액(시가인정액을 적용할 때 상대방에게 추가로 지급하는 금액과 상대방으로부터 승계받는 채무액이 있는 경우 그 금액을 더하고, 상대방으로부터 추가로 지급받는 금액과 상대방에게 승계하는 채무액이 있는 경우 그 금액을 차감)
양도담보	(원칙) 양도담보에 따른 채무액(채무액 외에 추가로 지급한 금액이 있는 경우 그 금액을 포함) (예외) 그 채무액이 시가인정액보다 적은 경우 시가인정액

다만, 위 규정에도 불구하고 특수관계인으로부터 부동산등을 취득하는 경우로서 부당행위계산을 한 것으로 인정되는 경우 취득당시가액은 시가인정액으로 한다.(지방세법 시행령 제18조의 4 제1항 제1호 단서)

2024 개정세법 (대물변제·양도담보 취득에 따른 과세표준 개선, 지방세법 시행령 제18조의4)

1. 개정사유
- 대물변제와 양도담보를 통한 취득시 대물변제액 등이 과세표준. 대물변제액 등이 시가인정액을 초과할 경우 시가인정액 한도 적용
- 대물변제와 양도담보를 통한 취득세 탈루 방지를 위해 대물변제와 양도담보를 통한 취득시 대물변제액 등이 과세표준. 대물변제액 등이 시가인정액을 초과할 경우 대물변제액 등 전체

2. 적용시기
2024.1.1. 이후 납세의무 성립분부터 적용(기 계약 건에 대하여는 경과규정 적용)

3. 개정조문

현 행	개 정
제18조의4(유상·무상·원시취득의 경우 과세표준에 대한 특례) ① 법 제10조의5 제3항 각 호에 따른 취득의 경우 취득당시가액은 다음 각 호의 구분에 따른 가액으로 한다. 1. 법 제10조의5 제3항 제1호의 경우: 다음 각 목의 구분에 따른 가액. 다만, 특수관계인으로부터 부동산등을 취득하는 경우로서 법 제10조의3 제2항에 따른 부당행위계산을 한 것으로 인정되는 경우 취득당시가액은 시가인정액으로 한다. 가. 대물변제: 대물변제액(대물변제액 외에 추가로 지급한 금액이 있는 경우에는 그 금액을 포함한다). 다만, 대물변제액이 시가인정액을 초과하는 경우 취득당시가액은 시가인정액으로 한다. 나. (생 략) 다. 양도담보: 양도담보에 따른 채무액(채무액 외에 추가로 지급한 금액이 있는 경우 그 금액을 포함한다). 다만, 그 채무액이 시가인정액을 초과하는 경우 취득당시가액은 시가인정액으로 한다. 2.~4. (생 략) ② (생 략) ⑥·⑦ (생 략)	제18조의4(유상·무상·원시취득의 경우 과세표준에 대한 특례) ① ~~~~~~. 1. ~~~~~~~~~~~~~~~~~~~~~~~~~~~~~~~~~~~. 가. ~~~~~~~~~~~~~~~~~~~~~~~~~~시가인정액보다 적은~~~~~~~~~~~~~~~~~~~~. 나. (현행과 같음) 다. ~~~~~~~~~~~~~~~~~시가인정액보다 적은~~~~~~~~~~~~~~~~~~~~~. 2.~4. (현행과 같음) ② (현행과 같음) ⑥·⑦ (현행과 같음)

3. 합병·분할·조직변경에 따른 취득

> **지방세법 제10조의 5 [무상취득·유상승계취득·원시취득의 경우 과세표준에 대한 특례]**
> ③ 제10조의 2부터 제10조의 4까지의 규정에도 불구하고 다음 각 호의 경우 취득당시가액의 산정 및 적용 등은 대통령령으로 정한다.
> 2. 법인의 합병·분할 및 조직변경을 원인으로 취득하는 경우
>
> **지방세법 시행령 제18조의 4 [유상·무상·원시취득의 경우 과세표준에 대한 특례]**
> ① 법 제10조의 5 제3항 각 호에 따른 취득의 경우 취득당시가액은 다음 각 호의 구분에 따른 가액으로 한다.
> 2. 법 제10조의 5 제3항 제2호의 경우: 시가인정액. 다만, 시가인정액을 산정하기 어려운 경우 취득당시가액은 시가표준액으로 한다.

법인의 합병·분할 및 조직변경을 원인으로 취득하는 경우 시가인정액을 취득당시가액으로 한다. 다만, 시가인정액을 산정하기 어려운 경우 취득당시가액은 시가표준액으로 한다.(지방세법 시행령 제18조의 4 제1항 제2호)

(1) 합 병

1) 2022년까지의 합병 과세표준
2022년까지의 합병으로 인한 취득은 무상취득으로 해석하고 있어서 시가표준액을 과세표준으로 하였다.

2) 2023년이후의 합병 과세표준
2023.1.1. 이후 합병으로 인한 취득에 대해서는 원칙적으로 시가인정액을 과세표준으로 하고, 시가인정액을 산정하기 어려운 경우 시가표준액을 과세표준으로 하도록 하는 무상취득의 과세표준의 방식을 적용하도록 법을 신설하였다.

(2) 분 할

1) 2022년까지의 분할 과세표준

가. 인적분할
2022년까지 인적분할에 따라 분할신설법인이 취득하는 취득세 과세물건에 대해서는 무상취득으

로 해석해왔다. 이에 따라 인적분할 취득세의 과세표준은 장부상의 취득가액이 아니라 시가표준액을 과세표준으로 보았다.

나. 물적분할

2022년까지 물적분할에 따라 분할신설법인이 취득하는 취득세 과세물건에 대해서는 유상취득으로 해석해왔다. 이에 따라 물적분할 취득세의 과세표준은 사실상 취득가액을 과세표준으로 보고 있다.

2) 2023년이후의 분할 과세표준

2023.1.1. 이후 분할로 인한 취득에 대해서는 원칙적으로 시가인정액을 과세표준으로 하고, 시가인정액을 산정하기 어려운 경우 시가표준액을 과세표준으로 하도록 하는 무상취득의 과세표준의 방식을 적용하도록 법을 신설하였다.

구 분		과세표준	
		2022.12.31. 이전	2023.1.1. 이후
합 병		시가표준액(무상취득)	(원칙) 시가인정액 (예외) 시가표준액
분 할	인적분할	시가표준액(무상취득)	
	물적분할	사실상 취득가액(유상취득)	

4. 정비사업시행자 및 주택조합이 취득하는 비조합원용 부동산

지방세법 제10조의 5 [무상취득·유상승계취득·원시취득의 경우 과세표준에 대한 특례]
③ 제10조의 2부터 제10조의 4까지의 규정에도 불구하고 다음 각 호의 경우 취득당시가액의 산정 및 적용 등은 대통령령으로 정한다.
3. 「도시 및 주거환경정비법」 제2조 제8호의 사업시행자, 「빈집 및 소규모주택 정비에 관한 특례법」 제2조 제1항 제5호의 사업시행자 및 「주택법」 제2조 제11호의 주택조합이 취득하는 경우

지방세법 시행령 제18조의 4 [유상·무상·원시취득의 경우 과세표준에 대한 특례]
① 법 제10조의 5 제3항 각 호에 따른 취득의 경우 취득당시가액은 다음 각 호의 구분에 따른 가액으로 한다.
3. 법 제10조의 5 제3항 제3호에 따른 사업시행자 또는 주택조합이 법 제7조 제8항 단서에 따른 비조합원용 부동산 또는 체비지·보류지를 취득한 경우: 다음 계산식에 따라 산출한 가액

가액 = A × [B − (C × B / D)]
- A: 해당 토지의 제곱미터당 분양가액
- B: 해당 토지의 면적
- C: 사업시행자 또는 주택조합이 해당 사업 진행 중 취득한 토지면적(조합원으로부터 신탁받은 토지는 제외한다)
- D: 해당 사업 대상 토지의 전체 면적

정비사업시행자(도시 및 주거환경정비법 제2조 제8호), 빈집정비사업시행자 또는 소규모주택정비사업시행자(빈집 및 소규모주택 정비에 관한 특례법 제2조 제1항 제5호) 및 주택조합(주택법 제2조 제11호에 따른 지역주택조합, 직장주택조합, 리모델링주택조합)이 비조합원용부동산 또는 체비지·보류지를 취득하는 경우의 취득당시가액은 다음 계산식에 따라 산출한 가액으로 한다.(지방세법 제10조의5 제3항 제3호 및 지방세법 시행령 제18조의4 제1항 제3호)

취득당시가액 = A × [B − (C × B/D)]
- A : 해당 토지의 제곱미터당 분양가액
- B : 해당 토지의 면적
- C : 사업시행자 또는 주택조합이 해당 사업 진행 중 취득한 토지면적(조합원으로부터 신탁받은 토지는 제외)
- D : 해당 사업 대상 토지의 전체 면적

도시 및 주거환경정비법 제2조 [정의]
이 법에서 사용하는 용어의 뜻은 다음과 같다.
8. "사업시행자"란 정비사업을 시행하는 자를 말한다.

빈집 및 소규모주택 정비에 관한 특례법 제2조[정의]
① 이 법에서 사용하는 용어의 뜻은 다음과 같다.
5. "사업시행자"란 빈집정비사업 또는 소규모주택정비사업을 시행하는 자를 말한다.

주택법 제2조 [정의]
이 법에서 사용하는 용어의 뜻은 다음과 같다.
11. "주택조합"이란 많은 수의 구성원이 제15조에 따른 사업계획의 승인을 받아 주택을 마련하거나 제66조에 따라 리모델링하기 위하여 결성하는 다음 각 목의 조합을 말한다.
  가. 지역주택조합: 다음 구분에 따른 지역에 거주하는 주민이 주택을 마련하기 위하여 설립한 조합
    1) 서울특별시·인천광역시 및 경기도

2) 대전광역시·충청남도 및 세종특별자치시
3) 충청북도
4) 광주광역시 및 전라남도
5) 전라북도
6) 대구광역시 및 경상북도
7) 부산광역시·울산광역시 및 경상남도
8) 강원특별자치도
9) 제주특별자치도
나. 직장주택조합: 같은 직장의 근로자가 주택을 마련하기 위하여 설립한 조합
다. 리모델링주택조합: 공동주택의 소유자가 그 주택을 리모델링하기 위하여 설립한 조합

5. 도시개발사업시행자가 취득하는 체비지 또는 보류지

지방세법 제10조의 5 [무상취득·유상승계취득·원시취득의 경우 과세표준에 대한 특례]
③ 제10조의 2부터 제10조의 4까지의 규정에도 불구하고 다음 각 호의 경우 취득당시가액의 산정 및 적용 등은 대통령령으로 정한다.
4. 그 밖에 제1호부터 제3호까지의 규정에 준하는 경우로서 대통령령으로 정하는 취득에 해당하는 경우

지방세법 시행령 제18조의 4 [유상·무상·원시취득의 경우 과세표준에 대한 특례]
② 법 제10조의 5 제3항 제4호에서 "대통령령으로 정하는 취득"이란 다음 각 호의 취득을 말한다.
1. 「도시개발법」에 따른 도시개발사업의 시행으로 인한 사업시행자의 체비지 또는 보류지의 취득

지방세법 시행령 제18조의 4 [유상·무상·원시취득의 경우 과세표준에 대한 특례]
① 법 제10조의 5 제3항 각 호에 따른 취득의 경우 취득당시가액은 다음 각 호의 구분에 따른 가액으로 한다. (2023.3.14. 항번개정)
4. 법 제10조의 5 제3항 제4호의 경우: 다음 각 목의 구분에 따른 가액
   가. 제2항 제1호에 해당하는 경우: 다음 계산식에 따라 산출한 가액

$$가액 = A \times [B - (C \times B/D)] - E$$

A: 해당 토지의 제곱미터당 분양가액
B: 해당 토지의 면적
C: 사업시행자가 해당 사업 진행 중 취득한 토지면적
D: 해당 사업 대상 토지의 전체 면적
E: 법 제7조 제4항 후단에 따른 토지의 지목 변경에 따른 취득가액

도시개발법에 따른 도시개발사업의 시행으로 인한 사업시행자의 체비지 또는 보류지의 취득의 경우 아래 계산식에 따라 산출한 가액을 취득당시가액으로 한다.(지방세법 제10조의 5 제3항 제3호 및 지방세법 시행령 제18조의 4 제2항 제1호 및 제1항 제4호)

$$가액 = A \times [B - (C \times B/D)] - E$$

A : 해당 토지의 제곱미터당 분양가액
B : 해당 토지의 면적
C : 사업시행자가 해당 사업 진행 중 취득한 토지면적
D : 해당 사업 대상 토지의 전체 면적
E : 법 제7조 제4항 후단에 따른 토지의 지목 변경에 따른 취득가액

6. 조합원의 토지 취득

지방세법 제10조의 5 [무상취득ㆍ유상승계취득ㆍ원시취득의 경우 과세표준에 대한 특례]
③ 제10조의 2부터 제10조의 4까지의 규정에도 불구하고 다음 각 호의 경우 취득당시가액의 산정 및 적용 등은 대통령령으로 정한다.
4. 그 밖에 제1호부터 제3호까지의 규정에 준하는 경우로서 대통령령으로 정하는 취득에 해당하는 경우

지방세법 시행령 제18조의 4 [유상ㆍ무상ㆍ원시취득의 경우 과세표준에 대한 특례]
② 법 제10조의 5 제3항 제4호에서 "대통령령으로 정하는 취득"이란 다음 각 호의 취득을 말한다.
2. 법 제7조 제16항 후단에 따른 조합원의 토지 취득

지방세법 제7조 [납세의무자 등]
⑯ 「도시개발법」에 따른 도시개발사업과 「도시 및 주거환경정비법」에 따른 정비사업의 시행으로 해당 사업의 대상이 되는 부동산의 소유자(상속인을 포함한다)가 환지계획 또는 관리처분계획에 따라 공급받거나 토지상환채권으로 상환받는 건축물은 그 소유자가 원시취득한 것으로 보며, 토지의 경우에는 그 소유자가 승계취득한 것으로 본다. 이 경우 토지는 당초 소유한 토지 면적을 초과하는 경우로서 그 초과한 면적에 해당하는 부분에 한정하여 취득한 것으로 본다.

지방세법 시행령 제18조의 4 [유상ㆍ무상ㆍ원시취득의 경우 과세표준에 대한 특례]
① 법 제10조의 5 제3항 각 호에 따른 취득의 경우 취득당시가액은 다음 각 호의 구분에 따른 가액으로 한다.
4. 법 제10조의 5 제3항 제4호의 경우: 다음 각 목의 구분에 따른 가액
나. 제2항 제2호에 해당하는 경우: 다음 계산식에 따라 산출한 가액

$$가액 = (A \times B) - C$$

A: 해당 토지의 제곱미터당 분양가액
B: 해당 토지 면적
C: 법 제7조 제4항 후단에 따른 토지의 지목 변경에 따른 취득가액

도시개발법에 따른 도시개발사업과 도시 및 주거환경정비법에 따른 정비사업의 시행으로 해당 사업의 대상이 되는 부동산의 소유자(상속인을 포함한다)가 환지계획 또는 관리처분계획에 따라 공급받거나 토지상환채권으로 상환받는 토지로서, 당초 소유한 토지 면적을 초과하는 경우에는 그 초과한 면적에 해당하는 부분에 한정하여 취득한 것으로 보아 다음 계산식에 따라 산출한 가액을 해당 토지의 취득당시가액으로 한다.(지방세법 제7조 제16항 후단, 지방세법시행령 제18조의4 제2항 제2호 및 제1항 제4호)

> 가액=(A×B)－C
>
> A : 해당 토지의 제곱미터당 분양가액
> B : 해당 토지 면적
> C : 법 제7조 제4항 후단에 따른 토지의 지목 변경에 따른 취득가액

제6절 취득으로 보는 경우(간주취득)의 과세표준

1. 토지의 지목변경

> **지방세법 제10조의 6 [취득으로 보는 경우의 과세표준]**
> ① 다음 각 호의 경우 취득 당시가액은 그 변경으로 증가한 가액에 해당하는 사실상취득가격으로 한다.
> 1. 토지의 지목을 사실상 변경한 경우
> ② 제1항에도 불구하고 법인이 아닌 자가 제1항 각 호의 어느 하나에 해당하는 경우로서 사실상취득가격을 확인할 수 없는 경우 취득당시가액은 제4조에 따른 시가표준액을 대통령령으로 정하는 방법에 따라 계산한 가액으로 한다.
>
> **지방세법 시행령 제18조의 6 [취득으로 보는 경우의 과세표준]**
> 법 제10조의 6 제1항 각 호의 어느 하나에 해당하는 경우로서 사실상취득가격을 확인할 수 없는 경우의 취득당시가액은 다음 각 호의 구분에 따른 가액으로 한다.
> 1. 법 제10조의 6 제1항 제1호의 경우: 토지의 지목이 사실상 변경된 때를 기준으로 가목의 가액에서 나목의 가액을 뺀 가액
>   가. 지목변경 이후의 토지에 대한 시가표준액(해당 토지에 대한 개별공시지가의 공시기준일이 지목변경으로 인한 취득일 전인 경우에는 인근 유사토지의 가액을 기준으로 「부동산 가격공시에 관한 법률」에 따라 국토교통부장관이 제공한 토지가격비준표를 사용하여 시장·군수·구청장이 산정한 가액을 말한다)
>   나. 지목변경 전의 토지에 대한 시가표준액(지목변경으로 인한 취득일 현재 해당 토지의 변경 전 지목에 대한 개별공시지가를 말한다. 다만, 변경 전 지목에 대한 개별공시지가가 없는 경우에는 인근 유사토지의 가액을 기준으로 「부동산 가격공시에 관한 법률」에 따라 국토교통부장관이 제공한 토지가격비준표를 사용하여 시장·군수·구청장이 산정한 가액을 말한다)

토지의 지목을 사실상 변경한 경우의 취득 당시가액은 그 변경으로 증가한 가액에 해당하는 사실상취득가격으로 한다.(지방세법 제10조의 6 제1항 제1호)

다만 위 규정에도 불구하고 법인이 아닌 자가 토지의 지목을 사실상 변경한 경우로서 사실상취득가격을 확인할 수 없는 경우 취득당시가액은 토지의 지목이 사실상 변경된 때를 기준으로 ① 지목변경 이후 토지 시가표준액에서 ② 지목변경 전 토지 시가표준액을 뺀 금액으로 한다.(지방세법 제10조의 6 제2항 및 지방세법 시행령 제18조의 6 제1호 가목)

① 지목변경 이후의 토지에 대한 시가표준액: 해당 토지에 대한 개별공시지가의 공시기준일이 지목변경으로 인한 취득일 전인 경우에는 인근 유사토지의 가액을 기준으로 부동산 가격공시에 관한 법률에 따라 국토교통부장관이 제공한 토지가격비준표를 사용하여 시장·군수·구청장이 산정한 가액

② 지목변경 전의 토지에 대한 시가표준액: 지목변경으로 인한 취득일 현재 해당 토지의 변경 전 지목에 대한 개별공시지가. 다만, 변경 전 지목에 대한 개별공시지가가 없는 경우에는 인근 유사토지의 가액을 기준으로 부동산 가격공시에 관한 법률에 따라 국토교통부장관이 제공한 토지가격비준표를 사용하여 시장·군수·구청장이 산정한 가액

2. 선박, 차량 또는 기계장비의 용도변경 등

지방세법 제10조의 6 [취득으로 보는 경우의 과세표준]
① 다음 각 호의 경우 취득 당시가액은 그 변경으로 증가한 가액에 해당하는 사실상취득가격으로 한다.
2. 선박, 차량 또는 기계장비의 용도 등 대통령령으로 정하는 사항을 변경한 경우
② 제1항에도 불구하고 법인이 아닌 자가 제1항 각 호의 어느 하나에 해당하는 경우로서 사실상취득가격을 확인할 수 없는 경우 취득당시가액은 제4조에 따른 시가표준액을 대통령령으로 정하는 방법에 따라 계산한 가액으로 한다.

지방세법 시행령 제18조의 5 [선박·차량 등의 종류 변경]
법 제10조의 6 제1항 제2호에서 "선박, 차량 또는 기계장비의 용도 등 대통령령으로 정하는 사항"이란 선박의 선질(船質)·용도·기관·정원 또는 최대적재량이나 차량 또는 기계장비의 원동기·승차정원·최대적재량·차체를 말한다.

지방세법 시행령 제18조의 6 [취득으로 보는 경우의 과세표준]
법 제10조의 6 제1항 각 호의 어느 하나에 해당하는 경우로서 사실상취득가격을 확인할 수 없는 경우의 취득당시가액은 다음 각 호의 구분에 따른 가액으로 한다.
2. 법 제10조의 6 제1항 제2호의 경우: 법 제4조 제2항에 따른 시가표준액

지방세법 제4조 [부동산 등의 시가표준액]
② 제1항 외의 건축물(새로 건축하여 건축 당시 개별주택가격 또는 공동주택가격이 공시되지 아니한 주택으로서 토지부분을 제외한 건축물을 포함한다), 선박, 항공기 및 그 밖의 과세대상에 대한 시가표준액은 거래가격, 수입가격, 신축·건조·제조가격 등을 고려하여 정한 기준가격에 종류, 구조, 용도, 경과연수 등 과세대상별 특성을 고려하여 대통령령으로 정하는 기준에 따라 지방자치단체의 장이 결정한 가액으로 한다.

지방세법 시행령 제4조 [건축물 등의 시가표준액 산정기준]
① 법 제4조 제2항에서 "대통령령으로 정하는 기준"이란 매년 1월 1일 현재를 기준으로 과세대상별 구체적 특성을 고려하여 다음 각 호의 방식에 따라 행정안전부장관이 정하는 기준을 말한다.
2. 선박: 선박의 종류·용도 및 건조가격을 고려하여 톤수 간에 차등을 둔 단계별 기준가격에 해당 톤

> 수를 차례대로 적용하여 산출한 가액의 합계액에 다음 각 목의 사항을 적용한다.
>   가. 선박의 경과연수별 잔존가치율
>   나. 급랭시설 등의 유무에 따른 가감산율
> 3. 차량: 차량의 종류별·승차정원별·최대적재량별·제조연도별 제조가격(수입하는 경우에는 수입가격을 말한다) 및 거래가격 등을 고려하여 정한 기준가격에 차량의 경과연수별 잔존가치율을 적용한다.
> 4. 기계장비: 기계장비의 종류별·톤수별·형식별·제조연도별 제조가격(수입하는 경우에는 수입가격을 말한다) 및 거래가격 등을 고려하여 정한 기준가격에 기계장비의 경과연수별 잔존가치율을 적용한다.

선박의 선질·용도·기관·정원·최대적재량, 차량 또는 기계장비의 원동기·승차정원·최대적재량·차체를 변경한 경우의 취득 당시가액은 그 변경으로 증가한 가액에 해당하는 사실상 취득가격으로 한다.

다만 위 규정에도 불구하고 법인이 아닌 자가 선박, 차량, 기계장비의 용도등을 변경한 경우로서 사실상취득가격을 확인할 수 없는 경우 취득당시가액은 지방세법 제4조 제2항(거래가격, 수입가격, 신축·건조·제조가격 등을 고려하여 정한 기준가격에 종류, 구조, 용도, 경과연수 등 과세대상별 특성을 고려하여 지방자치단체의 장이 결정한 가액)에 따른 시가표준액으로 한다.

구 분	지방세법 제4조 제2항 시가표준액
선 박	선박의 종류·용도 및 건조가격을 고려하여 톤수 간에 차등을 둔 단계별 기준가격에 해당 톤수를 차례대로 적용하여 산출한 가액의 합계액에 선박의 경과연수별 잔존가치율과 급랭시설 등의 유무에 따른 가감산율을 적용
차 량	차량의 종류별·승차정원별·최대적재량별·제조연도별 제조가격(수입하는 경우에는 수입가격) 및 거래가격 등을 고려하여 정한 기준가격에 차량의 경과연수별 잔존가치율을 적용
기계장비	기계장비의 종류별·톤수별·형식별·제조연도별 제조가격(수입하는 경우에는 수입가격) 및 거래가격 등을 고려하여 정한 기준가격에 기계장비의 경과연수별 잔존가치율을 적용

3. 건축물의 개수

> **지방세법 제10조의 6 [취득으로 보는 경우의 과세표준]**
> ③ 건축물을 개수하는 경우 취득당시가액은 제10조의 4에 따른다.
>
> **지방세법 제10조의 4 [원시취득의 경우 과세표준]**
> ① 부동산등을 원시취득하는 경우 취득당시가액은 사실상취득가격으로 한다.
> ② 제1항에도 불구하고 법인이 아닌 자가 건축물을 건축하여 취득하는 경우로서 사실상취득가격을 확인할 수 없는 경우의 취득당시가액은 제4조에 따른 시가표준액으로 한다.

건축물을 개수하는 경우 취득당시가액은 원시취득의 과세표준 규정에 따른다. 원시취득의 과세표준은 사실상 취득가격으로 하며 법인이 아닌 자가 개수하여 사실상 취득가격을 확인할 수 없는 경우의 취득당시가액은 지방세법 제4조에 따른 시가표준액으로 한다.

4. 과점주주의 간주취득

> **지방세법 제10조의 6 [취득으로 보는 경우의 과세표준]**
> ④ 제7조 제5항 전단에 따라 과점주주가 취득한 것으로 보는 해당 법인의 부동산등의 취득당시가액은 해당 법인의 결산서와 그 밖의 장부 등에 따른 그 부동산등의 총가액을 그 법인의 주식 또는 출자의 총수로 나눈 가액에 과점주주가 취득한 주식 또는 출자의 수를 곱한 금액으로 한다. 이 경우 과점주주는 조례로 정하는 바에 따라 취득당시가액과 그 밖에 필요한 사항을 신고하여야 한다.

과점주주가 취득한 것으로 보는 해당 법인의 부동산등의 취득당시가액은 해당 법인의 결산서와 그 밖의 장부 등에 따른 그 부동산등의 총가액을 그 법인의 주식 또는 출자의 총수로 나눈 가액에 과점주주가 취득한 주식 또는 출자의 수를 곱한 금액으로 한다.

과점주주의 간주취득 과세표준에 대해서는 '9장. 과점주주 간주취득세'에서 자세히 살펴보기로 한다.

제2장 세율

취득세는 앞서 '5장'에서 살펴본 과세표준에 본 '6장. 세율'에서 살펴볼 세율을 적용하여 계산한 금액을 그 세액으로 한다.

취득세는 취득세 과세대상 물건, 취득의 유형, 대가의 지급 여부 등에 따라 ① 일반세율(표준세율) ② 중과세율 ③ 특례세율 등 다양한 세율체계를 가지고 있다. 지방세법 법조문의 순서에 따라 아래와 같이 구분하여 살펴보고자 한다.

〈지방세 세율의 구조〉

구 분	세 율	관련법령	본서의 구성
일반세율 (표준세율)	부동산 취득세율	지방세법 제11조	1절
	부동산 외 취득세율	지방세법 제12조	1절
중과세율	대도시 내 중과세율	지방세법 제13조	Chapter 2.
	사치성 재산 중과세율	지방세법 제13조	
	주택의 중과세율	지방세법 제13조의 2	
	중과세율의 중복	지방세법 제13조 및 제16조	
세율의 특례	세율의 특례	지방세법 제15조	3절

현행의 취득세는 과거 ① 취득세와 ② 등록세로 구성되어 있었다. 2010.3.31. 지방세법 전면 개정으로 종전의 등록세 중 취득과 관련된 등록세는 취득세와 통합되어 현행 취득세가 되었고[3], 취득과 관련이 없는 등록세는 면허세와 통합되어 현행 등록면허세가 되었다.

〈지방세법 개편 전후의 취득세 변화〉

종전(2010.12.31. 이전)		현행(2011.1.1. 이후)
취득세	취득과 관련되는 성격의 등록세	취득세
면허세	취득과 관련 없는 성격의 등록세	등록면허세

---

[3] 이러한 지방세의 역사로 인해 흔히 '취·등록세'라는 표현을 쓰고 있으나 현행 지방세법에 따르면 '취득세'가 정확한 용어이다.

이러한 지방세의 세목 통합으로 인하여 세율 체계도 아래와 같이 과거 취득세율과 등록세율을 합한 세율로 조정하였다.

① 종전 취득세와 등록세가 과세되는 경우: 취득세율+등록세율
② 종전 취득세만 과세되는 경우: 종전 취득세율 2% 유지
③ 비과세 규정 등에 의하여 종전 취득세와 등록세 중 어느 하나만 과세되는 경우: 특례세율(지방세법 제15조)로 규정

참고로 취득세와 관련해서는 지방교육세와 농어촌특별세도 부과된다. 이에 아래 취득세와 함께 지방교육세와 농어촌특별세를 함께 기재하였으며, 관련 계산식은 다음과 같다.

〈지방교육세와 농어촌특별세〉

구 분	① 과세표준	② 세율	③ 부담세율(=①×②)	관련법령
지방교육세	취득세율−2%	20%	(취득세율−2%)×20%	지방세법 제151조 제1항
농어촌특별세	2%(단일세율)	10%	0.2%(=2%×10%)	농어촌특별세법 제5조 제1항

제1절 일반세율(표준세율)

〈부동산 취득의 세율〉

구 분			부담세율			
			취득세	지방교육세	농어촌특별세	계
무상취득 (§11.①.1)	상속으로 인한 취득	농 지	2.3%	0.06%	0.2%	2.56%
		농지 외	2.8%	0.16%	0.2%	3.16%
무상취득 (§11.①.2)	상속 외 무상취득 (증여 등)	일 반	3.5%	0.3%	0.2%	4.00%
		비영리사업자	2.8%	0.16%	0.2%	3.16%
원시취득(§11.①.3)			2.8%	0.16%	0.2%	3.16%
공유물 분할 및 해소로 인한 취득(§11.①.5)		본인 지분 내	2.3%	0.06%	0.2%	2.56%
		본인 지분 초과분	4.0%	0.4%	0.2%	4.60%
합유물 및 총유물의 분할로 인한 취득(§11.①.6)			2.3%	0.06%	0.2%	2.56%
유상취득 (§11.①.7)	농 지		3.0%	0.2%	0.2%	3.40%
	일반(토지, 건물 등)		4.0%	0.4%	0.2%	4.60%
주택 (§11.①.8)	취득당시가액	전용면적				
	6억원 이하	85㎡ 이하	1.0%	0.1%	비과세	1.1%
		85㎡ 초과	1.0%	0.1%	0.2%	1.3%
	6억원 초과 9억원 이하	85㎡ 이하	1.0~3.0%	0.1~0.3%	비과세	1.1~3.3%
		85㎡ 초과	1.0~3.0%	0.1~0.3%	0.2%	1.3~3.5%
	9억원 초과	85㎡ 이하	3.0%	0.3%	비과세	3.3%
		85㎡ 초과	3.0%	0.3%	0.2%	3.5%
법인의 합병·분할에 따라 취득하는 부동산(§11.⑤)			4.0%	0.4%	0.2%	4.60%

1. 부동산 취득의 세율

부동산에 대한 취득세는 지방세법 규정에 따른 과세표준에 다음에 해당하는 표준세율을 적용하여 계산한 금액을 그 세액으로 한다. 지방세법상의 용어는 아니나 향후 살펴볼 중과세율에 대비하여 이하 편의상 '일반세율'로 칭한다.

(1) 상속으로 인한 취득

구 분			부담세율			
			취득세	지방교육세	농어촌특별세	계
무상취득 (§11.①.1)	상속으로 인한 취득	농지	2.3%	0.06%	0.2%	2.56%
		농지 외	2.8%	0.16%	0.2%	3.16%

> **지방세법 제11조 [부동산 취득의 세율]**
> ① 부동산에 대한 취득세는 제10조의 2부터 제10조의 6까지의 규정에 따른 과세표준에 다음 각 호에 해당하는 표준세율을 적용하여 계산한 금액을 그 세액으로 한다.
> 1. 상속으로 인한 취득
>   가. 농지: 1천분의 23
>   나. 농지 외의 것: 1천분의 28
>
> **지방세법 시행령 제21조 [농지의 범위]**
> 법 제11조 제1항 제1호 각 목 및 같은 항 제7호 각 목에 따른 농지는 각각 다음 각 호의 토지로 한다.
> 1. 취득 당시 공부상 지목이 논, 밭 또는 과수원인 토지로서 실제 농작물의 경작이나 다년생식물의 재배지로 이용되는 토지. 이 경우 농지 경영에 직접 필요한 농막(農幕)·두엄간·양수장·못·늪·농도(農道)·수로 등이 차지하는 토지 부분을 포함한다.
> 2. 취득 당시 공부상 지목이 논, 밭, 과수원 또는 목장용지인 토지로서 실제 축산용으로 사용되는 축사와 그 부대시설로 사용되는 토지, 초지 및 사료밭
>
> **지방세법 운영예규 11…시행령 21-1 [농지의 범위]**
> 토지에 일시적·잠정적으로 농작물 등을 심어 둔 경우에는 농지의 범위에 포함하지 아니한다.

상속으로 부동산을 취득할 경우, 농지와 농지 외 부동산으로 구분하여 농지는 2.3%, 농지 외의 부동산은 2.8%의 세율을 적용한다.(지방세법 제11조 제1항 제1호) 농지의 범위는 다음과 같다.(지방세법 시행령 제21조)

① 취득 당시 공부상 지목이 논, 밭 또는 과수원인 토지로서 실제 농작물의 경작이나 다년생식물의 재배지로 이용되는 토지(농지 경영에 직접 필요한 농막·두엄간·양수장·못·늪·농도·수로 등이 차지하는 토지 부분을 포함)

② 취득 당시 공부상 지목이 논, 밭, 과수원 또는 목장용지인 토지로서 실제 축산용으로 사용되는 축사와 그 부대시설로 사용되는 토지, 초지 및 사료밭

농지는 다른 취득세 과세대상 부동산에 비해 낮은 세율을 적용한다. 이러한 점을 이용하여 농지 취득세율을 적용받고자 토지에 일시적·잠정적으로 농작물 등을 심어 둔 경우에는 농지의 범위에 포함하지 아니한다.(지방세법 운영예규 시행령 21-1)

(2) 상속 외 무상취득

구 분			부담세율			
			취득세	지방교육세	농어촌특별세	계
무상취득(§ 11.①.2)	상속 외 무상 취득(증여 등)	일 반	3.5%	0.3%	0.2%	4.00%
		비영리사업자	2.8%	0.16%	0.2%	3.16%

> **지방세법 제11조 [부동산 취득의 세율]**
> ① 부동산에 대한 취득세는 제10조의 2부터 제10조의 6까지의 규정에 따른 과세표준에 다음 각 호에 해당하는 표준세율을 적용하여 계산한 금액을 그 세액으로 한다.
> 2. 제1호 외의 무상취득: 1천분의 35. 다만, 대통령령으로 정하는 비영리사업자의 취득은 1천분의 28로 한다.
>
> **지방세법 시행령 제22조 [비영리사업자의 범위]**
> 법 제11조 제1항 제2호 단서에서 "대통령령으로 정하는 비영리사업자"란 각각 다음 각 호의 어느 하나에 해당하는 자를 말한다.
> 1. 종교 및 제사를 목적으로 하는 단체
> 2. 「초·중등교육법」 및 「고등교육법」에 따른 학교, 「경제자유구역 및 제주국제자유도시의 외국교육 기관 설립·운영에 관한 특별법」 또는 「기업도시개발 특별법」에 따른 외국교육기관을 경영하는 자 및 「평생교육법」에 따른 교육시설을 운영하는 평생교육단체
> 3. 「사회복지사업법」에 따라 설립된 사회복지법인
> 4. 「지방세특례제한법」 제22조 제1항에 따른 사회복지법인등
> 5. 「정당법」에 따라 설립된 정당
>
> **지방세법 운영예규 11-4 [합유자 소유권 이전시 세율]**
> 부동산 합유자 중 일부가 사망하여 잔존 합유재산의 변동이 있는 경우에는 「지방세법」 제11조 제1항 제2호의 세율을 적용한다.

상속 외 방법에 따른 무상취득은 3.5%의 세율을 적용한다. 상속 외 무상취득의 대표적인 예는 '증여'이다. 다만, 아래 비영리사업자의 취득은 2.8%의 세율을 적용한다.(지방세법 제11조 제1항 제2호)

① 종교 및 제사를 목적으로 하는 단체
② 초·중등교육법 및 고등교육법에 따른 학교, 경제자유구역 및 제주국제자유도시의 외국교육기관 설립·운영에 관한 특별법 또는 기업도시개발 특별법에 따른 외국교육기관을 경영하는 자 및 평생교육법에 따른 교육시설을 운영하는 평생교육단체
③ 사회복지사업법에 따라 설립된 사회복지법인
④ 지방세특례제한법 제22조 제1항에 따른 사회복지법인 및 사회복지시설
⑤ 정당법에 따라 설립된 정당

부동산 합유자 중 일부가 사망하여 잔존 합유재산의 변동이 있는 경우에는 상속 외 무상취득에 따른 세율(지방세법 제11조 제1항 제2호)을 적용한다.(지방세법 운영예규 11-4)

(3) 원시취득

구 분	부담세율			
	취득세	지방교육세	농어촌특별세	계
원시취득(§11.①.3)	2.8%	0.16%	0.2%	3.16%

> **지방세법 제11조 [부동산 취득의 세율]**
> ① 부동산에 대한 취득세는 제10조의 2부터 제10조의 6까지의 규정에 따른 과세표준에 다음 각 호에 해당하는 표준세율을 적용하여 계산한 금액을 그 세액으로 한다.
> 3. 원시취득: 1천분의 28

건축물의 신축 등 원시취득은 2.8%의 세율을 적용한다.(지방세법 제1항 제3호)

(4) 공유물의 분할 및 부동산 공유권 해소를 위한 지분이전으로 인한 취득

구 분		부담세율			
		취득세	지방교육세	농어촌특별세	계
공유물 분할 및 해소로 인한 취득 (§11.①.5)	본인 지분 내	2.3%	0.06%	0.2%	2.56%
	본인 지분 초과분	4.0%	0.4%	0.2%	4.60%

> **지방세법 제11조 [부동산 취득의 세율]**
> 5. 공유물의 분할 또는 「부동산 실권리자명의 등기에 관한 법률」 제2조 제1호 나목에서 규정하고 있는 부동산의 공유권 해소를 위한 지분이전으로 인한 취득(등기부등본상 본인 지분을 초과하는 부분의 경우에는 제외한다): 1천분의 23
>
> **부동산 실권리자명의 등기에 관한 법률 제2조 [정 의]**
> 이 법에서 사용하는 용어의 뜻은 다음과 같다.
> 1. "명의신탁약정"(名義信託約定)이란 부동산에 관한 소유권이나 그 밖의 물권(이하 "부동산에 관한 물권"이라 한다)을 보유한 자 또는 사실상 취득하거나 취득하려고 하는 자[이하 "실권리자"(實權利者)라 한다]가 타인과의 사이에서 대내적으로는 실권리자가 부동산에 관한 물권을 보유하거나 보유하기로 하고 그에 관한 등기(가등기를 포함한다. 이하 같다)는 그 타인의 명의로 하기로 하는 약정[위임·위탁매매의 형식에 의하거나 추인(追認)에 의한 경우를 포함한다]을 말한다. 다만, 다음 각 목의 경우는 제외한다.
>   가. 채무의 변제를 담보하기 위하여 채권자가 부동산에 관한 물권을 이전(移轉)받거나 가등기하는 경우
>   나. 부동산의 위치와 면적을 특정하여 2인 이상이 구분소유하기로 하는 약정을 하고 그 구분소유자의 공유로 등기하는 경우

공유물의 분할 또는 구분소유에 따른 부동산의 공유권 해소(부동산 실권리자명의 등기에 관한 법률 제2조 제1호 나목)를 위한 지분이전으로 인한 취득은 2.3%의 세율을 적용한다. 단, 등기부등본상 본인 지분을 초과하는 부분의 경우에는 제외한다.(지방세법 제11조 제1항 제5호) 본인 지분 초과분에 대해서는 아래 (6)의 유상승계 취득의 세율 4.0%를 적용한다.

(5) 합유물 및 총유물의 분할로 인한 취득

구 분	부담세율			
	취득세	지방교육세	농어촌특별세	계
합유물 및 총유물의 분할로 인한 취득(§11.①.6)	2.3%	0.06%	0.2%	2.56%

> **지방세법 제11조 [부동산 취득의 세율]**
> ① 부동산에 대한 취득세는 제10조의 2부터 제10조의 6까지의 규정에 따른 과세표준에 다음 각 호에 해당하는 표준세율을 적용하여 계산한 금액을 그 세액으로 한다.
> 6. 합유물 및 총유물의 분할로 인한 취득: 1천분의 23

합유물 및 총유물의 분할로 인한 취득은 2.3% 세율을 적용한다.(지방세법 제11조 제1항 제6호)

> **비고 | 공유, 합유, 총유(민법상의 개념)**
>
> 위 (4)와 (5)의 규정에서 언급되는 공유, 합유, 총유는 민법상의 개념이다. ① 공유는 물건이 지분에 의해 여러 명의 소유로 된 것이고, ② 합유는 여러 명이 조합체로서 물건을 소유하는 것이며, ③ 총유는 법인이 아닌 사단의 사원이 집합체로서 물건을 소유하는 것을 말한다.

<민법상의 공유, 합유, 총유>

구 분	내 용
공 유	• 민법 제262조(물건의 공유) ①물건이 지분에 의하여 수인의 소유로 된 때에는 공유로 한다. ②공유자의 지분은 균등한 것으로 추정한다. • 민법 제263조(공유지분의 처분과 공유물의 사용, 수익) 공유자는 그 지분을 처분할 수 있고 공유물 전부를 지분의 비율로 사용, 수익할 수 있다. • 민법 제264조(공유물의 처분, 변경) 공유자는 다른 공유자의 동의 없이 공유물을 처분하거나 변경하지 못한다. • 민법 제265조(공유물의 관리, 보존) 공유물의 관리에 관한 사항은 공유자의 지분의 과반수로써 결정한다. 그러나 보존행위는 각자가 할 수 있다. • 민법 제266조(공유물의 부담) ①공유자는 그 지분의 비율로 공유물의 관리비용 기타 의무를 부담한다. ②공유자가 1년 이상 전항의 의무이행을 지체한 때에는 다른 공유자는 상당한 가액으로 지분을 매수할 수 있다. • 민법 제267조(지분포기 등의 경우의 귀속) 공유자가 그 지분을 포기하거나 상속인 없이 사망한 때에는 그 지분은 다른 공유자에게 각 지분의 비율로 귀속한다. • 민법 제268조(공유물의 분할청구) ①공유자는 공유물의 분할을 청구할 수 있다. 그러나 5년내의 기간으로 분할하지 아니할 것을 약정할 수 있다. ②전항의 계약을 갱신한 때에는 그 기간은 갱신한 날로부터 5년을 넘지 못한다. ③전2항의 규정은 제215조, 제239조의 공유물에는 적용하지 아니한다. • 민법 제269조(분할의 방법) ①분할의 방법에 관하여 협의가 성립되지 아니한 때에는 공유자는 법원에 그 분할을 청구할 수 있다. ②현물로 분할할 수 없거나 분할로 인하여 현저히 그 가액이 감손될 염려가 있는 때에는 법원은 물건의 경매를 명할 수 있다. • 민법 제270조(분할로 인한 담보책임) 공유자는 다른 공유자가 분할로 인하여 취득한 물건에 대하여 그 지분의 비율로 매도인과 동일한 담보책임이 있다.
합 유	• 민법 제271조(물건의 합유) ①법률의 규정 또는 계약에 의하여 수인이 조합체로서 물건을 소유하는 때에는 합유로 한다. 합유자의 권리는 합유물 전부에 미친다. ②합유에 관하여는 전항의 규정 또는 계약에 의하는 외에 다음 3조의 규정에 의한다. • 민법 제272조(합유물의 처분, 변경과 보존) 합유물을 처분 또는 변경함에는 합유자 전원의 동의가 있어야 한다. 그러나 보존행위는 각자가 할 수 있다. • 민법 제273조(합유지분의 처분과 합유물의 분할금지) ①합유자는 전원의 동의없이 합유물에 대한 지분을 처분하지 못한다. ②합유자는 합유물의 분할을 청구하지 못한다. • 민법 제274조(합유의 종료) ①합유는 조합체의 해산 또는 합유물의 양도로 인하여 종료한다. ②전항의 경우에 합유물의 분할에 관하여는 공유물의 분할에 관한 규정을 준용한다.
총 유	• 민법 제275조(물건의 총유) ①법인이 아닌 사단의 사원이 집합체로서 물건을 소유할 때에는 총유로 한다. ②총유에 관하여는 사단의 정관 기타 계약에 의하는 외에 다음 2조의 규정에 의한다. • 민법 제276조(총유물의 관리, 처분과 사용, 수익) ①총유물의 관리 및 처분은 사원총회의 결의에 의한다. ②각 사원은 정관 기타의 규약에 좇아 총유물을 사용, 수익할 수 있다. • 민법 제277조(총유물에 관한 권리의무의 득상) 총유물에 관한 사원의 권리의무는 사원의 지위를 취득상실함으로써 취득상실된다.

(6) 유상승계취득(그 밖의 원인으로 인한 취득)

구 분		부담세율			
		취득세	지방교육세	농어촌특별세	계
유상취득(§11.①.7)	농 지	3.0%	0.2%	0.2%	3.40%
	일 반(토지, 건물 등)	4.0%	0.4%	0.2%	4.60%

> **지방세법 제11조 [부동산 취득의 세율]**
> ① 부동산에 대한 취득세는 제10조의 2부터 제10조의 6까지의 규정에 따른 과세표준에 다음 각 호에 해당하는 표준세율을 적용하여 계산한 금액을 그 세액으로 한다.
> 7. 그 밖의 원인으로 인한 취득
>   가. 농지: 1천분의 30
>   나. 농지 외의 것: 1천분의 40

위 (1)에서 (5)까지 취득 외 그 밖의 원인으로 인한 취득은 대표적으로 매매 등 유상승계취득을 말한다. ① 농지의 유상취득은 3.0%의 세율을 적용하고 ② 농지 외의 것의 유상취득은 4.0%의 세율을 적용한다.(지방세법 제11조 제1항 제7호) 농지는 위 '(1). 상속으로 인한 취득'에 규정된 농지의 규정과 같다.

1) 명의신탁해지에 따른 소유권 이전

명의신탁해지의 판결에 의하여 소유권을 이전한 경우 소유권 취득대가로 법원의 반대급부지급명령을 받거나 사실상 반대급부를 지급한 사실이 입증되는 경우에는 유상취득의 세율(지방세법 제11조 제1항 제7호)이 적용되며, 반대급부를 지급하지 않은 경우에는 상속 외 무상취득의 세율(지방세법 제11조 제1항 제2호)이 적용된다.(지방세법 운영예규 11-1)

> **지방세법 운영예규 11-1 [부동산 취득의 세율]**
> 1. 명의신탁해지의 판결에 의하여 소유권을 이전한 경우 소유권 취득대가로 법원의 반대급부지급명령을 받거나 사실상 반대급부를 지급한 사실이 입증되는 경우에는 「지방세법」 제11조 제1항 제7호의 세율이 적용되며, 반대급부를 지급하지 않은 경우에는 「지방세법」 제11조 제1항 제2호의 세율이 적용된다.
> 2. 법인의 흡수합병으로 인하여 피합병법인의 부동산을 합병법인의 명의로 하는 소유권이전은 「지방세법」 제11조 제1항 제2호의 규정에 따라 1,000분의 35의 세율이 적용된다.
> 3. 「민법」상의 사단법인이 존립기간의 만료, 정관에 정한 해산사유의 발생, 설립허가의 취소(행정관청 등) 등의 사유로 인하여 동 법인을 해산하고 법인격이 다른 새로운 법인을 설립하여 해산법인소유의 부동산을 취득하는 경우에는 「지방세법」 제11조 제1항 제2호에 해당하는 세율을 적용한다.

2) 부동산 상호교환

부동산을 상호교환하여 소유권이전등기를 하는 것은 유상승계취득에 해당하므로 유상취득의 세율을 적용하여야 한다.(지방세법 운영예규 11-2)

> **지방세법 운영예규 11-2 [부동산 교환 취득의 세율]**
> 부동산을 상호교환하여 소유권이전등기를 하는 것은 유상승계취득에 해당하므로 「지방세법」제11조 제1항 제7호의 세율을 적용하여야 한다.

3) 공유 부동산의 분할등기

공유로 되어 있는 부동산을 분할등기하는 경우 자기 소유지분에 대하여는 공유물 분할 등에 따른 취득의 세율(지방세법 제11조 제1항 제5호)을 적용하고, 자기 소유지분 초과분에 대하여는 유상승계 취득의 세율(지방세법 제11조 제1항 제7호)의 세율을 적용한다.(지방세법 운영예규 11-3)

> **지방세법 운영예규 11-3 [공유토지를 단독소유로 취득시 세율]**
> 공유로 되어 있는 부동산을 분할등기하는 경우 자기 소유지분에 대하여는 「지방세법」제11조 제1항 제5호의 세율을 적용하고, 자기 소유지분 초과분에 대하여는 「지방세법」제11조 제1항 제7호의 세율을 적용한다.

(7) 주 택

구 분			부담세율			
	취득당시가액	전용면적	취득세	지방교육세	농어촌특별세	계
주택 (§11.①.8)	6억원 이하	85㎡ 이하	1.0%	0.1%	비과세	1.1%
		85㎡ 초과	1.0%	0.1%	0.2%	1.3%
	6억원 초과 9억원 이하	85㎡ 이하	1.0~3.0%	0.1~0.3%	비과세	1.1~3.3%
		85㎡ 초과	1.0~3.0%	0.1~0.3%	0.2%	1.3~3.5%
	9억원 초과	85㎡ 이하	3.0%	0.3%	비과세	3.3%
		85㎡ 초과	3.0%	0.3%	0.2%	3.5%

1) 주택의 표준세율

> **지방세법 제11조 [부동산 취득의 세율]**
> ① 부동산에 대한 취득세는 제10조의 2부터 제10조의 6까지의 규정에 따른 과세표준에 다음 각 호에 해당하는 표준세율을 적용하여 계산한 금액을 그 세액으로 한다.
> 8. 제7호 나목에도 불구하고 유상거래를 원인으로 주택[「주택법」 제2조 제1호의 주택으로서 「건축법」에 따른 건축물대장·사용승인서·임시사용승인서나 「부동산등기법」에 따른 등기부에 주택으로 기재[「건축법」(법률 제7696호로 개정되기 전의 것을 말한다)에 따라 건축허가 또는 건축신고 없이 건축이 가능하였던 주택(법률 제7696호 건축법 일부개정법률 부칙 제3조에 따라 건축허가를 받거나 건축신고가 있는 것으로 보는 경우를 포함한다)으로서 건축물대장에 기재되어 있지 아니한 주택의 경우에도 건축물대장에 주택으로 기재된 것으로 본다]된 주거용 건축물과 그 부속토지를 말한다. 이하 이 조에서 같다]을 취득하는 경우에는 다음 각 목의 구분에 따른 세율을 적용한다. 이 경우 지분으로 취득한 주택의 취득당시가액(제10조의 3 및 제10조의 5 제3항에서 정하는 취득당시가액으로 한정한다. 이하 이 호에서 같다)은 다음 계산식에 따라 산출한 전체 주택의 취득당시가액으로 한다.
>
> $$\text{전체 주택의 취득당시의 가액} = \text{취득 지분의 취득당시가액} \times \frac{\text{전체 주택의 시가표준액}}{\text{취득 지분의 시가표준액}}$$
>
> 가. 취득당시가액이 6억원 이하인 주택: 1천분의 10
> 나. 취득당시가액이 6억원을 초과하고 9억원 이하인 주택: 다음 계산식에 따라 산출한 세율. 이 경우 소수점이하 다섯째자리에서 반올림하여 소수점 넷째자리까지 계산한다.
>
> $$\left(\text{해당 주택의 취득당시의 가액} \times \frac{2}{3억원} - 3\right) \times \frac{\text{전체 주택의 시가표준액}}{\text{취득 지분의 시가표준액}}$$
>
> 다. 취득당시가액이 9억원을 초과하는 주택: 1천분의 30

위 '(6). 유상승계취득'의 규정에도 불구하고 주택을 유상승계취득하는 경우에는 국민의 주거 안정을 위한 취득세 부담을 완화하고자 일반적인 유상승계취득의 세율과 달리 취득당시가액에 비례한 아래의 누진세율 체계를 마련하고 있다. `2020개정세법`

주택의 취득당시가액	취득세율
6억원 이하	1%
6억원 초과 9억원 이하	(취득당시가액×2/3억원－3)×1%=1% 초과 3% 미만의 비례세율 (개념상 1.01%～2.99%)
9억원 초과	3%

2020 개정세법 (주택유상거래 취득세율 개선, 지방세법 제11조)

1. 개정사유
- (개정 전) 6억원 및 9억원 직전 가격으로 거래가 집중(조장)되는 문턱효과 발생
- (개정 후) 6억원 및 9억원 직전 가격으로 거래가 집중(조장)되는 문턱효과를 해소하기 위해 6억원 초과~9억원 이하 구간은 세율 세분화(1~3%). 1세대가 4주택 이상의 주택을 취득하는 경우 1~3%의 주택 유상거래 특례세율 적용을 배제하여, 4%의 일반 유상거래 취득세율을 적용

2. 적용시기
2020.1.1. 이후 납세의무 성립분부터 적용(기 계약 건에 대하여는 경과규정 적용)

3. 개정조문

현 행	개 정
제11조(부동산 취득의 세율) ① 부동산에 대한 취득세는 제10조의 과세표준에 다음 각 호에 해당하는 표준세율을 적용하여 계산한 금액을 그 세액으로 한다. 1.~7. (생 략) 8. 제7호나목에도 불구하고 유상거래를 원인으로 제10조에 따른 취득 당시의 가액이 6억원 이하인 주택[「주택법」 제2조 제1호에 따른 주택으로서 「건축법」에 따른 건축물대장·사용승인서·임시사용승인서 또는 「부동산등기법」에 따른 등기부에 주택으로 기재「건축법」(법률 제7696호로 개정되기 전의 것을 말한다)에 따라 건축허가 또는 건축신고 없이 건축이 가능하였던 주택(법률 제7696호 건축법 일부개정법률 부칙 제3조에 따라 건축허가를 받거나 건축신고가 있는 것으로 보는 경우를 포함한다)으로서 건축물대장에 기재되어 있지 아니한 주택의 경우에도 건축물대장에 주택으로 기재된 것으로 본다된 주거용 건축물과 그 부속토지를 말한다. 이하 이 조에서 같다]을 취득하는 경우에는 1천분의 10의 세율을, 6억원 초과 9억원 이하의 주택을 취득하는 경우에는 1천분의 20의 세율을, 9억원 초과 주택을 취득하는 경우에는 1천분의 30의 세율을 각각 적용한다. 이 경우 지분으로 취득한 주택의 취득 당시의 가액은 다음의 계산식에 따라 산출한 전체 주택의 취득 당시의 가액으로 한다.	제11조(부동산 취득의 세율) ①~~~~~~. 1.~7. (현행과 같음) 8. 제7호나목에도 불구하고 유상거래를 원인으로 주택[「주택법」 제2조 제1호에 따른 주택으로서 「건축법」에 따른 건축물대장·사용승인서·임시사용승인서 또는 「부동산등기법」에 따른 등기부에 주택으로 기재「건축법」(법률 제7696호로 개정되기 전의 것을 말한다)에 따라 건축허가 또는 건축신고 없이 건축이 가능하였던 주택(법률 제7696호 건축법 일부개정법률 부칙 제3조에 따라 건축허가를 받거나 건축신고가 있는 것으로 보는 경우를 포함한다)으로서 건축물대장에 기재되어 있지 아니한 주택의 경우에도 건축물대장에 주택으로 기재된 것으로 본다된 주거용 건축물과 그 부속토지를 말한다. 이하 이 조에서 같다]을 취득하는 경우에는 다음 각 목의 구분에 따른 세율을 적용한다. 이 경우 지분으로 취득한 주택의 제10조에 따른 취득 당시의 가액(이하 이 항에서 "취득당시가액"이라 한다)은 다음 계산식에 따라 산출한 전체 주택의 취득당시가액으로 한다.

지분으로 취득한 주택의 취득당시가액은 아래 계산식에 따라 산출한 전체 주택의 취득당시가액으로 한다. 지분과 관계없이 주택 전체의 가치를 근거로 하여 취득세율이 낮아지는 것을 방지하기 위함이다.

$$\text{전체 주택의 취득당시의 가액} = \text{취득 지분의 취득당시가액} \times \frac{\text{전체 주택의 시가표준액}}{\text{취득 지분의 시가표준액}}$$

다만, 다주택자 및 법인의 주택 취득에 따른 실수요자 보호 및 투기수요를 근절하기 위하여 2020년 지방세법 개정시 주택의 취득에도 중과세 규정을 도입하였다. 해당 부분은 'Part 2.'의 '3장. 주택의 중과세'에서 종합적으로 다루기로 한다.

2) 주택의 범위

> **지방세법 제11조 [부동산 취득의 세율]**
> ① 부동산에 대한 취득세는 제10조의 2부터 제10조의 6까지의 규정에 따른 과세표준에 다음 각 호에 해당하는 표준세율을 적용하여 계산한 금액을 그 세액으로 한다.
> 8. 제7호 나목에도 불구하고 유상거래를 원인으로 주택[「주택법」 제2조 제1호의 주택으로서 「건축법」에 따른 건축물대장·사용승인서·임시사용승인서나 「부동산등기법」에 따른 등기부에 주택으로 기재「건축법」(법률 제7696호로 개정되기 전의 것을 말한다)에 따라 건축허가 또는 건축신고 없이 건축이 가능하였던 주택(법률 제7696호 건축법 일부개정법률 부칙 제3조에 따라 건축허가를 받거나 건축신고가 있는 것으로 보는 경우를 포함한다)으로서 건축물대장에 기재되어 있지 아니한 주택의 경우에도 건축물대장에 주택으로 기재된 것으로 본다]된 주거용 건축물과 그 부속토지를 말한다. (중략)

(1) 주택법상 주택

주택의 유상승계취득 세율이 적용되는 주택은 주택법 제2조 제1호의 주택으로서 건축법에 따른 건축물대장·사용승인서·임시사용승인서나 부동산등기법에 따른 등기부에 주택으로 기재된 주거용 건축물과 그 부속토지를 말한다.

주택법 제2조 제1호에 따른 주택은 세대의 구성원이 장기간 독립된 주거생활을 할 수 있는 구조로 된 건축물의 전부 또는 일부 및 그 부속토지를 말하며, 단독주택과 공동주택으로 구분할 수 있다. 단독주택은 1세대가 하나의 건축물 안에서 독립된 주거생활을 할 수 있는 구조로 된 주택을 말하며, 공동주택은 건축물의 벽·복도·계단이나 그 밖의 설비 등의 전부 또는 일부를 공동으로 사용하는 각 세대가 하나의 건축물 안에서 각각 독립된 주거생활을 할 수 있는 구조로 된 주택을 말한다. 각각의 종류와 범위는 다음과 같다.

〈주택의 구분〉

구분		정의
단독주택	단독주택	단독주택에 대한 별도의 정의는 없음
	다중주택	다음의 요건을 모두 갖춘 주택 ① 학생·직장인 등 여러 사람이 장기간 거주할 수 있는 구조인 것 ② 독립된 주거의 형태를 갖추지 않은 것(각 실별로 욕실은 설치할 수 있으나, 취사 시설은 설치하지 않은 것) ③ 1개 동의 주택으로 쓰이는 바닥면적의 합계가 330㎡ 이하이고 주택으로 쓰는 층수(지하층 제외)가 3개 층 이하일 것
	다가구주택	다음의 요건을 모두 갖춘 주택으로서 공동주택에 해당하지 않는 것 ① 주택으로 쓰는 층수(지하층 제외)가 3개 층 이하(단, 1층의 전부 또는 일부를 필로티 구조로 하여 주차장으로 사용하고 나머지 부분을 주택 외의 용도로 쓰는 경우 해당 층을 주택의 층수에서 제외) ② 1개 동의 주택으로 쓰이는 바닥면적(부설 주차장 면적 제외)의 합계가 660㎡ 이하일 것 ③ 19세대(대지 내 동별 세대수를 합한 세대)이하가 거주할 수 있을 것
공동주택	아파트	주택으로 쓰는 층수가 5개 층 이상인 주택
	연립주택	다음의 요건을 모두 갖춘 주택 ① 주택으로 쓰는 1개 동의 바닥면적 합계가 660㎡를 초과할 것(2개 이상의 동을 지하주차장으로 연결하는 경우 각각의 동으로 봄) ② 층수가 4개 층 이하일 것
	다세대주택	다음의 요건을 모두 갖춘 주택 ① 주택으로 쓰는 1개 동의 바닥면적 합계가 660㎡ 이하일 것 ② 층수가 4개 층 이하일 것(2개 이상의 동을 지하주차장으로 연결하는 경우에는 각각의 동으로 봄)

주택법 제2조 [정의]

이 법에서 사용하는 용어의 뜻은 다음과 같다.
1. "주택"이란 세대(世帶)의 구성원이 장기간 독립된 주거생활을 할 수 있는 구조로 된 건축물의 전부 또는 일부 및 그 부속토지를 말하며, 단독주택과 공동주택으로 구분한다.
2. "단독주택"이란 1세대가 하나의 건축물 안에서 독립된 주거생활을 할 수 있는 구조로 된 주택을 말하며, 그 종류와 범위는 대통령령으로 정한다.
3. "공동주택"이란 건축물의 벽·복도·계단이나 그 밖의 설비 등의 전부 또는 일부를 공동으로 사용하는 각 세대가 하나의 건축물 안에서 각각 독립된 주거생활을 할 수 있는 구조로 된 주택을 말하며, 그 종류와 범위는 대통령령으로 정한다.

주택법 시행령 제2조 [단독주택의 종류와 범위]

「주택법」(이하 "법"이라 한다) 제2조 제2호에 따른 단독주택의 종류와 범위는 다음 각 호와 같다.
1. 「건축법 시행령」 별표 1 제1호 가목에 따른 단독주택

2. 「건축법 시행령」 별표 1 제1호 나목에 따른 다중주택
3. 「건축법 시행령」 별표 1 제1호 다목에 따른 다가구주택

주택법 시행령 제3조 [공동주택의 종류와 범위]
① 법 제2조 제3호에 따른 공동주택의 종류와 범위는 다음 각 호와 같다.
1. 「건축법 시행령」 별표 1 제2호 가목에 따른 아파트(이하 "아파트"라 한다)
2. 「건축법 시행령」 별표 1 제2호 나목에 따른 연립주택(이하 "연립주택"이라 한다)
3. 「건축법 시행령」 별표 1 제2호 다목에 따른 다세대주택(이하 "다세대주택"이라 한다)
② 제1항 각 호의 공동주택은 그 세분할 수 있다.

(2) 건축물 대장 기재

주택으로 기재된 것과 관련해서는 구 건축법(법률 제7696호로 개정되기 전의 것)에 따라 건축허가 또는 건축신고 없이 건축이 가능하였던 주택으로서 건축물대장에 기재되어 있지 않은 주택의 경우에도 건축물대장에 주택으로 기재된 것으로 본다. 2017개정세법

법률 제7696호에 따라 개정되기 전, 건축허가 없이 건축이 가능하였던 주택이란 다음과 같다.
① 바닥면적의 합계가 85제곱미터이내의 증축·개축 또는 재축
② 농·어업을 영위하기 위하여 필요한 소규모주택·축사 또는 창고로서 대통령령이 정하는 지역 및 규모의 건축물의 건축 또는 대수선
③ 대수선
④ 국토의계획및이용에관한법률에 의한 제2종지구단위계획구역안에 건축하는 건축물로서 연면적이 100제곱미터이하인 것
⑤ 기타 소규모건축물로서 대통령령이 정하는 용도 및 규모의 건축물

2017 개정세법 (주택유상거래 취득세율 적용 대상 확대, 지방세법 제11조 제1항)

1. 개정사유
- (개정 전) 주택 취득세율 적용대상은 현재 건축물대장에 등재된 주택으로 한정. 주택으로 사용승인을 받거나 등기부에 주택으로 기재된 경우라도 건축물대장이 없는 경우 주택 취득세율을 적용받지 못하는 결과 발생(예: 공동주택 신축시, 건축물 부분은 선사용승인이 이루어져 거래되고 있으나, 토지지분 분쟁으로 인해 건축물대장 등재가 뒤늦게 되는 경우 등)
- (개정 후) 주택 취득세율 적용대상에 건축물대장 없이 등기부에 주택으로 기재된 주택, 사용승인(임시사용승인 포함)을 받은 주택 및 건축허가나 건축신고 없이 건축이 가능한 주택도 포함

2. 적용시기
2017.1.1. 이후 납세의무 성립분부터 적용(① 건축물대장이 없더라도 등기부에 주택으로 기재된 주택, ② 사용승인(임시사용승인)을 받았음에도 대장등재가 늦어진 주택, ③ 건축허가나 건축신고 없이 건축된 주택은 주택 취득세율 적용)

3. 개정조문

현 행	개 정
제11조(부동산 취득의 세율) ① 부동산에 대한 취득세는 제10조의 과세표준에 다음 각 호에 해당하는 표준세율을 적용하여 계산한 금액을 그 세액으로 한다. 1.~7. (생 략) 8. 제7호나목에도 불구하고 유상거래를 원인으로 제10조에 따른 취득 당시의 가액이 6억원 이하인 주택「주택법」 제2조 제1호에 따른 주택으로서 「건축법」 제38조에 따른 건축물대장에 주택으로 기재되고, 건축물의 용도가 주거용「영유아보육법」 제10조 제5호에 따른 가정어린이집, 「아동복지법」 제52조 제1항 제4호 및 제8호에 따른 공동생활가정·지역아동센터(같은 조 제2항에 따라 통합하여 설치한 경우를 포함한다) 및 「노인복지법」 제31조에 따른 노인복지시설로서 주거용으로 사용되는 시설은 제외한다으로 사용하는 건축물과 그 부속토지를 말한다. 이하 이 조에서 같다]을 취득하는 경우에는 1천분의 10의 세율을, 6억원 초과 9억원 이하의 주택을 취득하는 경우에는 1천분의 20의 세율을, 9억원 초과 주택을 취득하는 경우에는 1천분의 30의 세율을 각각 적용한다. 이 경우 지분으로 취득한 주택의 취득 당시의 가액은 다음의 계산식에 따라 산출한 전체 주택의 취득 당시의 가액으로 한다.	제11조(부동산 취득의 세율) ① ~~~~~~~~~~~~~~~~~~~~~~~~. 1.~7. (현행과 같음) 8. ~~~~~~「건축법」에 따른 건축물대장·사용승인서·임시사용승인서 또는 「부동산등기법」에 따른 등기부에 주택으로 기재「건축법」(법률 제7696호로 개정되기 전의 것을 말한다)에 따라 건축허가 또는 건축신고 없이 건축이 가능하였던 주택(법률 제7696호 건축법 일부개정법률 부칙 제3조에 따라 건축허가를 받거나 건축신고가 있는 것으로 보는 경우를 포함한다)으로서 건축물대장에 기재되어 있지 아니한 주택의 경우에도 건축물대장에 주택으로 기재된 것으로 본다)되고 ~~~~~~~~~~~~~~~~~~~제외하되, 「노인복지법」(법률 제13102호로 개정되기 전의 것을 말한다)에 따른 분양형 노인복지주택은 포함한다~~~~~~. ②~④ (현행과 같음)

(8) 건축물 면적이 증가하는 건축 또는 개수

지방세법 제11조 [부동산 취득의 세율]
③ 제10조의 4 및 제10조의 6 제3항에 따라 건축(신축과 재축은 제외한다) 또는 개수로 인하여 건축물 면적이 증가할 때에는 그 증가된 부분에 대하여 원시취득으로 보아 제1항 제3호의 세율을 적용한다.

건축(신축과 재축은 제외) 또는 개수로 인하여 건축물 면적이 증가할 때에는 그 증가된 부분에 대하여 원시취득으로 보아 원시취득의 세율 2.8%를 적용한다.(지방세법 제11조 제3항)

(9) 주택의 신축 또는 증축 이후의 부속토지 취득

지방세법 제11조 [부동산 취득의 세율]
④ 주택을 신축 또는 증축한 이후 해당 주거용 건축물의 소유자(배우자 및 직계존비속을 포함한다)가 해당 주택의 부속토지를 취득하는 경우에는 제1항 제8호를 적용하지 아니한다.

주택을 신축 또는 증축한 이후 해당 주거용 건축물의 소유자(배우자 및 직계존비속을 포함)가 해당 주택의 부속토지를 취득하는 경우에는 1%~3%의 주택의 유상승계취득세율을 적용하지 않고 일반적인 유상승계취득의 세율(농지 3%, 농지 외 4%)을 적용한다. 주택 건축과 관련한 부속토지의 취득시점에 따라 취득세율이 달라지는 문제점을 해결하고자 주택과 관련한 부속토지를 취득하는 경우에는 일반적 유상취득의 세율을 적용한다. 2016개정세법

> **2016 개정세법 (주택 건축 후 부속토지 취득시 취득세 세율적용 개선, 지방세법 제11조 제4항)**
>
> 1. 개정사유
>   - (개정 전) 지상에 건축물이 없는 나대지 상태의 토지를 취득하는 경우 4%의 취득세율을 적용하나, 주거용 건축물이 있는 상태에서 그 부속토지를 취득하는 경우에는 주택취득으로 보아 1~3%의 세율을 적용. 토지를 먼저 취득한 이후 그 지상에 주택을 신축하는 것이 일반적임에도 조세회피 목적으로 주택 신축 이후에 토지 소유권을 이전하는 사례 자주 발생하고 있어 개선 필요
>   - (개정 후) 주택을 신축한 이후 부속토지를 취득하는 경우, 해당 주택의 소유주가 부속토지를 취득시에는 주택유상거래 세율적용 배제하여 일반적인 유상취득에 따른 토지 취득세율(4%) 적용. 부속토지의 취득자가 건축주 이외 건축주의 배우자나 직계존비속에 해당하는 경우에도 주택유상거래 세율적용 배제
>
> 2. 적용시기
>   2016.1.1. 이후 납세의무 성립분부터 적용(주거용 건축물의 신축자와 그 부속토지를 취득하는 자(배우자 및 직계존비속 포함)가 동일한 경우에 한정하여 개정 규정 적용. 주택용 건축물의 신축자와 그 부속토지의 취득자가 서로 상이한 경우에는 주택 유상거래 세율 적용
>
> 3. 개정조문
>
> | 현 행 | 개 정 |
> |---|---|
> | 제11조(부동산 취득의 세율) ① ~ ③ (생 략)

〈신 설〉 | 제11조(부동산 취득의 세율) ① ~ ③ (현행과 같음)
④ 주택을 신축 또는 증축한 이후 해당 주거용 건축물의 소유자(배우자 및 직계존비속을 포함한다)가 해당 주택의 부속토지를 취득하는 경우에는 제1항 제8호를 적용하지 아니한다. |

(10) 합병 또는 분할에 따른 부동산의 취득

구 분	부담세율			
	취득세	지방교육세	농어촌특별세	계
법인의 합병·분할에 따라 취득하는 부동산 (§11.⑤)	4.0%	0.4%	0.2%	4.60%

> **지방세법 제11조 [부동산 취득의 세율]**
> ⑤ 법인이 합병 또는 분할에 따라 부동산을 취득하는 경우에는 제1항 제7호의 세율을 적용한다.

법인이 합병 또는 분할에 따라 부동산을 취득하는 경우에는 지방세법 제1항 제7호의 유상승계취득의 세율(농지 3%, 농지 외 4%)을 적용한다.(지방세법 제11조 제5항)

기존에는 합병 또는 분할의 취득세율과 관련하여 법에 명시적인 언급이 없었으나 2023.3.14. 이후

합병 또는 분할에 따라 취득하는 경우부터 그 세율을 명확히 하였다. 2023개정세법

> **2023 개정세법** (합병·분할에 대한 취득세 세율 체계 명확화, 지방세법 제11조)
>
> **1. 개정사유**
> - (개정 전) 합병·분할에 대해 무상(3.5%), 유상(4%) 세율을 적용하고 있으나 명시적 규정이 없이 유권해석과 예규에 의해 운영되고 있음
> - (개정 후) 합병·분할로 취득하는 경우 상대방 법인(또는 주주)에게 주식이 제공되는 등 대가관계에 있는 점을 감안하여 일괄 유상취득 세율을 적용
>
> **2. 적용시기**
> 2023.3.14. 이후 납세의무가 성립되는 분부터 적용
>
> **3. 개정조문**
>
> | 현 행 | 개 정 |
> |---|---|
> | 〈신 설〉 | 제11조 [부동산 취득의 세율] ⑤ 법인이 합병 또는 분할에 따라 부동산을 취득하는 경우에는 제1항 제7호의 세율을 적용한다. |

2. 부동산 외 취득의 세율

〈부동산 외 과세물건의 부담세율〉

구 분			부담세율			
			취득세	지방교육세	농어촌특별세	계
선 박	① 등기·등록대상 선박 (소형선박 제외)	상 속	2.50%	0.10%	0.20%	2.80%
		상속 외 무상취득	3.00%	0.20%	0.20%	3.40%
		원시취득	2.02%	0.004%	0.20%	2.224%
		수입·주문건조	2.02%	0.004%	0.20%	2.224%
		기타원인의 취득	3.00%	0.20%	0.20%	3.40%
	② 소형선박(소형선박, 동력수상레저기구)		2.02%	0.004%	0.20%	2.224%
	③ 위 ①과 ② 이외의 선박		2.00%	–	0.20%	2.20%

차 량	① 비영업용 승용자동차	일반 자동차		7.00%	–	비과세	7.00%
		경자동차		4.00%	–	비과세	4.00%
	② 특정 이륜자동차(배기량 125cc 이하 등)			2.00%	–	비과세	2.00%
	③ 위 ①과 ②외 자동차	비영업용	일반	5.00%	–	비과세	5.00%
			경자동차	4.00%	–	비과세	4.00%
		영업용		4.00%	–	비과세	4.00%
	④ 위 ①~③외의 차량						
기계 장비	① 건설기계관리법 등록대상			3.00%	0.20%	0.20%	3.40%
	② 건설기계관리법 비등록대상			2.00%	–	0.20%	2.20%
항공기	① 항공안전법 §7 단서에 따른 항공기[주3]			2.00%	–	0.20%	2.20%
	② 위 ①외 항공기	최대 이륙중량	5,700kg 미만	2.02%	0.004%	0.20%	2.224%
			5,700kg 이상	2.01%	0.002%	0.20%	2.212%
입 목				2.00%	–	0.20%	2.20%
광업권, 어업권, 양식업권				2.00%	–	0.20%	2.20%
회원권(골프, 승마, 콘도, 종합체육시설, 요트)				2.00%	–	0.20%	2.20%

선박, 차량, 기계장비 등 부동산 외 과세물건에 대한 취득세는 아래의 표준세율을 적용하여 계산한 금액을 그 세액으로 한다.

(1) 선 박

> **지방세법 제12조 [부동산 외 취득의 세율]**
> ① 다음 각 호에 해당하는 부동산등에 대한 취득세는 제10조의 2부터 제10조의 6까지의 규정에 따른 과세표준에 다음 각 호의 표준세율을 적용하여 계산한 금액을 그 세액으로 한다.
> 1. 선 박
>   가. 등기 · 등록 대상인 선박(나목에 따른 소형선박은 제외한다)
>   1) 상속으로 인한 취득: 1천분의 25
>   2) 상속으로 인한 취득 외의 무상취득: 1천분의 30
>   3) 원시취득: 1천분의 20.2

        4) 수입에 의한 취득 및 주문 건조에 의한 취득: 1천분의 20.2
        5) (삭제, 2014.1.1.)
        6) 그 밖의 원인으로 인한 취득: 1천분의 30
    나. 소형선박
        1) 「선박법」 제1조의 2 제2항에 따른 소형선박: 1천분의 20.2
        2) 「수상레저기구의 등록 및 검사에 관한 법률」 제3조에 따른 동력수상레저기구: 1천분의 20.2
    다. 가목 및 나목 외의 선박: 1천분의 20

선박법 제1조의 2 [정 의]
① 이 법에서 "선박"이란 수상 또는 수중에서 항행용으로 사용하거나 사용할 수 있는 배 종류를 말하며 그 구분은 다음 각 호와 같다.
1. 기선: 기관(機關)을 사용하여 추진하는 선박[선체(船體) 밖에 기관을 붙인 선박으로서 그 기관을 선체로부터 분리할 수 있는 선박 및 기관과 돛을 모두 사용하는 경우로서 주로 기관을 사용하는 선박을 포함한다]과 수면비행선박(표면효과 작용을 이용하여 수면에 근접하여 비행하는 선박을 말한다)
2. 범선: 돛을 사용하여 추진하는 선박(기관과 돛을 모두 사용하는 경우로서 주로 돛을 사용하는 것을 포함한다)
3. 부선: 자력항행능력(自力航行能力)이 없어 다른 선박에 의하여 끌리거나 밀려서 항행되는 선박
② 이 법에서 "소형선박"이란 다음 각 호의 어느 하나에 해당하는 선박을 말한다.
1. 총톤수 20톤 미만인 기선 및 범선
2. 총톤수 100톤 미만인 부선

수상레저기구의 등록 및 검사에 관한 법률 제3조 [적용 범위]
이 법은 수상레저활동에 사용하거나 사용하려는 것으로서 다음 각 호의 어느 하나에 해당하는 동력수상레저기구에 대하여 적용한다. 다만, 동력수상레저기구의 총톤수, 출력 등을 고려하여 대통령령으로 정하는 경우에는 그러하지 아니하다.
1. 수상오토바이
2. 모터보트
3. 고무보트
4. 세일링요트(돛과 기관이 설치된 것을 말한다. 이하 같다)
② 제1항 제1호의 선박 및 같은 항 제3호의 기계장비가 공유물일 때에는 그 취득지분의 가액을 과세표준으로 하여 세율을 적용한다.

선박의 취득세율은 다음과 같다. (지방세법 제12조 제1항 제1호)

〈선박의 세율〉

구 분		부담세율			
		취득세	지방교육세	농어촌특별세	계
선 박	① 등기·등록대상 선박 (소형선박 제외)				
	상 속	2.50%	0.10%	0.20	2.80%
	상속 외 무상취득	3.00%	0.20%	0.20%	3.40%
	원시취득	2.02%	0.004%	0.20%	2.224%
	수입·주문건조	2.02%	0.004%	0.20%	2.224%
	기타원인의 취득	3.00%	0.20%	0.20%	3.40%
	② 소형선박 (소형선박, 동력수상레저기구)	2.02%	0.004%	0.20%	2.224%
	③ 위 ①과 ② 이외의 선박	2.00%	–	0.20%	2.20%

선박이 공유물일 때에는 그 취득지분의 가액을 과세표준으로 하여 세율을 적용한다.(지방세법 제12조 제2항)

(2) 차 량

지방세법 제12조 [부동산 외 취득의 세율]

① 다음 각 호에 해당하는 부동산등에 대한 취득세는 제10조의 2부터 제10조의 6까지의 규정에 따른 과세표준에 다음 각 호의 표준세율을 적용하여 계산한 금액을 그 세액으로 한다.

2. 차 량

   가. 대통령령으로 정하는 비영업용 승용자동차: 1천분의 70. 다만, 대통령령으로 정하는 경자동차(이하 이 조에서 "경자동차"라 한다)의 경우에는 1천분의 40으로 한다.

   나. 「자동차관리법」에 따른 이륜자동차로서 대통령령으로 정하는 자동차: 1천분의 20

   다. 가목 및 나목 외의 자동차
   1) 대통령령으로 정하는 비영업용: 1천분의 50. 다만, 경자동차의 경우에는 1천분의 40으로 한다.
   2) 대통령령으로 정하는 영업용: 1천분의 40
   3) (삭제, 2019.12.31.)

   라. 가목부터 다목까지의 자동차 외의 차량: 1천분의 20

지방세법 시행령 제23조 [비영업용 승용자동차 등의 범위]

① 법 제12조 제1항 제2호 가목에서 "대통령령으로 정하는 비영업용 승용자동차"란 개인 또는 법인이 「여객자동차 운수사업법」에 따라 면허를 받거나 등록을 하고 일반의 수요에 제공하는 것 외의 용도에 제공하는 「자동차관리법」제3조 제1항 제1호에 따른 승용자동차를 말한다. 다만, 「자동차관리법 시행령」제7조 제1항 제11호 또는 제12호에 따라 임시운행허가를 받은 승용자동차는 제외한다.

② 법 제12조 제1항 제2호 가목 단서에서 "대통령령으로 정하는 경자동차"란 「자동차관리법」 제3조에 따른 자동차의 종류 중 경형자동차를 말한다.
③ 법 제12조 제1항 제2호 나목에서 "대통령령으로 정하는 자동차"란 총 배기량 125시시 이하이거나 최고정격출력 12킬로와트 이하인 이륜자동차를 말한다.
④ 법 제12조 제1항 제2호 다목 1)에 따른 비영업용 자동차는 개인 또는 법인이 「여객자동차 운수사업법」 또는 「화물자동차 운수사업법」에 따라 면허를 받거나 등록을 하고 일반의 수요에 제공하는 것 외의 용도에 제공하는 「자동차관리법」 제2조 제1호에 따른 자동차로 한다. 다만, 「자동차관리법 시행령」 제7조 제1항 제11호 또는 제12호에 따라 임시운행허가를 받은 자동차는 제외한다.
⑤ 법 제12조 제1항 제2호 다목 2)에 따른 영업용 자동차는 개인 또는 법인이 「여객자동차 운수사업법」 또는 「화물자동차 운수사업법」에 따라 면허를 받거나 등록을 하고 일반의 수요에 제공하는 용도에 제공되는 「자동차관리법」 제2조 제1호에 따른 자동차로 한다.

차량의 취득세율은 다음과 같다. (지방세법 제12조 제1항 제2호)

〈차량의 취득세율〉

구 분			부담세율			
			취득세	지방교육세	농어촌특별세	계
차량	① 비영업용 승용자동차 [주1]	일반 자동차	7.00%	-	비과세	7.00%
		경자동차[주2]	4.00%	-	비과세	4.00%
	② 특정 이륜자동차(배기량 125cc 이하 등)[주3]		2.00%	-	비과세	2.00%
	③ 위 ①과 ②외 자동차	비영업용[주4] 일반	5.00%	-	비과세	5.00%
		비영업용[주4] 경자동차	4.00%	-	비과세	4.00%
		영업용[주5]	4.00%	-	비과세	4.00%
	④ 위 ①~③외의 차량					

[주1] 비영업용 승용자동차

구 분	내 용
개 념	개인 또는 법인이 여객자동차 운수사업법에 따라 면허를 받거나 등록을 하고 일반의 수요에 제공하는 것 외의 용도에 제공하는 자동차관리법 제3조 제1항 제1호에 따른 승용자동차(10인 이하를 운송하기에 적합하게 제작된 자동차)
제 외	임시운행허가를 받은 승용자동차는 취득세 과세 제외(자동차관리법 시행령 제7조 제1항 제11호 또는 제12호) ① 아래의 자가 시험 및 연구의 목적으로 자동차를 운행하려는 경우 　가. 자동차 자기인증을 위해 자동차의 제작, 시험, 검사시설 등을 국토교통부장관에게 등록을 한 자 　나. 자동차 성능시험을 대행할 수 있도록 지정된 자 　다. 자동차 연구개발 목적의 기업부설연구소를 보유한 자 　라. 해외자동차업체나 국내에서 자동차를 제작 또는 조립하는 자와 계약을 체결하여 부품 개발 등의 개발업무를 수행하는 자 　마. 전기자동차 등 친환경·첨단미래형 자동차의 개발·보급을 위하여 필요하다고 국토교통부장관이 인정하는 자 ② 자동차운전학원 및 자동차운전전문학원을 설립 및 운영하는 자가 검사를 받기 위하여 기능교육용 자동차를 운행하려는 경우

[주2] 자동차관리법 시행규칙 [별표1] 자동차의 종류 중 경자동차

구 분	종 류	
	초소형	일반형
승용자동차	① 배기량이 250시시(전기자동차의 경우 최고정격출력이 15킬로와트) 이하이고 ② 길이 3.6미터·너비 1.5미터·높이 2.0미터 이하인 것	① 배기량이 1,000시시 미만이고 ② 길이 3.6미터·너비 1.6미터·높이 2.0미터 이하인 것
승합자동차	① 배기량이 1,000시시 미만이고 ② 길이 3.6미터·너비 1.6미터·높이 2.0미터 이하인 것	
화물자동차	① 배기량이 250시시(전기자동차의 경우 최고정격출력이 15킬로와트) 이하이고 ② 길이 3.6미터·너비 1.5미터·높이 2.0미터 이하인 것	① 배기량이 1,000시시 미만이고 ② 길이 3.6미터·너비 1.6미터·높이 2.0미터 이하인 것
특수자동차	① 배기량이 1,000시시 미만이고 ② 길이 3.6미터·너비1.6미터·높이 2.0미터 이하인 것	
이륜자동차	배기량이 50시시 미만(최고정격출력 4킬로와트 이하)인 것	

[주3] 자동차 관리법에 따른 이륜자동차(지방세법 시행령 제23조 제3항)

총 배기량 125시시 이하이거나 최고정격출력 12킬로와트 이하인 이륜자동차

[주4] 비영업용 자동차

구 분	내 용
개 념	• 개인 또는 법인이 여객자동차 운수사업법 또는 화물자동차 운수사업법에 따라 면허를 받거나 등록을 하고 일반의 수요에 제공하는 것 외의 용도에 제공하는 자동차관리법 제2조 제1호에 따른 자동차(=원동기에 의하여 육상에서 이동할 목적으로 제작한 용구 또는 이에 견인되어 육상을 이동할 목적으로 제작한 용구) • 단, 「건설기계관리법」에 따른 건설기계, 「농업기계화 촉진법」에 따른 농업기계, 「군수품관리법」에 따른 차량, 궤도 또는 공중선에 의하여 운행되는 차량, 「의료기기법」에 따른 의료기기는 제외

제 외	임시운행허가를 받은 승용자동차는 취득세 과세 제외(자동차관리법 시행령 제7조 제1항 제11호 또는 제12호)
	① 아래의 자가 시험 및 연구의 목적으로 자동차를 운행하려는 경우
	    가. 자동차 자기인증을 위해 자동차의 제작, 시험, 검사시설 등을 국토교통부장관에게 등록을 한 자
	    나. 자동차 성능시험을 대행할 수 있도록 지정된 자
	    다. 자동차 연구개발 목적의 기업부설연구소를 보유한 자
	    라. 해외자동차업체나 국내에서 자동차를 제작 또는 조립하는 자와 계약을 체결하여 부품개발 등의 개발업무를 수행하는 자
	    마. 전기자동차 등 친환경·첨단미래형 자동차의 개발·보급을 위하여 필요하다고 국토교통부장관이 인정하는 자
	② 자동차운전학원 및 자동차운전전문학원을 설립 및 운영하는 자가 검사를 받기 위하여 기능교육용 자동차를 운행하려는 경우

[주5] 영업용 자동차

- 개인 또는 법인이 여객자동차 운수사업법 또는 화물자동차 운수사업법에 따라 면허를 받거나 등록을 하고 일반의 수요에 제공하는 용도에 제공되는 자동차관리법 제2조 제1호에 따른 자동차(=원동기에 의하여 육상에서 이동할 목적으로 제작한 용구 또는 이에 견인되어 육상을 이동할 목적으로 제작한 용구)
- 단, 「건설기계관리법」에 따른 건설기계, 「농업기계화 촉진법」에 따른 농업기계, 「군수품관리법」에 따른 차량, 궤도 또는 공중선에 의하여 운행되는 차량, 「의료기기법」에 따른 의료기기는 제외

2020 개정세법 (이륜자동차 취득세율 체계 명확화, 지방세법 제12조)

1. 개정사유
- (개정 전) 종전에는 2% 세율로 취득세가 과세되는 125cc 이하의 이륜자동차는 비영업용 자동차(세율 5%) 및 영업용 자동차(세율 4%)의 범위에서 제외되어야 하는 것이 명확하게 규정되지 않음
- (개정 후) 이륜차 취득세율 체계를 명확화함

개정전	개정후
비영업용 승용자동차 외 자동차 취득세율 • 비영업용: 5% • 영업용: 4% • 125cc 이하 이륜차: 2%	세율 체계 명확화 • 125cc 이하 이륜차: 2% • 그 외 비영업용: 5% • 그 외 영업용: 4%

2. 적용시기
2020.1.1. 이후 납세의무가 성립하는 분부터 적용

3. 개정조문

현 행	개 정
제12조(부동산 외 취득의 세율) ① 다음 각 호에 해당하는 부동산등에 대한 취득세는 제10조의 과세표준에 다음 각 호의 표준세율을 적용하여 계산한 금액을 그 세액으로 한다. 1. (생 략) 2. 차 량 　가. (생 략) 　〈신 설〉 　나. 그 밖의 자동차 　　1)·2) (생 략) 　　3) 「자동차관리법」에 따른 이륜자동차로서 대통령령으로 정하는 자동차: 1천분의 20 　다. 가목 및 나목 외의 차량: 1천분의 20 3.~7. (생 략) ② (생 략)	제12조(부동산 외 취득의 세율) ① ~~~~~~. 1. (현행과 같음) 2. ~~~ 　가. (현행과 같음) 　나. 「자동차관리법」에 따른 이륜자동차로서 대통령령으로 정하는 자동차: 1천분의 20 　다. 가목 및 나목 외의 ~~~~~ 　　1)·2) (현행과 같음) 　〈삭 제〉 　라. 가목부터 다목까지의 차량 외의 ~~~~~~~~~ 3.~7. (현행과 같음) ② (현행과 같음)

2020 개정세법 (전기이륜차 취득세율 체계 마련, 지방세법 시행령 제7조, 23조)

1. 개정사유
- (개정 전) 종전에는 전기이륜차에 대한 취득세 세율 체계가 없었음
- (개정 후) 시행령 개정으로 최고정격출력 기준으로 4킬로와트를 초과하는 전기이륜차에 대한 취득세를 부과하도록 함

이륜차(현행)	전기이륜차(신설)	세 율
50cc미만	4kW이하	비과세
125cc이하	12kW이하	2%
125cc초과	12kW초과	4%(영업용) / 5%(비영업용)

2. 적용시기
2020.1.1. 이후 납세의무가 성립하는 분부터 적용

3. 개정조문

현 행	개 정
제7조(원동기를 장치한 차량의 범위) ① 법 제6조 제7호에서 "원동기를 장치한 모든 차량"이란 원동기로 육상을 이동할 목적으로 제작된 모든 용구(총 배기량 50시시 미만의 이륜자동차는 제외한다)를 말한다. ② (생 략) 제23조(비영업용 승용자동차 등의 범위) ① (생 략) ② 법 제12조 제1항 제2호 가목 단서 및 같은 호 나목1) 단서에 따른 경자동차는 각각「자동차관리법」제3조에 따른 자동차의 종류 중 경형자동차로 한다. ③ 법 제12조 제1항 제2호 나목 2)에 따른 영업용 자동차는 제122조 제1항에 따른 영업용에 제공되는 자동차(기계장비는 제외한다)로 한다. ④ 법 제12조 제1항 제2호 나목 3)에서 "대통령령으로 정하는 자동차"란 총배기량 125시시 이하의 이륜자동차를 말한다. 제42조의2(비영업용 승용자동차 등) ① 법 제28조 제1항 제3호 각 목 외의 부분에서의 "차량"에는 총 배기량 125시시 이하의 이륜자동차는 포함하지 아니한다. ②~④ (생 략)	제7조(원동기를 장치한 차량의 범위) ① ~~~~~~~~~~~~ 미만 이거나 최고정격출력 4킬로와트 이하인 ~~~~~~~~~~. ② (현행과 같음) 제23조(비영업용 승용자동차 등의 범위) ① (현행과 같음) ② ~~~~~~~~~~~~~같은 호 다목1) 단서~~~~~~~~~~~~. ④ 법 제12조 제1항 제2호 다목 2)~~~~~~~~~~~~~~~~~~~~~~~~~~~ ③ 법 제12조 제1항 제2호 나목에서 "대통령령으로 정하는 자동차"란 총 배기량 125시시 이하이거나 최고정격출력 12킬로와트 이하인 이륜자동차를 말한다. 제42조의2(비영업용 승용자동차 등) ① ~~~~~~~~~~~~~~~~~~~~~~~이하이거나 최고정격출력 12킬로와트 이하인 이륜자동차는 포함하지 않는다. ②~④ (현행과 같음)

2021 개정세법 (R&D 차량 등 미등록대상 차량의 취득세율 명확화, 지방세법 제12조)

1. 개정사유
- (개정 전) 실험·연구(R&D)용 차량, 기업부설연구소의 연구·개발용 차량, 자율주행 연구·개발용 차량, 전기차 등 친환경·첨단미래형 자동차의 개발·보급용 차량 등은 자동차관리법에 따라 미등록대상 차량으로 규정하고 있음
- (개정 후) 2011년 이후, 구 취득세(2%)와 구 등록세(2~5%)가 통합됨에 따라 미등록대상 차량에 대한 구 등록세분 부과여부에 대한 혼선이 있어, 자율주행, 신재생에너지 등의 연구 및 개발 지원을 위해, 연구 개발용 미등록 차량의 취득세율을 2%로 명확히 규정

개정전	개정후
차량 취득세율 불분명 • 비영업용 승용차: 7% • 비영업용 화물차 등: 5% • 영업용 자동차: 4% • 〈신 설〉	미등록대상 차량 취득세율 명확화 • 〈좌 동〉 • 〈좌 동〉 • 〈좌 동〉 • 미등록대상 차량: 2%

2. 적용시기
2021.1.1. 이후 납세의무가 성립하는 분부터 적용

3. 개정조문

현 행	개 정
제12조(부동산 외 취득의 세율) ① 다음 각 호에 해당하는 부동산등에 대한 취득세는 제10조의 과세표준에 다음 각 호의 표준세율을 적용하여 계산한 금액을 그 세액으로 한다. 1. (생 략) 2. 차량 　가. 비영업용 승용자동차: 1천분의 70. 다만, 경자동차의 경우에는 1천분의 40으로 한다. 　나. (생 략) 　다. 가목 및 나목 외의 자동차 　　1) 비영업용: 1천분의 50. 다만, 경자동차의 경우에는 1천분의 40으로 한다. 　　2) 영업용: 1천분의 40 　라. 가목부터 다목까지의 차량 외의 차량: 1천분의 20 3.~7. (생 략) ② (생 략)	제12조(부동산 외 취득의 세율) ① ~~~~~~. 1. (현행과 같음) 2. ~~~ 　가. 대통령령으로 정하는 비영업용: ~~~~~ 대통령령으로 정하는 경자동차(이하 이 조에서 "경자동차"라 한다)~~~~~~~~. 　나. (현행과 같음) 　다. ~~~~~~~~~~~~~~~~~~ 　　1) 대통령령으로 정하는 비영업~~~~~~~~~~~~~~~. 　　2) 대통령령으로 정하는 영업용: ~~~~~ 　라. ~~~~~~~자동차 외: ~~~~~ 3.~7. (현행과 같음) ② (현행과 같음)

(3) 기계장비

> **지방세법 제12조 [부동산 외 취득의 세율]**
> ① 다음 각 호에 해당하는 부동산등에 대한 취득세는 제10조의 2부터 제10조의 6까지의 규정에 따른 과세표준에 다음 각 호의 표준세율을 적용하여 계산한 금액을 그 세액으로 한다.
> 3. 기계장비: 1천분의 30. 다만, 「건설기계관리법」에 따른 등록대상이 아닌 기계장비는 1천분의 20으로 한다.
> ② 제1항 제1호의 선박 및 같은 항 제3호의 기계장비가 공유물일 때에는 그 취득지분의 가액을 과세표준으로 하여 세율을 적용한다.

기계장비의 취득세율은 다음과 같다.(지방세법 제12조 제1항 제3호)

구 분		부담세율			
		취득세	지방교육세	농어촌특별세	계
기계장비	① 건설기계관리법 등록대상	3.00%	0.20%	0.20%	3.40%
	② 건설기계관리법 비등록대상	2.00%	–	0.20%	2.20%

기계장비가 공유물일 때에는 그 취득지분의 가액을 과세표준으로 하여 세율을 적용한다.(지방세법 제12조 제2항)

(4) 항공기

구 분		부담세율			
		취득세	지방교육세	농어촌특별세	계
항공안전법 §7 단서에 따른 항공기		2.00%	–	0.20%	2.20%
그 밖의 항공기	최대이륙중량이 5,700kg 미만인 항공기	2.02%	0.004%	0.20%	2.224%
	최대이륙중량이 5,700kg 이상인 항공기	2.01%	0.002%	0.20%	2.212%

> **지방세법 제12조 [부동산 외 취득의 세율]**
> ① 다음 각 호에 해당하는 부동산등에 대한 취득세는 제10조의 2부터 제10조의 6까지의 규정에 따른 과세표준에 다음 각 호의 표준세율을 적용하여 계산한 금액을 그 세액으로 한다.
> 4. 항공기
>   가. 「항공안전법」 제7조 단서에 따른 항공기: 1천분의 20
>   나. 그 밖의 항공기: 1천분의 20.2. 다만, 최대이륙중량이 5,700킬로그램 이상인 항공기는 1천분의 20.1로 한다.

(5) 입 목

> **지방세법 제12조 [부동산 외 취득의 세율]**
> ① 다음 각 호에 해당하는 부동산등에 대한 취득세는 제10조의 2부터 제10조의 6까지의 규정에 따른 과세표준에 다음 각 호의 표준세율을 적용하여 계산한 금액을 그 세액으로 한다.
> 5. 입목: 1천분의 20

입목의 취득세율은 2.0%로 한다.(지방세법 제12조 제1항 제5호)

구 분	부담세율			
	취득세	지방교육세	농어촌특별세	계
입 목	2.00%	–	0.20%	2.20%

(6) 광업권, 어업권 또는 양식업권

> **지방세법 제12조 [부동산 외 취득의 세율]**
> ① 다음 각 호에 해당하는 부동산등에 대한 취득세는 제10조의 2부터 제10조의 6까지의 규정에 따른 과세표준에 다음 각 호의 표준세율을 적용하여 계산한 금액을 그 세액으로 한다.
> 6. 광업권·어업권 또는 양식업권: 1천분의 20

광업권, 어업권, 양식업권의 취득세율은 2.0%로 한다.(지방세법 제12조 제1항 제6호)

구 분	부담세율			
	취득세	지방교육세	농어촌특별세	계
광업권, 어업권, 양식업권	2.00%	–	0.20%	2.20%

(7) 골프회원권, 승마회원권, 콘도미니엄 회원권, 종합체육시설 이용회원권, 요트회원권

> **지방세법 제12조 [부동산 외 취득의 세율]**
> ① 다음 각 호에 해당하는 부동산등에 대한 취득세는 제10조의 2부터 제10조의 6까지의 규정에 따른 과세표준에 다음 각 호의 표준세율을 적용하여 계산한 금액을 그 세액으로 한다.
> 7. 골프회원권, 승마회원권, 콘도미니엄 회원권, 종합체육시설 이용회원권 또는 요트회원권: 1천분의 20

골프회원권, 승마회원권, 콘도미니엄 회원권, 종합체육시설 이용회원권, 요트회원권의 취득세율은 2.0%로 한다.

구 분	부담세율			
	취득세	지방교육세	농어촌특별세	계
회원권(골프, 승마, 콘도, 종합체육시설, 요트)	2.00%	–	0.20%	2.20%

제2절 중과세율

취득세 중과세율은 일반세율보다 고율의 세금을 적용하는 것이며 중과세율의 구성은 다음과 같다.

〈중과세율의 구성〉

중과세 사유	중과세율
(1) 과밀억제권역 내 부동산 취득 중과세(지법 §13 ①) ① 과밀억제권역 내 본점 사업용 건축물 신·증축 ② 과밀억제권역 등 내 공장 신·증설	표준세율+중과기준세율×2
(2) 대도시 내 부동산 취득 중과세(지법 §13 ②) ① 대도시 내 법인설립·지점설치·대도시 전입 ② 대도시 내 공장 취득	표준세율×3-중과기준세율×2
(3) 법인 및 다주택자의 주택 중과세(지법 §13의 2) ① 법인의 주택 유상취득 ② 다주택자의 주택 유상취득(조정대상지역 1세대 2주택 및 비조정대상지역 1세대 3주택) ③ 다주택자의 주택 유상취득(조정대상지역 1세대 3주택 이상 및 비조정대상지역 1세대 4주택 이상) ④ 조정대상지역 내 시가표준액 3억원 이상 주택의 상속을 제외한 무상취득(증여)	주택표준세율×중과기준세율×4 유상승계취득세율+중과기준세율×2 유상승계취득세율+중과기준세율×4 유상승계취득세율+중과기준세율×4
(4) 사치성 재산 중과세(지법 §13 ⑤) ① 별장(주거용 건축물 중 휴양·피서 등 용도) ② 골프장(회원제 골프장용 부동산) ③ 고급주택(특정 기준 초과 주거용 건축물) ④ 고급오락장(도박장, 유흥주점영업장 등) ⑤ 고급선박(특정 비업무용·자가용 선박)	표준세율+중과기준세율×4
(4) 중과세 동시 적용 (지법 §16 ⑤, ⑥) ① 과밀억제권역 내 부동산 취득 중과세(지법 §13 ①)+대도시 내 부동산 취득 중과세(지법 §13 ②) ② 대도시 내 부동산 취득 중과세(지법 §13 ②)+사치성 재산 중과세(지법 §13 ⑤)	표준세율×3 표준세율×3+중과기준세율×2
(5) 주택 중과세의 동시 적용(지법 §13 ③) • 법인 및 다주택자 중과세(지법 §13의 2)+사치성 재산 중과세(지법 §13 ⑤)	주택 중과세율+중과기준세율×4

중과세율의 구성 및 적용에 대해서는 Part 2. 중과세의 해설에서 다루기로 한다.

제3절 세율의 특례

현행의 취득세는 과거 ① 취득세와 ② 등록세로 구성되어 있었다. 2010.3.31. 지방세법 전면 개정으로 종전의 등록세 중 취득과 관련된 등록세는 취득세와 통합되어 현행 취득세가 되었고[4], 취득과 관련이 없는 등록세는 면허세와 통합되어 현행 등록면허세가 되었다.

〈지방세법 개편 전후의 취득세 변화〉

종전 (2010.12.31. 이전)		현행 (2011.1.1. 이후)
취득세	취득과 관련되는 성격의 등록세	취득세
면허세	취득과 관련 없는 성격의 등록세	등록면허세

이러한 지방세의 세목 통합으로 인하여 세율 체계도 아래와 같이 과거 취득세율과 등록세율을 합한 세율로 조정하였다.
  ① 종전 취득세와 등록세가 과세되는 경우: 취득세율+등록세율
  ② 종전 취득세만 과세되는 경우: 종전 취득세율 2% 유지
  ③ 비과세 규정 등에 의하여 종전 취득세와 등록세 중 어느 하나만 과세되는 경우: 특례세율(지방세법 제15조)로 규정

'제3절. 세율의 특례'는 위 ③과 같이 종전 취득세와 등록세 중 어느 하나만 과세되는 경우를 규정한 것이다.

1. 중과기준세율을 차감하는 세율의 특례(지방세법 제15조 제1항, 구 등록세만 적용)

> **지방세법 제15조 [세율의 특례]**
> ① 다음 각 호의 어느 하나에 해당하는 취득에 대한 취득세는 제11조 및 제12조에 따른 세율에서 중과기준세율을 뺀 세율로 산출한 금액을 그 세액으로 하되, 제11조 제1항 제8호에 따른 주택의 취득에 대한 취득세는 해당 세율에 100분의 50을 곱한 세율을 적용하여 산출한 금액을 그 세액으로 한다. 다만, 취득물건이 제13조 제2항에 해당하는 경우에는 이 항 각 호 외의 부분 본문의 계산방법으로 산출한 세율의 100분의 300을 적용한다.

---

4) 이러한 지방세의 역사로 인해 흔히 '취·등록세'라는 표현을 쓰고 있으나 현행에 따르면 '취득세'가 정확한 용어이다.

다음 중 어느 하나에 해당하는 취득에 대한 취득세는 표준세율(지방세법 제11조 부동산 취득의 세율 및 / 지방세법 제12조 부동산 외 취득의 세율)에서 중과기준세율 2%를 뺀 세율로 산출한 금액을 그 세액으로 한다.(지방세법 제15조 제1항)

이때 '중과기준세율'이란 지방세법 제11조 및 제12조에 따른 세율에 가감하거나 지방세법 제15조 제2항에 따른 세율의 특례 적용기준이 되는 세율로서 2%를 말한다.(지방세법 제6조 제19호)

> **지방세법 제6조 [정의]**
> 취득세에서 사용하는 용어의 뜻은 다음 각 호와 같다.
> 19. "중과기준세율"이란 제11조 및 제12조에 따른 세율에 가감하거나 제15조 제2항에 따른 세율의 특례 적용기준이 되는 세율로서 1천분의 20을 말한다.

다만 ① 주택의 경우 해당 세율에 50%를 곱한 세율을 적용하여 산출한 금액을 그 세액으로 하고 ② 취득물건이 향후 살펴볼 지방세법 제13조 제2항 대도시 내 법인등 설립·설치·전입에 따른 중과세에 해당하는 경우에는 표준세율에서 중과기준세율을 뺀 세율의 3배를 적용한다.(지방세법 제15조 제1항 단서)

> **지방세법 제15조 [세율의 특례]**
> ① 다음 각 호의 어느 하나에 해당하는 취득에 대한 취득세는 제11조 및 제12조에 따른 세율에서 중과기준세율을 뺀 세율로 산출한 금액을 그 세액으로 하되, 제11조 제1항 제8호에 따른 주택의 취득에 대한 취득세는 해당 세율에 100분의 50을 곱한 세율을 적용하여 산출한 금액을 그 세액으로 한다. 다만, 취득물건이 제13조 제2항에 해당하는 경우에는 이 항 각 호 외의 부분 본문의 계산방법으로 산출한 세율의 100분의 300을 적용한다.

구 분	적용 세율
세율의 특례(지방세법 제15조 제1항)	표준세율 – 중과기준세율
주 택	(표준세율 – 중과기준세율)×50%
대도시 내 법인등 설립·설치·전입에 따른 중과세 (지방세법 제13조 제2항)	(표준세율 – 중과기준세율)×3

(1) 환매에 따른 취득

> **지방세법 제15조 [세율의 특례]**
> ① 다음 각 호의 어느 하나에 해당하는 취득에 대한 취득세는 제11조 및 제12조에 따른 세율에서 중과기준세율을 뺀 세율로 산출한 금액을 그 세액으로 하되, (중략)
> 1. 환매등기를 병행하는 부동산의 매매로서 환매기간 내에 매도자가 환매한 경우의 그 매도자와 매수자의 취득

환매등기를 병행하는 부동산의 매매로서 환매기간 내에 매도자가 환매한 경우의 그 매도자와 매수자의 취득에 대해서는 세율의 특례를 적용한다.(지방세법 제15조 제1항 제1호)

환매기간 내에 환매하는 경우에는 소유권이 환원되는 것이므로 이러한 취득은 형식적인 취득으로 보아 종전 취득세 부분을 비과세하고 종전 등록세만 과세하는 형식으로 하기 위하여 세율의 특례를 적용한다.

(2) 상속으로 인한 취득

1) 세율의 특례가 적용되는 상속으로 인한 취득

> **지방세법 제15조 [세율의 특례]**
> ① 다음 각 호의 어느 하나에 해당하는 취득에 대한 취득세는 제11조 및 제12조에 따른 세율에서 중과기준세율을 뺀 세율로 산출한 금액을 그 세액으로 하되, (중략)
> 2. 상속으로 인한 취득 중 다음 각 목의 어느 하나에 해당하는 취득
>   가. 대통령령으로 정하는 1가구 1주택의 취득
>   나. 「지방세특례제한법」 제6조 제1항에 따라 취득세의 감면대상이 되는 농지의 취득

상속으로 인한 취득 중 다음 중 어느 하나에 해당하는 취득에 대해서는 세율의 특례를 적용한다.(지방세법 제15조 제1항 제2호)

① 대통령령으로 정하는 1가구 1주택의 취득

② 지방세특례제한법 제6조 제1항에 따라 취득세의 감면대상이 되는 농지의 취득

상속으로 1세대 1주택이 되는 주택 및 농지를 취득할 경우 종전 취득세 부분을 비과세하고 종전 등록세만 과세하였는데 지방세법 전면 개정 이후에도 동일한 세율을 유지하고자 세율의 특례를 적용한다.

2) 1세대 1주택의 범위

> **지방세법 제15조 [세율의 특례]**
> ① 다음 각 호의 어느 하나에 해당하는 취득에 대한 취득세는 제11조 및 제12조에 따른 세율에서 중과기준세율을 뺀 세율로 산출한 금액을 그 세액으로 하되, (중략)
> 2. 상속으로 인한 취득 중 다음 각 목의 어느 하나에 해당하는 취득
>   가. 대통령령으로 정하는 1가구 1주택의 취득
>   나. 「지방세특례제한법」 제6조 제1항에 따라 취득세의 감면대상이 되는 농지의 취득
>
> **지방세법 시행령 제29조 [1가구 1주택의 범위]**
> ① 법 제15조 제1항 제2호 가목에서 "대통령령으로 정하는 1가구 1주택"이란 상속인(「주민등록법」 제6조 제1항 제3호에 따른 재외국민은 제외한다. 이하 이 조에서 같다)과 같은 법에 따른 세대별 주민등록표(이하 이 조에서 "세대별 주민등록표"라 한다)에 함께 기재되어 있는 가족(동거인은 제외한다)으로 구성된 1가구(상속인의 배우자, 상속인의 미혼인 30세 미만의 직계비속 또는 상속인이 미혼이고 30세 미만인 경우 그 부모는 각각 상속인과 같은 세대별 주민등록표에 기재되어 있지 아니하더라도 같은 가구에 속한 것으로 본다)가 국내에 1개의 주택[주택(법 제11조 제1항 제8호에 따른 주택을 말한다)으로 사용하는 건축물과 그 부속 토지를 말하되, 제28조 제4항에 따른 고급주택은 제외한다)]을 소유하는 경우를 말한다.
> ② 제1항을 적용할 때 1주택을 여러 사람이 공동으로 소유하는 경우에도 공동소유자 각각 1주택을 소유하는 것으로 보고, 주택의 부속토지만을 소유하는 경우에도 주택을 소유하는 것으로 본다.
> ③ 제1항 및 제2항을 적용할 때 1주택을 여러 사람이 공동으로 상속받는 경우에는 지분이 가장 큰 상속인을 그 주택의 소유자로 본다. 이 경우 지분이 가장 큰 상속인이 두 명 이상일 때에는 지분이 가장 큰 상속인 중 다음 각 호의 순서에 따라 그 주택의 소유자를 판정한다.
> 1. 그 주택에 거주하는 사람
> 2. 나이가 가장 많은 사람

가. 1세대 1주택의 범위

대통령령으로 정하는 1가구 1주택이란 상속인[주1]과 같은 법에 따른 세대별 주민등록표에 함께 기재되어 있는 가족[주2]으로 구성된 1가구[주3]가 국내에 1개의 주택[주4]을 소유하는 경우를 말한다.

[주1] 상속인의 범위
상속인의 범위에서 주민등록법 제6조 제1항 제3호에 따른 재외국민은 제외한다. `2019개정세법`

[주2] 가족
가족에서 동거인은 제외한다.

[주3] 1가구

아래에 해당하는 자는 각각 상속인 2016개정세법 과 같은 세대별 주민등록표에 기재되어 있지 않더라도 같은 가구에 속한 것으로 본다.
① 상속인의 배우자
② 상속인의 미혼인 30세 미만의 직계비속
③ 상속인이 미혼이고 30세 미만인 경우 그 부모 2018개정세법

[주4] 주택의 범위

주택법 제11조 제1항 제8호에 따른 주택으로 사용하는 건축물과 그 부속토지를 말한다. 다만, 지방세법 제13조 제5항 및 지방세법 시행령 제28조 제4항에 따라 중과세율이 적용되는 고급주택은 제외한다.

나. 공동 소유 및 부속토지만의 소유

1세대 1주택을 판단할 때 1주택을 여러 사람이 공동으로 소유하는 경우에도 공동소유자 각각 1주택을 소유하는 것으로 보고, 주택의 부속토지만을 소유하는 경우에도 주택을 소유하는 것으로 본다.(지방세법 시행령 제29조 제2항)

다. 수인의 상속인

1세대 1주택을 판단할 때 1주택을 여러 사람이 공동으로 상속받는 경우에는 지분이 가장 큰 상속인을 그 주택의 소유자로 본다. 지분이 가장 큰 상속인이 두 명 이상일 때에는 지분이 가장 큰 상속인 중 ① 그 주택에 거주하는 사람 ② 나이가 가장 많은 사람의 순서에 따라 그 주택의 소유자를 판정한다.(지방세법 시행령 제29조 제3항)

2016 개정세법 (상속주택 특례대상 1가구1주택 개념 정의 개선, 지방세법 시행령 제29조 제1항)

1. 개정사유

- (개정 전) 1가구1주택 상속에 따른 취득세 세율특례 적용(0.8%)에 있어 '1가구'를 '세대별 주민등록표에 기재되어 있는 세대주와 그 가족'으로 규정. 다만, 세대주를 기준으로 배우자와 미혼인 30세 미만 직계비속은 같은 주민등록표에 없더라도 같은 가구로 판단. 상속 주택에 대한 세율특례는 주택을 상속받아 1가구 1주택이 되는 경우에 한하여 혜택을 주고자하는 취지에도, 현재 규정은 주택의 상속자가 아닌 주민등록표상 세대주를 기준으로 1가구 1주택 여부를 판단하고 있어 불합리한 사례 발생(주택 상속자의 가족이 다른 1주택을 소유하고 있는 경우에도 혜택을 봄)
- (개정 후) 세대주가 아닌 실제 주택을 상속받는 자(취득자)를 기준으로 1가구1주택 여부를 판단할 수 있도록 개정

2. 적용시기
2016.1.1. 이후 납세의무 성립분부터 적용

[적용사례]

구 분	현 행	개 정
예 시	• 상속주택: 주택가격 5억원 1주택(피상속인 父 소유) • 세대주: 형(본인은 무주택이나, 세대를 달리하는 형수가 1주택 소유) • 주택상속자: 형과 주민등록을 함께하고 있는 동생(본인 및 처, 직계비속 모두 무주택)	
납세의무자	동생(주택을 상속받는 자)	
1가구 1주택 판단 기준	세대주	주택 상속자
1가구 1주택 해당 여부	해당되지 않음 (세대주의 배우자*가 이미 1주택을 소유하고 있기 때문)	해당함 (주택상속자의 가족 및 주민등록표에 기재된 자가 모두 무주택이기 때문)
세부담액	14백만원(=5억원×2.8%)	4백만원(=[5억원×(2.8% − 2%)])

* 세대주의 배우자의 경우 세대별 주민등록표에 기재되어 있지 않더라도 같은 가구로 판단하고 있음

3. 개정조문

현 행	개 정
제29조 [1가구 1주택의 범위] ① 법 제15조 제1항 제2호가목에서 "대통령령으로 정하는 1가구 1주택"이란 「주민등록법」에 따른 세대별 주민등록표(이하 이 조에서 "세대별 주민등록표"라 한다)에 기재되어 있는 세대주와 그 가족(동거인은 제외한다)으로 구성된 1가구(세대주의 배우자와 미혼인 30세 미만의 직계비속은 같은 세대별 주민등록표에 기재되어 있지 아니하더라도 같은 가구에 속한 것으로 본다)가 국내에 1개의 주택[「주택법」 제2조 제1호에 따른 주택으로서 「건축법」 제38조에 따른 건축물대장에 주택으로 기재되고, 건축물의 용도가 주거용 「영유아보육법」 제10조 제5호에 따른 가정어린이집, 「아동복지법」 제52조 제1항 제4호 및 제8호에 따른 공동생활가정·지역아동센터(같은 조 제2항에 따라 통합하여 설치한 경우를 포함한다) 및 「노인복지법」 제31조에 따른 노인복지시설로서 주거용으로 사용되는 시설은 제외한다으로 사용하는 건축물과 그 부속토지를 말하되, 제28조 제4항에 따른 고급주택은 제외한다]을 소유하는 경우를 말한다. ②·③ (생 략)	제29조 [1가구 1주택의 범위] ① ~~~~~~~~~~~~~~~~~~~~~~~~~~~~상속인과 「주민등록법」에 따른 세대별 주민등록표(이하 이 조에서 "세대별 주민등록표"라 한다)에 함께 기재되어 있는 가족(동거인은 제외한다)으로 구성된 1가구(상속인의 배우자, 상속인의 미혼인 30세 미만의 직계비속 또는 상속인이 미혼이고 30세 미만인 경우 그 직계존속은 각각 상속인과 같은 세대별 주민등록표에 기재되어 있지 아니하더라도 같은 가구에 속한 것으로 본다)가~~~~~~. ②·③ (현행과 같음)

2018 개정세법 (미혼인 30세 미만의 1가구 1주택 범위 개선, 지방세법 시행령 제29조)

1. 개정사유
- (개정 전) 상속을 원인으로 상속인이 직계존속으로부터 취득하는 주택이 '1가구' 1주택에 해당하는 경우 특례세율(0.8%) 적용. 1가구 1주택 판단시, 30세 미만 미혼인 경우 그 '직계존속'은 상속인과 같은 세대별 주민등록표에 없더라도 동일가구로 간주
- (개정 후) 상속주택 취득에 따른 특례세율 적용시 미혼인 30세 미만과 같은 가구로 보는 직계존속의 범위를 '부모'로 한정

2. 적용시기
2018.1.1. 이후 납세의무 성립분부터 적용

3. 개정조문

현 행	개 정
제29조 [1가구 1주택의 범위] ① 법 제15조 제1항 제2호 가목에서 "대통령령으로 정하는 1가구 1주택"이란 상속인과 「주민등록법」에 따른 세대별 주민등록표(이하 이 조에서 "세대별 주민등록표"라 한다)에 함께 기재되어 있는 가족(동거인은 제외한다)으로 구성된 1가구(상속인의 배우자, 상속인의 미혼인 30세 미만의 직계비속 또는 상속인이 미혼이고 30세 미만인 경우 그 직계존속은 각각 상속인과 같은 세대별 주민등록표에 기재되어 있지 아니하더라도 같은 가구에 속한 것으로 본다)가 국내에 1개의 주택[주택(법 제11조 제1항 제8호에 따른 주택을 말한다)으로 사용하는 건축물과 그 부속토지를 말하되, 제28조 제4항에 따른 고급주택은 제외한다]을 소유하는 경우를 말한다. ② · ③ (생 략)	제29조 [1가구 1주택의 범위] ① ~~~~~~부모는~~~~~~. ② · ③ (현행과 같음)

2019 개정세법 (상속특례세율 대상 1주택자에서 재외국민 제외, 지방세법시행령 제29조)

1. 개정사유
- (개정 전) 상속주택 취득 특례세율(일반세율 2.8%에 대비한 특례세율 0.8%) 적용 대상인 상속인의 범위에 재외국민이 포함되는지 여부 불명확
- (개정 후) 상속인에 대한 주거안정을 지원하기 위한 입법취지 등을 고려, 재외국민에 대해서는 특례세율 적용대상에서 제외

2. 적용시기
2019.1.1. 이후 납세의무 성립분부터 적용

3. 개정조문

현 행	개 정
제29조 [1가구 1주택의 범위] ① 법 제15조 제1항 제2호 가목에서 "대통령령으로 정하는 1가구 1주택"이란 상속인과 「주민등록법」에 따른 세대별 주민등록표(이하 이 조에서 "세대별 주민등록표"라 한다)에 함께 기재되어 있는 가족(동거인은 제외한다)으로 구성된 1가구(상속인의 배우자, 상속인의 미혼인 30세 미만의 직계비속 또는 상속인이 미혼이고 30세 미만인 경우 그 부모는 각각 상속인과 같은 세대별 주민등록표에 기재되어 있지 아니하더라도 같은 가구에 속한 것으로 본다)가 국내에 1개의 주택[주택(법 제11조 제1항 제8호에 따른 주택을 말한다)으로 사용하는 건축물과 그 부속토지를 말하되, 제28조 제4항에 따른 고급주택은 제외한다)]을 소유하는 경우를 말한다. ② · ③ (생 략)	제29조 [1가구 1주택의 범위] ① ~~~~~~~~~~~~~~~~~~~~~상속인(「주민등록법」제6조 제1항 제3호에 따른 재외국민은 제외한다. 이하 이 조에서 같다)과 같은 법에 따른~~~~~~. ② · ③ (현행과 같음)

(3) 법인의 합병으로 인한 취득

1) 적격합병으로 인한 취득

> **지방세법 제15조 [세율의 특례]**
> ① 다음 각 호의 어느 하나에 해당하는 취득에 대한 취득세는 제11조 및 제12조에 따른 세율에서 중과기준세율을 뺀 세율로 산출한 금액을 그 세액으로 하되, (중략)
> 3. 「법인세법」제44조 제2항 또는 제3항에 해당하는 법인의 합병으로 인한 취득. 다만, 법인의 합병으로 인하여 취득한 과세물건이 합병 후에 제16조에 따른 과세물건에 해당하게 되는 경우 또는 합병등기일부터 3년 이내에 「법인세법」제44조의 3 제3항 각 호의 어느 하나에 해당하는 사유가 발생하는 경우(같은 항 각 호 외의 부분 단서에 해당하는 경우는 제외한다)에는 그러하지 아니하다.

법인세법 제44조 제2항 또는 제3항의 요건을 갖춘 '적격합병'에 해당하는 법인의 합병으로 인한 취득은 세율의 특례를 적용한다. 지방세법 제11조 제10항에 따르면 2023.3.14. 이후의 합병은 유상승계취득의 세율 4%를 적용하고 있으므로 해당 세율에서 2%를 뺀 2%의 세율을 적용한다.

구 분	2023.3.14. 이전의 합병	2023.3.14. 이후의 합병
적격합병	세율의 특례 1.5%(=무상취득세율 3.5% – 2%)	세율의 특례 2%(=유상승계취득세율 4% – 2%)
비적격합병	무상취득세율 3.5%	유상승계취득세율 4%

2) 중과세 또는 적격합병 사후관리의 추징

> **지방세법 제15조 [세율의 특례]**
> ① 다음 각 호의 어느 하나에 해당하는 취득에 대한 취득세는 제11조 및 제12조에 따른 세율에서 중과기준세율을 뺀 세율로 산출한 금액을 그 세액으로 하되, (중략)
> 3. 「법인세법」제44조 제2항 또는 제3항에 해당하는 법인의 합병으로 인한 취득. 다만, 법인의 합병으로 인하여 취득한 과세물건이 합병 후에 제16조에 따른 과세물건에 해당하게 되는 경우 또는 합병등기일부터 3년 이내에 「법인세법」제44조의 3 제3항 각 호의 어느 하나에 해당하는 사유가 발생하는 경우(같은 항 각 호 외의 부분 단서에 해당하는 경우는 제외한다)에는 그러하지 아니하다.

다만, 법인의 합병으로 인하여 취득한 과세물건이 ① 합병 후에 지방세법 제16조에 따라 중과세율이 적용되는 과세물건에 해당하게 되는 경우 또는 ② 합병등기일부터 3년 이내에 법인세법 제44조의 3 제3항 각 호의 어느 하나에 해당하는 적격합병의 추징사유[주1]가 발생하는 경우(같은 항 각 호 외의 부분 단서에 해당하는 부득이한 사유의 경우[주2]는 제외)에는 세율의 특례를 적용하지 않는다.(지방세법 제15조 제1항 제3호) 2016개정세법

[주1] 적격합병 추징사유	[주2] 적격합병 추징의 부득이한 사유
합병법인이 피합병법인으로부터 승계받은 사업을 폐지하는 경우	① 합병법인이 파산함에 따라 승계받은 자산을 처분한 경우 ② 합병법인이 적격합병, 적격분할, 적격물적분할 또는 적격현물출자에 따라 사업을 폐지한 경우 ③ 합병법인이 「조세특례제한법 시행령」 제34조 제6항 제1호에 따른 기업개선계획의 이행을 위한 약정 또는 같은 항 제2호에 따른 기업개선계획의 이행을 위한 특별약정에 따라 승계받은 자산을 처분한 경우 ④ 합병법인이 「채무자 회생 및 파산에 관한 법률」에 따른 회생절차에 따라 법원의 허가를 받아 승계받은 자산을 처분한 경우
피합병법인의 지배주주등이 합병법인으로부터 받은 주식등을 처분하는 경우	① 지배주주 등이 합병으로 교부받은 전체 주식등의 2분의 1 미만을 처분한 경우(해당 주주등이 합병으로 교부받은 주식등을 서로 간에 처분하는 것은 해당 주주등이 그 주식등을 처분한 것으로 보지 않고, 해당 주주등이 합병법인 주식등을 처분하는 경우에는 합병법인이 선택한 주식등을 처분하는 것으로 봄) ② 지배주주 등이 사망하거나 파산하여 주식등을 처분한 경우 ③ 지배주주 등이 적격합병, 적격분할, 적격물적분할 또는 적격현물출자에 따라 주식등을 처분한 경우 ④ 지배주주 등이 「조세특례제한법」 제38조 · 제38조의 2 또는 제121조의 30에 따라 주식등을 현물출자 또는 교환 · 이전하고 과세를 이연받으면서 주식등을 처분한 경우 ⑤ 지배주주 등이 「채무자 회생 및 파산에 관한 법률」에 따른 회생절차에 따라 법원의 허가를 받아 주식등을 처분하는 경우 ⑥ 지배주주 등이 「조세특례제한법 시행령」 제34조 제6항 제1호에 따른 기업개선계획의 이행을 위한 약정 또는 같은 항 제2호에 따른 기업개선계획의 이행을 위한 특별약정에 따라 주식등을 처분하는 경우 ⑦ 지배주주 등이 법령상 의무를 이행하기 위하여 주식등을 처분하는 경우
각 사업연도 종료일 현재 합병법인에 종사하는 근로자 수가 합병등기일 1개월 전 당시 피합병법인과 합병법인에 각각 종사하는 근로자 수의 합의 80% 미만으로 하락하는 경우	① 합병법인이 「채무자 회생 및 파산에 관한 법률」 제193조에 따른 회생계획을 이행 중인 경우 ② 합병법인이 파산함에 따라 근로자의 비율을 유지하지 못한 경우 ③ 합병법인이 적격합병, 적격분할, 적격물적분할 또는 적격현물출자에 따라 근로자의 비율을 유지하지 못한 경우 ④ 합병등기일 1개월 전 당시 피합병법인에 종사하는 「근로기준법」에 따라 근로계약을 체결한 내국인 근로자가 5명 미만인 경우

법인세법 제44조의 3 [적격합병 시 합병법인에 대한 과세특례]

③ 적격합병(제44조 제3항에 따라 적격합병으로 보는 경우는 제외한다)을 한 합병법인은 3년 이내의 범위에서 대통령령으로 정하는 기간에 다음 각 호의 어느 하나에 해당하는 사유가 발생하는 경우에는 그 사유가 발생한 날이 속하는 사업연도의 소득금액을 계산할 때 양도받은 자산의 장부가액과 제44조의 2 제1항에 따른 시가와의 차액(시가가 장부가액보다 큰 경우만 해당한다. 이하 제4항에서 같다), 승계받은 결손금 중 공제한 금액 등을 대통령령으로 정하는 바에 따라 익금에 산입하고, 제2항에 따라 피합병법인으로부터 승계받아 공제한 감면·세액공제액 등을 대통령령으로 정하는 바에 따라 해당 사업연도의 법인세에 더하여 납부한 후 해당 사업연도부터 감면 또는 세액공제를 적용하지 아니한다. 다만, 대통령령으로 정하는 부득이한 사유가 있는 경우에는 그러하지 아니하다.

1. 합병법인이 피합병법인으로부터 승계받은 사업을 폐지하는 경우
2. 대통령령으로 정하는 피합병법인의 주주등이 합병법인으로부터 받은 주식등을 처분하는 경우
3. 각 사업연도 종료일 현재 합병법인에 종사하는 대통령령으로 정하는 근로자(이하 이 호에서 "근로자"라 한다) 수가 합병등기일 1개월 전 당시 피합병법인과 합병법인에 각각 종사하는 근로자 수의 합의 100분의 80 미만으로 하락하는 경우

⑦ 법 제44조의 3 제3항 각 호 외의 부분 단서에서 "대통령령으로 정하는 부득이한 사유가 있는 경우"란 다음 각 호의 어느 하나에 해당하는 경우를 말한다.

1. 법 제44조의 3 제3항 제1호에 대한 부득이한 사유가 있는 것으로 보는 경우: 합병법인이 제80조의 2 제1항 제2호 각 목의 어느 하나에 해당하는 경우
2. 법 제44조의 3 제3항 제2호에 대한 부득이한 사유가 있는 것으로 보는 경우: 제9항에 따른 주주등이 제80조의 2 제1항 제1호 각 목의 어느 하나에 해당하는 경우
3. 법 제44조의 3 제3항 제3호에 대한 부득이한 사유가 있는 것으로 보는 경우: 합병법인이 제80조의 2 제1항 제3호 가목부터 다목까지 중 어느 하나에 해당하는 경우

2016 개정세법 (비적격 합병에 대한 세율특례 규정 정비, 지방세법 제15조 제1항)

1. 개정사유
- (개정 전) 법인간 합병의 경우 형식적 취득으로 보아 구 취득세(2%)를 과세제외하고 특례세율(4%→ 2%)로 과세함. 그런데 법인의 합병에 따른 세율특례 적용과 관련된 특례요건이나 사후관리 규정을 두지 않아 사업이 폐지되거나 법인의 소유주체가 변경되는 경우에도 합병의 형식만 갖추면 특례가 적용되어, 조세회피를 목적으로 합병형식을 빌어 사업용 부동산을 취득하는 사례가 발생
- (개정 후) 법인 합병에 따른 취득세 과세특례 요건(법인세법 제44조 차용) 및 사후관리규정(법인세법 제44조의3 차용)을 신설하여 적격합병 요건을 갖춘 경우에만 취득세 세율특례를 적용하고 사후관리 요건을 구비하지 못한 경우에는 추징하도록 개선

2. 적용시기
2016.1.1. 이후 납세의무 성립분부터 적용

3. 개정조문

현 행	개 정
제15조(세율의 특례) ① 다음 각 호의 어느 하나에 해당하는 취득에 대한 취득세는 제11조 및 제12조에 따른 세율에서 중과기준세율을 뺀 세율로 산출한 금액을 그 세액으로 한다. 다만, 취득물건이 제13조 제2항에 해당하는 경우에는 이 항 각 호 외의 부분 본문의 계산방법으로 산출한 세율의 100분의 300을 적용한다. 1. · 2. (생 략) 3. 법인의 합병으로 인한 취득. 다만, 법인의 합병으로 인하여 취득한 과세물건이 합병 후에 제16조에 따른 과세물건에 해당하게 되는 경우는 그러하지 아니하다. 4. ~ 7. (생 략) ② (생 략)	제15조(세율의 특례) ① ~~~~~~. 1. · 2. (현행과 같음) 3. 「법인세법」 제44조 제2항 또는 제3항에 해당하는 법인의 합병으로 인한 취득.~~~~~~~~~~~~~~~~경우 또는 합병등기일부터 3년 이내에 「법인세법」 제44조의3 제3항 각 호의 어느 하나에 해당하는 사유가 발생하는 경우(같은 항 각 호 외의 부분 단서에 해당하는 경우는 제외한다)에는 그러하지 아니하다. 4. ~ 7. (현행과 같음) ② (현행과 같음)

(4) 공유물·합유물의 분할 또는 공유권 해소를 위한 지분이전으로 인한 취득

> **지방세법 제15조 [세율의 특례]**
> ① 다음 각 호의 어느 하나에 해당하는 취득에 대한 취득세는 제11조 및 제12조에 따른 세율에서 중과기준세율을 뺀 세율로 산출한 금액을 그 세액으로 하되, (중략)
> 4. 공유물·합유물의 분할 또는 「부동산 실권리자명의 등기에 관한 법률」 제2조 제1호 나목에서 규정하고 있는 부동산의 공유권 해소를 위한 지분이전으로 인한 취득(등기부등본상 본인 지분을 초과하는 부분의 경우에는 제외한다)
>
> **지방세법 시행령 제29조의 2 [분할된 부동산에 대한 과세표준]**
> 법 제15조 제1항 제4호를 적용할 때 공유물을 분할한 후 분할된 부동산에 대한 단독 소유권을 취득하는 경우의 과세표준은 단독 소유권을 취득한 그 분할된 부동산 전체의 시가표준액으로 한다.

공유물·합유물의 분할 또는 부동산 실권리자명의 등기에 관한 법률 제2조 제1호 나목에서 규정하고 있는 부동산의 공유권 해소를 위한 지분이전으로 인한 취득(등기부등본상 본인 지분을 초과하는 부분의 경우에는 제외)은 세율의 특례를 적용한다. [2018개정세법]

이 규정을 적용할 때 공유물을 분할한 후 분할된 부동산에 대한 단독 소유권을 취득하는 경우의 과세표준은 단독 소유권을 취득한 그 분할된 부동산 전체의 시가표준액으로 한다.(지방세법 시행령 제29조의 2)
[2018개정세법]

2018 개정세법 (합유물 분할에 따른 취득세 특례세율 신설, 지방세법 제15조)

1. 개정사유
- (개정 전) 공유물 분할로 취득시 특례세율(0.3%)을 적용하는데, 이와 유사한 합유물 분할에 대해서는 특례세율 규정이 없음. 민법에서 합유물 분할에 대해 공유물 분할 규정을 준용하고 있어, 유권해석(지방세운영과-1977, 2016.7.27.)으로 동일한 특례세율 적용하였음
- (개정 후) 기존 유권해석을 법에 명시함으로써 과세 근거를 명확화하여 합유물의 분할에 대해서도 공유물 분할에 따른 특례세율과 동일한 특례세율을 적용함

2. 적용시기
2018.1.1. 이후 납세의무 성립분부터 적용

3. 개정조문

현 행	개 정
제15조(세율의 특례) ① 다음 각 호의 어느 하나에 해당하는 취득에 대한 취득세는 제11조 및 제12조에 따른 세율에서 중과기준세율을 뺀 세율로 산출한 금액을 그 세액으로 하되, 제11조 제1항 제8호에 따른 주택의 취득에 대한 취득세는 해당 세율에 100분의 50을 곱한 세율을 적용하여 산출한 금액을 그 세액으로 한다. 다만, 취득물건이 제13조 제2항에 해당하는 경우에는 이 항 각 호 외의 부분 본문의 계산방법으로 산출한 세율의 100분의 300을 적용한다.	제15조(세율의 특례) ① ~~~~~~.
1.~3. (생 략)	1.~3. (현행과 같음)
4. 공유물의 분할 또는 「부동산 실권리자명의 등기에 관한 법률」 제2조 제1호 나목에서 규정하고 있는 부동산의 공유권 해소를 위한 지분이전으로 인한 취득(등기부등본상 본인 지분을 초과하는 부분의 경우에는 제외한다)	4. 공유물·합유물~~~~~~
5.~7. (생 략)	5.~7. (현행과 같음)
② (생 략)	② (현행과 같음)

2018 개정세법 (공유물 분할에 대한 과세표준 범위 명확화, 지방세법 시행령 제29조의2)

1. **개정사유**
   - (개정 전) 공유물 분할 후 단독으로 소유하게 되는 부동산의 과세표준 적용시 전체가액을 기준으로 과세하는지(행안부 지방세운영과-4333, '11.9.14), 기존의 소유지분을 제외하고 산정하는지(조세심판원 결정, 조심2016지0364, '16.6.24) 혼선 발생
   - (개정 후) 공유물을 분할하여 특정 공유물 전체에 대한 단독소유권을 취득하는 경우의 과세표준은 그 특정 공유물 '전체'의 시가표준액으로 명확화함

2. **적용시기**
   2018.1.1. 이후 납세의무 성립분부터 적용

3. **개정조문**

현 행	개 정
〈신 설〉	제29조의 2(분할된 부동산에 대한 과세표준) 법 제15조 제1항 제4호를 적용할 때 공유물을 분할한 후 분할된 부동산에 대한 단독 소유권을 취득하는 경우의 과세표준은 단독 소유권을 취득한 그 분할된 부동산 전체의 시가표준액으로 한다.

(5) 건축물의 이전으로 인한 취득

지방세법 제15조 [세율의 특례]
① 다음 각 호의 어느 하나에 해당하는 취득에 대한 취득세는 제11조 및 제12조에 따른 세율에서 중과기준세율을 뺀 세율로 산출한 금액을 그 세액으로 하되, (중략)
5. 건축물의 이전으로 인한 취득. 다만, 이전한 건축물의 가액이 종전 건축물의 가액을 초과하는 경우에 그 초과하는 가액에 대하여는 그러하지 아니하다.

건축물의 이전으로 인한 취득은 세율의 특례를 적용한다. 다만, 이전한 건축물의 가액이 종전 건축물의 가액을 초과하는 경우에 그 초과하는 가액에 대하여는 세율의 특례를 적용하지 않고 원시취득의 세율을 적용한다.

(6) 재산분할로 인한 취득

민법 제834조, 제839조의 2 및 제840조에 따른 재산분할로 인한 취득은 특례의 세율을 적용한다.

[2015개정세법]

> **지방세법 제15조 [세율의 특례]**
> ① 다음 각 호의 어느 하나에 해당하는 취득에 대한 취득세는 제11조 및 제12조에 따른 세율에서 중과기준세율을 뺀 세율로 산출한 금액을 그 세액으로 하되, (중략)
> 6. 「민법」 제834조, 제839조의 2 및 제840조에 따른 재산분할로 인한 취득

2015 개정세법 (재판상 이혼시의 재산분할에 따른 세율특례 적용 신설, 지방세법 제15조 제1항)

1. 개정사유
- (개정 전) 이혼에 따른 재산분할로 인한 취득에 대해서는 실질적인 취득이 수반되지 아니한 것으로 보아 세목통합 전 등록세율로 과세. 현행 지방세법에서는 민법 제834조에 따른 협의상 이혼시의 재산분할에 대해서만 세율특례 대상으로 규정
- (개정 후) 재산분할청구권의 취지, 과세 형평성, 현행 운영사례 등을 감안하여 재판상 이혼시의 재산분할도 세율특례 대상으로 추가

2. 적용시기
2015.7.24. 이후 납세의무 성립분부터 적용

3. 개정조문

현 행	개 정
제15조 [세율] ① (생 략) 1.~5. (생 략) 6. 「민법」 제834조 및 제839조의2에 따른 재산분할로 인한 취득 7. (생 략) ② (생 략)	제15조 [세율] ① (현행과 같음) 1.~5. (현행과 같음) 6. 「민법」 제834조, 제839조의2 및 제840조~~~ ~~~~~~~~~~~~~~ 7. (현행과 같음) ② (현행과 같음)

(7) 벌채하여 원목을 생산하기 위한 입목의 취득

> **지방세법 제15조 [세율의 특례]**
> ① 다음 각 호의 어느 하나에 해당하는 취득에 대한 취득세는 제11조 및 제12조에 따른 세율에서 중과기준세율을 뺀 세율로 산출한 금액을 그 세액으로 하되, (중략)
> 7. 그 밖의 형식적인 취득 등 대통령령으로 정하는 취득
>
> **지방세법 시행령 제30조 [세율의 특례 대상]**
> ① 법 제15조 제1항 제7호에서 "그 밖의 형식적인 취득 등 대통령령으로 정하는 취득"이란 벌채하여 원목을 생산하기 위한 입목의 취득을 말한다.

벌채하여 원목을 생산하기 위한 입목의 취득은 세율의 특례를 적용한다. 취득세 과세대상에서 제외되는 원목과 같이 벌채 후 원목 생산을 목적으로 취득하는 입목도 취득세 과세대상에서 제외하도록 하였다. 2016개정세법

2016 개정세법 (원목생산을 위한 입목 취득세 과세 개선, 지방세법 시행령 제30조)

1. 개정사유
- (개정 전) 지상의 임목을 취득하는 경우 취득가격의 2%에 해당하는 취득세 과세됨. 지상에 식재된 입목은 취득세 과세대상이나, 입목을 벌채하여 생산한 것(이하 '원목')은 과세제외 됨. 원목생산용 입목의 경우 취득후 입목상태가 유지되지 않고 타재화의 원재료가 된다는 점에서 타 과세대상과 비교시 불형평이 있고, 벌채로 6월내 과세제외 대상 원목으로 변경되고, 입목 이외 타재화의 원재료가 되는 물건에 대하여 취득세 과세하는 경우 없으며, 산림에서 원목생산을 위한 동일행위임에도 벌채 전·후에 따라 취득세 과세여부를 달리하는 것은 불합리함
- (개정 후) 취득세 과세가 배제되는 원목과 같이 벌채 후 원목생산을 목적으로 취득하는 입목도 취득세 과세대상에서 제외토록 개선(*표준세율 2% – 특례세율 2%=0%, 사실상 과세제외)

2. 적용시기
2016.1.1. 이후 납세의무 성립분부터 적용

3. 개정조문

현 행	개 정
제30조 [세율의 특례 대상] 〈신 설〉	제30조 [세율의 특례 대상] ① 법 제15조 제1항 제7호에서 "그 밖의 형식적인 취득 등 대통령령으로 정하는 취득"이란 벌채하여 원목을 생산하기 위한 입목의 취득을 말한다. ② (현행 제목 외의 부분과 같음)

2. 중과기준세율로 적용하는 세율의 특례(지방세법 제15조 제2항, 구 취득세만 적용)

지방세법 제15조 [세율의 특례]
② 다음 각 호의 어느 하나에 해당하는 취득에 대한 취득세는 중과기준세율을 적용하여 계산한 금액을 그 세액으로 한다. 다만, 취득물건이 제13조 제1항에 해당하는 경우에는 중과기준세율의 100분의 300을, 같은 조 제5항에 해당하는 경우에는 중과기준세율의 100분의 500을 각각 적용한다.

다음 중 어느 하나에 해당하는 취득에 대한 취득세는 중과기준세율을 적용하여 계산한 금액을 그 세액으로 한다.(지방세법 제15조 제2항)

> **지방세법 제15조 [세율의 특례]**
> ② 다음 각 호의 어느 하나에 해당하는 취득에 대한 취득세는 중과기준세율을 적용하여 계산한 금액을 그 세액으로 한다. 다만, 취득물건이 제13조 제1항에 해당하는 경우에는 중과기준세율의 100분의 300을, 같은 조 제5항에 해당하는 경우에는 중과기준세율의 100분의 500을 각각 적용한다.

다만 취득물건이 ① 지방세법 제13조 제1항 과밀억제권역 내 본점 사업용 신·증축 중과세 규정에 해당하는 경우에는 중과기준세율의 3배의 세율을 ② 지방세법 제13조 제5항 사치성 재산 중과세 규정에 해당하는 경우에는 중과기준세율의 5배의 세율을 각각 적용한다.(지방세법 제15조 제2항 단서)

(1) 개수로 인한 취득

> **지방세법 제15조 [세율의 특례]**
> ② 다음 각 호의 어느 하나에 해당하는 취득에 대한 취득세는 중과기준세율을 적용하여 계산한 금액을 그 세액으로 한다. (중략)
> 1. 개수로 인한 취득(제11조 제3항에 해당하는 경우는 제외한다). 이 경우 과세표준은 제10조의 6 제3항에 따른다.

개수로 인한 취득은 특례의 세율을 적용한다. 다만 지방세법 제11조 제3항에 따라 개수로 인하여 건축물이 증가할 때에는 그 증가된 부분은 특례의 세율을 적용하지 않고 원시취득의 세율을 적용한다.(지방세법 제15조 제2항 제1호)

(2) 선박·차량·기계장비 종류변경 및 토지의 지목변경

> **지방세법 제15조 [세율의 특례]**
> ② 다음 각 호의 어느 하나에 해당하는 취득에 대한 취득세는 중과기준세율을 적용하여 계산한 금액을 그 세액으로 한다. (중략)
> 2. 제7조 제4항에 따른 선박·차량과 기계장비 및 토지의 가액 증가. 이 경우 과세표준은 제10조의 6 제1항에 따른다.

선박·차량과 기계장비 및 토지의 가액 증가에 대해서는 특례의 세율을 적용한다.(지방세법 제15조 제2항 제2호)

(3) 과점주주의 취득

> **지방세법 제15조 [세율의 특례]**
> ② 다음 각 호의 어느 하나에 해당하는 취득에 대한 취득세는 중과기준세율을 적용하여 계산한 금액을 그 세액으로 한다. (중략)
> 3. 제7조 제5항에 따른 과점주주의 취득. 이 경우 과세표준은 제10조의 6 제4항에 따른다.

과점주주의 간주취득에 대해서는 특례의 세율을 적용한다.(지방세법 제15조 제2항 제3호)

(4) 외국인 소유의 취득세 과세대상 물건을 임차하여 수입하는 경우

> **지방세법 제15조 [세율의 특례]**
> ② 다음 각 호의 어느 하나에 해당하는 취득에 대한 취득세는 중과기준세율을 적용하여 계산한 금액을 그 세액으로 한다. (중략)
> 4. 제7조 제6항에 따라 외국인 소유의 취득세 과세대상 물건(차량, 기계장비, 항공기 및 선박만 해당한다)의 소유권을 이전 받는 조건으로 임차하여 수입하는 경우의 취득(연부로 취득하는 경우로 한정한다)

외국인 소유의 취득세 과세대상 물건(차량, 기계장비, 항공기 및 선박만 해당)의 소유권을 이전 받는 조건으로 임차하여 수입하는 경우의 취득은 특례의 세율을 적용한다. 다만 연부로 취득하는 경우로 한정한다.(지방세법 제15조 제2항 제4호)

(5) 시설대여업자의 건설기계 또는 차량 취득

> **지방세법 제15조 [세율의 특례]**
> ② 다음 각 호의 어느 하나에 해당하는 취득에 대한 취득세는 중과기준세율을 적용하여 계산한 금액을 그 세액으로 한다. (중략)
> 5. 제7조 제9항에 따른 시설대여업자의 건설기계 또는 차량 취득

시설대여업자의 건설기계 또는 차량 취득은 특례의 세율을 적용한다.(지방세법 제15조 제2항 제5호)

(6) 취득대금을 지급한 자의 기계장비 또는 차량 취득

> **지방세법 제15조 [세율의 특례]**
> ② 다음 각 호의 어느 하나에 해당하는 취득에 대한 취득세는 중과기준세율을 적용하여 계산한 금액을 그 세액으로 한다. (중략)
> 6. 제7조 제10항에 따른 취득대금을 지급한 자의 기계장비 또는 차량 취득. 다만, 기계장비 또는 차량을 취득하면서 기계장비대여업체 또는 운수업체의 명의로 등록하는 경우로 한정한다.

취득대금을 지급한 자의 기계장비 또는 차량 취득은 특례의 세율을 적용한다. 다만, 기계장비 또는 차량을 취득하면서 기계장비대여업체 또는 운수업체의 명의로 등록하는 경우로 한정한다.(지방세법 제15조 제2항 제6호)

(7) 택지공사 준공 토지에 정원·부속시설물을 조성·설치하는 경우 토지 소유자의 취득

> **지방세법 제15조 [세율의 특례]**
> ② 다음 각 호의 어느 하나에 해당하는 취득에 대한 취득세는 중과기준세율을 적용하여 계산한 금액을 그 세액으로 한다. (중략)
> 7. 제7조 제14항 본문에 따른 토지의 소유자의 취득

택지공사 준공 토지에 정원·부속시설물을 조성·설치하는 경우 토지 소유자의 취득에 대해서는 특례의 세율을 적용한다.(지방세법 제15조 제2항 제7호)

(8) 기타의 취득

> **지방세법 제15조 [세율의 특례]**
> ② 다음 각 호의 어느 하나에 해당하는 취득에 대한 취득세는 중과기준세율을 적용하여 계산한 금액을 그 세액으로 한다. (중략)
> 8. 그 밖에 레저시설의 취득 등 대통령령으로 정하는 취득
>
> **지방세법 시행령 제30조 [세율의 특례 대상]**
> ② 법 제15조 제2항 제8호에서 "레저시설의 취득 등 대통령령으로 정하는 취득"이란 다음 각 호의 어느 하나에 해당하는 취득을 말한다.
> 1. 제5조에서 정하는 시설의 취득
> 2. 무덤과 이에 접속된 부속시설물의 부지로 사용되는 토지로서 지적공부상 지목이 묘지인 토지의 취득
> 3. 법 제9조 제5항 단서에 해당하는 임시건축물의 취득

> 4. 「여신전문금융업법」 제33조 제1항에 따라 건설기계나 차량을 등록한 대여시설이용자가 그 시설대여업자로부터 취득하는 건설기계 또는 차량의 취득
> 5. 건축물을 건축하여 취득하는 경우로서 그 건축물에 대하여 법 제28조 제1항 제1호 가목 또는 나목에 따른 소유권의 보존 등기 또는 소유권의 이전 등기에 대한 등록면허세 납세의무가 성립한 후 제20조에 따른 취득시기가 도래하는 건축물의 취득

레저시설의 취득 등 다음 중 어느 하나에 해당하는 취득은 특례의 세율을 적용한다.(지방세법 제15조 제2항 제8호 및 지방세법 시행령 제30조 제2항)

① 지방세법 제5조에서 정하는 시설의 취득(레저시설, 저장시설 등)

② 무덤과 이에 접속된 부속시설물의 부지로 사용되는 토지로서 지적공부상 지목이 묘지인 토지의 취득

③ 지방세법 제9조 제5항 단서에 해당하는 임시건축물의 취득(존속기간 1년 이하)

④ 여신전문금융업법 제33조 제1항에 따라 건설기계나 차량을 등록한 대여시설이용자가 그 시설대여업자로부터 취득하는 건설기계 또는 차량의 취득

⑤ 건축물을 건축하여 취득하는 경우로서 그 건축물에 대하여 법 제28조 제1항 제1호 가목 또는 나목에 따른 소유권의 보존 등기 또는 소유권의 이전 등기에 대한 등록면허세 납세의무가 성립한 후 제20조에 따른 취득시기가 도래하는 건축물의 취득

제3장 비과세와 감면

지방세법 제7조 및 지방세기본법 따르면 취득세는 부동산등 취득세 과세물건을 취득할 때 납세의무가 성립하고 이에 따라 그 취득자에게 해당 취득세를 과세한다. 그러나 지방세법 제9조에서 규정하고 있는 특정한 취득에 대해서는 취득세를 비과세한다. 비과세는 원천적으로 납세의무가 성립되지 않아 취득과 관련한 모든 세금이 부과되지 않는다.

반면 감면은 지방세법에 따라 납세의무가 성립된 취득에 대하여 지방세특례제한법 및 각 지방자치단체의 감면조례에 따라 취득세의 전부 또는 일부를 면제해주는 제도다. 취득세의 감면은 ① 농어업 ② 사회복지 ③ 교육 및 과학기술 ④ 문화 및 관광 ⑤ 기업구조 및 재무조정 ⑥ 수송 및 교통 ⑦ 국토 및 지역개발 ⑧ 공공행정의 8가지 분야를 지원하기 위하여 해당 분야와 관련이 있는 취득에 한해 적용한다. 감면은 정책적으로 특정 분야를 지원하기 위함이므로 해당 분야의 특성 및 해당 분야가 현재 처한 상황 등에 따라 감면율과 감면 시기를 달리 정할 수 있다.

감면은 비과세와 다르게 납세의무가 있으나 조세 정책적 혜택을 부여하여 세금을 경감하는 것으로 비과세와는 그 성격이 일부 다르다. 또한 지방세특례제한법의 개정에 따른 감면최저한 개념의 도입으로 100%의 감면은 많지 않으며 감면분에 대한 농어촌특별세 등도 부담하여야 하므로 완전한 세금의 면제는 아니다.

〈비과세와 감면의 비교〉

구 분	비과세	감 면
개 념	취득세를 과세하지 않는 제도	세액을 경감해주는 제도
입법 취지	① 세무행정 효율화(국가등의 취득) ② 민간투자 장려(기부채납 비과세) ③ 납세자 입장의 조세정책마련 등	특정 분야에 대한 조세정책적 지원
납세의무 성립	납세의무가 성립되지 않음	납세의무가 성립
부담세액	없음(완전한 면제)	① 취득세: 감면율 및 감면최저한에 따른 세부담 발생가능 ② 지방교육세: 별도 규정에 따른 부담세액 발생 가능 ③ 농어촌특별세: 감면분에 대한 20% 농어촌특별세 납세의무

제1절 비과세

1. 국가 또는 지방자치단체 등의 취득

> **지방세법 제9조 [비과세]**
> ① 국가 또는 지방자치단체(다른 법률에서 국가 또는 지방자치단체로 의제되는 법인은 제외한다. 이하 같다), 「지방자치법」제176조 제1항에 따른 지방자치단체조합(이하 "지방자치단체조합"이라 한다), 외국정부 및 주한국제기구의 취득에 대해서는 취득세를 부과하지 아니한다. 다만, 대한민국 정부기관의 취득에 대하여 과세하는 외국정부의 취득에 대해서는 취득세를 부과한다.

① 국가 또는 ② 지방자치단체(다른 법률에서 국가 또는 지방자치단체로 의제되는 법인은 제외 **2014개정세법**), ③ 지방자치단체조합, ④ 외국정부 및 주한국제기구의 취득에 대해서는 취득세를 부과하지 않는다. 다만, 대한민국 정부기관의 취득에 대하여 과세하는 외국정부의 취득에 대해서는 취득세를 부과한다.(지방세법 제9조 제1항)

2014 개정세법 (국가 및 지방자치단체 의제법인에 대한 비과세 적용 보완 등, 지방세법 제9조)

1. 개정사유
- (개정 전) 조세심판원 심판결과 등으로 인해 일부 법인이 국가 또는 지방자치단체로 의제되어 취득세 비과세 수혜, 당초 취지에 불부합
- (개정 후) 타 법에서 국가 또는 지방자치단체로 의제되는 법인은 비과세에서 제외되도록 규정 보완

2. 적용시기
2014.1.1. 이후 납세의무 성립분부터 적용

3. 개정조문

현 행	개 정
제9조(비과세 등) ① 국가, 지방자치단체, 지방자치단체조합, 외국정부 및 주한국제기구의 취득에 대하여는 취득세를 부과하지 아니한다. 다만, 대한민국 정부기관의 취득에 대하여 과세하는 외국정부의 취득에 대하여는 취득세를 부과한다.	제9조(비과세) ① 국가 또는 지방자치단체(다른 법률에서 국가 또는 지방자치단체로 의제되는 법인은 제외한다. 이하 같다)~~~~~~대해서는 ~~~~~~~~~~~~~~~~~~~대해서는 ~~~~~~~~~~~~~~~.

2. 국가 등에 귀속 및 기부채납하는 부동산 등

> **지방세법 제9조 [비과세]**
> ② 국가, 지방자치단체 또는 지방자치단체조합(이하 이 항에서 "국가등"이라 한다)에 귀속 또는 기부채납(「사회기반시설에 대한 민간투자법」 제4조 제3호에 따른 방식으로 귀속되는 경우를 포함한다. 이하 이 항에서 "귀속등"이라 한다)을 조건으로 취득하는 부동산 및 「사회기반시설에 대한 민간투자법」 제2조 제1호 각 목에 해당하는 사회기반시설에 대해서는 취득세를 부과하지 아니한다. 다만, 다음 각 호의 어느 하나에 해당하는 경우 그 해당 부분에 대해서는 취득세를 부과한다.
> 1. 국가등에 귀속등의 조건을 이행하지 아니하고 타인에게 매각·증여하거나 귀속등을 이행하지 아니하는 것으로 조건이 변경된 경우
> 2. 국가등에 귀속등의 반대급부로 국가등이 소유하고 있는 부동산 및 사회기반시설을 무상으로 양여받거나 기부채납 대상물의 무상사용권을 제공받는 경우

국가, 지방자치단체 또는 지방자치단체조합(이하 '국가등')에 귀속 또는 기부채납(사회기반시설에 대한 민간투자법 제4조 제3호에 따른 방식으로 귀속되는 경우를 포함, 이하 '귀속등')을 조건으로 취득하는 부동산 및 사회기반시설에 대한 민간투자법 제2조 제1호 각 목에 해당하는 사회기반시설에 대해서는 취득세를 부과하지 않는다.(지방세법 제9조 제2항)

다만, 다음 중 어느 하나에 해당하는 경우 그 해당 부분에 대해서는 취득세를 부과한다.

① 국가등에 귀속등의 조건을 이행하지 아니하고 타인에게 매각·증여하거나 귀속등을 이행하지 아니하는 것으로 조건이 변경된 경우

② 국가등에 귀속등의 반대급부로 국가등이 소유하고 있는 부동산 및 사회기반시설을 무상으로 양여받거나 기부채납 대상물의 무상사용권을 제공받는 경우

(1) 귀속 등

기부채납 비과세 규정에서 '귀속 등'은 다음 3가지를 말한다.

① 귀속
② 기부채납
③ 사회기반시설에 대한 민간투자법 제4조 제3호에 따른 방식의 귀속

'① 귀속'은 목적물의 소유권이 국가 등으로 직접 이전되는 방식이다. '② 기부채납'은 국가 외의 자가 재산의 소유권을 무상으로 국가에 이전하고 국가가 이를 취득하는 것[5]이다. '③ 사회기반시설에 대한 민간투자법 제4조 제3호에 따른 방식'은 사회기반시설의 준공 후 일정기간 동안 사업시행자에

---
5) 지방세법에서 기부채납을 별도로 정의하고 있지는 않으며, 국유재산법 제2조 제2호에 따른 정의임

게 해당 시설의 소유권을 인정하며 그 기간이 만료되면 시설소유권이 국가 또는 지방자치단체에 귀속되는 방식이다. 일명 BOT($^{Build\ Operate}_{Transfer}$) 방식이라고도 한다.

> **사회기반시설에 대한 민간투자법 제4조 [민간투자사업의 추진방식]**
> 민간투자사업은 다음 각 호의 어느 하나에 해당하는 방식으로 추진하여야 한다.
> 3. 사회기반시설의 준공 후 일정기간 동안 사업시행자에게 해당 시설의 소유권이 인정되며 그 기간이 만료되면 시설소유권이 국가 또는 지방자치단체에 귀속되는 방식

이렇게 국가, 지방자치단체, 지방자치단체조합에 귀속, 기부채납, 사회기반시설에 대한 민간투자법 제4조 제3호에 따른 방식의 귀속을 조건으로 부동산 및 사회기반시설을 취득하는 것은 국가가 투자해야 할 것을 민간에서 투자하는 성격이 있으며 그 혜택이 국민에게 돌아간다고 볼 수 있다. 따라서 이러한 취득에 대해서는 취득세를 비과세하여 민간투자를 장려하고 있다.

(2) 귀속등의 목적물

국가 등에 귀속 및 기부채납하는 취득의 비과세는 ① 부동산과 ② 사회기반시설에 대한 민간투자법 제2조 제1호 각 목에 해당하는 사회기반시설에 적용한다.

부동산은 토지와 건축물을 말한다. 사회기반시설에 대한 민간투자법 제2조 제1호 각 목에 해당하는 사회기반시설은 다음과 같다. 사회기반시설은 열거된 항목이 다양하고 대상별로 도로법 등 개별 법령도 함께 확인해야 한다.

> **사회기반시설에 대한 민간투자법 제2조 [정의]**
> 이 법에서 사용하는 용어의 뜻은 다음과 같다.
> 1. "사회기반시설"이란 각종 생산활동의 기반이 되는 시설, 해당 시설의 효용을 증진시키거나 이용자의 편의를 도모하는 시설 및 국민생활의 편익을 증진시키는 시설로서, 다음 각 목의 어느 하나에 해당하는 시설을 말한다.
>   가. 도로, 철도, 항만, 하수도, 하수·분뇨·폐기물처리시설, 재이용시설 등 경제활동의 기반이 되는 시설
>   나. 유치원, 학교, 도서관, 과학관, 복합문화시설, 공공보건의료시설 등 사회서비스의 제공을 위하여 필요한 시설
>   다. 공공청사, 보훈시설, 방재시설, 병영시설 등 국가 또는 지방자치단체의 업무수행을 위하여 필요한 공용시설 또는 생활체육시설, 휴양시설 등 일반 공중의 이용을 위하여 제공하는 공공용 시설

(3) 비과세 제외

> **지방세법 제9조 [비과세]**
> ② 국가, 지방자치단체 또는 지방자치단체조합(이하 이 항에서 "국가등"이라 한다)에 귀속 또는 기부채납(「사회기반시설에 대한 민간투자법」 제4조 제3호에 따른 방식으로 귀속되는 경우를 포함한다. 이하 이 항에서 "귀속등"이라 한다)을 조건으로 취득하는 부동산 및 「사회기반시설에 대한 민간투자법」 제2조 제1호 각 목에 해당하는 사회기반시설에 대해서는 취득세를 부과하지 아니한다. 다만, 다음 각 호의 어느 하나에 해당하는 경우 그 해당 부분에 대해서는 취득세를 부과한다.
> 1. 국가등에 귀속등의 조건을 이행하지 아니하고 타인에게 매각·증여하거나 귀속등을 이행하지 아니하는 것으로 조건이 변경된 경우
> 2. 국가등에 귀속등의 반대급부로 국가등이 소유하고 있는 부동산 및 사회기반시설을 무상으로 양여받거나 기부채납 대상물의 무상사용권을 제공받는 경우

다만, 위 규정에도 불구하고 다음 중 어느 하나에 해당하는 경우 그 해당 부분에 대해서는 취득세를 부과한다.(지방세법 제9조 제2항 단서)

① 국가등에 귀속등의 조건을 이행하지 아니하고 타인에게 매각·증여하거나 귀속등을 이행하지 아니하는 것으로 조건이 변경된 경우 `2015개정세법`

② 국가등에 귀속등의 반대급부로 국가등이 소유하고 있는 부동산 및 사회기반시설을 무상으로 양여받거나 기부채납 대상물의 무상사용권을 제공받는 경우 `2016개정세법`

위 ①과 같이 비과세 전제조건이 되는 귀속등 조건을 이행하지 않는 경우에는 비과세한 취득세를 부과한다. 또한 위 ②와 같은 반대급부가 있는 귀속 등은 취득자에 대한 이중혜택이라고 보아 취득세를 부과한다.

2015 개정세법 (국가 등에 귀속 등 조건 취득 부동산 등에 대한 추징 규정 신설, 지방세법 제9조)

1. 개정사유
- (개정 전) 국가등에 귀속등을 조건으로 취득하는 부동산등에 대하여는 취득세를 부과하지 아니하는 것으로만 규정하고 있어 국가등에 귀속등 조건 미이행시 비과세한 취득세를 부과할 수 있는 규정이 없어 취득세를 과세할 수 없는 문제 발생
- (개정 후) 국가등에 귀속등을 조건으로 취득하여 비과세 받은 후 비과세 조건 미이행시 비과세한 취득세를 부과할 수 있도록 사후관리 규정 신설

2. 적용시기
2015.7.24. 이후 납세의무 성립분부터 적용(다만 2015.7.23. 이전에 국가등에 귀속등을 조건으로 취득한 것으로서 2015.7.24. 이후 매각·증여하거나 국가등에 귀속등을 이행하지 아니하는 것으로 조건이 변경되는 부동산 및 사회기반시설에 대해서도 적용)

3. 개정조문

현 행	개 정
제9조 [비과세] ① (생략) ② 국가, 지방자치단체 또는 지방자치단체조합에 귀속 또는 기부채납(「사회기반시설에 대한 민간투자법」 제4조제3호에 따른 방식으로 귀속되는 경우를 포함한다)을 조건으로 취득하는 부동산 및 「사회기반시설에 대한 민간투자법」 제2조제1호 각 목에 해당하는 사회기반시설에 대하여는 취득세를 부과하지 아니한다. 〈단서 신설〉 ③~⑥ (생략)	제9조 [비과세] ① (현행과 같음) ② ~~~~~~~~~~~~~~~~~~지방자치단체조합(이하 이 항에서 "국가등"이라 한다)~~~~~~~ ~~~~~~포함한다. 이하 이 항에서 "귀속등"이라 한다)~~~~~~~~~~~대해서는~~~~~~~~~~~~~~~~~. 다만, 국가등에 귀속등의 조건을 이행하지 아니하고 타인에게 매각·증여하거나 귀속등을 이행하지 아니하는 것으로 조건이 변경된 경우에는 취득세를 부과한다. ③~⑥ (현행과 같음)

2016 개정세법 (반대급부 조건으로 취득하는 기부채납 비과세 개선, 지방세법 제9조 제2항)

1. 개정사유
- (개정 전) 국가, 지자체에 귀속 또는 기부채납을 조건으로 취득하는 부동산 및 사회기반시설에 대해 취득세를 비과세 하면서, 반대급부를 조건으로 기부채납하는 경우에도 비과세 적용함. 기부채납에 대한 비과세는 조건 없이 무상으로 소유권을 국가 등에 이전하는 경우 세부담을 완화하여 주고자하는 것이 근본취지이므로, 국가 소유재산과 교환, 장기무상사용권 제공 등 반대급부를 조건으로 기부채납하는 경우까지 비과세하는 것은 입법 취지에 불부합하여 개선 필요
- (개정 후) 기부채납에 반대급부가 있는 경우 비과세 취지에 부합되지 않으므로 지방세법상 비과세 대상에서 제외. 다만, 정부에서 기부채납을 통한 민간투자를 장려하고 있으므로 지방세특례제한법에 감면규정을 신설하여 당분간(3년) 비과세 유지(감면 일몰기간 종료후에는 정기적인 감면심사를 통해 당시 경제상황에 맞게 감면범위와 기간 등을 결정)

2. 적용시기
2016.1.1. 이후 납세의무 성립분부터 적용

3. 개정조문

현 행	개 정
제9조 [비과세] ① (생 략) ② 국가, 지방자치단체 또는 지방자치단체조합(이하 이 항에서 "국가등"이라 한다)에 귀속 또는 기부채납(「사회기반시설에 대한 민간투자법」 제4조 제3호에 따른 방식으로 귀속되는 경우를 포함한다. 이하 이 항에서 "귀속등"이라 한다)을 조건으로 취득하는 부동산 및 「사회기반시설에 대한 민간투자법」 제2조 제1호 각 목에 해당하는 사회기반시설에 대해서는 취득세를 부과하지 아니한다. 다만, 국가등에 귀속등의 조건을 이행하지 아니하고 타인에게 매각·증여하거나 귀속등을 이행하지 아니하는 것으로 조건이 변경된 경우에는 취득세를 부과한다. 〈신 설〉 〈신 설〉 ③ ~ ⑥ (생 략)	제9조 [비과세] ① (현행과 같음) ② ~~~~~~다만, 다음 각 호의 어느 하나에 해당하는 경우에는 그 해당 부분에 대해서는 취득세를 부과한다. 1. 국가등에 귀속등의 조건을 이행하지 아니하고 타인에게 매각·증여하거나 귀속등을 이행하지 아니하는 것으로 조건이 변경된 경우 2. 국가등에 귀속등의 반대급부로 국가등이 소유하고 있는 부동산 및 사회기반시설을 무상으로 양여받거나 기부채납 대상물의 무상사용권을 제공받는 경우 ③ ~ ⑥ (현행과 같음)

(4) 감면

> **지방세특례제한법 제73조의 2 [기부채납용 부동산 등에 대한 감면]**
> ① 「지방세법」제9조 제2항에 따른 부동산 및 사회기반시설 중에서 국가, 지방자치단체 또는 지방자치단체조합(이하 이 조에서 "국가등"이라 한다)에 귀속되거나 기부채납(이하 이 조에서 "귀속등"이라 한다)한 것의 반대급부로 국가등이 소유하고 있는 부동산 또는 사회기반시설을 무상으로 양여받거나 기부채납 대상물의 무상사용권을 제공받는 조건으로 취득하는 부동산 또는 사회기반시설에 대해서는 다음 각 호의 구분에 따라 감면한다.
> 1. 2020년 12월 31일까지 취득세를 면제한다.
> 2. 2021년 1월 1일부터 2024년 12월 31일까지는 취득세의 100분의 50을 경감한다.
> ② 제1항의 경우 국가등에 귀속등의 조건을 이행하지 아니하고 타인에게 매각·증여하거나 국가등에 귀속등을 이행하지 아니하는 것으로 조건이 변경된 경우에는 그 감면된 취득세를 추징한다.

위 (3)의 내용과 같이 반대급부가 있는 귀속등에 대해서는 취득세를 비과세하지 않는다. 그러나 해당 귀속등에 반대급부가 있다고 해서 취득세를 전액 과세한다면 민간투자가 급격히 위축될 수 있기 때문에 2020.12.31.까지의 취득은 취득세를 100% 감면하고 2021.1.1.부터 2024.12.31.까지는 취득세의 50%를 감면한다.

구 분	감면율
2020.12.31.까지의 취득	100%
2021.01.01.~2024.12.31.까지의 취득	50%

3. 신 탁

> **지방세법 제9조 [비과세]**
> ③ 신탁(「신탁법」에 따른 신탁으로서 신탁등기가 병행되는 것만 해당한다)으로 인한 신탁재산의 취득으로서 다음 각 호의 어느 하나에 해당하는 경우에는 취득세를 부과하지 아니한다. 다만, 신탁재산의 취득 중 주택조합등과 조합원 간의 부동산 취득 및 주택조합등의 비조합원용 부동산 취득은 제외한다.
> 1. 위탁자로부터 수탁자에게 신탁재산을 이전하는 경우
> 2. 신탁의 종료로 인하여 수탁자로부터 위탁자에게 신탁재산을 이전하는 경우
> 3. 수탁자가 변경되어 신수탁자에게 신탁재산을 이전하는 경우

신탁(신탁법에 따른 신탁으로서 신탁등기가 병행되는 것만 해당)으로 인한 신탁재산의 취득으로서 다음 중 어느 하나에 해당하는 경우에는 취득세를 부과하지 않는다.(지방세법 제9조 제3항)

① 위탁자로부터 수탁자에게 신탁재산을 이전하는 경우
② 신탁의 종료로 인하여 수탁자로부터 위탁자에게 신탁재산을 이전하는 경우
③ 수탁자가 변경되어 신수탁자에게 신탁재산을 이전하는 경우

취득세가 비과세 되는 신탁이란 신탁법에 의한 신탁으로 신탁등기가 병행되는 것을 말한다. 따라서 명의신탁으로 취득한 경우나 명의신탁 해지로 인한 취득은 신탁법에 의한 신탁이 아니므로 취득세가 비과세 되지 않는다.(지방세법 운영예규 9-2 및 9-3)

> **지방세법 운영예규 9-2 [형식적 소유권취득에 대한 비과세 등]**
> 「지방세법」 제9조 제3항의 규정에 의한 「신탁」은 「신탁법」에 의한 신탁으로서 신탁등기가 병행되는 것을 말하므로 명의신탁해지를 원인으로 하는 취득은 과세대상이다.
>
> **지방세법 운영예규 9-3 [비과세대상인 신탁의 범위]**
> 「지방세법」 제9조 제3항에서 규정한 「신탁」이라 함은 「신탁법」에 의하여 위탁자가 수탁자에 신탁등기를 하거나 신탁해지로 수탁자가 위탁자에게 이전되거나 수탁자가 변경되는 경우를 말하며, 명의신탁 해지로 인한 취득 등은 「신탁법」에 의한 신탁이 아니므로 이에 해당되지 아니한다.

다만, 신탁재산의 취득 중 주택조합등과 조합원 간의 부동산 취득 및 주택조합등의 비조합원용 부동산 취득은 비과세 대상에서 제외한다.(지방세법 제9조 제3항 단서)

4. 동원대상지역 내의 환매권 행사로 취득하는 부동산

> **지방세법 제9조 [비과세]**
> ④ 「징발재산정리에 관한 특별조치법」 또는 「국가보위에 관한 특별조치법 폐지법률」 부칙 제2항에 따른 동원대상지역 내의 토지의 수용·사용에 관한 환매권의 행사로 매수하는 부동산의 취득에 대하여는 취득세를 부과하지 아니한다.

징발재산정리에 관한 특별조치법 또는 국가보위에 관한 특별조치법 폐지법률 부칙 제2항에 따른 동원대상지역 내의 토지의 수용·사용에 관한 환매권의 행사로 매수하는 부동산의 취득에 대하여는 취득세를 부과하지 아니한다.(지방세법 제9조 제4항)

5. 임시건축물 등의 취득

> **지방세법 제9조 [비과세]**
> ⑤ 임시흥행장, 공사현장사무소 등(제13조 제5항에 따른 과세대상은 제외한다) 임시건축물의 취득에 대하여는 취득세를 부과하지 아니한다. 다만, 존속기간이 1년을 초과하는 경우에는 취득세를 부과한다.

임시흥행장, 공사현장사무소 등(골프장, 고급주택, 고급오락장, 고급선박 등 중과세 대상은 제외) 임시건축물의 취득에 대하여는 취득세를 부과하지 않는다. 다만, 존속기간이 1년을 초과하는 경우에는 취득세를 부과한다.(지방세법 제9조 제5항)

존속기간 1년의 규정이 있으므로 임시건축물은 그 존속기간의 확인이 필요하다. 이러한 임시건축물의 존속기간을 판단할 때 그 판단의 기산점은 ① 건축법에 의하여 시장, 군수에게 신고한 가설건축물 축조신고서상 존치기간의 시기가 되고, ② 신고가 없는 경우에는 사실상 사용일이 된다.(지방세법 운영예규 9-1)

> **지방세법 운영예규 9-1 [임시용건축물]**
> 임시용 건축물에 대한 "존속기간 1년 초과" 판단의 기산점은 「건축법」 제20조 규정에 의하여 시장·군수에게 신고한 가설건축물 축조신고서상 존치기간의 시기(그 이전에 사실상 사용한 경우에는 그 사실상 사용일)가 되고, 신고가 없는 경우에는 사실상 사용일이 된다.

6. 공동주택(시가표준액 9억원 이하)의 개수로 인한 취득

> **지방세법 제9조 [비과세]**
> ⑥ 「주택법」 제2조 제3호에 따른 공동주택의 개수(「건축법」 제2조 제1항 제9호에 따른 대수선은 제외한다)로 인한 취득 중 대통령령으로 정하는 가액 이하의 주택과 관련된 개수로 인한 취득에 대해서는 취득세를 부과하지 아니한다.

> **지방세법 시행령 제12조의 2 [공동주택 개수에 대한 취득세의 면제 범위]**
> 법 제9조 제6항에서 "대통령령으로 정하는 가액 이하의 주택"이란 개수로 인한 취득 당시 법 제4조에 따른 주택의 시가표준액이 9억원 이하인 주택을 말한다.

> **주택법 제2조 [정의]**
> 이 법에서 사용하는 용어의 뜻은 다음과 같다.
> 3. "공동주택"이란 건축물의 벽·복도·계단이나 그 밖의 설비 등의 전부 또는 일부를 공동으로 사용하는 각 세대가 하나의 건축물 안에서 각각 독립된 주거생활을 할 수 있는 구조로 된 주택을 말하며, 그 종류와 범위는 대통령령으로 정한다.

> **건축법 제2조 [정의]**
> ① 이 법에서 사용하는 용어의 뜻은 다음과 같다.
> 9. "대수선"이란 건축물의 기둥, 보, 내력벽, 주계단 등의 구조나 외부 형태를 수선·변경하거나 증설하는 것으로서 대통령령으로 정하는 것을 말한다.
>
> **건축법 시행령 제3조의 2 [대수선의 범위]**
> 법 제2조 제1항 제9호에서 "대통령령으로 정하는 것"이란 다음 각 호의 어느 하나에 해당하는 것으로서 증축·개축 또는 재축에 해당하지 아니하는 것을 말한다.
> 1. 내력벽을 증설 또는 해체하거나 그 벽면적을 30제곱미터 이상 수선 또는 변경하는 것
> 2. 기둥을 증설 또는 해체하거나 세 개 이상 수선 또는 변경하는 것
> 3. 보를 증설 또는 해체하거나 세 개 이상 수선 또는 변경하는 것
> 4. 지붕틀(한옥의 경우에는 지붕틀의 범위에서 서까래는 제외한다)을 증설 또는 해체하거나 세 개 이상 수선 또는 변경하는 것
> 5. 방화벽 또는 방화구획을 위한 바닥 또는 벽을 증설 또는 해체하거나 수선 또는 변경하는 것
> 6. 주계단·피난계단 또는 특별피난계단을 증설 또는 해체하거나 수선 또는 변경하는 것
> 7. (삭제, 2019.10.22.)
> 8. 다가구주택의 가구 간 경계벽 또는 다세대주택의 세대 간 경계벽을 증설 또는 해체하거나 수선 또는 변경하는 것
> 9. 건축물의 외벽에 사용하는 마감재료(법 제52조 제2항에 따른 마감재료를 말한다)를 증설 또는 해체하거나 벽면적 30제곱미터 이상 수선 또는 변경하는 것

주택법 제2조 제3호에 따른 공동주택의 개수(건축법 제2조 제1항 제9호에 따른 대수선은 제외)로 인한 취득 중 개수로 인한 취득 당시 주택의 시가표준액이 9억원 이하인 주택과 관련된 개수로 인한 취득에 대해서는 취득세를 부과하지 않는다.(지방세법 제9조 제6항)

일정 금액 이하의 주택은 주거시설의 안정성을 높이기 위해 취득세를 비과세하고 있다.

7. 사용불가 차량의 상속

> **지방세법 제9조 [비과세]**
> ⑦ 다음 각 호의 어느 하나에 해당하는 차량에 대해서는 상속에 따른 취득세를 부과하지 아니한다.
> 1. 상속개시 이전에 천재지변·화재·교통사고·폐차·차령초과(車齡超過) 등으로 사용할 수 없게 된 차량으로서 대통령령으로 정하는 차량
> 2. 차령초과로 사실상 차량을 사용할 수 없는 경우 등 대통령령으로 정하는 사유로 상속으로 인한 이전등록을 하지 아니한 상태에서 폐차함에 따라 상속개시일부터 3개월 이내에 말소등록된 차량

지방세법 시행령 제12조의 3 [취득세 비과세 대상 차량의 범위]
① 법 제9조 제7항 제1호에서 "대통령령으로 정하는 차량"이란 제121조 제2항 제4호·제5호 또는 제8호에 해당하는 자동차를 말한다.
② 법 제9조 제7항 제2호에서 "차령초과로 사실상 차량을 사용할 수 없는 경우 등 대통령령으로 정하는 사유"란 상속개시일 현재「자동차등록령」제31조 제2항 각 호의 사유를 말한다.
③ 법 제9조 제7항에 따라 비과세를 받으려는 자는 그 사유를 증명할 수 있는 서류를 갖추어 시장·군수·구청장에게 신청하여야 한다.

지방세법 시행령 제121조 [비과세]
② 법 제126조 제3호에서 "주한외교기관이 사용하는 자동차 등 대통령령으로 정하는 자동차"란 다음 각 호의 어느 하나에 해당하는 것을 말한다.
4. 천재지변·화재·교통사고 등으로 소멸·멸실 또는 파손되어 해당 자동차를 회수하거나 사용할 수 없는 것으로 시장·군수·구청장이 인정하는 자동차
5. 「자동차관리법」에 따른 자동차해체재활용업자에게 폐차되었음이 증명되는 자동차
8. 「자동차등록령」제31조 제2항에 해당하는 자동차로서 같은 조 제5항 제7호에 해당하는 자동차

자동차등록령 제31조 [말소등록 신청]
② 법 제13조 제1항 제7호 전단에서 "차령 등 대통령령으로 정하는 기준에 따라 환가가치가 남아 있지 아니하다고 인정되는 경우"란 다음 각 호의 어느 하나에 해당하는 경우를 말한다.
1. 차령 11년 이상인 승용자동차
2. 차령 10년 이상인 승합자동차, 화물자동차 및 특수자동차(경형 및 소형)
3. 차령 10년 이상인 승합자동차(중형 및 대형)
4. 차령 12년 이상인 화물자동차 및 특수자동차(중형 및 대형)
⑤ 법 제13조 제1항 제8호에서 "자동차를 교육·연구의 목적으로 사용하는 등 대통령령으로 정하는 사유에 해당하는 경우"란 다음 각 호의 어느 하나에 해당하는 경우를 말한다.
7. 시·도지사가 해당 자동차의 차령, 법령위반 사실, 보험가입 유무 등 모든 사정에 비추어 해당 자동차가 멸실된 것으로 인정할 경우

다음 중 어느 하나에 해당하는 차량에 대해서는 상속에 따른 취득세를 부과하지 않는다. (지방세법 제9조 제7항)

2017개정세법

구 분	대상차량
① 상속개시 이전에 천재지변·화재·교통사고·폐차·차령초과 등으로 사용할 수 없게 된 차량	• 천재지변·화재·교통사고 등으로 소멸·멸실 또는 파손되어 해당 자동차를 회수하거나 사용할 수 없는 것으로 시장·군수·구청장이 인정하는 자동차 • 자동차관리법에 따른 자동차해체재활용업자에게 폐차되었음이 증명되는 자동차 • 자동차등록령 제31조 제2항에 해당하는 자동차로서 시·도지사가 해당 자동차의 차령, 법령위반 사실, 보험가입 유무 등 모든 사정에 비추어 해당 자동차가 멸실된 것으로 인정하는 자동차
② 차령초과로 사실상 차량을 사용할 수 없는 경우 등의 사유로 상속으로 인한 이전등록을 하지 아니한 상태에서 폐차함에 따라 상속개시일부터 3개월 이내에 말소등록된 차량	자동차등록령 제31조 제2항에 해당하는 아래의 자동차 • 차령 11년 이상인 승용자동차 • 차령 10년 이상인 승합자동차, 화물자동차 및 특수자동차(경형 및 소형) • 차령 10년 이상인 승합자동차(중형 및 대형) • 차령 12년 이상인 화물자동차 및 특수자동차(중형 및 대형)

2017 개정세법 (소멸·멸실된 자동차에 대한 상속 취득세 비과세 전환, 지방세법 제9조)

1. 개정사유
- (개정 전) 국교통사고 등으로 자동차가 멸실되었음에도 상속개시 당시 차량등록이 남아 있으면 상속 취득세를 부과하고 있어 실질과세 원칙에 부합
- (개정 후) 상속개시 이전에 천재지변·화재·교통사고·폐차·차령초과 등으로 소멸·멸실 또는 파손되어 회수·사용할 수 없는 자동차에 대하여는 상속 취득세 비과세

2. 적용시기
2017.1.1. 이후 납세의무 성립분부터 적용

3. 개정조문

현 행	개 정
제9조(비과세) ①~⑥ (생 략) 〈신 설〉	제9조(비과세) ①~⑥ (현행과 같음) ⑦ 상속개시 이전에 천재지변·화재·교통사고·폐차·차령초과(車齡超過) 등으로 사용할 수 없는 대통령령으로 정하는 차량에 대해서는 상속에 따른 취득세를 부과하지 아니한다.

2022 개정세법 (상속개시 후 폐차 등록 차량 취득세 비과세 추가, 지방세법 제9조 및 지방세법 시행령 제12의3)

1. 개정사유
- (개정 전) 상속개시 당시 피상속인 명의차량이 멸실되지는 않았지만, 차령초과로 이용할 수 없어 폐차 말소하는 경우 비과세 적용 필요
- (개정 후) 피상속인 명의의 차량을 차령초과에 따른 상속 이전등록 하지 않고 폐차하는 경우 상속 취득세 비과세 대상으로 규정

2. 적용시기
2022.1.1. 이후 상속개시일로부터 3개월이 경과하지 않은 피상속인 명의 차량을 차령초과로 말소 등록하는 경우부터 적용

3. 개정조문
(1) 지방세법

현 행	개 정
제9조(비과세) ①~⑥ (생 략) ⑦ 상속개시 이전에 천재지변·화재·교통사고·폐차·차령초과(車齡超過) 등으로 사용할 수 없는 대통령령으로 정하는 차량에 대해서는 상속에 따른 취득세를 부과하지 아니한다.	제9조(비과세) ①~⑥ (현행과 같음) ⑦ 다음 각 호의 어느 하나에 해당하는 차량에 대해서는 상속에 따른 취득세를 부과하지 아니한다. 1. 상속개시 이전에 천재지변·화재·교통사고·폐차·차령초과(車齡超過) 등으로 사용할 수 없게 된 차량으로서 대통령령으로 정하는 차량 2. 차령초과로 사실상 차량을 사용할 수 없는 경우 등 대통령령으로 정하는 사유로 상속으로 인한 이전등록을 하지 아니한 상태에서 폐차함에 따라 상속개시일로부터 3개월 이내에 말소등록된 차량

(2) 지방세법 시행령

현 행	개 정
제12조의3(취득세 비과세 대상 차량의 범위) ① 법 제9조 제7항에서 "대통령령으로 정하는 차량"이란 제121조 제2항 제4호·제5호 또는 제8호에 해당하는 자동차를 말한다. 〈신 설〉 ② (생 략)	제12조의3(취득세 비과세 대상 차량의 범위) ① 법 제9조 제7항 제1호~~~~~ ~~~~~~~~~~~~~~~~~~~~~~ ~~~~~~~~~~~~~~~~~~~~~. ② 법 제9조 제7항 제2호에서 "차령초과로 사실상 차량을 사용할 수 없는 경우 등 대통령령으로 정하는 사유"란 상속개시일 현재 「자동차등록령」 제31조 제2항 각 호의 어느 하나에 해당하는 경우를 말한다. ③ (현행 제2항과 같음)

제2절 감 면

취득세의 감면은 조세 및 기타 정책적 목적에서 취득세의 전부 또는 일부를 경감하는 것으로 감면 규정에 따른 각종 감면 요건을 충족해야 한다.

1. 감면 규정의 이해

취득세의 감면 규정은 ① 지방세특례제한법과 ② 각 지방자치단체의 감면조례에서 찾아볼 수 있다[6]. 조례는 지방자치단체가 법과 시행령의 범위 안에서 제정하는 법규범이고, 그중 세금의 감면과 관련된 것을 감면조례라고 한다.

지방세특례제한법은 모든 취득세 과세물건에 적용되는 감면을 규정한다. 감면조례는 취득세 과세물건의 관할 지방자치단체에서만 적용할 수 있는 감면을 다루고 있다. 취득세 감면을 검토할 때는 지방세특례제한법과 취득세 과세물건 관할 지방자치단체의 감면조례를 모두 확인해야 한다.

〈감면 규정의 구분〉

구 분	감면 적용의 범위	확인 방법
지방세특례제한법	모든 과세물건에 적용	지방세특례제한법(제6조~제92조의2)
감면조례	관할 지방자치단체의 과세물건에 적용	자치법규정보시스템(www.elis.go.kr)

(1) 지방세특례제한법에 따른 감면

취득세와 관련된 감면은 지방세특례제한법 제6조부터 제92조의2까지에서 규정하고 있고 감면요건등에 관해서는 지방세특례제한법 시행령 및 유관 법령을 통해 감면과 관련한 세부적인 지침을 마련하고 있다.

지방세특례제한법에 따른 감면 규정은 대부분 아래와 같은 체계를 가지고 있다. 이를 숙지한다면 효율적으로 감면 규정을 검토할 수 있다.

---

[6] 조세특례제한법(외국인투자에 대한 감면 등)과 제주특별자치도 설치 및 국제자유도시 조성을 위한 특별법에도 지방세 감면의 내용이 일부 있으나 비중이 많지 않음

⟨지방세특례제한법 구성⟩

지방세특례제한법		
법	시행령	시행규칙
① 감면요건 ② 감면율 ③ 일몰기한 ④ 감면 추징사유	① 감면요건 상세 ② 감면율 세부요건 ③ 감면신청 절차 ④ 기타 법 규정의 세부요건	① 법과 시행령의 용어 설명 ② 감면신청 서식·구비서류

(2) 감면조례에 따른 감면

감면조례는 자치법규시스템 www.elis.go.kr에서 확인할 수 있다.

2. 감면 관련 주요 용어

지방세특례제한법에서는 취득세의 감면과 관련한 용어를 별도로 정의하고 있다. 그중에서 고유업무, 목적사업과 수익사업, 직접 사용의 3가지 용어를 살펴보고자 한다.

(1) 고유업무

> **지방세특례제한법 제2조 [정의]**
> ① 이 법에서 사용하는 용어의 뜻은 다음과 같다.
> 1. "고유업무"란 법령에서 개별적으로 규정한 업무와 법인등기부에 목적사업으로 정하여진 업무를 말한다.

고유업무는 법령에서 개별적으로 규정한 업무와 법인등기부에 목적사업으로 정하여진 업무를 말한다. 특정 목적에 사용함을 전제로 하는 감면 규정에서는 고유업무에 직접 사용하였는지를 판단할 필요가 있어, 고유업무를 별도로 정의하고 있다.(지방세특례제한법 제2조 제1항 제1호)

다만 실제로 고유업무에 직접 사용하기 위하여 취득하였는지는 법인등기부 목적사업뿐 아니라 기타 사실상의 현황 등을 종합적으로 고려하여 판단해야 한다.

(2) 목적사업과 수익사업

지방세특례제한법 제2조 [정의]
① 이 법에서 사용하는 용어의 뜻은 다음과 같다.
2. "수익사업"이란 「법인세법」 제4조 제3항에 따른 수익사업을 말한다.

법인세법 제4조 [과세소득의 범위]
③ 제1항 제1호를 적용할 때 비영리내국법인의 각 사업연도의 소득은 다음 각 호의 사업 또는 수입(이하 "수익사업"이라 한다)에서 생기는 소득으로 한정한다.
1. 제조업, 건설업, 도매 및 소매업 등 「통계법」 제22조에 따라 통계청장이 작성·고시하는 한국표준산업분류에 따른 사업으로서 대통령령으로 정하는 것
2. 「소득세법」 제16조 제1항에 따른 이자소득
3. 「소득세법」 제17조 제1항에 따른 배당소득
4. 주식·신주인수권 또는 출자지분의 양도로 인한 수입
5. 유형자산 및 무형자산의 처분으로 인한 수입. 다만, 고유목적사업에 직접 사용하는 자산의 처분으로 인한 대통령령으로 정하는 수입은 제외한다.
6. 「소득세법」 제94조 제1항 제2호 및 제4호에 따른 자산의 양도로 인한 수입
7. 그 밖에 대가(對價)를 얻는 계속적 행위로 인한 수입으로서 대통령령으로 정하는 것

법인세법 시행령 제3조 [수익사업의 범위]
① 법 제4조 제3항 제1호에서 "대통령령으로 정하는 것"이란 다음 각 호의 어느 하나에 해당하는 사업을 제외한 각 사업 중 수입이 발생하는 것을 말한다.
1. 축산업(축산관련 서비스업을 포함한다)·조경관리 및 유지 서비스업 외의 농업
2. 연구개발업(계약 등에 의하여 그 대가를 받고 연구 및 개발용역을 제공하는 사업을 제외한다)
2의 2. 선급검사(船級檢査) 용역을 공급하는 사업
3. 다음 각 목의 어느 하나에 해당하는 교육시설에서 해당 법률에 따른 교육과정에 따라 제공하는 교육서비스업
　가. 「유아교육법」에 따른 유치원
　나. 「초·중등교육법」 및 「고등교육법」에 따른 학교
　다. 「경제자유구역 및 제주국제자유도시의 외국교육기관 설립·운영에 관한 특별법」에 따라 설립된 외국교육기관(정관 등에 따라 잉여금을 국외 본교로 송금할 수 있거나 실제로 송금하는 경우는 제외한다)
　라. 「제주특별자치도 설치 및 국제자유도시 조성을 위한 특별법」에 따라 설립된 비영리법인이 운영하는 국제학교
　마. 「평생교육법」 제31조 제4항에 따른 전공대학 형태의 평생교육시설 및 같은 법 제33조 제3항에 따른 원격대학 형태의 평생교육시설

4. 보건업 및 사회복지 서비스업 중 다음 각 목의 어느 하나에 해당하는 사회복지시설에서 제공하는 사회복지사업

　가. 「사회복지사업법」 제34조에 따른 사회복지시설 중 사회복지관, 부랑인·노숙인 시설 및 결핵·한센인 시설

　나. 「국민기초생활보장법」 제15조의 2 제1항 및 제16조 제1항에 따른 중앙자활센터 및 지역자활센터

　다. 「아동복지법」 제52조 제1항에 따른 아동복지시설

　라. 「노인복지법」 제31조에 따른 노인복지시설(노인전문병원은 제외한다)

　마. 「노인장기요양보험법」 제2조 제4호에 따른 장기요양기관

　바. 「장애인복지법」 제58조 제1항에 따른 장애인복지시설 및 같은 법 제63조 제1항에 따른 장애인복지단체가 운영하는 「중증장애인생산품 우선구매 특별법」 제2조 제2항에 따른 중증장애인생산품 생산시설

　사. 「한부모가족지원법」 제19조 제1항에 따른 한부모가족복지시설

　아. 「영유아보육법」 제10조에 따른 어린이집

　자. 「성매매방지 및 피해자보호 등에 관한 법률」 제9조 제1항에 따른 지원시설, 제15조 제2항에 따른 자활지원센터 및 제17조 제2항에 따른 성매매피해상담소

　　차. 「정신건강증진 및 정신질환자 복지서비스 지원에 관한 법률」 제3조 제6호 및 제7호에 따른 정신요양시설 및 정신재활시설

　카. 「성폭력방지 및 피해자보호 등에 관한 법률」 제10조 제2항 및 제12조 제2항에 따른 성폭력피해상담소 및 성폭력피해자보호시설

　타. 「입양특례법」 제20조 제1항에 따른 입양기관

　파. 「가정폭력방지 및 피해자보호 등에 관한 법률」 제5조 제2항 및 제7조 제2항에 따른 가정폭력관련 상담소 및 보호시설

　하. 「다문화가족지원법」 제12조 제1항에 따른 다문화가족지원센터

　거. 「건강가정기본법」 제35조 제1항에 따른 건강가정지원센터

5. 연금 및 공제업 중 다음 각 목의 어느 하나에 해당하는 사업

　가. 「국민연금법」에 의한 국민연금사업

　나. 특별법에 의하거나 정부로부터 인가 또는 허가를 받아 설립된 단체가 영위하는 사업(기금조성 및 급여사업에 한한다)

　다. 「근로자퇴직급여보장법」에 따른 중소기업퇴직연금기금을 운용하는 사업

6. 사회보장보험업 중 「국민건강보험법」에 의한 의료보험사업과 「산업재해보상보험법」에 의한 산업재해보상보험사업

7. 주무관청에 등록된 종교단체(그 소속단체를 포함한다)가 공급하는 용역 중 「부가가치세법」 제26조 제1항 제18호에 따라 부가가치세가 면제되는 용역을 공급하는 사업

8. 금융 및 보험 관련서비스업중 다음 각 목의 어느 하나에 해당하는 사업

　가. 「예금자보호법」에 의한 예금보험기금 및 예금보험기금채권상환기금을 통한 예금보험 및 이와

관련된 자금지원·채무정리 등 예금보험제도를 운영하는 사업
나. 「농업협동조합의 구조개선에 관한 법률」 및 「수산업협동조합법」에 의한 상호금융예금자보호기금을 통한 예금보험 및 자금지원 등 예금보험제도를 운영하는 사업
다. 「새마을금고법」에 의한 예금자보호준비금을 통한 예금보험 및 자금지원 등 예금보험제도를 운영하는 사업
라. 「한국자산관리공사 설립 등에 관한 법률」 제43조의 2에 따른 구조조정기금을 통한 부실자산 등의 인수 및 정리와 관련한 사업
마. 「신용협동조합법」에 의한 신용협동조합예금자보호기금을 통한 예금보험 및 자금지원 등 예금보험제도를 운영하는 사업
바. 「산림조합법」에 의한 상호금융예금자보호기금을 통한 예금보험 및 자금지원 등 예금보험제도를 운영하는 사업
9. 「혈액관리법」 제6조 제3항에 따라 보건복지부장관으로부터 혈액원 개설 허가를 받은 자가 행하는 혈액사업
10. 「한국주택금융공사법」에 따른 주택담보노후연금보증계정을 통하여 주택담보노후연금보증제도를 운영하는 사업(보증사업과 주택담보노후연금을 지급하는 사업에 한한다)
11. 「국민기초생활 보장법」 제2조에 따른 수급권자·차상위계층 등 기획재정부령으로 정하는 자에게 창업비 등의 용도로 대출하는 사업으로서 기획재정부령으로 정하는 요건을 갖춘 사업
12. 비영리법인(사립학교의 신축·증축, 시설확충, 그 밖에 교육환경 개선을 목적으로 설립된 법인에 한한다)이 외국인학교의 운영자에게 학교시설을 제공하는 사업
13. 「국민체육진흥법」 제33조에 따른 대한체육회에 가맹한 경기단체 및 「태권도 진흥 및 태권도공원 조성에 관한 법률」에 따른 국기원의 승단·승급·승품 심사사업
14. 「수도권매립지관리공사의 설립 및 운영 등에 관한 법률」에 따른 수도권매립지관리공사가 행하는 폐기물처리와 관련한 사업
15. 「한국장학재단 설립 등에 관한 법률」에 따른 한국장학재단이 같은 법 제24조의 2에 따른 학자금 대출계정을 통하여 운영하는 학자금 대출사업
16. 제1호, 제2호, 제2호의 2, 제3호부터 제15호까지의 규정과 비슷한 사업으로서 기획재정부령으로 정하는 사업

영리법인은 그 특성상 모든 사업이 영리를 위한 사업이다. 반면 비영리법인의 사업은 목적사업과 수익사업으로 구분할 수 있다. 목적사업은 비영리법인의 정관에 규정된 설립 목적을 직접 수행하는 사업으로 수익사업 외의 사업을 말한다. 수익사업은 영리를 위하여 운영하는 사업으로 법인세법 제4조에서 그 범위를 정하고 있다.

비영리법인의 고유업무에 직접 사용하기 위해 취득하는 부동산에 대한 감면은 목적사업을 위하여 취득한 부동산에만 적용된다. 수익사업은 비영리법인의 고유업무에 해당하지 않으며, 감면의 취지가 목적사업을 통하여 달성되기 때문이다.

(3) 직접 사용

> **지방세특례제한법 제2조 [정의]**
> ① 이 법에서 사용하는 용어의 뜻은 다음과 같다.
> 8. "직접 사용"이란 부동산·차량·건설기계·선박·항공기 등의 소유자(「신탁법」 제2조에 따른 수탁자를 포함하며, 신탁등기를 하는 경우만 해당한다)가 해당 부동산·차량·건설기계·선박·항공기 등을 사업 또는 업무의 목적이나 용도에 맞게 사용(이 법에서 임대를 목적 사업 또는 업무로 규정한 경우 외에는 임대하여 사용하는 경우는 제외한다)하는 것을 말한다.

'직접 사용'은 부동산·차량·건설기계·선박·항공기 등의 소유자가 해당 부동산·차량·건설기계·선박·항공기 등을 사업 또는 업무의 목적이나 용도에 맞게 사용하는 것을 말한다.(지방세특례제한법 제2조 제1항 제8호)

신탁등기를 하는 경우에 한하여 소유자에는 신탁법 제2조에 따른 수탁자를 포함한다. 또한 지방세특례제한법에서 임대를 목적 사업 또는 업무로 규정한 경우 외에는 임대하여 사용하는 경우에는 직접 사용한 것으로 보지 않는다.

지방세특례제한법에서는 감면 취지에 부합하는 목적에 사용하기 위하여 취득하는 부동산 등에 대하여 감면을 적용한다. '사용'의 관점에서 감면 규정을 살펴보면 부동산 등 취득세 과세물건은 그 소유자가 사용할 수도 있지만, 임대차계약을 통하여 임차인 등 해당 부동산의 소유자가 아닌 자도 사용할 수 있다. 이에 따라 지방세특례제한법의 개정을 통해서 '직접 사용'의 의미도 변화해오고 있다.

① 2014.1.1. 이후(직접 사용의 주체 명확화)

2014년 이전에는 '사용'에 대한 별도의 정의가 없었다. 따라서 사용의 주체와 범위를 해석할 때, 소유자가 감면 취지에 맞게 사용하는 것만 감면을 적용할지, 혹은 임차인 등 소유자가 아닌 자가 감면 취지에 맞게 사용하는 것도 감면을 적용할지에 대한 다툼이 있었다. 이러한 법 해석의 문제점에 따라 2014년 지방세특례제한법을 개정할 때 '직접 사용'이라는 용어를 신설하였다. 즉, '소유자'로서 직접 사용하는 것만 취득세를 감면하는 것으로 그 사용의 주체를 분명히 하였다.

② 2018.1.1. 이후(취득 대상 명확화)

2017년에는 직접 사용의 정의를 한 번 더 보완하였다. 취득세 감면은 부동산뿐 아니라 차량, 선박, 항공기도 적용될 수 있음에도 '부동산'의 소유자로 표현하여 부동산만 취득세 감면이 적용되는 것으로 해석될 수 있었다. 2017.12.26. 지방세특례제한법을 개정하며 2018.1.1. 이후에는 부동산 외에 선박, 차량 등에도 취득세가 감면되도록 취득 대상을 명확히 규정하였다.

③ 2022.1.1. 이후(신탁에 따른 수탁자 포함)

2021년 지방세법 개정을 통해 신탁법에 따른 수탁자가 부동산등을 사업 또는 업무의 목적이나 용도에 맞게 사용하는 경우에도 '직접 사용'에 해당하도록 범위를 확대하였다.

④ 2023.1.1. 이후(임대에 대한 규정 마련)

개별 감면 조문에서 임대를 목적사업 또는 업무로 규정한 경우 외에는 임대하여 사용하는 경우를 '직접 사용'에서 제외하였다.

〈직접 사용의 개정현황〉

구 분	직접 사용의 정의	비 고
2014.01.01. 이전	별도 정의가 없었음	
2014.01.01. 이후 (사용 주체 명확화)	부동산의 소유자가 해당 부동산을 사업 또는 업무의 목적이나 용도에 맞게 사용하는 것	직접 사용의 주체를 '소유자'로 분명히 함
2018.1.1. 이후 (취득 대상 명확화)	부동산·차량·건설기계·선박·항공기 등의 소유자가 해당 부동산·차량·건설기계·선박·항공기 등을 사업 또는 업무의 목적이나 용도에 맞게 사용하는 것	직접 사용 규정이 부동산 외에 차량 등 과세물건에도 적용
2022.1.1. 이후 (신탁에 따른 수탁자 포함)	부동산·차량·건설기계·선박·항공기 등의 소유자(신탁법 제2조에 따른 수탁자를 포함하며, 신탁등기를 하는 경우에만 해당)가 해당 부동산·차량·건설기계·선박·항공기 등을 사업 또는 업무의 목적이나 용도에 맞게 사용하는 것	소유자의 범위에 신탁등기가 된 수탁자를 포함
2023.1.1. 이후 (임대 관련 규정 보완)	부동산·차량·건설기계·선박·항공기 등의 소유자(신탁법 제2조에 따른 수탁자를 포함하며, 신탁등기를 하는 경우만 해당)가 해당 부동산·차량·건설기계·선박·항공기 등을 사업 또는 업무의 목적이나 용도에 맞게 사용하는 것(이 법에서 임대를 목적 사업 또는 업무로 규정한 경우 외에는 임대하여 사용하는 경우는 제외)	임대를 목적사업 또는 업무로 규정한 경우 외에는 임대 사용은 제외

3. 감면 최저한(최소 납부세제)

> **지방세특례제한법 제177조의 2 [지방세 감면 특례의 제한]**
> ① 이 법에 따라 취득세 또는 재산세가 면제(지방세 특례 중에서 세액감면율이 100분의 100인 경우와 세율경감률이 「지방세법」에 따른 해당 과세대상에 대한 세율 전부를 감면하는 것을 말한다. 이하 이 조에서 같다)되는 경우에는 이 법에 따른 취득세 또는 재산세의 면제규정에도 불구하고 100분의 85에 해당하는 감면율(「지방세법」 제13조 제1항부터 제4항까지의 세율은 적용하지 아니한 감면율을 말한다)을 적용한다. 다만, 다음 각 호의 어느 하나에 해당하는 경우에는 그러하지 아니하다.

취득세 감면율은 감면 규정마다 다르다. 취득세 전액, 즉 100%의 감면율이 적용되는 항목도 있고 50% 감면율 등 취득세의 일부만 감면되는 항목도 있다.

이때 감면율이 100%거나 취득세 전부를 감면한다는 표현이 있는 감면은 85%의 감면율을 한도로 취득세를 감면한다.(지방세특례제한법 제177조의 2) 즉, 취득세가 전액 감면되더라도 최소 15%의 취득세는 부담하라는 것이 감면 최저한 규정이다. 다만, 감면 최저한 규정은 취득세가 100% 감면되는 경우에만 적용되므로 감면율이 100%가 아닌 감면은 해당 규정 적용대상이 아니다.

감면 최저한 규정은 2015년에 최초로 도입되었고, 감면 규정별로 감면 최저한 규정이 적용되는 시기가 다르다. 따라서 취득세 감면을 적용할 때는 ① 감면 최저한 규정이 적용되는 감면인지 ② 적용된다면 언제부터 적용되는지를 확인해야 한다.

또한 ① 취득세액이 200만원 이하인 경우와 ② 특정한 감면(농어민에 대한 감면, 국가유공자·노인·무주택자 등에 대한 감면 등)에는 감면 최저한 규정을 적용하지 않는다. 즉, 감면 최저한 규정과 관계없이 취득세를 전액 감면한다.

4. 감면세액의 추징

> **지방세특례제한법 제178조 [감면된 취득세의 추징]**
> ① 부동산에 대한 감면을 적용할 때 이 법에서 특별히 규정한 경우를 제외하고는 다음 각 호의 어느 하나에 해당하는 경우 그 해당 부분에 대해서는 감면된 취득세를 추징한다.
> 1. 정당한 사유 없이 그 취득일부터 1년이 경과할 때까지 해당 용도로 직접 사용하지 아니하는 경우
> 2. 해당 용도로 직접 사용한 기간이 2년 미만인 상태에서 매각·증여하거나 다른 용도로 사용하는 경우

지방세특례제한법에서 특별히 규정한 경우를 제외하고는, 다음 중 어느 하나에 해당하는 경우 그 해당 부분에 대해서는 감면된 취득세를 추징한다.(지방세특례제한법 제178조 제1항)

① 정당한 사유 없이 그 취득일부터 1년이 경과할 때까지 해당 용도로 직접 사용하지 아니하는 경우

② 해당 용도로 직접 사용한 기간이 2년 미만인 상태에서 매각·증여하거나 다른 용도로 사용하는 경우

감면세액 추징의 추징사유 중 첫 번째와 두 번째의 차이점은 '정당한 사유'에 있다. 첫 번째 사유는 정당한 사유가 없는 경우에 감면된 취득세를 추징하므로 취득자에게 정당한 사유가 있다면 감면된 취득세가 추징되지 않을 수 있다. 반면 두 번째 사유는 정당한 사유와 관계없이, 즉 취득자의 사정을 묻지 않고 무조건 감면된 취득세를 추징한다.

정당한 사유는 결국 판단의 영역이기 때문에 납세의무자와 과세관청 간에 의견 다툼이 발생할 수 있다. 정당한 사유의 의미를 해석한 대법원 판결문을 일부 발췌한다.

> **대법원 2012.12.13. 선고, 2011두1948 (발췌)**
> 정당한 사유란 그 취득 부동산을 해당 사업에 사용하지 못한 것이 법령에 의한 금지·제한 등 외부적인 사유로 인한 경우는 물론 내부적으로 그 부동산을 해당 사업에 사용하기 위하여 정상적인 노력을 하였음에도 불구하고 시간적인 여유가 없어 유예기간을 넘긴 경우도 포함한다. 그리고 정당한 사유의 유무를 판단할 때에는 부동산의 취득목적에 비추어 그 목적사업에 직접 사용하는 데 걸리는 준비기간의 장단, 목적사업에 사용할 수 없는 법령상·사실상의 장애사유 및 장애정도, 창업중소기업이 부동산을 목적사업에 사용하기 위한 진지한 노력을 다 하였는지 여부 등을 참작하여 구체적인 사안에 따라 개별적으로 판단하여야 한다.
> 다만, 창업중소기업이 부동산을 취득할 당시 2년 이내에 해당 사업에 직접 사용할 수 없는 법령상의 장애사유가 있음을 알았거나, 설사 몰랐다고 하더라도 조금만 주의를 기울였더라면 그러한 장애사유의 존재를 쉽게 알 수 있었던 상황에서 부동산을 취득하였고, 취득 후 2년 이내에 그 부동산을 해당 사업에 직접 사용하지 못한 것이 동일한 사유 때문이라면, 취득 전에 존재한 법령상의 장애사유가 충분히 해소될 가능성이 있었고 실제 그 해소를 위하여 노력하여 이를 해소하였는데도 예측하지 못한 전혀 다른 사유로 해당 사업에 사용하지 못하였다는 등의 특별한 사정이 없는 한, 그 법령상의 장애사유는 취득한 부동산을 해당 사업에 직접 사용하지 못한 것에 대한 정당한 사유가 될 수 없다.

5. 감면 제외

> **지방세특례제한법 제177조 [감면 제외대상]**
> 이 법의 감면을 적용할 때 다음 각 호의 어느 하나에 해당하는 부동산등은 감면대상에서 제외한다.
> 1. 별장 (삭제, 2023.3.14.; 지방세법 부칙)
> 2. 골프장:「체육시설의 설치·이용에 관한 법률」에 따른 회원제 골프장용 부동산 중 구분등록의 대상이 되는 토지와 건축물 및 그 토지 상(上)의 입목. 이 경우 등록을 하지 아니하고 사실상 골프장으

> 로 사용하는 부동산을 포함한다.
> 3. 고급주택: 주거용 건축물 또는 그 부속토지의 면적과 가액이 「지방세법 시행령」 제28조 제4항에 따른 기준을 초과하거나 해당 건축물에 67제곱미터 이상의 수영장 등 「지방세법 시행령」 제28조 제4항에 따른 부대시설을 설치한 주거용 건축물과 그 부속토지
> 4. 고급오락장: 도박장, 유흥주점영업장, 특수목욕장, 그 밖에 이와 유사한 용도에 사용되는 건축물 중 「지방세법 시행령」 제28조 제5항에 따른 건축물과 그 부속토지
> 5. 고급선박: 비업무용 자가용 선박으로서 「지방세법 시행령」 제28조 제6항에 따른 기준을 초과하는 선박

지방세법 제13조 제5항에 따른 사치성 재산 중과세가 적용되는 별장(2023.3.14. 삭제), 골프장, 고급주택, 고급오락장, 고급선박은 취득세 감면대상에서 제외한다.(지방세특례제한법 제177조) 사치성 성격의 재산에 대해서는 취득세 감면의 혜택을 적용하지 않겠다는 취지다. 다만, 본점 등 중과세와 지점 등 중과세가 적용되는 과세물건은 취득세 감면을 적용한다.

6. 중복 지원 배제

> **지방세특례제한법 제180조 [중복 특례의 배제]**
> 동일한 과세대상의 동일한 세목에 대하여 둘 이상의 지방세 특례 규정이 적용되는 경우에는 그 중 감면되는 세액이 큰 것 하나만을 적용한다. 다만, 제73조, 제74조의 2 제1항, 제92조 및 제92조의 2와 다른 지방세 특례 규정이 함께 적용되는 경우에는 해당 특례 규정을 모두 적용하되, 제73조, 제74조의 2 제1항 및 제92조 간에 중복되는 경우에는 그 중 감면되는 세액이 큰 것 하나만을 적용한다.

동일한 과세대상에 대하여 동일한 세목에 대하여 둘 이상의 감면 규정이 적용되는 경우에는 그 중 감면율이 높은 것 하나만을 적용한다.(지방세특례제한법 제180조)

다만, 제73조(토지수용에 의한 대체취득 감면), 제74조의 2 제1항(도심 공공주택 복합사업 등 감면), 제92조(천재지변 등 대체 취득에 대한 감면) 및 제92조의 2(자동이체 등 납부에 대한 세액공제)와 다른 지방세 특례 규정이 함께 적용되는 경우에는 해당 특례 규정을 모두 적용하되, 제73조(토지수용에 의한 대체취득 감면), 제74조의 2 제1항(도심 공공주택 복합사업 등 감면) 및 제92조(천재지변 등 대체 취득에 대한 감면) 간에 중복되는 경우에는 그 중 감면되는 세액이 큰 것 하나만을 적용한다.

7. 지방세특례제한법 취득세 감면 규정의 요약

(1) 농어업을 위한 지원

법	감면규정	감면율 취득세	감면율 재산세	일몰기한	감면분 농특세
§6	**자경농민의 농지 등 감면** ① 자경농민(2년 이상 영농종사자 등)이 직접 경작할 목적으로 취득하는 농지, 임야, 농업용시설	50%	–	2023	과세
§6	② 자경농민이 농업용으로 직접 사용하기 위해 취득하는 농업용 시설(양잠, 온실, 축사 등)	50%	–	2023	비과세
§6	③ 귀농인이 직접 경작할 목적으로 귀농일로부터 3년 이내에 취득하는 농지, 임야	50%	–	2024	비과세
§7	**농기계류 등 감면** ① 농업용에 직접 사용하기 위한 농업기계 ② 농업용수의 공급을 위한 관정시설	①100% ②100%	① – ②100%	2023	비과세
§8	**농지확대개발을 위한 면제** ① 농업생산기반 개량사업 농지 및 농지확대 개발사업 개간농지(한국농어촌공사 제외)	100%	–	2025	비과세
§8	② 교환·분합하는 농지(한국농어촌공사 제외)	100%	–	2025	비과세
§8	③ 임업자 등이 직접 임업을 하기 위해 교환·분합하는 임야	100%	–	2025	비과세
§8	④ 임업자 등이 취득하는 보전산지(99만㎡ 이하)	50%	–	2025	비과세
§8	⑤ 공유수면의 매립·간척으로 취득하는 농지	0.8% 세율	–	2021	비과세
§9	**자영어민 등 감면** ① 어업자 등이 직접 어업을 하기 위해 취득하는 어업권, 양식업권, 20톤 이상 어선	50%	–	2023	과세
§9	② 유상해수양식어업용 등 토지, 건축물(수조)	50%	–	2023	과세
§9	③ 20톤 미만 소형어선	100%	100%	2025	과세
§9	④ 출원에 의하여 취득하는 어업권, 양식업권	100%	–	2025	과세
§11	**농업법인에 대한 감면** ① 농업법인이 영농에 사용하기 위해 법인설립등기일부터 2년 이내(청년농업법인은 4년 이내)에 취득하는 농지, 임야 등	75%	–	2023	비과세
§11	② 농업법인이 영농·유통·가공에 직접 사용하기 위해 취득하는 부동산	50%	50%	2023	비과세

조문	내용				
§12	어업법인에 대한 감면 어업법인이 영어·유통·가공에 직접 사용하기 위해 취득하는 부동산	50%	50%	2023	비과세
§13	한국농어촌공사 농업관련사업 감면 한국농어촌공사가 농지매매사업 등을 위해 취득·소유하는 부동산과 농지	50%	50%	2025	과세
	한국농어촌공사가 국가·지방자치단체의 농업생산기반 정비계획에 따라 취득·소유하는 농업기반시설용 토지와 그 시설물	50%	75%	2025	비과세
	한국농어촌공사가 취득하는 부동산(경영회생지원)	50%	50%	2025	과세
	한국농어촌공사가 환매취득하는 부동산(경영회생지원)	100%	50%	2025	과세
	한국농어촌공사가 FTA체결 관련 농어업인 지원 목적으로 취득·소유하는 농지	50%	–	2025	과세
	한국농어촌공사가 국가·지방자치단체의 계획에 따라 제3자에 공급할 목적으로 생활환경정비사업에 직접 사용하기 위해 일시 취득하는 부동산	25%	–	2025	과세
	한국농어촌공사가 농지시장안정과 농업구조개선을 위해 취득하는 농지	50%	–	2025	비과세
	한국농어촌공사가 국가·지방자치단체의 계획에 따라 제3자에 공급할 목적으로 생활환경정비사업에 직접 사용하기 위해 일시 취득하는 부동산 중 택지개발사업지구·단지조성사업지구에 있는 부동산으로서 국가·지방자치단체에 무상으로 귀속될 공공시설물, 그 부속토지, 공공시설용지	–	100%	2024	–
§14	농업협동조합 등의 농어업 관련사업 등 감면 ① 농협중앙회, 수협중앙회, 산림조합중앙회가 구매·판매사업 등에 직접 사용하기 위해 취득하는 사업용 토지와 건축물	25%	25%	2023	비과세
	② 농업협동조합, 수산업협동조합, 산림조합, 엽연초생산협동조합이 고유업무에 직접 사용하는 부동산(임대용 부동산 제외)	100%	100%	2023	비과세
§14의2	농협경제지주회사 등의 구매·판매 사업 등 감면 농협경제지주회사와 자회사가 구매·판매사업 등에 직접 사용하기 위해 취득하는 사업용 토지와 건축물	25%	25%	2017	비과세
§15	한국농수산식품유통공사 등의 농어업 관련 사업 등 감면 ① 한국농수산식품유통공사와 농립수협 등 유통자회사가 농수산물종합직판장 등의 농수산물 유통시설과 농수산물유통에 관한 교육훈련시설에 직접 사용하기 위해 취득하는 부동산	50%	50%	2025	과세
	② 지방농수산물공사가 도매시장 관리 및 농수산물 유통사업에 직접 사용하기 위해 취득하는 부동산	100%	100%	2025	비과세
§16	농어촌 주택개량에 대한 감면 생활환경정비사업의 계획에 따라 주택개량대상자로 선정된 사람과 그 가족이 상시 거주할 목적으로 취득하는 연면적 150㎡ 이하의 주거용 건축물(증축의 경우 기 소유한 주거용 건축물 연면적과 합산하여 150㎡ 이하로 한정)	100% (280만원 한도)	–	2024	비과세

(2) 사회복지를 위한 지원

법	감면규정	감면율 취득세	감면율 재산세	일몰기한	감면분 농특세
§17	**장애인용 자동차 감면** 장애인(국가유공자등 제외)이 보철용·생업활동용으로 사용하기 위해 취득하는 배기량 2,000cc 이하 승용자동차 등의 자동차	100%	–	2024	비과세
§17의2	**한센인 및 한센인정착농원 지원을 위한 감면** 한센인이 한센인정착농원 내에서 취득하는 부동산 ① 주택(전용면적이 85㎡ 이하) ② 축사용 부동산 ③ 한센인 재활사업에 직접 사용하기 위한 부동산	100%	100%	2024	비과세
§18	**한국장애인고용공단에 대한 감면** 한국장애인고용공단이 목적사업에 직접 사용하기 위하여 취득하는 부동산(수익사업용 부동산 제외)	25%	25%	2025	과세
§19	**어린이집 및 유치원에 대한 감면** ① 어린이집 및 유치원을 설치·운영하기 위하여 취득하는 부동산 ② 직장어린이집을 설치하여야 하는 사업주가 법인·단체·개인에게 위탁하여 운영하기 위하여 취득하는 부동산	100% 50%	100%	2024	비과세
§19의2	**아동복지시설에 대한 감면** 지역아동센터를 설치·운영하기 위하여 취득하는 부동산	100%	100%	2023	과세
§20	**노인복지시설에 대한 감면** ① 무료 노인복지시설에 사용하기 위해 취득하는 부동산 ② ① 외 노인복지시설에 사용하기 위해 취득하는 부동산 ③ 경로당으로 사용하는 부동산(부대시설 포함)	①100% ②25% ③ –	①50% ②25% ③100%	2023	비과세
§21	**청소년단체 등에 대한 감면** ① 스카우트주관단체 등 법인 또는 단체가 그 고유업무에 직접 사용하기 위해 취득하는 부동산(임대용 부동산 제외)	75%	100%	2023	비과세
§21	② 청소년수련시설의 설치허가를 받은 비영리법인이 청소년수련시설을 설치하기 위해 취득하는 부동산	100%	50%	2023	과세
§22	**사회복지법인등에 대한 감면** ① 사회복지법인등이 해당 사회복지사업에 직접 사용하기 위하여 취득하는 부동산	100%	100%	2025	비과세
§22	② 사회복지시설을 설치·운영하는 특정 법인	25%	–	2025	비과세
§22	③ 사회복지시설을 설치·운영하는 특정 법인 중 사회복지시설의 입소자 및 이용자가 입소 및 이용에 대한 비용을 부담하지 않는 사회복지시설	100%	–	2025	비과세
§22	④ 사회복지법인이 의료기관을 경영하기 위하여 취득하거나 사용하는 부동산(2020년까지의 취득)	50%	50%	2020	비과세
§22	⑤ 사회복지법인이 의료기관을 경영하기 위하여 취득하거나 사용하는 부동산(2024년까지의 취득)	30~40%	50~60%	2024	비과세

조항	내용	취득세	재산세	일몰	과세구분
§22의2	**출산 및 양육 지원을 위한 감면** 다자녀양육자(18세 미만 자녀 3명 이상 양육)가 양육을 목적으로 취득·등록하는 승용자동차 등 자동차	100% (140만원 한도)	-	2024	비과세
§22의4	**사회적기업에 대한 감면** 사회적기업(회사의 경우 중소기업기본법상 중소기업에 한정)이 그 고유업무에 직접 사용하기 위하여 취득하는 부동산	50%	25%	2024	과세
§23	**권익 증진 등을 위한 감면** 법률구조법인 및 한국소비자원이 그 고유업무에 직접 사용하기 위하여 취득하는 부동산 ① 2020년 ② 2021년 ③ 2022년~2025년까지	①100% ②50% ③25%	①100% ②50% ③25%	2025	비과세
§26	**노동조합에 대한 감면** 노동조합이 그 고유업무에 직접 사용하기 위하여 취득하는 부동산(수익사업용 부동산 제외)	100%	100%	2024	과세
§27	**근로복지공단 지원을 위한 감면** ① 근로복지공단이 공단의 사업에 직접 사용하기 위해 취득하는 부동산(2020년) ② 근로복지공단이 공단의 사업에 직접 사용하기 위해 취득하는 부동산(2021년~2024년) ③ 근로복지공단이 의료사업·재활사업에 직접 사용하기 위해 취득하는 부동산(2020년) ④ 근로복지공단이 의료사업·재활사업에 직접 사용하기 위해 취득하는 부동산(2021년~2024년)	①25% ②25% ③75% ④50%	①25% ② - ③50% ④50%	2025	과세
§28	**산업인력 등 지원을 위한 감면** ① 한국산업안전보건공단이 산업안전 보건교육 등 사업에 직접 사용하기 위하여 취득하는 부동산	25%	25%	2025	과세
	② 한국산업인력공단이 산업재해예방기술 관련 사업에 직접 사용하기 위해 취득하는 부동산	25%	-	2025	과세
§28	**국가유공자 등에 대한 감면** ① 국가유공자 관련 법에 따른 대부금을 받아 취득하는 부동산으로서 전용면적 85㎡ 이하 주택(대부금 초과분 포함)과 그 외 부동산(대부금 초과분 제외) ② 대한민국상이군경회, 대한민국전몰군경유족회, 대한민국전몰군경미망인회, 광복회, 4·19민주혁명회, 4·19혁명희생자유족회, 4·19혁명공로자회, 재일학도의용군동지회, 대한민국무공수훈자회, 대한민국특수임무유공자회, 대한민국고엽제전우회, 대한민국6·25참전유공자회 및 대한민국월남전참전자회가 그 고유업무에 직접 사용하기 위하여 취득하는 부동산 ③ 국가유공자 자활용사촌에 거주하는 중상이자와 그 유족 또는 그 중상이자와 유족으로 구성된 단체가 취득하는 자활용사촌 안의 부동산 ④ 국가유공자 등이 보철용생업활동용으로 사용하기 위하여 취득하는 배기량 2,000cc 이하 승용자동차 등의 자동차(대체취득을 포함)	①100% ②100% ③100% ④100%	① - ②100% ③100% ④ -	2023 ~ 2024	비과세

§30	**한국보훈복지의료공단 등에 대한 감면** ① 한국보훈복지의료공단이 국가유공자 지원사업 등에 직접 사용하기 위하여 취득하는 부동산	25%	25%	2025	과세
	② 보훈병원이 의료업에 직접 사용하기 위하여 취득하는 부동산(2020년) ③ 보훈병원이 의료업에 직접 사용하기 위하여 취득하는 부동산(2021년~2024년)	①75% ② 50~60%	①75% ② 50~60%	2024	과세
	④ 독립기념관이 독립기념관 자료수집 등 업무에 직접 사용하기 위하여 취득하는 부동산	100%	100%	2024	비과세
§31	**임대주택 등에 대한 감면** ① 공공주택사업자 및 등록 임대사업자가 임대할 목적으로 공동주택(부대시설·임대수익금 전액을 임대주택관리비로 충당하는 임대용 복리시설 포함)을 건축하는 경우 그 공동주택(단, 토지를 취득한 날부터 정당한 사유없이 2년 이내에 공동주택을 착공하지 않은 경우는 감면제외) ㉮ 전용면적 60㎡ 이하인 공동주택 ㉯ 장기임대주택(8년 이상의 장기임대 목적으로 전용면적 60㎡ 초과 85㎡ 이하인 임대주택)을 20호 이상 취득하거나, 20호 이상의 장기임대주택을 보유한 임대사업자가 추가로 장기임대주택을 취득하는 경우(추가취득의 결과로 20호 이상 보유 시 그 20호부터 초과분까지를 포함)	㉮100% ㉯ 0%	-	2024	과세
	② 임대사업자가 임대할 목적으로 건축주로부터 공동주택 또는 오피스텔을 최초로 분양받은 경우 그 공동주택 또는 오피스텔(취득가액 3억원[수도권 6억원]을 초과하는 경우 감면 대상에서 제외) ㉰ 전용면적 60㎡ 이하 공동주택 또는 오피스텔 ㉱ 장기임대주택을 20호 이상 취득하거나, 20호 이상의 장기임대주택을 보유한 임대사업자가 추가로 장기임대주택을 취득하는 경우(추가취득의 결과로 20호 이상을 보유 시 그 20호부터 초과분까지를 포함)	㉰100% ㉱ 0%	-	2024	과세
	③ 임대사업자 등이 국내에서 임대용 공동주택 또는 오피스텔을 과세기준일 현재 2세대 이상 임대 목적으로 직접 사용하는 경우(시가표준액 3억원[수도권 6억원]초과 공동주택과 시가표준액 2억원[수도권 4억원]초과 오피스텔은 감면대상에서 제외) ㉲ 전용면적 40㎡ 이하 임대 목적 공동주택 ㉳ 전용면적 60㎡ 이하 임대 목적 공동주택·오피스텔 ㉴ 전용면적 85㎡ 이하 임대 목적 공동주택·오피스텔	-	㉲100% ㉳50% ㉴25%	2024	해당 없음
	④ 한국토지주택공사가 공공매입임대주택을 매입하여 공급하는 다가구주택과 그 부속토지	25%	50%	2024	과세
§31 의4	**주택임대사업에 투자하는 부동산투자회사의 감면** ① 위탁관리 부동산투자회사(국가 등이 50% 초과출자한 경우)가 임대목적으로 공동주택(오피스텔 포함)을 건축·매입하기 위하여 취득하는 부동산	20%	-	2021	비과세

	② 위탁관리 부동산투자회사가 과세기준일 현재 국내에 2세대 이상의 공동주택을 임대 목적에 직접 사용하는 경우(전용면적 60㎡ 이하) ③ 위 ② 중 전용면적 85㎡ 이하	-	②40% ③15%	2021	해당 없음
§31 의5	**공공주택사업자의 임대 목적으로 주택을 매도하기로 약정을 체결한 자에 대한 감면** ① 공공주택사업자의 임대가 목적인 주택을 건축하여 공공주택사업자에게 매도하기로 약정을 체결한 자가 해당 주택등을 건축하기 위하여 취득하는 부동산 ② 공공주택사업자의 임대가 목적인 주택을 건축하여 공공주택사업자에게 매도하기로 약정을 체결한 자가 해당 주택등을 건축하여 최초로 취득하는 경우	10%	-	2024	과세
§32	**한국토지주택공사의 소규모 공동주택 취득의 감면** 한국토지주택공사가 임대를 목적으로 취득하여 소유하는 소규모 공동주택용 부동산	50%	50%	2024	과세
§32 의2	**한국토지주택공사의 방치건축물 사업재개의 감면** 공사중단 건축물 정비계획(건축물 완공으로 인한 수익금이 공사중단 건축물 정비기금에 납입되는 경우에 한정)에 따라 한국토지주택공사가 공사 재개를 위하여 취득하는 부동산	35%	25%	2021	과세
§33	**주택 공급 확대를 위한 감면** 상시 거주할 목적으로 서민주택(연면적 또는 전용면적이 40㎡ 이하인 주거용 건축물과 부속토지)을 취득(상속·증여 취득 및 원시취득 제외)하여 1가구 1주택에 해당하는 경우(해당 주택을 취득한 날부터 60일 이내에 종전 주택을 증여 외의 사유로 매각하여 1가구 1주택이 되는 경우를 포함)	100%	-	2024	비과세
§36	**무주택자 주택공급사업 지원을 위한 감면** 사단법인 한국사랑의집짓기운동연합회가 무주택자에게 분양할 목적으로 취득하는 주택건축용 부동산	100%	100%	2024	비과세
§36 의2	**생애최초 주택 구입 신혼부부에 대한 취득세 경감** 신혼부부(혼인한 날부터 5년 이내인 사람과 주택 취득일부터 3개월 이내에 혼인할 예정인 사람)로서 다음 각 요건을 갖춘 사람이 거주할 목적으로 유상거래(부담부증여 제외)로 취득하는 주택 ① 주택 취득일 현재 신혼부부로서 본인과 배우자(배우자가 될 사람 포함) 모두 주택 취득일까지 주택을 소유한 사실이 없을 것 ② 주택 취득 연도 직전 연도의 신혼부부의 합산 소득이 7천만원(홑벌이 가구는 5천만원)을 초과하지 아니할 것 ③ 취득 당시의 가액이 3억원(수도권은 4억원) 이하이고 전용면적이 60㎡ 이하인 주택을 취득할 것	50%	-	2020	과세
§36 의3	**생애최초 주택 구입에 대한 취득세 감면** 주택 취득일 현재 본인 및 배우자가 주택을 소유한 사실이 없는 경우로서 취득당시가액이 12억원 이하인 주택을 유상거래(부담부증여는 제외)로 취득하는 경우. 다만, 취득자가 미성년자인 경우는 제외	100% (200 만원 한도)	-	2025	과세

§36의4	**전세사기피해자 지원을 위한 감면** 전세사기피해자가 전세사기피해주택을 취득하는 경우	100% (200만원 한도)	25~50%	2026	과세
	공공주택사업자가 전세사기피해주택을 취득하는 경우	50%	-	2026	과세
	공공주택사업자가 전세사기피해주택을 취득하는 경우	50%	-	2026	과세
§37	**국립대병원 등에 대한 감면** 서울대학교병원, 서울대학교치과병원, 국립대학병원, 국립암센터, 국립중앙의료원, 국립대학치과병원, 한국원자력의학원이 고유업무에 직접 사용하기 위하여 취득하는 부동산 ① 2020년까지의 취득 ② 2024년의 취득	①75% ② 50~60%	①75% ② 50~60%	2024	비과세
§38	**의료법인 등에 대한 과세특례** ① 의료법인이 의료업에 직접 사용하기 위하여 취득하는 부동산 ㉮ 2020년까지의 취득 ㉯ 2024년의 취득	㉮50% ㉯ 30~40%	㉮50% ㉯ 50~60%	2024	비과세
	② 종교단체(민법에 따라 설립된 재단법인)가 의료기관 개설을 통하여 의료업에 직접 사용할 목적으로 취득하는 부동산 ㉰ 2020년까지의 취득(특별시·광역시·도청소재지인 시 지역의 취득) ㉱ 2020년까지의 취득(위 ㉰ 지역 외 취득) ㉲ 2021년의 취득	㉰20% ㉱40% ㉲ 30~40%	㉰50% ㉱50% ㉲ 50~60%	2024	과세
§38의2	**지방의료원에 대한 감면** 지방의료원이 의료업에 직접 사용하기 위하여 취득하는 부동산 ① 2020년까지의 취득 ② 2024년까지의 취득	①75% ② 75~85%	①75% ②75%	2024	과세
§40	**국민건강 증진사업자에 대한 감면** 인구보건복지협회, 한국건강관리협회, 대한결핵협회가 그 고유업무에 직접 사용하기 위해 취득하는 부동산(임대용 부동산 제외) ① 2020년까지의 취득 ② 2024년의 취득	①75% ②50%	①75% ②50%	2024	비과세
§40의3	**대한적십자사에 대한 감면** ① 대한적십자사가 고유업무(의료사업)에 직접 사용하기 위해 취득하는 부동산(임대용 부동산 제외) ㉮ 2020년까지의 취득 ㉯ 2024년까지의 취득	㉮75% ㉯ 50~60%	㉮75% ㉯ 50~60%	2024	비과세
	② 대한적십자사가 고유업무(의료외사업)에 직접 사용하기 위해 취득하는 부동산	50%	50%	2023	비과세

(3) 교육 및 과학기술 등에 대한 지원

법	감면규정	감면율 취득세	감면율 재산세	일몰기한	감면분 농특세
§41	**학교 및 외국교육기관에 대한 면제** ① 학교 등이 해당 사업에 직접 사용하기 위하여 취득하는 부동산(민간투자사업 방식 기숙사 제외)	100%	100%	2024	비과세
	② 국립대학법인 전환 이전에 기부채납받은 부동산으로서 국립대학법인 전환 이전에 체결한 계약에 따라 기부자에게 무상 사용을 허가한 부동산	–	100% (무상 사용 기간)	2021	해당 없음
	③ 의과대학(한의과대학, 치과대학, 수의과대학 포함)의 부속병원이 의료업에 직접 사용하기 위하여 취득하는 부동산 ㉮ 2020년까지의 취득 ㉯ 2024년의 취득	㉮50% ㉯30%	㉮50% ㉯50 ~60%	2024	비과세
§42	**기숙사 등에 대한 감면** ① 학교 등이 다음 중 어느 하나의 방식으로 설립·운영되는 기숙사로 사용하기 위하여 취득하는 부동산 • 기숙사 건설 사업시행자에게 준공 후 학교 등과의 협약에서 정하는 기간 동안 해당 시설의 소유권이 인정되며, 그 기간이 만료되면 시설소유권이 학교 등에 귀속되는 방식 • 준공 후 해당 시설의 소유권이 학교 등에 귀속되며, 학교 등과의 협약에서 정하는 기간 동안 사업시행자에게 시설관리운영권을 인정하는 방식 • 준공 후 해당 시설의 소유권이 학교 등에 귀속되며, 학교 등과의 협약에서 정하는 기간 동안 사업시행자에게 시설관리운영권을 인정하되, 그 시설을 협약에서 정하는 기간 동안 임차하여 사용·수익하는 방식	100%	100%	2024	과세
	② 학교를 설치·경영하는 자가 학생들의 실험·실습용으로 사용하기 위하여 취득하는 차량·기계장비·항공기·입목·선박	100%	100% (항공기, 선박)	2024	비과세
	③ 산학협력단이 그 고유업무에 직접 사용하기 위하여 취득하는 부동산	75%	75%	2023	비과세
§43	**평생교육단체 등에 대한 면제** ① 평생교육단체가 해당 사업에 직접 사용하기 위하여 취득하는 부동산	100%	100%	2019	비과세
	② 평생교육단체가 2020~2021년에 해당 사업에 직접 사용하기 위하여 취득하는 부동산	50%	50%	2024	과세
§44	**평생교육시설에 대한 감면** ① 평생교육시설[주1]에 사용하기 위해 취득하는 부동산 ㉠ 2019년까지의 취득 ㉡ 2020년~2024년의 취득	㉠100% ㉡50%	㉠100% ㉡50%	2024	비과세

	② 전공대학이 해당 사업에 직접 사용하기 위하여 취득하는 부동산	100%	100%	2024	과세
	③ 공공직업훈련시설에 직접 사용하기 위하여 취득하는 부동산	50%	50%	2024	과세
§44의2	**박물관 등에 대한 감면** ① 박물관[주2] 또는 미술관[주3]에 사용하기 위하여 취득하는 부동산(해당 시설을 다른 용도로 함께 사용하는 경우 그 부분은 제외) ② 도서관[주4] 또는 과학관[주5]에 사용하기 위하여 취득하는 부동산(해당 시설을 다른 용도로 함께 사용하는 경우 그 부분은 제외)	100%	100%	2024	비과세
§45	**학술단체 및 장학법인에 대한 감면** ① 학술단체가 학술연구사업에 직접 사용하기 위하여 취득하는 부동산(§45의2에 따른 단체는 제외) ② 장학법인이 장학사업에 직접 사용하기 위하여 취득하는 부동산 ③ 장학법인이 장학금을 지급할 목적으로 취득하는 임대용 부동산	①100% ②100% ③ 80%	①100% ②100% ③ 80%	2024	비과세 (②,③은 과세)
§45의2	**기초과학연구 지원을 위한 연구기관 등에 대한 면제** 기초과학연구원 등이 그 고유업무에 직접 사용하기 위하여 취득하는 부동산	100%	100%	2023	과세
§46	**연구개발 지원을 위한 감면** ① 기업이 기업부설연구소에 직접 사용하기 위하여 취득하는 부동산(부속토지는 건축물 바닥면적의 7배 이내인 것으로 한정)과 상호출자제한기업집단등이 과밀억제권역 외에 설치하는 기업부설연구소에 직접 사용하기 위하여 취득하는 부동산 ㉮ 일반 기업부설연구소 ㉯ 신성장동력·원천기술 관련 기업부설연구소	㉮35% ㉯50%	㉮35% ㉯50%	2025	비과세
	② 중소기업이 기업부설연구소에 직접 사용하기 위하여 취득하는 부동산 ㉰ 일반 기업부설연구소 ㉱ 신성장동력·원천기술 관련 기업부설연구소	㉰60% ㉱75%	㉰50% ㉱65%	2025	비과세
§47	**한국환경공단에 대한 감면** 한국환경공단이 환경오염방지 등 사업에 직접 사용하기 위하여 취득하는 부동산(임대용 부동산 제외)	25%	25%	2025	과세
§47의2	**[녹색건축 인증 건축물 감면]** ① 신축(증축·개축 포함)하는 건축물로서 아래 요건을 모두 갖춘 건축물(취득일부터 70일 이내에 아래 요건을 모두 갖춘 건축물을 포함) • 녹색건축인증등급 우수등급 이상 • 에너지효율등급 1등급 이상	5~10% [주6]	3~10% [주6]	2023	과세
	② 신축하는 건축물로서 제로에너지건축물 인증을 받은 건축물(취득일부터 100일 이내에 제로에너지건축물 인증을 받는 건축물을 포함)	15~20% [주7]	–	2023	과세

	③ 신축하는 주거용 건축물로서 에너지절약형 친환경주택(총 에너지 절감율 또는 총 이산화탄소 저감율이 55% 이상임을 확인받은 주택)	10%	–	2023	과세
§47의4	**내진성능 확보 건축물에 대한 감면** 건축법에 따른 구조 안전 확인 대상이 아니거나 건축 당시 구조 안전 확인 대상이 아니었던 건축물로서 내진성능확인을 받은 건축물(그 건축물을 양도하는 경우 재산세 감면은 제외) ① 건축 ② 대수선	①50% ②100%	①50% ②100%	2021	과세
	신축하는 건축물로서 지진안전 시설물의 인증을 받은 건축물(취득일부터 180일 이내에 지진안전 시설물의 인증을 받은 경우를 포함)	5%	–	2024	과세
§48	**국립공원관리사업에 대한 감면** 국립공원공단이 공원시설의 설치·유지·관리 등의 공원관리사업에 직접 사용하기 위하여 취득하는 부동산(임대용 부동산 제외)	25%	25%	2025	과세
§49	**해양오염방제 등에 대한 감면** 해양환경공단이 해양오염방제업무 등 사업에 직접 사용하기 위하여 취득하는 부동산(수익사업용 부동산 제외)과 해양오염방제용 및 해양환경관리용에 제공하기 위하여 취득하는 선박	25%	25%	2025	과세

〈용어의 정리〉

[주1] 평생교육시설

평생교육법에 따라 보고·인가·등록·신고된 다음의 평생교육시설
① 평생교육법 제30조에 따른 학교 부설 평생교육시설
② 평생교육법 제31조에 따른 학교형태의 평생교육시설
③ 평생교육법 제32조에 따른 사내대학형태의 평생교육시설
④ 평생교육법 제33조에 따른 원격대학형태의 평생교육시설
⑤ 평생교육법 제35조에 따른 사업장 부설 평생교육시설
⑥ 평생교육법 제36조에 따른 시민사회단체 부설 평생교육시설
⑦ 평생교육법 제37조에 따른 언론기관 부설 평생교육시설
⑧ 평생교육법 제38조에 따른 지식·인력개발사업 관련 평생교육시설

[주2] 박물관

구 분	내 용(박물관 및 미술관 진흥법)
정의 (§2)	문화·예술·학문의 발전과 일반 공중의 문화향유 및 평생교육 증진에 이바지하기 위하여 역사·고고·인류·민속·예술·동물·식물·광물·과학·기술·산업 등에 관한 자료를 수집·관리·보존·조사·연구·전시·교육하는 시설
범위 (§3)	박물관은 그 설립·운영 주체에 따라 다음과 같이 구분 ① 국립 박물관: 국가가 설립·운영하는 박물관 ② 공립 박물관: 지방자치단체가 설립·운영하는 박물관 ③ 사립 박물관: 민법, 상법, 그 밖의 특별법에 따라 설립된 법인·단체 또는 개인이 설립·운영하는 박물관 ④ 대학 박물관: 고등교육법에 따라 설립된 학교나 다른 법률에 따라 설립된 대학 교육과정의 교육기관이 설립·운영하는 박물관

[주3] 미술관

구 분	내 용(박물관 및 미술관 진흥법)
정의 (§2)	문화·예술의 발전과 일반 공중의 문화향유 및 평생교육 증진에 이바지하기 위하여 박물관 중에서 특히 서화·조각·공예·건축·사진 등 미술에 관한 자료를 수집·관리·보존·조사·연구·전시·교육하는 시설
범위 (§3)	미술관은 그 설립·운영 주체에 따라 다음과 같이 구분 ① 국립 미술관: 국가가 설립·운영하는 미술관 ② 공립 미술관: 지방자치단체가 설립·운영하는 미술관 ③ 사립 미술관: 민법, 상법, 그 밖의 특별법에 따라 설립된 법인·단체 또는 개인이 설립·운영하는 미술관 ④ 대학 미술관: 고등교육법에 따라 설립된 학교나 다른 법률에 따라 설립된 대학 교육과정의 교육기관이 설립·운영하는 미술관

[주4] 도서관

구 분	내 용(도서관법)
정의 (§2)	도서관자료를 수집·정리·분석·보존하여 공중에게 제공함으로써 정보이용·조사·연구·학습·교양·평생교육 등에 이바지하는 시설
범위 (§3)	① 공공도서관 　• 공립 공공도서관(특정 작은 도서관, 장애인도서관, 병원도서관, 병영도서관, 교도소도서관, 어린이도서관) 　• 사립 공공도서관 ② 대학도서관(고등교육법 제2조에 따른 대학 및 다른 법률의 규정에 따라 설립된 대학교육과정 이상의 교육기관에서 교수와 학생, 직원에게 도서관서비스를 제공하는 것을 주된 목적으로 하는 도서관) ③ 학교도서관(초·중등교육법 제2조에 따른 고등학교 이하의 각급 학교에서 교사와 학생, 직원에게 도서관서비스를 제공하는 것을 주된 목적으로 하는 도서관) ④ 전문도서관(그 설립 기관·단체의 소속 직원 또는 공중에게 특정 분야에 관한 전문적인 도서관서비스를 제공하는 것을 주된 목적으로 하는 도서관)

[주5] 과학관

구 분	내 용(과학관의 설립·운영 및 육성에 관한 법률)
정의 (§2)	과학기술자료를 수집·조사·연구하여 이를 보존·전시하며, 각종 과학기술교육프로그램을 개설하여 과학기술지식을 보급하는 시설로서 제6조 제1항에 따른 과학기술자료, 전문직원 등 등록 요건을 갖춘 시설
범위 (§3)	과학관은 그 설립·운영의 주체에 따라 다음과 같이 구분 ① 국립과학관: 국가가 설립·운영하는 과학관 또는 국가가 법인으로 설립한 과학관 ② 공립과학관: 지방자치단체가 설립·운영하는 과학관 또는 지방자치단체가 법인으로 설립한 과학관 ③ 사립과학관: 위 ① 및 ②를 제외한 법인·단체 또는 개인이 설립·운영하는 과학관

[주6] 녹색건축인증등급에 따른 취득세 감면율 및 재산세 경감률

녹색건축인증등급 (녹색건축물조성지원법 제16조)	에너지효율등급 (녹색건축물조성지원법 제17조)	감면율	
		취득세 감면율	재산세 경감률
최우수	1+등급 이상	10%	10%
	1등급	–	7%
우수	1+등급 이상	5%	7%
	1등급	–	3%

[주7] 제로에너지건축물 인증등급 취득세 감면율

제로에너지건축물 인증등급	취득세 감면율
1등급~3등급	20%
4등급	18%
5등급	15%

(4) 문화 및 관광 등에 대한 지원

법	감면규정	감면율 취득세	감면율 재산세	일몰기한	감면분 농특세
§50	**종교단체 또는 향교에 대한 면제** ① 종교단체 또는 향교가 종교행위 또는 제사를 목적으로 하는 사업에 직접 사용하기 위하여 취득하는 부동산 ② 사찰림과 전통사찰이 소유하는 전통사찰보존지	①100% ② -	①100% ②100%	별도 없음	비과세
§52	**문화·예술 지원을 위한 과세특례** ① 문화예술단체가 문화예술사업에 직접 사용하기 위하여 취득하는 부동산 ② 체육단체가 체육진흥사업에 직접 사용하기 위하여 취득하는 부동산	100%	100%	2024	비과세
§53	**사회단체 등에 대한 감면** 국민신탁법인이 그 고유업무에 직접 사용하기 위하여 취득하는 부동산(임대용 부동산 제외)	100%	100%	2024	비과세
§54	**관광단지 등 과세특례** ① 관광단지개발 사업시행자가 관광단지개발사업을 시행하기 위하여 취득하는 부동산	25%	-	2025	과세
§54	② 아래의 재단, 기업, 사업시행자가 그 고유업무에 직접 사용하기 위하여 취득하는 부동산 • 2012여수세계박람회재단 • 여수 해양박람회특구에서 창업 및 사업장을 신설하는 기업(기존 사업장 이전 제외) • 여수세계박람회 관련법에 따른 사업 시행자	50~100%	50~100%	2019	비과세
§54	③ 2018 평창 동계올림픽대회 및 동계패럴림픽대회 관련법에 따른 선수촌을 건축하여 취득	100%	-	2017	과세
§54	④ 2018 평창 동계올림픽대회 및 동계패럴림픽대회 관련법에 따른 선수촌이 대회 이후 사치성재산(별장)에 해당하는 경우	-	주택세율 적용	2022	과세
§55	**문화재에 대한 감면** ① 사적지로 지정된 토지(소유자가 사용·수익하는 사적지 제외)와 문화재(국가무형문화재 제외) ② 문화재 관련 지정된 보호구역에 있는 부동산과 국가등록문화재와 그 부속토지	-	①100% ②50%	별도 없음	해당 없음

(5) 기업구조 및 재무조정 등에 대한 지원

법	감면규정	감면율 취득세	감면율 재산세	일몰기한	감면분 농특세
§56	**기업의 신용보증 지원을 위한 감면** 신용보증재단이 신용보증업무에 직접 사용하기 위해 취득하는 부동산	50%	50%	2025	과세
§57 의2	**기업합병 및 분할 등에 대한 감면** ① 적격합병[주1]으로 양수하는 사업용 재산[주2] 　㉮ 일반적인 합병 　㉯ 중소기업 간 합병, 법인의 기술혁신형사업법인과의 합병	㉮50% ㉯60%	-	2024	비과세
	② 아래 법인이 적격합병으로 양수받은 재산 　• 농업협동조합법, 수산업협동조합법 및 산림조합법에 따라 설립된 조합 간의 합병 　• 새마을금고 간의 합병 　• 신용협동조합 간의 합병	100%	-	2024	비과세
	③ 국유재산법에 따라 현물출자한 재산 　㉰ 2019년까지 　㉱ 2020년까지 　㉲ 2024년까지	㉰75% ㉱50% ㉲25%	-	2024	비과세
	④ 적격인적분할 및 적격물적분할로 취득하는 재산	75%	-	2024	비과세
	⑤ 과세특례(법인세법§47조의2)를 적용받는 현물출자에 따라 취득하는 재산	75%	-	2024	비과세
	⑥ 교환 자산양도차익을 손금산입할 수 있는 자산교환(법인세법§50)에 따라 취득하는 재산	75%	-	2021	과세
	⑦ 중소기업 간의 통합(조특법§31)에 따라 설립되거나 존속하는 법인이 양수하는 사업용 재산	75%	-	2024	과세
	⑧ 자산의 포괄적 양도(조특법§37)로 인하여 취득하는 재산	100%	-	2021	과세
	⑨ 특별법에 따라 설립된 공공기관이 그 특별법의 개정 또는 폐지로 인하여 상법 상의 회사로 조직 변경됨에 따라 취득하는 사업용 재산	75%	-	2021	과세
	⑩ 법인전환 양도소득세 이월과세(조특법§32)를 적용받는 현물출자 및 사업양수도에 따라 취득하는 사업용 고정자산(부동산 임대 및 공급업은 제외)	75%	-	2024	과세
	⑪ 특정한 경우에 따른 과점주주 간주취득 　• 계약이전결정 부실금융기관으로부터 주식 취득 　• 금융기관의 법인 대출금 출자전환 주식 취득 　• 지주회사가 되거나 지주회사가 자회사 주식 취득 　• 예금보험공사·정리금융회사의 부실금융회사 정리업무 및 부보금융회사 자금지원 목적 주식 취득 　• 한국자산관리공사가 부실채권 보전 목적으로 인수한 채권을 출자전환함에 따른 주식 취득 　• 농업협동조합자산관리회사가 인수한 부실자산을 출자전환함에 따른 주식 취득 　• 주식의 포괄적 교환·이전(조특법§38)으로 완전자회사의 주식 취득 　• 코스닥시장 상장법인 주식 취득	100%	-	2024	과세

조항	내용				
	⑫ 금융위원회의 인가를 받은 금융회사 간의 적격합병에 따라 금융기관이 양수받은 재산	50%	-	2024	과세
§57의3	**기업 재무구조 개선 등에 대한 감면** ① 다음에 해당하는 재산의 취득 • 금융기관, 한국자산관리공사, 예금보험공사, 정리금융회사가 적기시정조치(영업 양도 또는 계약이전 관련 명령으로 한정) 또는 계약이전결정을 받은 부실금융기관으로부터 양수한 재산 • 농업협동조합, 수협협동조합, 산림조합, 상호금융예금자보호기금, 농업협동조합자산관리회사가 적기시정조치(사업 양도 또는 계약이전 관련 명령으로 한정) 또는 계약이전결정을 받은 부실조합으로부터 양수한 재산 • 신용협동조합이 계약이전의 결정을 받은 부실조합으로부터 양수한 재산 • 새마을금고가 계약이전의 결정을 받은 부실금고로부터 양수한 재산	100%	-	2024	일부 과세 (농협)
	② 한국자산관리공사가 국가기관 등으로부터 대행을 의뢰받은 압류재산 매각 등을 위해 취득하는 재산	100%	-	2024	비과세
	③ 한국자산관리공사가 구조개선기업 자산관리 등 목적으로 취득하는 중소기업 보유자산	50%	-	2023	과세
	④ 한국자산관리공사에 자산을 매각한 중소기업이 매각일부터 10년 이내에 그 자산을 취득하는 경우	100%	-	2023	과세
	⑤ 한국자산관리공사가 중소기업의 경영 정상화를 지원하기 위하여 특정 요건을 갖추어 중소기업의 자산을 임대조건부로 2023년 12월 31일까지 취득하여 해당 중소기업에 임대중인 자산	-	50%	2023	해당 없음
§57의4	**주거안정 지원에 대한 감면** ① 한국자산관리공사가 주택담보대출 상환을 연체하는 자의 채무 상환 및 주거 안정을 지원하기 위하여 해당 연체자가 그 주택에 계속 거주하는 내용의 임대차계약을 체결하는 것을 조건으로 취득하는 해당 연체자의 주택	50%	-	2023	과세
	② 한국자산관리공사가 2021년 1월 1일 이후 취득하는 주택으로서 과세기준일 현재 해당 연체자에게 임대 중인 주택	-	50% (5년)	별도 없음	해당 없음
§58	**벤처기업 등 과세특례** ① 벤처기업집적시설 · 신기술창업집적지역을 개발 · 조성하여 분양 · 임대할 목적으로 취득하는 부동산	50%	50%	2023	과세
	② 벤처기업집적시설 · 산업기술단지에 입주하는 자의 취득	대도시 중과제외	대도시 중과제외	2023	과세
	③ 신기술창업집적지역에서 산업용 건축물을 신축 증축하려는 자(특정 공장용 부동산을 중소기업자에게 임대하려는 자를 포함)가 취득하는 부동산	50%	50% (3년)	2023	과세
	④ 벤처기업육성촉진지구에서 그 고유업무에 직접 사용하기 위해 취득하는 부동산 ㉮ 2022년까지 ㉯ 2025년까지	㉮37.5% ㉯50%	㉮37.5% ㉯35%	2025	과세

§58 의2	**지식산업센터 등에 대한 감면** ① 사업시설용으로 직접 사용하기 위하여 신축·증축하여 취득하는 부동산(부속토지 포함)과 사업시설용으로 분양·임대(중소기업 대상에 한정)하기 위해 신축·증축하여 취득하는 부동산 ② 지식산업센터를 신축·증축하여 설립한 자로부터 최초로 해당 지식산업센터를 분양받은 입주자(중소기업에 한정)가 2025.12.31.까지 사업시설용으로 직접 사용하기 위하여 취득하는 부동산	①35% ②35%	①35% ②35%	2025	비과세
§58 의3	**창업중소기업 등에 대한 감면** 2023.12.31.까지 창업하는 창업중소기업·창업벤처중소기업이 창업일부터 4년(청년창업기업 5년) 이내에 창업일 당시 업종의 사업을 계속 영위하기 위해 취득하는 부동산	75%	100% (처음3년) 50% (다음2년)	2023	비과세
§59	**중소벤처기업진흥공단 등에 대한 감면** ① 중소벤처기업진흥공단이 중소기업 전문기술인력 양성을 위하여 취득하는 교육시설용 부동산	25%	–	2025	과세
	② 중소벤처기업진흥공단이 중소기업자에게 분양·임대할 목적으로 취득하는 부동산	50%	50%	2025	과세
	③ 협동화실천계획의 승인을 받은 자(과밀억제권역 및 광역시는 산업단지에서 승인을 받은 경우로 한정)가 해당 사업에 직접 사용하거나 분양·임대하기 위해 최초로 취득하는 공장용 부동산(이미 해당 사업용으로 사용하던 부동산을 승계하여 취득한 경우 및 과세기준일 현재 60일 이상 휴업하고 있는 경우는 제외)	50%	50% (3년)	2025	과세
§60	**중소기업협동조합 과세특례** ① 중소기업협동조합(사업협동조합, 연합회, 중앙회 포함)이 제품의 생산·가공·수주·판매·보관·운송을 위하여 취득하는 공동시설용 부동산 ② 전통시장 상인이 조합원으로서 설립한 협동조합 또는 사업협동조합 등이 조합원으로 설립하는 협동조합과 사업협동조합이 제품의 생산·가공·수주·판매·보관·운송을 위하여 취득하는 공동시설용 부동산	①50% ②75%	–	2025	과세
	③ 중소기업중앙회가 그 중앙회 및 회원 등에게 사용하게 할 목적으로 신축한 건축물	2% 세율적용	–	2022	과세
	④ 창업보육센터에 관한 아래의 취득 ㉮ 창업보육센터사업자 지정을 받은 자가 창업보육센터용으로 직접 사용하기 위해 취득하는 부동산 ㉯ 학교 등이 창업보육센터사업자 지정을 받고 창업보육센터용으로 직접 사용하기 위해 취득하는 부동산	①75% ②75% (대도시 중과제외)	①50% ②100% (대도시 중과제외)	2023	과세
	⑤ 지방중소기업 종합지원센터가 그 고유업무에 직접 사용하기 위해 취득하는 부동산	50%	50%	2025	비과세

법	감면규정	감면율 취득세	감면율 재산세	일몰기한	감면분 농특세
§61	**도시가스사업 등에 대한 감면** ① 한국가스공사 또는 도시가스사업자가 도시가스사업에 직접 사용하기 위하여 취득하는 가스관(특별시·광역시 제외) ② 한국지역난방공사 또는 지역난방사업자가 열공급사업에 직접 사용하기 위하여 취득하는 열수송관(특별시·광역시 제외)	50%	50%	2016	과세
§62	**광업 지원을 위한 감면** ① 출원에 의하여 취득하는 광업권 ② 광산용에 사용하기 위하여 취득하는 지상임목	100%	–	2021	과세
	③ 한국광물자원공사가 석재기능공 훈련시설과 광산근로자의 위탁교육시설에 직접 사용하는 건축물 및 그 부속토지(건축물 바닥면적 7배 이내 한정)	–	25%	2019	과세

(6) 수송 및 교통에 대한 지원

법	감면규정	감면율 취득세	감면율 재산세	일몰기한	감면분 농특세
§63	**철도시설 등에 대한 감면** ① 국가철도공단이 철도시설용으로 직접 사용하기 위하여 취득하는 부동산	25%	–	2025	과세
	② 국가철도공단이 취득하는 다음 중 어느 하나에 해당하는 재산 • 국가 등에 귀속 또는 기부채납하는 것을 조건으로 취득하는 철도차량 • 국가로 귀속되는 부동산(사업시행자가 국가철도공단인 경우에 한정)	100%	100%	2025	과세
	③ 한국철도공사가 철도역사 개발사업 등 사업에 직접 사용하기 위해 취득하는 부동산	25%	50%	2025	과세
	④ 한국철도공사가 철도역사 개발사업 등 사업에 직접 사용하기 위해 취득하는 철도차량 ㉮ 일반 철도차량 ㉯ 고속 철도차량	㉮50% ㉯25%	–	2025	과세
	④ 철도건설사업으로 인하여 철도건설부지로 편입된 토지의 확정·분할에 따른 토지의 취득	100%	–	별도 없음	과세
	⑤ 도시철도공사가 도시철도사업에 직접 사용하기 위하여 취득하는 부동산 및 철도차량	100% (조례)	100% (조례)	2025	과세
§64	**해운항만 등 지원을 위한 과세특례** ① 국제선박등록법에 따른 국제선박으로 등록하기 위하여 취득하는 선박	2% 경감	50%	2024	비과세
	② 연안항로에 취항하기 위하여 취득하는 화물운송용 선박과 외국항로에만 취항하기 위하여 취득하는 외국항로취항용 선박	1% 경감	50%	2024	과세
	③ 연안항로에 취항하기 위하여 취득하는 화물운송용 선박 중 천연가스를 연료로 사용하는 선박	2% 경감	–	2024	과세

조문	내용	감면율		일몰	구분
§65	**항공운송사업 등에 대한 과세특례** 항공사업 면허·등록을 한 자가 국내항공운송사업, 국제항공운송사업, 소형항공운송사업, 항공기사용사업에 사용하기 위하여 취득하는 항공기(사업보고서 제출대상법인으로 직전사업연도 자산총액이 5조원 이상인 자가 취득하는 항공기는 제외)	1.2% 경감	50%	2024	과세
§66	**교환자동차 등에 대한 감면** ① 자동차등 제작 결함으로 반납한 자동차등과 같은 종류의 자동차등으로 교환받는 자동차등(종전 자동차등 가액을 초과하는 경우 초과분 제외)	100%	–	별도 없음	비과세
	② 하이브리드자동차로 고시된 자동차의 취득 ㉮ 2019년까지(취득세액 140만원 한도로 감면) ㉯ 2020년까지(취득세액 90만원 한도로 감면) ㉰ 2021년까지(취득세액 40만원 한도로 감면)	100%	–	2024	비과세
	③ 전기자동차 또는 수소전기자동차로 고시된 자동차의 취득(취득세액 140만원 한도)	100%	–	2024	비과세
	④ 수소 화물전기자동차	50%	–	2025	과세
§66 의2	**노후경유자동차 교체에 대한 취득세 감면** 노후경유자동차(2006.12.31. 이전에 신규등록된 경유 원료 승합자동차·화물자동차)를 2017.01.01. 현재 소유하고 있는 자가 노후경유자동차를 폐차하고 말소등록한 이후 승합자동차·화물자동차를 2017.06.30.까지 본인의 명의로 취득하여 신규등록하는 경우(1대에 한하며, 취득세액 100만원 한도로 감면)	50%	–	2017	과세
§67	**경형자동차 등에 대한 과세특례** ① 승용자동차 중 배기량 1,000cc 미만, 길이 3.6m, 너비 1.6m, 높이 2.0m 이하의 자동차를 비영업용 승용자동차로 취득하는 경우(취득세액 75만원 한도)	100%	–	2024	비과세
	② 승합자동차·화물자동차(피견인형 자동차 제외) 중 배기량 1,000cc 미만, 길이 3.6m, 너비 1.6m, 높이 2.0m 이하의 자동차를 취득하는 경우	100%	–	2024	비과세
§68	**매매용 및 수출용 중고자동차 등에 대한 감면** ① 자동차매매업자, 건설기계매매업자가 매매용으로 취득하는 중고자동차·중고건설기계	100%	–	2024	비과세
	② 무역업자가 수출용으로 취득하는 중고선박, 중고기계장비, 중고항공기	2% 경감	–	2024	비과세
	③ 무역업자가 수출용으로 취득하는 중고자동차	100%	–	2024	비과세
§69	**교통안전 등을 위한 감면** ① 한국교통안전공단이 자동차 성능·안전도의 시험 및 연구사업을 위해 부동산을 취득 ② 한국교통안전공단이 자동차검사업무를 대행하는 자동차검사소용 부동산을 취득	100%	–	2025	과세

법	감면규정	감면율 취득세	감면율 재산세	일몰기한	감면분 농특세
§70	**운송사업 지원을 위한 감면** ① 시내버스·농어촌버스·마을버스·시외버스·일반택시·개인택시의 운송사업에 직접 사용하기 위해 취득하는 자동차	50%	–	2024	과세
	② 여객자동차운송사업에 직접 사용하기 위하여 천연가스 버스를 취득 ㉮ 2020년까지 ㉯ 2021년부터 2024년까지	㉮100% ㉯75%	–	2024	과세
	③ 여객자동차운송사업에 직접 사용하기 위하여 고시된 전기버스 또는 수소전기버스를 취득	100%	–	2024	과세
§71	**물류단지 등에 대한 감면** ① 물류단지개발사업의 시행자가 물류단지를 개발하기 위하여 취득하는 부동산	35%	35%	2025	과세
	② 물류단지에서 물류사업을 직접 하려는 자가 물류사업에 직접 사용하기 위해 취득하는 물류시설용 부동산	50%	35%	2025	과세
	③ 복합물류터미널사업자가 인가받은 공사계획을 시행하기 위하여 취득하는 부동산	25%	–	2025	과세
	④ 복합물류터미널사업자가 복합물류터미널사업에 직접 사용하는 부동산	–	25%	2025	해당 없음
§72	**별정우체국에 대한 과세특례** ① 과학기술정보통신부장관의 피지정인이 별정우체국사업에 직접 사용하기 위하여 취득하는 부동산	2% 경감	100%	2025	비과세
	② 별정우체국 연금관리단이 아래 업무에 직접 사용하기 위하여 취득하는 부동산 ㉮ 복리증진사업 ㉯ 자산운용 및 급여관련 업무	㉮100% ㉯50%	㉮100% ㉯50%	2025	과세

(7) 국토 및 지역개발에 대한 지원

법	감면규정	감면율 취득세	감면율 재산세	일몰기한	감면분 농특세
§73	**토지수용 등으로 인한 대체취득에 대한 감면** ① 관계 법령에 따라 토지 등을 수용할 수 있는 사업인정을 받은 자에게 부동산등(선박·어업권·양식업권 및 광업권 포함)이 매수·수용·철거된 자가 계약일·사업인정 고시일 이후에 대체취득할 부동산등에 관한 계약을 체결하거나 건축허가를 받고, 그 보상금을 마지막으로 받은 날부터 1년(농지는 2년) 이내 아래 구분에 따른 지역에서 종전의 부동산등을 대체할 부동산등을 취득하였을 때(새로 취득한 부동산등의 가액 합계액이 종전의 부동산등의 가액 합계액을 초과하는 경우 그 초과액에 대해서는 취득세 부과하며, 사치성 재산의 취득과 부재부동산 소유자의 대체취득은 제외)	100%	–	별도 없음	과세
	② 공익사업을 위한 토지 등의 취득 및 보상에 관한 법률에 따른 환매권을 행사하여 매수하는 부동산	100%	–	별도 없음	비과세

§73의2	**기부채납용 부동산 등에 대한 감면** 지방세가 비과세되는 부동산 및 사회기반시설 중에서 국가 등에 귀속 또는 기부채납의 반대급부로 국가등이 소유하고 있는 부동산 또는 사회기반시설을 무상으로 양여받거나 기부채납 대상물의 무상사용권을 제공받는 조건으로 취득하는 부동산 또는 사회기반시설 ① 2020년까지 ② 2021년부터 2024년까지	①100% ②50%	-	2024	비과세
§74	**도시개발사업 등에 대한 감면** ① 도시개발사업의 사업시행자가 해당 도시개발사업의 시행으로 취득하는 체비지 또는 보류지	75%	-	2025	비과세
	② 주거환경개선사업의 시행에 따라 취득하는 주택 ㉮ 주거환경개선사업 시행자가 주거환경개선사업의 대지조성을 위하여 취득하는 주택 ㉯ 주거환경개선사업의 시행자가 해당 사업의 시행으로 취득하는 체비지 또는 보류지 ㉰ 주거환경개선사업의 정비구역지정 고시일 현재 부동산의 소유자가 스스로 개량하는 방법으로 취득하는 주택 또는 주거환경개선사업의 시행으로 취득하는 전용면적 85㎡ 이하 주택	㉮75% ㉯75% ㉰100%	-	2025	과세
	③ 재개발사업의 시행에 따라 취득하는 부동산 ㉮ 재개발사업 시행자가 재개발사업의 대지조성을 위하여 취득하는 부동산 ㉯ 재개발사업 시행자가 관리처분계획에 따라 취득하는 주택 ㉰ 재개발사업의 정비구역지정 고시일 현재 부동산의 소유자가 재개발사업의 시행으로 주택(청산금 상당 부동산 포함)을 취득함으로써 1가구 1주택이 되는 경우(일시적 2주택 포함) Ⓐ 전용면적 60㎡ 이하 주택 Ⓑ 전용면적 60㎡ 초과 85㎡ 이하 주택	㉮50% ㉯50% ㉰ Ⓐ75% ㉰ Ⓑ50%	-	2025	과세
§74의2	**도심 공공주택 복합사업 등에 대한 감면** 복합사업 및 주거혁신지구재생사업의 시행으로 해당 사업의 대상이 되는 부동산의 소유자(상속인을 포함)가 현물보상에 따라 취득하는 건축물(건축물에 부속된 토지를 포함) 다만, 현물보상에 따라 취득하는 건축물의 가액 합계액이 종전의 부동산 가액의 합계액을 초과하는 경우에는 그 초과액에 상당하는 부동산에 대해서는 취득세를 부과	100%	-	2024	과세
	복합사업 및 주거혁신지구재생사업의 시행에 따라 취득하는 부동산 중 ① 현물보상의 약정을 체결한 소유자의 부동산을 취득하는 경우 ② 현물보상의 약정을 체결하지 아니한 소유자의 부동산을 취득하는 경우	①100% ②50%	-	2024	과세
	복합사업등의 시행자가 사업계획에 따라 건축하여 취득하는 주택	50%	-	2024	과세
	복합사업의 복합지구 지정 고시일 또는 혁신지구재생사업의 주거재생혁신지구 지정 고시일 현재 부동산의 소유자가 복합사업 등의 시행으로 주택을 취득함으로써 1가구 1주택자가 되는 경우(취득 당시 일시적 2주택자가 되는 경우를 포함) ① 전용면적 60제곱미터 이하 주택을 취득하는 경우 ② 전용면적 60제곱미터 초과 85제곱미터 이하 주택을 취득하는 경우	①75% ②50%	-	2024	과세

조항	내용				
§75의2	**기업도시개발구역 및 지역개발사업구역 내 창업기업 등에 대한 감면** 다음 중 어느 하나에 해당하는 사업을 영위하기 위하여 취득하는 부동산으로서 그 업종, 투자금액 및 고용인원이 특정 기준에 해당하는 경우	50% 이내	50% 이내	2025	과세
§75의3	**위기지역 내 중소기업 등에 대한 감면** 위기지역에서 제조업 등 특정 업종을 경영하는 중소기업이 위기지역으로 지정된 기간 내에 사업전환을 위하여 2024.12.31.까지 사업전환계획 승인을 받고 사업전환계획 승인일부터 3년 이내에 그 전환한 사업에 직접 사용하기 위해 취득하는 부동산	50%	50%	2024	과세
§75의4	**반환공여구역 등에 대한 감면** 반환공여구역 및 반환공여구역주변지역에 특정 업종을 창업하기 위하여 취득하는 사업용 재산이나 특정사업장을 신설(기존 사업장을 이전하는 경우를 포함)하기 위하여 취득하는 부동산	100%	–	2025	과세
§75의5	**인구감소지역에 대한 감면** 인구감소지역에서 특정 업종을 창업, 특정 사업장을 신설(기존 사업장을 이전하는 경우를 포함)하기 위하여 취득하는 부동산	100%	100%(5년) 50%(3년)	2025	과세
§76	**택지개발용 토지 등에 대한 감면** ① 한국토지주택공사가 국가 또는 지방자치단체의 계획에 따라 제3자에게 공급할 목적으로 특정 사업에 사용하기 위하여 일시 취득하는 부동산	20%	–	2019	비과세
	② 한국토지주택공사가 국가 또는 지방자치단체의 계획에 따라 제3자에게 공급할 목적으로 특정 사업에 직접 사용하기 위하여 취득하는 부동산 중 택지개발사업지구 및 단지조성사업지구에 있는 부동산으로서 관계 법령에 따라 국가 또는 지방자치단체에 무상으로 귀속될 공공시설물 및 그 부속토지와 공공시설용지	–	100%	2024	해당 없음
§77	**수자원공사의 단지조성용 토지에 대한 감면** ① 한국수자원공사가 국가 또는 지방자치단체의 계획에 따라 분양 목적으로 취득하는 단지조성용 토지	30%	–	2019	과세
	② 한국수자원공사가 국가 또는 지방자치단체의 계획에 따라 분양 목적으로 취득하는 부동산 중 택지개발사업지구 및 단지조성사업지구에 있는 부동산으로서 관계 법령에 따라 국가 또는 지방자치단체에 무상으로 귀속될 공공시설물 및 그 부속토지와 공공시설용지	–	100%	2024	해당 없음
§78	**산업단지 등에 대한 감면** ① 산업단지개발사업 시행자 등이 산업단지 또는 산업기술단지를 조성하기 위하여 취득하는 부동산(재산세 감면은 조성공사가 시행되고 있는 토지에만 적용)	35%	35% (수도권 외60%)	2025	과세
	② 산업단지개발사업 시행자 등이 산업단지 또는 산업기술단지를 개발·조성한 후 산업용 건축물 등의 용도로 분양·임대할 목적으로 취득·보유하는 부동산 중 신축·증축으로 2022.12.31.까지 취득하는 산업용 건축물(재산세 감면은 조성공사가 끝난 토지를 포함)	35%	35% (수도권 외60%)	2025	과세
	① 산업단지개발사업 시행자 등이 산업단지 또는 산업기술단지를 개발·조성한 후 직접 사용하기 위하여 취득·보유하는 부동산 중 2022.12.31.까지 신축·증축으로 취득하는 산업용 건축물(재산세 감면은 조성공사가 끝난 토지를 포함)	35%	35% (수도권 외60%)	2025	과세

	② 산업단지개발사업 시행자 외의 자가 산업단지·유치지역·산업기술단지에서 취득하는 부동산 ㉮ 산업용 건축물 등을 신축하기 위해 취득하는 토지와 신축·증축하여 취득하는 산업용 건축물 ㉯ 산업단지등에서 대수선하여 취득하는 산업용 건축물	㉮50% ㉯25%	㉮35% (수도권외 75%) ㉯ -	2025	과세
§78의2	**한국산업단지공단에 대한 감면** 한국산업단지공단이 공장 등의 설치·운영, 입주기업 근로자 후생복지 등 사업을 위하여 취득하는 부동산	35%	50%	2025	과세
§78의3	**외국인투자에 대한 감면** ① 외국인투자기업이 외국인투자신고사업에 직접 사용하기 위하여 사업개시일부터 5년 이내에 취득하는 부동산과 이후 2년 이내에 취득하는 부동산(2022.12.31.까지 조세감면신청을 하여 조세감면결정을 받은 경우)	100% (처음5년) 50% (이후2년)	100% (처음5년) 50% (이후2년)	2025	과세
	② 2025.12.31.까지 외국인투자에 대해서 조세감면신청을 하여 조세감면결정을 받은 외국인투자기업이 사업개시일 전에 신성장동력사업 등의 사업에 직접 사용하기 위하여 취득하는 부동산으로 조세감면결정을 받은 날 이후 취득하는 부동산	100%	100% (처음5년) 50% (이후2년)	2025	과세
	③ 2025.12.31.까지 외국인투자에 대해서 조세감면신청을 하여 조세감면결정을 받은 외국인투자기업이 신성장동력사업 등의 사업에 직접 사용하기 위하여 사업개시일부터 3년 이내에 취득하는 부동산과 이후 2년 이내에 취득하는 부동산	100% (처음3년) 50% (이후2년)	100% (처음3년) 50% (이후2년)	2025	과세
	④ 2025.12.31.까지 외국인투자에 대해서 조세감면신청을 하여 조세감면결정을 받은 외국인투자기업이 신성장동력사업 등의 사업에 직접 사용하기 위하여 취득하는 부동산으로서 조세감면결정을 받은 날 이후 취득하는 부동산	50%	100% (처음3년) 50% (이후2년)	2025	과세
§79	**법인의 지방 이전에 대한 감면** 과밀억제권역에 본점을 설치하여 사업을 직접 하는 법인이 해당 본점을 매각하거나 임차를 종료하고 대도시 외 지역으로 본점을 이전하는 경우에 해당 사업을 직접 하기 위하여 취득하는 부동산	100%	100% (처음5년) 50% (이후3년)	2024	비과세
§80	**공장의 지방 이전에 따른 감면** 대도시에서 공장시설을 갖추고 사업을 직접 하는 자가 그 공장을 폐쇄하고 대도시 외의 지역으로서 공장 설치가 금지되거나 제한되지 아니한 지역으로 이전한 후 해당 사업을 계속하기 위하여 취득하는 부동산	100%	100% (처음5년) 50% (이후3년)	2024	비과세
§81	**이전공공기관 등 지방이전에 대한 감면** ① 이전공공기관이 국토교통부장관의 지방이전계획 승인을 받아 이전할 목적으로 취득하는 부동산	50%	50% (5년)	2025	비과세
	② 이전공공기관·중앙행정기관을 따라 이주하는 소속 임직원 및 공무원 또는 행정중심복합도시건설청 소속 공무원 등의 자가 해당 지역에 거주할 목적으로 주택을 취득함으로써 1가구 1주택이 되는 경우 ㉮ 전용면적 85㎡ 이하 주택 ㉯ 전용면적 85㎡ 초과 102㎡ 이하 주택 ㉰ 전용면적 102㎡ 초과 135㎡ 이하 주택	①100% ②75% ③62.5%	-	2025	과세

법	감면규정	감면율 취득세	감면율 재산세	일몰기한	감면분 농특세
§81의2	**주한미군 한국인 근로자 평택이주에 대한 감면** 주한미군기지 이전(평택시 외의 지역에서 평택시로 이전하는 경우로 한정)에 따라 민간인 고용원 등 평택시로 이주하는 자가 평택시에 거주할 목적으로 주택(해당 지역에서 최초로 취득하는 주택으로 한정)을 취득함으로써 1가구 1주택이 되는 경우 ① 전용면적 85㎡ 이하 주택 ② 전용면적 85㎡ 초과 102㎡ 이하 주택 ③ 전용면적 102㎡ 초과 135㎡ 이하 주택	①100% ②75% ③62.5%	–	2024	과세
§82	**개발제한구역에 있는 주택의 개량에 대한 감면** 개발제한구역 거주자(과밀억제권역 거주자는 1년 이상 거주한 사람으로 한정) 및 그 가족이 해당 지역에 상시 거주할 목적으로 취득하는 취락지구 지정대상 지역에 있는 주택으로서 취락정비계획에 따라 개량하는 전용면적 100㎡ 이하 주택(부속토지는 주거용 건축물 바닥면적의 7배 이내로 한정)	–	100% (5년)	2024	해당 없음
§83	**시장정비사업에 대한 감면** ① 시장정비사업시행자가 해당 사업에 직접 사용하기 위하여 취득하는 부동산(토지분 재산세 감면은 건축공사 착공일부터 적용) ② 시장정비구역에서 기존 전통시장에서 3년 전부터 계속 입점한 상인 또는 부동산을 소유한 자가 시장정비사업시행자로부터 시장정비사업시행에 따른 부동산을 최초로 취득하는 경우 해당 부동산(주택은 제외하며, 재산세 감면은 건축물에 한함)	100%	50% (5년)	2024	비과세
§84	**사권 제한토지 등에 대한 감면** ① 도시·군계획시설로서 지형도면이 고시된 후 10년 이상 장기간 미집행된 토지, 지상건축물, 주택 ② 공공시설을 위한 토지(주택 부속토지 포함)로서 도시·군관리계획의 결정 및 도시·군관리계획에 관한 지형도면의 고시가 된 후 과세기준일 현재 미집행된 토지 ③ 철도보호지구에 따라 건축 등이 제한된 토지	–	50%	2024	해당 없음

(8) 공공행정 등에 대한 지원

법	감면규정	감면율 취득세	감면율 재산세	일몰기한	감면분 농특세
§85	**한국법무보호복지공단 등에 대한 감면** 한국법무보호복지공단 및 갱생보호사업의 허가를 받은 비영리법인이 갱생보호사업에 직접 사용하기 위하여 취득하는 부동산 ① 2020.12.31.까지 ② 2021.01.01.~2021.12.31. ③ 2022.01.01.이후	①100% ②50% ③25%	①100% ②50% ③25%	2025	비과세

§85의2	지방공기업 등에 대한 감면 ① 지방공사가 목적사업에 직접 사용하기 위하여 취득하는 부동산	50%	50%	2025	비과세
	② 지방공단이 그 목적사업에 직접 사용하기 위하여 취득하는 부동산	100%	100%	2025	비과세
	③ 지방출자·출연기관이 그 목적사업에 직접 사용하기 위하여 취득하는 부동산	50%	50%	2025	비과세
§86	주한미군 임대용 주택 등에 대한 감면 한국토지주택공사가 주한미군에 임대하기 위하여 취득하는 임대주택용 부동산	100%	50%	2016	과세
§87	새마을금고 등에 대한 감면 ① 신용협동조합 및 새마을금고(중앙회 제외)가 신용사업 업무 등에 직접 사용하기 위하여 취득하는 부동산	100%	100%	2023	과세
	② 신용협동조합중앙회와 새마을금고중앙회가 가 사업의 지도 등 업무에 직접 사용하기 위하여 취득하는 부동산	25%	25%	2023	과세
§88	새마을운동조직 등에 대한 감면 새마을운동조직이 그 고유업무에 직접 사용하기 위하여 취득하는 부동산(임대용 부동산 제외)	100%	100%	2025	비과세
§89	정당에 대한 면제 ① 정당이 해당 사업에 직접 사용하기 위하여 취득하는 부동산	100%		2025	비과세
	② 정당이 과세기준일 현재 해당 사업에 직접 사용하는 부동산	-	100%	2025	해당 없음
§90	마을회 등에 대한 감면 ① 마을회 등의 주민 공동소유를 위한 부동산·선박의 취득	100%	-	2025	비과세
	② 마을회 등이 소유한 부동산	-	100%	2025	해당 없음
§91	재외 외교관 자녀 기숙사용 부동산에 대한 과세특례 사단법인 한국외교협회의 재외 외교관 자녀 기숙사용 토지 및 건축물	2% 세율	-	2025	과세
§92	천재지변 등으로 인한 대체취득에 대한 감면 천재지변, 그 밖의 불가항력으로 멸실 또는 파손된 건축물·선박·자동차·기계장비를 그 멸실일 또는 파손일부터 2년 이내에 다음 중 어느 하나에 해당하는 취득을 하는 경우(대체취득 후 건축물 연면적, 선박 톤수, 자동차·기계장비 가액이 각각 대체전보다 초과하는 경우 초과분은 과세) ① 복구를 위하여 건축물을 건축 또는 개수 ② 선박을 건조하거나 종류 변경 ③ 건축물·선박·자동차·기계장비를 대체취득	100%	-	별도 없음	비과세

제4장 신고와 납부

제1절 신고와 납부

1. 취득세 징수방법
징수는 세금을 거두어들이는 것을 말한다. 징수의 방법에는 ① 신고납부 ② 보통징수 ③ 특별징수가 있다.

(1) 신고납부
신고납부는 납세의무자가 지방세의 과세표준과 세액을 신고하고 신고한 세금을 납부하는 방법이다. 신고납부 방법에서는 납세의무자가 세금의 신고납부 의무를 이행하지 않으면 지방자치단체가 지방세를 거두어들일 수 없다. 따라서 납세의무자가 신고납부 의무를 이행하지 않을 때는 가산세를 부과하여 납세의무자가 성실한 신고납부 의무를 이행하도록 한다.

> **지방세법 제18조 [징수방법]**
> 취득세의 징수는 신고납부의 방법으로 한다.

지방세 중 취득세는 신고납부의 방법으로 징수한다.(지방세법 제18조)

(2) 보통징수
신고납부는 납세의무자가 직접 세금을 신고납부해야 하고, 그 의무를 이행하지 않으면 가산세라는 불이익도 있으므로 납세의무자의 세무 행정 부담이 높은 방법이다. 납세의무자가 모든 세금을 직접 신고납부해야 한다면 납세의무자에게 과도한 세무 행정협력을 부담시키는 측면이 있어 지방세에서는 보통징수와 특별징수 제도를 마련하고 있다.

보통징수는 세무공무원이 납세고지서를 납세자에게 발급하여 지방세를 징수하는 것이다. 납세고지서는 납세자가 납부할 지방세의 부과 근거가 되는 법률 및 해당 지방자치단체의 조례 규정, 납세자의 주소와 성명, 과세표준, 세율, 세액, 납부기한, 납부장소, 납부기한까지 납부하지 아니한 경우에 이행될 조치 및 지방세 부과가 법령에 어긋나거나 착오가 있는 경우의 구제방법 등을 기재한 문서로써 세무공무원이 작성한 것이다.

보통징수의 방법을 적용하는 세금은 납세의무자의 신고 의무는 없고, 납세고지서에 따른 납부 의무만 있다. 따라서 보통징수는 신고 의무 미이행에 따른 가산세는 없다. 법에서 정한 기한까지 납부 의무를 이행하지 않았을 때는 가산금을 부과하여 납세의무자의 성실한 납부 의무를 이행하도록 한다.

(3) 특별징수

특별징수는 법인세(국세)의 원천징수제도와 유사한 징수 방법으로, 지방세를 징수할 때 행정의 편의상 징수할 여건이 좋은 자(특별징수의무자)에게 지방세를 징수하게 하고, 특별징수의무자는 그 징수한 세금을 지방자치단체에 납부하는 방법이다. 특별징수의무자는 지방세 납세의무는 없으나 지방세를 징수하기에 유리한 위치에 있어 지방자치단체의 지방세 징수에 협력하는 개념이다.

〈징수제도의 비교〉

구 분	신고납부	징 수	
		보통징수	특별징수
징수 방법	납세의무자가 과세표준과 세액을 신고하고 납부	지방자치단체가 지방세를 징수	특별징수의무자가 지방자치단체 대신 지방세를 징수
근거 서류	과세표준신고서	납세고지서	납세고지서 등
납세의무 확정시기	신고하는 때	지방자치단체가 결정하는 때	납세의무 성립시기
미이행시 불이익	가산세 (신고및납부불성실가산세)	가산금(가산금, 중가산금)	
행정부담	상대적으로 높음		

2. 취득세 신고납부의 기한

(1) 일반적 신고납부 기한(60일)

> **지방세법 제20조 [신고 및 납부]**
> ① 취득세 과세물건을 취득한 자는 그 취득한 날(「부동산 거래신고 등에 관한 법률」 제10조 제1항에 따른 토지거래계약에 관한 허가구역에 있는 토지를 취득하는 경우로서 같은 법 제11조에 따른 토지거래계약에 관한 허가를 받기 전에 거래대금을 완납한 경우에는 그 허가일이나 허가구역의 지정

> 해제일 또는 축소일을 말한다)부터 60일[무상취득(상속은 제외한다) 또는 증여자의 채무를 인수하는 부담부 증여로 인한 취득의 경우는 취득일이 속하는 달의 말일부터 3개월, 상속으로 인한 경우는 상속개시일이 속하는 달의 말일부터, 실종으로 인한 경우는 실종선고일이 속하는 달의 말일부터 각각 6개월(외국에 주소를 둔 상속인이 있는 경우에는 각각 9개월)] 이내에 그 과세표준에 제11조부터 제13조까지, 제13조의 2, 제13조의 3, 제14조 및 제15조의 세율을 적용하여 산출한 세액을 대통령령으로 정하는 바에 따라 신고하고 납부하여야 한다.

취득세 과세물건을 취득한 자는 그 취득한 날부터 60일 이내에 지방세법에 따른 과세표준에 세율을 적용하여 산출한 세액을 신고하고 납부하여야 한다.(지방세법 제20조 제1항)

부동산 거래신고 등에 관한 법률 제10조 제1항에 따른 토지거래계약에 관한 허가구역에 있는 토지를 취득하는 경우로서 같은 법 제11조에 따른 토지거래계약에 관한 허가를 받기 전에 거래대금을 완납한 경우에는 그 허가일이나 허가구역의 지정 해제일 또는 축소일이 취득한 날이다. `2014개정세법`

2014 개정세법 (토지거래허가구역내 취득에 대한 신고납부기한 규정, 지방세법 제20조)

1. **개정사유**
   - (개정 전) 토지거래허가구역 내 토지를 거래하는 경우 허가를 받은 다음 잔금을 정산해야 하나 통상적으로 잔금을 정산한 후 허가 신청함. 지방세법상의 취득시기와 판례가 불부합
   - (개정 후) 토지거래계약에 관한 허가를 받기 전에 거래대금을 완납한 경우 취득시기를 그 허가일이나 허가구역의 지정 해제일 또는 축소일로 하도록 규정

2. **적용시기**
   2014.1.1. 이후 납세의무 성립분부터 적용(단 2013.12.31. 이전에 토지거래계약 허가를 신청한 자에 대해서도 적용함)

3. **개정조문**

현 행	개 정
제20조(신고 및 납부) ① 취득세 과세물건을 취득한 자는 그 취득한 날부터 60일[상속으로 인한 경우는 상속개시일이 하는 달의 말일부터, 실종으로 인한 경우는 실종선고일이 속하는 달의 말일부터 각각 6개월(납세자가외국에 주소를 둔 경우에는 각각 9개월)] 이내에그 과세표준에 제11조부터 제15조까지의 세율을 적용하여 산출한 세액을 대통령령으로 정하는 바에 따라 신고하고 납부하여야 한다.	제20조(신고 및 납부) ① ~~~~~~~~~~~~~~~ 취득한 날 (「국토의 계획 및 이용에 관한 법률」 제117조 제1항에 따른 토지거래계약에 관한 허가구역에 있는토지를 취득하는 경우로서 같은 법 제118조에 따른토지거래계약에 관한 허가를 받기 전에 거래대금을완납한 경우에는 그 허가일이나 허가구역의 지정 해제일 또는 축소일을 말한다)~~~~~~~~~~~~.

다만, 다음의 취득에 대해서는 각각의 신고납부 기한을 따른다.

① 상속 외 무상취득(증여, 부담부증여 등) : 취득일이 속하는 달의 말일부터 3개월 이내 신고납부 〔2022개정세법〕 〔2024개정세법〕

② 상속으로 인한 취득 : 상속개시일이 속하는 달의 말일부터 6개월 (외국에 주소를 둔 상속인이 있는 경우에는 9개월) 이내 신고납부 〔2017개정세법〕

③ 실종으로 인한 취득: 실종선고일이 속하는 달의 말일부터 각각 6개월 이내 신고납부

2017 개정세법 (외국거주 공동상속인 취득세 신고납부기한 특례 완화, 지방세법 제20조)

1. 개정사유
- (개정 전) 상속인이 외국 거주시 상속 분할협의 등 일정을 감안하여 상속 취득세 신고납부기한 특례(일반상속 6개월에서 외국 거주 9개월)를 적용. 다만, 상속인 전원이 외국 거주 시에만 적용되므로 상속인 일부가 외국에 거주하는 경우에는 특례 취지에도 불구하고 제외되는 문제가 있음
- (개정 후) 공동상속인 일부가 외국에 거주하더라도 신고납부기한 특례를 적용

2. 적용시기
2017.1.1. 이후 납세의무 성립분부터 적용

3. 개정조문

현 행	개 정
제20조(신고 및 납부) ① 취득세 과세물건을 취득한 자는 그 취득한 날(『부동산 거래신고 등에 관한 법률』 제10조 제1항에 따른 토지거래계약에 관한 허가구역에 있는 토지를 취득하는 경우로서 같은 법 제11조에 따른 토지거래계약에 관한 허가를 받기 전에 거래대금을 완납한 경우에는 그 허가일이나 허가구역의 지정 해제일 또는 축소일을 말한다)부터 60일[상속으로 인한 경우는 상속개시일이 속하는 달의 말일부터, 실종으로 인한 경우는 실종선고일이 속하는 달의 말일부터 각각 6개월(납세자가 외국에 주소를 둔 경우에는 각각 9개월)] 이내에 그 과세표준에 제11조부터 제15조까지의 세율을 적용하여 산출한 세액을 대통령령으로 정하는 바에 따라 신고하고 납부하여야 한다. ②~④ (생 략)	제20조(신고 및 납부) ① ~~~~~~~~~외국에 주소를 둔 상속인이 있는~~~~~~. ②~④ (현행과 같음)

2022 개정세법 (증여 등 무상취득시 취득세 신고납부기한 연장, 지방세법 제20조)

1. 개정사유
- (개정 전) 증여 등 무상취득의 과세표준을 '시가인정액'으로 도입·개정함에 따라, 시가 산정에 따른 소요기간 등이 추가 발생할 수 있음
- (개정 후) 상속 외 무상취득으로 인한 경우는 취득일이 속하는 달의 말일부터 3개월 이내 취득세를 신고납부할 수 있도록 기한 연장. 다만, 소유권이전등기일이 빠른 경우, 그 등기일까지로 함 (현행과 동일)

2. 적용시기
2023.1.1. 이후 납세의무가 성립되는 경우부터 적용(취득세 과표체계 개편과 연관된 규정)

3. 개정조문

현 행	개 정
제20조(신고 및 납부) ① 취득세 과세물건을 취득한 자는 그 취득한 날 (「부동산 거래신고 등에 관한 법률」 제10조 제1항에 따른 토지거래계약에 관한 허가구역에 있는 토지를 취득하는 경우로서 같은 법 제11조에 따른 토지거래계약에 관한 허가를 받기 전에 거래대금을 완납한 경우에는 그 허가일이나 허가구역의 지정 해제일 또는 축소일을 말한다)부터 60일[상속으로 인한 경우는 상속개시일이 속하는 달의 말일부터, 실종으로 인한 경우는 실종선고일이 속하는 달의 말일부터 각각 6개월(외국에 주소를 둔 상속인이 있는 경우에는 각각 9개월)] 이내에 그 과세표준에 제11조부터 제15조까지의 세율을 적용하여 산출한 세액을 대통령령으로 정하는 바에 따라 신고하고 납부하여야 한다. ②~⑥ (생 략)	제20조(신고 및 납부) ① ~~~~~~무상취득(상속은 제외한다)으로 인한 경우는 취득일이 속하는 달의 말일부터 3개월, 상속으로 인한 경우 ~~~~~~~~~~~~~~~~~~~~~~~제11조부터 제13조까지, 제13조의2, 제13조의3, 제14조 및 제15조~~~~~~. ②~⑥ (현행과 같음)

2024 개정세법 (증여 등 무상취득시 취득세 신고납부기한 연장, 지방세법 제20조)

1. **개정사유**
   - 부담부 증여의 경우 채무부담액과 그 외 부분을 구분하지 아니하고 하나의 계약으로 보아 증여의 신고·납부기한과 동일하게 개선

2. **적용시기**
   2024.1.1. 이후 납세의무가 성립되는 경우부터 적용(취득세 과표체계 개편과 연관된 규정)

3. **개정조문**

현 행	개 정
제20조(신고 및 납부) ① 취득세 과세물건을 취득한 자는 그 취득한 날(「부동산 거래신고 등에 관한 법률」 제10조제1항에 따른 토지거래계약에 관한 허가구역에 있는 토지를 취득하는 경우로서 같은 법 제11조에 따른 토지거래계약에 관한 허가를 받기 전에 거래대금을 완납한 경우에는 그 허가일이나 허가구역의 지정 해제일 또는 축소일을 말한다)부터 60일[무상취득(상속은 제외한다)으로 인한 경우는 취득일이 속하는 달의 말일부터 3개월, 상속으로 인한 경우는 상속개시일이 속하는 달의 말일부터, 실종으로 인한 경우는 실종선고일이 속하는 달의 말일부터 각각 6개월(외국에 주소를 둔 상속인이 있는 경우에는 각각 9개월)] 이내에 그 과세표준에 제11조부터 제13조까지, 제13조의2, 제13조의3, 제14조 및 제15조의 세율을 적용하여 산출한 세액을 대통령령으로 정하는 바에 따라 신고하고 납부하여야 한다. ②∼⑥ (생 략)	제20조(신고 및 납부) ① ~~~~~~[무상취득(상속은 제외한다) 또는 증여자의 채무를 인수하는 부담부 증여로 인한 취득의~~~~~~. ②∼⑥ (현행과 같음)

(2) 중과세의 신고납부 기한(60일)

지방세법 제20조 [신고 및 납부]
② 취득세 과세물건을 취득한 후에 그 과세물건이 제13조 제1항부터 제7항까지의 세율의 적용대상이 되었을 때에는 대통령령으로 정하는 날부터 60일 이내에 제13조 제1항부터 제7항까지의 세율(제16조 제6항 제2호에 해당하는 경우에는 제13조의 2 제3항의 세율)을 적용하여 산출한 세액에서 이미 납부한 세액(가산세는 제외한다)을 공제한 금액을 세액으로 하여 대통령령으로 정하는 바에 따라 신고하고 납부하여야 한다.

지방세법 시행령 제34조 [중과세 대상 재산의 신고 및 납부]
법 제20조 제2항에서 "대통령령으로 정하는 날"이란 다음 각 호의 구분에 따른 날을 말한다.
1. 법 제13조 제1항에 따른 본점 또는 주사무소의 사업용 부동산을 취득한 경우: 사무소로 최초로 사용한 날
2. 법 제13조 제1항에 따른 공장의 신설 또는 증설을 위하여 사업용 과세물건을 취득하거나 같은 조 제2항 제2호에 따른 공장의 신설 또는 증설에 따라 부동산을 취득한 경우: 그 생산설비를 설치한 날. 다만, 그 이전에 영업허가·인가 등을 받은 경우에는 영업허가·인가 등을 받은 날로 한다.
3. 법 제13조 제2항 제1호에 따른 부동산 취득이 다음 각 목의 어느 하나에 해당하는 경우: 해당 사무소 또는 사업장을 사실상 설치한 날
   가. 대도시에서 법인을 설립하는 경우
   나. 대도시에서 법인의 지점 또는 분사무소를 설치하는 경우
   다. 대도시 밖에서 법인의 본점·주사무소·지점 또는 분사무소를 대도시로 전입하는 경우
4. 법 제13조 제2항 각 호 외의 부분 단서에 따라 대도시 중과 제외 업종에 직접 사용할 목적으로 부동산을 취득하거나, 법인이 사원에 대한 분양 또는 임대용으로 직접 사용할 목적으로 사원 주거용 목적 부동산을 취득한 후 법 제13조 제3항 각 호의 어느 하나에 해당하는 사유가 발생하여 법 제13조 제2항 각 호 외의 부분 본문을 적용받게 되는 경우에는 그 사유가 발생한 날
5. 법 제13조 제5항에 따른 별장·골프장·고급주택·고급오락장 및 고급선박을 취득한 경우: 다음 각 목의 구분에 따른 날
   가. 건축물을 증축하거나 개축하여 별장 또는 고급주택이 된 경우: 그 증축 또는 개축의 사용승인서 발급일. 다만, 그 밖의 사유로 별장이나 고급주택이 된 경우에는 그 사유가 발생한 날로 한다.
   나. 골프장:「체육시설의 설치·이용에 관한 법률」에 따라 체육시설업으로 등록(변경등록을 포함한다)한 날. 다만, 등록을 하기 전에 사실상 골프장으로 사용하는 경우 그 부분에 대해서는 사실상 사용한 날로 한다.
   다. 건축물의 사용승인서 발급일 이후에 관계 법령에 따라 고급오락장이 된 경우: 그 대상 업종의 영업허가·인가 등을 받은 날. 다만, 영업허가·인가 등을 받지 아니하고 고급오락장이 된 경우에는 고급오락장 영업을 사실상 시작한 날로 한다.
   라. 선박의 종류를 변경하여 고급선박이 된 경우: 사실상 선박의 종류를 변경한 날

취득세 과세물건을 취득한 후에 그 과세물건이 지방세법 제13조 제1항부터 제7항까지의 중과세율 적용대상이 되었을 때에는 아래에 정하는 중과세 사유 발생일 등으로부터 60일 이내에 중과세율을 적용하여 산출한 세액에서 이미 납부한 세액(가산세는 제외)을 공제한 금액을 세액으로 하여 취득세를 신고하고 납부하여야 한다.(지방세법 제20조 제2항 및 지방세법 시행령 제34조) 2019개정세법

〈중과세율 적용대상이 된 날(지방세법 시행령 제34조)〉

구분(관련법령)		중과세율 적용일
지법§13①	본점·주사무소의 사업용 부동산을 취득	사무소로 최초로 사용한 날
지법§13① 지법§13②	공장의 신설·증설을 위하여 사업용 과세물건 또는 부동산을 취득다음 중 어느 하나에 해당하는 부동산 취득 ① 대도시에서 법인을 설립 ② 대도시에서 법인의 지점·분사무소 설치 ③ 대도시 밖에서 법인의 본점·주사무소·지점·분사무소를 대도시로 전입	• 그 생산설비를 설치한 날 • 그 이전에 영업허가·인가 등을 받은 경우 영업허가·인가 등을 받은 날
지법§13②	다음 중 어느 하나에 해당하는 부동산 취득 ① 대도시에서 법인을 설립 ② 대도시에서 법인의 지점·분사무소 설치 ③ 대도시 밖에서 법인의 본점·주사무소·지점·분사무소를 대도시로 전입	해당 사무소·사업장을 사실상 설치한 날
지법§13②	대도시 중과 제외 업종 또는 사원주거용 목적 부동산에 직접 사용할 목적의 부동산 취득 후 취득세 추징 사유가 발생	그 사유가 발생한 날
지법§13⑤	별장·골프장·고급주택·고급오락장·고급선박을 취득	각각 다음의 구분에 따른 날 ① 건축물을 증축·개축하여 별장·고급주택이 된 경우증축 또는 개축의 사용승인서 발급일(그 밖의 사유로 별장이나 고급주택이 된 경우에는 그 사유가 발생한 날) ② 골프장: 체육시설의 설치·이용에 관한 법률에 따라 체육시설업으로 등록(변경등록 포함)한 날. 단, 등록을 하기 전에 사실상 골프장으로 사용하는 경우 그 부분에 대해서는 사실상 사용한 날 ③ 건축물의 사용승인서 발급일 이후에 관계 법령에 따라 고급오락장이 된 경우: 그 대상 업종의 영업허가·인가 등을 받은 날. 다만, 영업허가·인가 등을 받지 아니하고 고급오락장이 된 경우에는 고급오락장 영업을 사실상 시작한 날 ④ 선박의 종류를 변경하여 고급선박이 된 경우: 사실상 선박의 종류를 변경한 날

2019 개정세법 (중과세 및 감면의 과세 전환시 취득세 신고기한 연장)

1. 개정사유
- (개정 전) 취득세 과세대상 물건이 중과세 대상이 되거나 비과세 또는 감면 대상 물건이 추징대상이 된 경우 그 사유 발생일부터 30일 이내에 신고납부
- (개정 후) 30일이 다소 촉박하게 적용될 수 있는 점 등 납세자의 편의를 제고하기 위하여 취득세의 일반적인 신고납부기한과 동일하게 60일 이내에 신고납부하도록 함.

2. 적용시기
(일반과세에서 중과세, 감면에서 과세전환) 2019.1.1.이후 납세의무가 성립(중과세 또는 과세전환 사유 발생일)하는 경우부터 개정규정 적용. 2019.1.1. 당시 사유발생일로부터 구법에 따른 신고기간(30일)이 경과하지 아니한 경우에도 적용

3. 개정조문

현 행	개 정
제20조(신고 및 납부) ① (생 략) ② 취득세 과세물건을 취득한 후에 그 과세물건이 제13조 제1항부터 제7항까지의 세율의 적용대상이 되었을 때에는 대통령령으로 정하는 날부터 30일 이내에 제13조 제1항부터 제7항까지의 세율을 적용하여 산출한 세액에서 이미 납부한 세액(가산세는 제외한다)을 공제한 금액을 세액으로 하여 대통령령으로 정하는 바에 따라 신고하고 납부하여야 한다. ③ 이 법 또는 다른 법령에 따라 취득세를 비과세, 과세면제 또는 경감받은 후에 해당 과세물건이 취득세 부과대상 또는 추징 대상이 되었을 때에는 제1항에도 불구하고 그 사유 발생일부터 30일 이내에 해당 과세표준에 제11조부터 제15조까지의 세율을 적용하여 산출한 세액[경감받은 경우에는 이미 납부한 세액(가산세는 제외한다)을 공제한 세액을 말한다]을 대통령령으로 정하는 바에 따라 신고하고 납부하여야 한다.	제20조(신고 및 납부) ① (현행과 같음) ② ~~~~~~60일~~~~~~. ③ ~~~~~~60일~~~~~~~~~~~~~.

(3) 비과세의 과세 전환 및 감면의 추징에 따른 신고기한(60일)

지방세법 제20조 [신고 및 납부]

③ 이 법 또는 다른 법령에 따라 취득세를 비과세, 과세면제 또는 경감받은 후에 해당 과세물건이 취득세 부과대상 또는 추징 대상이 되었을 때에는 제1항에도 불구하고 그 사유 발생일부터 60일 이내에 해당 과세표준에 제11조부터 제15조까지의 세율을 적용하여 산출한 세액[경감받은 경우에는 이미 납부한 세액(가산세는 제외한다)을 공제한 세액을 말한다]을 대통령령으로 정하는 바에 따라 신고하고 납부하여야 한다.

지방세법 또는 다른 법령에 따라 취득세를 비과세, 과세면제 또는 경감받은 후에 해당 과세물건이 취득세 부과대상 또는 추징 대상이 되었을 때에는 일반적인 신고납부기한 규정(취득일로 부터 60일)에도 불구하고 그 사유 발생일부터 60일 이내에 해당 과세표준에 취득세율을 적용하여 산출한 세액[경감받은 경우에는 이미 납부한 세액(가산세는 제외)을 공제한 세액]으로 하여 취득세를 신고하고 납부하여야 한다.(지방세법 제20조 제3항)
`2019개정세법`

(4) 등기·등록시의 신고납부기한

위 (1)에서 (3)의 신고납부기한 이내에 재산권과 그 밖의 권리의 취득·이전에 관한 사항을 공부에 등기하거나 등록(등재를 포함)하려는 경우에는 등기 또는 등록 신청서를 등기·등록관서에 접수하는 날까지 취득세를 신고·납부하여야 한다. `2019개정세법`

2019 개정세법 (등기·등록 시 취득세 신고납부기한 명확화)

1. 개정사유
- (개정 전) 종전에는 취득세 신고납부 기한을 지방세법 시행령에서 '등기접수일까지'로 규정하고 있었는데 지방세법의 '등기·등록하기 전까지를 등기처리일로 볼 경우 이는 상위법의 기한보다 단축 규정한 것으로서 상위법에 위배된다는 지적(대전고법 청주,2016누10672)이 있었다. 또한 지방세법의 '등기 전까지'의 의미가 등기일(등기접수일)인지 등기처리일인지 불명확하였다.
- (개정 후) 지방세법 시행령 규정 사항을 지방세법 법률로 상향 입법하여 "등기·등록관서 접수일까지"로 명확히 하였다.

2. 적용시기
2019.1.1.이후 납세의무가 성립하는 분부터 적용

3. 개정조문

현 행	개 정
제20조(신고 및 납부) ④ 제1항부터 제3항까지의 신고·납부기한 이내에 재산권과 그 밖의 권리의 취득·이전에 관한 사항을 공부(公簿)에 등기하거나 등록[등재(登載)를 포함한다. 이하 같다]하려는 경우에는 등기 또는 등록을 하기 전까지 취득세를 신고·납부하여야 한다.	제20조(신고 및 납부) ④ ~~~~~~ 등기 또는 등록 신청서를 등기·등록관서에 접수하는 날까지~~~~~

(5) 대위등기의 신고납부의무

부동산등기법 제28조에 따라 채권자대위권에 의한 등기신청을 하려는 채권자(채권자대위자)는 납세의무자를 대위하여 부동산의 취득에 대한 취득세를 신고납부할 수 있다. 이 경우 채권자대위자는 행정안전부령으로 정하는 바에 따라 납부확인서를 발급받을 수 있다. `2021개정세법`

2021 개정세법 (대위등기 시 취득세 신고 법적근거 신설, 지방세법 제20조)

1. 개정사유
- (개정 전) 민법 제404조 및 부동산등기법 제28조에 따라 채권자는 대위등기 신청이 가능하나, 취득세 등 신고에 대한 구체적 근거 부재 (대위등기 = 채무자 재산 압류를 위해 채무자의 상속지분 미등기 부동산 등의 등기를 채권자가 채무자를 대신하여 신청하는 것). 채권자(대위등기권자)는 해당 부동산의 소유자가 아니므로 납부확인서 발급이 곤란하고 추후 가산세 발생하는 등 권리보호 미흡
- (개정 후) 대위등기권자도 취득세 및 등록면허세를 신고납부 할 수 있도록 근거 신설하고 신고한 취득세에 한해 납부확인서를 발급받을 수 있도록 대위등기 신청절차 지원. 대위신고 시 채무자인 본 납세의무자에 통보하고, 납부행위가 본 납세의무자에 귀속됨을 명시하여 분쟁 및 피해 방지

2. 적용시기
2021.1.1. 이후 납세의무 성립분부터 적용

3. 개정조문

현 행	개 정
제20조(신고 및 납부) ①~④ (생 략) 〈신 설〉	제20조(신고 및 납부) ①~④ (현행과 같음) ⑤ 「부동산등기법」 제28조에 따라 채권자대위권에 의한 등기신청을 하려는 채권자(이하 이 조 및 제30조에서 "채권자대위자"라 한다)는 납세의무자를 대위하여 부동산의 취득에 대한 취득세를 신고납부할 수 있다. 이 경우 채권자 대위자는 행정안전부령으로 정하는 방에 따라 납부확인서를 발급받을 수 있다. ⑥ 지방자치단체의 장은 제5항에 따른 채권자대위자의 신고납부가 있는 경우 납세의무자에게 그 사실을 즉시 통보해야 한다.

3. 취득세 신고 첨부서류

> **지방세법 시행령 제33조 [신고 및 납부]**
> ① 법 제20조 제1항부터 제3항까지의 규정에 따라 취득세를 신고하려는 자는 행정안전부령으로 정하는 신고서에 취득물건, 취득일 및 용도 등을 적어 납세지를 관할하는 시장·군수·구청장에게 신고하여야 한다.
>
> **지방세법 시행규칙 제9조 [신고 및 납부]**
> ① 영 제33조 제1항에 따라 취득세를 신고하려는 자는 별지 제3호서식의 취득세신고서(주택 취득을 원인으로 신고하려는 경우에는 부표를 포함한다)에 제1호의 서류 및 제2호부터 제5호까지의 서류 중 해당되는 서류를 첨부하여 납세지를 관할하는 시장·군수·구청장에게 신고해야 한다.
> 1. 매매계약서, 증여계약서, 부동산거래계약 신고필증 또는 법인 장부 등 취득가액 및 취득일 등을 증명할 수 있는 서류 사본 1부
> 2. 「지방세특례제한법 시행규칙」 별지 제1호 서식의 지방세 감면 신청서 1부
> 3. 별지 제4호서식의 취득세 납부서 납세자 보관용 영수증 사본 1부
> 4. 별지 제8호서식의 취득세 비과세 확인서 1부
> 5. 근로소득 원천징수영수증 또는 소득금액증명원 1부

취득세를 신고하려는 자는 취득세 신고서(별지 제3호 서식[7])에 취득물건, 취득일 및 용도 등을 적고, 아래 서류 중 해당되는 서류를 첨부하여 납세지를 관할하는 시장·군수·구청장에게 신고하여야 한다. 다만, 주택 취득을 원인으로 취득세를 신고하는 경우에는 취득상세명세서(별지 제3호 서식 부표[8])를 포함한다.(지방세법 시행령 제33조 및 지방세법시행규칙 제9조)

① 매매계약서, 증여계약서, 부동산거래계약 신고필증 또는 법인 장부 등 취득가액 및 취득일 등을 증명할 수 있는 서류 사본 1부

② 지방세 감면 신청서(지방세특례제한법 시행규칙 별지 제1호 서식[9]) 1부.

③ 취득세 납부서 납세자 보관용 영수증(지방세특례제한법 시행규칙 별지 제4호 서식) 사본 1부

④ 취득세 비과세 확인서(지방세특례제한법 시행규칙 별지 제8호서식[10]) 1부

⑤ 근로소득 원천징수영수증 또는 소득금액증명원 1부

---

7) 부록의 참고자료 2. 참조 (별지 제3호 서식 취득세 신고서)
8) 부록의 참고자료 2. 참조 (별지 제3호 서식 부표 취득상세명세서)
9) 부록의 참고자료 2. 참조 (별지 제1호 서식 지방세 감면 신청서)
10) 부록의 참고자료 2. 참조 (별지 제8호 서식 취득세 비과세 확인서)

제2절 가산세

구분			가산세액
1	신고납부 가산세	무신고 가산세 — 무신고	무신고납부세액×20%
		무신고 가산세 — 부정 무신고	무신고납부세액×40%
		과소신고 가산세 — 과소신고	과소신고납부세액등×10%
		과소신고 가산세 — 부정 과소신고	=①+② ① 부정과소신고납부세액등×40% ② (과소신고납부세액등 − 부정과소신고납부세액)×10%
		납부지연 가산세	=MIN[①, ②(한도)] 미납세액 등×미납기간×0.022%(미납세액 등×75% 한도) 미납세액 등×3%
2	중가산세		산출세액×80%
3	장부 미보관 가산세		산출세액×10%

1. 신고납부 관련 가산세

> **지방세법 제21조 [부족세액의 추징 및 가산세]**
> ① 다음 각 호의 어느 하나에 해당하는 경우에는 제10조의 2부터 제10조의 7까지, 제11조부터 제13조까지, 제13조의 2, 제13조의 3, 제14조 및 제15조의 규정에 따라 산출한 세액(이하 이 장에서 "산출세액"이라 한다) 또는 그 부족세액에 「지방세기본법」 제53조부터 제55조까지의 규정에 따라 산출한 가산세를 합한 금액을 세액으로 하여 보통징수의 방법으로 징수한다.
>
> **지방세법 시행령 제36조의 3 [일시적 2주택에 해당하는 기간 등]**
> ① 법 제21조 제1항 제3호에 따른 "그 취득일로부터 대통령령으로 정하는 기간"이란 신규 주택(종전 주택등이 조합원입주권 또는 주택분양권인 경우에는 해당 입주권 또는 주택분양권에 의한 주택)을 취득한 날부터 3년을 말한다.
> ② 법 제21조 제1항 제3호에 따른 "대통령령으로 정하는 종전 주택"이란 종전 주택등을 말한다. 이 경우 신규 주택이 조합원입주권 또는 주택분양권에 의한 주택이거나 종전 주택등이 조합원입주권 또는 주택분양권인 경우에는 신규 주택을 포함한다.

다음 중 어느 하나에 해당하는 경우에는 지방세법에 따른 취득세 산출세액 또는 그 부족세액에 ① 무신고가산세(지방세기본법 제53조) ② 과소신고가산세 및 초과환급신고가산세(지방세기본법 제54조) ③ 납부지연가산세에 따라 산출한 가산세를 합한 금액을 세액으로 하여 보통징수의 방법으로 징수한다.

① 취득세 납세의무자가 지방세법 제20조에 따른 신고·납부의무를 다하지 아니한 경
② 일시적 2주택으로 신고하였으나 그 취득일로부터 3년 내[주1]에 종전 주택[주2]을 처분하지 못하여 1주택으로 되지 않은 경우

[주1] 일시적 2주택 해당기간
신규 주택(종전 주택등이 조합원입주권 또는 주택분양권인 경우에는 해당 입주권 또는 주택분양권에 의한 주택)을 취득한 날부터 3년 이내(지방세법 시행령 제36조의 3 제1항)

[주2] 종전 주택
국내에 주택, 조합원입주권, 주택분양권 또는 오피스텔을 1개 소유한 1세대의 기존 주택으로 신규 주택이 조합원입주권 또는 주택분양권에 의한 주택이거나 종전 주택등이 조합원입주권 또는 주택분양권인 경우에는 신규 주택을 포함한다.

(1) 무신고가산세

> **지방세기본법 제53조 [무신고가산세]**
> ① 납세의무자가 법정신고기한까지 과세표준 신고를 하지 아니한 경우에는 그 신고로 납부하여야 할 세액(이 법과 지방세관계법에 따른 가산세와 가산하여 납부하여야 할 이자상당액이 있는 경우 그 금액은 제외하며, 이하 "무신고납부세액"이라 한다)의 100분의 20에 상당하는 금액을 가산세로 부과한다.
> ② 제1항에도 불구하고 사기나 그 밖의 부정한 행위로 법정신고기한까지 과세표준 신고를 하지 아니한 경우에는 무신고납부세액의 100분의 40에 상당하는 금액을 가산세로 부과한다.

납세의무자가 법정신고기한까지 과세표준 신고를 하지 않은 경우, 무신고납부세액(가산세와 이자상당액은 제외)의 20%에 상당하는 금액을 가산세로 부과한다. 다만, 사기나 그 밖의 부정한 행위로 법정신고기한까지 과세표준 신고를 하지 않은 경우에는 무신고납부세액의 40%에 상당하는 금액을 가산세로 부과한다.(지방세기본법 제53조)

(2) 과소신고가산세

> **지방세기본법 제54조 [과소신고가산세·초과환급신고가산세]**
> ① 납세의무자가 법정신고기한까지 과세표준 신고를 한 경우로서 신고하여야 할 납부세액보다 납부세액을 적게 신고(이하 "과소신고"라 한다)하거나 지방소득세 과세표준 신고를 하면서 환급받을 세액을 신고하여야 할 금액보다 많이 신고(이하 "초과환급신고"라 한다)한 경우에는 과소신고한 납부세액과 초과환급신고한 환급세액을 합한 금액(이 법과 지방세관계법에 따른 가산세와 가산하여 납부하여야 할 이자상당액이 있는 경우 그 금액은 제외하며, 이하 "과소신고납부세액등"이라 한다)의 100분의 10에 상당하는 금액을 가산세로 부과한다.
> ② 제1항에도 불구하고 사기나 그 밖의 부정한 행위로 과소신고하거나 초과환급신고한 경우에는 다음 각 호의 금액을 합한 금액을 가산세로 부과한다.
> 1. 사기나 그 밖의 부정한 행위로 인한 과소신고납부세액등(이하 "부정과소신고납부세액등"이라 한다)의 100분의 40에 상당하는 금액
> 2. 과소신고납부세액등에서 부정과소신고납부세액등을 뺀 금액의 100분의 10에 상당하는 금액
> ③ 제1항 및 제2항에도 불구하고 다음 각 호의 어느 하나에 해당하는 사유로 과소신고한 경우에는 가산세를 부과하지 아니한다.
> 1. 신고 당시 소유권에 대한 소송으로 상속재산으로 확정되지 아니하여 과소신고한 경우

납세의무자가 법정신고기한까지 과세표준 신고를 한 경우로서 신고하여야 할 납부세액보다 납부세액을 적게 신고(과소신고)한 경우에는 과소신고한 납부세액등(가산세와 이자상당액 제외)의 10%에 상당하는 금액을 가산세로 부과한다. 다만, 사기나 그 밖의 부정한 행위로 과소신고한 경우에는 다음 ①과 ②의 금액을 합한 금액을 가산세로 부과한다.(지방세기본법 제54조)

① 사기나 그 밖의 부정한 행위로 인한 과소신고납부세액등(부정과소신고납부세액등)의 40%에 상당하는 금액

② 과소신고납부세액등에서 부정과소신고납부세액등을 뺀 금액의 10%에 상당하는 금액

위 과소신고가산세의 규정에도 불구하고 신고 당시 소유권에 대한 소송으로 상속재산으로 확정되지 아니하여 과소신고한 경우에는 가산세를 부과하지 않는다.

(3) 납부지연가산세

> **지방세기본법 제55조 [납부지연가산세]**
> ① 납세의무자(연대납세의무자, 제2차 납세의무자 및 보증인을 포함한다. 이하 이 조에서 같다)가 납부기한까지 지방세를 납부하지 아니하거나 납부하여야 할 세액보다 적게 납부(이하 "과소납부"라 한다)하거나 환급받아야 할 세액보다 많이 환급(이하 "초과환급"이라 한다)받은 경우에는 다음 각 호의 계산식에 따라 산출한 금액을 합한 금액을 가산세로 부과한다. 이 경우 제1호 및 제2호의 가

> 산세는 납부하지 아니한 세액, 과소납부분(납부하여야 할 금액에 미달하는 금액을 말한다. 이하 같다) 세액 또는 초과환급분(환급받아야 할 세액을 초과하는 금액을 말한다. 이하 같다) 세액의 100분의 75에 해당하는 금액을 한도로 하고, 제4호의 가산세를 부과하는 기간은 60개월(1개월 미만은 없는 것으로 본다)을 초과할 수 없다.
> 1. 과세표준과 세액을 지방자치단체에 신고납부하는 지방세의 법정납부기한까지 납부하지 아니한 세액 또는 과소납부분 세액(지방세관계법에 따라 가산하여 납부하여야 할 이자상당액이 있는 경우 그 금액을 더한다)×법정납부기한의 다음 날부터 자진납부일 또는 납세고지일까지의 일수×금융회사 등이 연체대출금에 대하여 적용하는 이자율 등을 고려하여 대통령령으로 정하는 이자율
> 2. 초과환급분 세액(지방세관계법에 따라 가산하여 납부하여야 할 이자상당액이 있는 경우 그 금액을 더한다)× 환급받은 날의 다음 날부터 자진납부일 또는 납세고지일까지의 일수×금융회사 등이 연체대출금에 대하여 적용하는 이자율 등을 고려하여 대통령령으로 정하는 이자율
> 3. 납세고지서에 따른 납부기한까지 납부하지 아니한 세액 또는 과소납부분 세액(지방세관계법에 따라 가산하여 납부하여야 할 이자상당액이 있는 경우 그 금액을 더하고, 가산세는 제외한다)×100분의 3
> 4. 다음 계산식에 따라 납세고지서에 따른 납부기한이 지난 날부터 1개월이 지날 때마다 계산한 금액 납부하지 아니한 세액 또는 과소납부분 세액(지방세관계법에 따라 가산하여 납부하여야 할 이자상당액이 있는 경우 그 금액을 더하고, 가산세는 제외한다) × 금융회사 등이 연체대출금에 대하여 적용하는 이자율 등을 고려하여 대통령령으로 정하는 이자율

납세의무자(연대납세의무자, 제2차 납세의무자, 보증인을 포함)가 납부기한까지 지방세를 납부하지 아니하거나 납부하여야 할 세액보다 적게 납부(과소납부)한 경우에는 아래 ①에서 ④의 계산식에 따라 산출한 금액을 합한 금액을 가산세로 부과한다.

① 미납세액·과소납부분 세액(이자상당액 포함)×법정납부기한의 다음 날부터 자진납부일 또는 납세고지일까지의 일수×2.2%(미납세액·과소납부분 세액의 75% 한도)

② 미납세액·과소납부분 세액(이자상당액 포함, 가산세 제외)×3%

③ 납세고지서에 따른 납부기한이 지난 날부터 1개월이 지날 때마다(60개월을 초과할 수 없음, 1개월 미만은 없는 것으로 봄) 아래에 따라 계산한 금액. 단, 납세고지서별·세목별 세액이 30만원 미만인 경우에는 적용하지 않음

  (=미납세액·과소납부분 세액[이자상당액 포함, 가산세 제외]×2.2%)

2. 중가산세

(1) 중가산세의 적용

> **지방세법 제21조 [부족세액의 추징 및 가산세]**
> ② 납세의무자가 취득세 과세물건을 사실상 취득한 후 제20조에 따른 신고를 하지 아니하고 매각하는 경우에는 제1항 및 「지방세기본법」 제53조, 제55조에도 불구하고 산출세액에 100분의 80을 가산한 금액을 세액으로 하여 보통징수의 방법으로 징수한다. 다만, 등기·등록이 필요하지 아니한 과세물건 등 대통령령으로 정하는 과세물건에 대하여는 그러하지 아니하다.

납세의무자가 취득세 과세물건을 사실상 취득한 후 지방세법 제20조에 따른 신고를 하지 않고 매각하는 경우에는 산출세액에 80%를 가산한 금액을 세액으로 하여 보통징수의 방법으로 징수한다.(지방세법 제21조 제2항)

등기 또는 등록의 절차를 거치지 않은 부동산의 매각행위(미등기전매)에 따른 조세회피를 막기 위해 일반적인 신고납부 의무를 위반했을 때의 가산세보다 고율의 중가산세를 적용한다.

(2) 중가산세의 제외

> **지방세법 제21조 [부족세액의 추징 및 가산세]**
> ② 납세의무자가 취득세 과세물건을 사실상 취득한 후 제20조에 따른 신고를 하지 아니하고 매각하는 경우에는 제1항 및 「지방세기본법」 제53조, 제55조에도 불구하고 산출세액에 100분의 80을 가산한 금액을 세액으로 하여 보통징수의 방법으로 징수한다. 다만, 등기·등록이 필요하지 아니한 과세물건 등 대통령령으로 정하는 과세물건에 대하여는 그러하지 아니하다.
>
> **지방세법 시행령 제37조 [중가산세에서 제외되는 재산]**
> 법 제21조 제2항 단서에서 "등기·등록이 필요하지 아니한 과세물건 등 대통령령으로 정하는 과세물건"이란 다음 각 호의 어느 하나에 해당하는 것을 말한다.
> 1. (삭제, 2013.1.1.)
> 2. 취득세 과세물건 중 등기 또는 등록이 필요하지 아니하는 과세물건(골프회원권, 승마회원권, 콘도미니엄 회원권, 종합체육시설 이용회원권 및 요트회원권은 제외한다)
> 3. 지목변경, 차량·기계장비 또는 선박의 종류 변경, 주식등의 취득 등 취득으로 보는 과세물건

다만, 다음 중 어느 하나에 해당하는 과세물건에 대하여는 중가산세를 적용하지 않는다.(지방세법 제21조 제2항 단서 및 지방세법 시행령 제37조)

① 취득세 과세물건 중 등기 또는 등록이 필요하지 아니하는 과세물건(골프회원권, 승마회원권, 콘도미니엄 회원권, 종합체육시설 이용회원권 및 요트회원권은 제외)

② 지목변경, 차량·기계장비 또는 선박의 종류 변경, 주식등의 취득 등 취득으로 보는 과세물건

3. 시가인정액 수정신고의 가산세 면제

지방세법 제21조 [부족세액의 추징 및 가산세].
③ 제1항에도 불구하고 납세의무자가 제20조에 따른 신고기한까지 취득세를 시가인정액으로 신고한 후 지방자치단체의 장이 세액을 경정하기 전에 그 시가인정액을 수정신고한 경우에는 「지방세기본법」 제53조 및 제54조에 따른 가산세를 부과하지 아니한다.

취득세 납세의무자가 지방세법 제20조에 따른 신고기한까지 취득세를 시가인정액으로 신고한 후 지방자치단체의 장이 세액을 경정하기 전에 그 시가인정액을 수정신고한 경우에는 무신고가산세(지방세기본법 제53조) 및 과소신고가산세(지방세기본법 제54조)를 부과하지 않는다. 〔2023개정세법〕

2023 개정세법 (시가인정액 수정신고시 가산세 부과 제외, 지방세법 제21조)

1. 개정사유
- 무상취득 및 법인 합병·분할 등의 과세표준 특례규정에 따라 〈시가인정액〉으로 신고납부하는 경우, 당초 기한 내에 취득세를 시가인정액으로 신고·납부한 후 지자체장이 과표를 경정하여 직권부과하기 전에 신고한 시가인정액과 다른 시가인정액으로 수정신고하는 경우에 가산세 제외

2. 적용시기
2023.1.1. 이후 납세 의무가 성립되는 경우부터 적용(취득세 과표체계 개편과 연관된 규정)

3. 개정조문

현 행	개 정
제21조(부족세액의 추징 및 가산세) ① 다음 각 호의 어느 하나에 해당하는 경우에는 제10조부터 제15조까지의 규정에 따라 산출한 세액(이하 이 장에서 "산출세액"이라 한다) 또는 그 부족세액에 「지방세기본법」 제53조부터 제55조까지의 규정에 따라 산출한 가산세를 합한 금액을 세액으로 하여 보통징수의 방법으로 징수한다. 1. (생 략) 2. 제10조 제5항부터 제7항까지의 규정에 따른 과세표준이 확인된 경우 3. (생 략) ② (생 략) 〈신 설〉	제21조(부족세액의 추징 및 가산세) ① ~~~~~~~~~~~~~~~~~제10조의2부터 제10조의7까지, 제11조부터 제13조까지, 제13조의2, 제13조의3, 제14조 및 제15조~~~~~~~~~~~~~~~~~~~~~~~~~~~~~~~~. 1. (현행과 같음) 〈삭 제〉 3. (현행과 같음) ② (현행과 같음) ③ 제1항에도 불구하고 납세의무자가 제20조에 따른 신고기한까지 취득세를 시가인정액으로 신고한 후 지방자치단체의 장이 세액을 경정하기 전에 그 시가인정액을 수정신고한 경우에는 「지방세기본법」 제53조 및 제54조에 따른 가산세를 부과하지 아니한다.

4. 장부 미보관 가산세

> **지방세법 제22조의 2 [장부 등의 작성과 보존]**
> ① 취득세 납세의무가 있는 법인은 취득당시가액을 증명할 수 있는 장부와 관련 증거서류를 작성하여 갖춰 두어야 한다.
> ② 지방자치단체의 장은 취득세 납세의무가 있는 법인이 제1항에 따른 의무를 이행하지 아니하는 경우에는 산출된 세액 또는 부족세액의 100분의 10에 상당하는 금액을 징수하여야 할 세액에 가산한다.

취득세 납세의무가 있는 법인은 취득당시가액을 증명할 수 있는 장부와 관련 증거서류를 작성하여 갖춰 두어야 한다. 지방자치단체의 장은 취득세 납세의무가 있는 법인이 해당 의무를 이행하지 않는 경우에는 산출세액 또는 부족세액의 10%에 상당하는 금액을 징수하여야 할 세액에 가산한다.

[2024개정세법] (지방세법 제22조의 2)

2024 개정세법 (법인의 장부 작성 및 증거서류 종류를 명시, 지방세법 제22조의2)

1. 개정사유
- 취득세 과세표준의 객관적인 산출을 위해 법인의 장부 작성 및 증거서류 종류를 명시, 그 작성방식 등을 시행령에 위임

2. 적용시기
2024.1.1. 이후 납세 의무가 성립되는 경우부터 적용(취득세 과표체계 개편과 연관된 규정)

3. 개정조문

현 행	개 정
제22조의2(장부 등의 작성과 보존) ① 취득세 납세의무가 있는 법인은 취득당시가액을 증명할 수 있는 장부와 관련 증거서류를 작성하여 갖춰 두어야 한다. 〈후단 신설〉	제22조의2(장부 등의 작성과 보존) ① ~~~~~~~~~~법인은 대통령령으로 정하는 바에 따라~~~~~~~~~~~~~~. 이 경우 다음 각 호의 장부 및 증거서류를 포함하여야 한다. 1. 사업의 재산 상태와 그 거래내용의 변동을 기록한 장부 및 증거서류 2. 「신탁법」에 따른 수탁자가 위탁자로부터 취득세 과세대상 물건의 취득과 관련하여 지급받은 신탁수수료와 그 밖의 대가가 있는 경우 이를 종류·목적·용도별로 구분하여 기록한 장부 및 증거서류
② (생 략)	② (현행과 같음)

제3절 납세지

1. 과세물건 별 납세지

지방세법에서는 취득세의 납세지를 취득세 과세물건 별로 달리 정하고 있다.(지방세법 제8조 제1항)

> **지방세법 제8조 [납세지]**
> ① 취득세의 납세지는 다음 각 호에서 정하는 바에 따른다.
> 1. 부동산: 부동산 소재지
> 2. 차량: 「자동차관리법」에 따른 등록지. 다만, 등록지가 사용본거지와 다른 경우에는 사용본거지를 납세지로 하고, 철도차량의 경우에는 해당 철도차량의 청소, 유치(留置), 조성, 검사, 수선 등을 주로 수행하는 철도차량기지의 소재지를 납세지로 한다.
> 3. 기계장비: 「건설기계관리법」에 따른 등록지
> 4. 항공기: 항공기의 정치장(定置場) 소재지
> 5. 선박: 선적항 소재지. 다만, 「수상레저기구의 등록 및 검사에 관한 법률」 제3조 각 호에 해당하는 동력수상레저기구의 경우에는 같은 법 제6조 제1항에 따른 등록지로 하고, 그 밖에 선적항이 없는 선박의 경우에는 정계장 소재지(정계장이 일정하지 아니한 경우에는 선박 소유자의 주소지)로 한다.
> 6. 입목: 입목 소재지
> 7. 광업권: 광구 소재지
> 8. 어업권·양식업권: 어장 소재지
> 9. 골프회원권, 승마회원권, 콘도미니엄 회원권, 종합체육시설 이용회원권 또는 요트회원권: 골프장·승마장·콘도미니엄·종합체육시설 및 요트 보관소의 소재지

(1) 부동산

부동산의 취득세 납세지는 부동산 소재지로 한다.

(2) 차량

차량의 취득세 납세지는 자동차관리법에 따른 등록지이다. 다만, 등록지가 사용본거지와 다른 경우에는 사용본거지를 납세지로 하고, 철도차량의 경우에는 해당 철도차량의 청소, 유치, 조성, 검사, 수선 등을 주로 수행하는 철도차량기지의 소재지를 납세지로 한다. `2017개정세법`

구 분	취득세 납세지
일반차량	① 원칙: 자동차관리법에 따른 등록지 ② 등록지가 사용본거지와 다른 경우: 사용본거지
철도차량	해당 철도차량의 청소, 유치, 조성, 검사, 수선 등을 주로 수행하는 철도차량기지의 소재지

2017 개정세법 (철도차량 취득세 납세지 규정 신설, 지방세법 제8조)

1. 개정사유
- (개정 전) 현행 지방세법상 철도차량에 대한 취득세 납세지 규정이 없어 운영상 혼선(자동차의 경우 자동차관리법에 따른 등록지)이 있었음
- (개정 후) 차량, 항공기 등 유사 과세대상의 납세지를 고려, 철도차량의 청소, 유치, 검사, 수선 등을 주로 수행하는 "철도차량기지"를 납세지로 명문화함

2. 적용시기
2017.1.1. 이후 납세의무 성립분부터 적용

3. 개정조문

현 행	개 정
제8조(납세지) ① 취득세의 납세지는 다음 각 호에서 정하는 바에 따른다. 1. (생 략) 2. 차량: 「자동차관리법」에 따른 등록지. 다만, 등록지가 사용본거지와 다른 경우에는 사용본거지를 납세지로 한다. 3.~9. (생 략) ② · ③ (생 략)	제8조(납세지) ① ~~~~~~~~~~~~~~~~~~~~~~~~~~~~~ ~~~~~~~~~~~~~~~~~~~~~~~. 1. (현행과 같음) 2. 차량: 「자동차관리법」에 따른 등록지. 다만, 등록지가 사용본거지와 다른 경우에는 사용본거지를 납세지로 하고, 철도차량의 경우에는 해당 철도차량의 청소, 유치(留置), 조성, 검사, 수선 등을 주로 수행하는 철도차량기지의 소재지를 납세지로 한다. 3.~9. (현행과 같음) ② · ③ (현행과 같음)

(3) 기계장비

기계장비의 취득세 납세지는 건설기계관리법에 따른 등록지로 한다.

(4) 항공기

항공기의 취득세 납세지는 항공기의 정치장 소재지로 한다.

(5) 선 박

선박의 취득세 납세지는 선적항 소재지로 한다. 다만, 수상레저기구의 등록 및 검사에 관한 법률

제3조 각 호에 해당하는 동력수상레저기구의 경우에는 같은 법 제6조 제1항에 따른 등록지로 하고, 그 밖에 선적항이 없는 선박의 경우에는 정계장 소재지(정계장이 일정하지 아니한 경우에는 선박 소유자의 주소지)로 한다. [2020개정세법]

구 분	취득세 납세지
일반선박	선적항 소재지
동력수상레저기구	등록지
선적항이 없는 선박	① 원칙: 정계장 소재지 ② 정계장이 일정하지 않은 경우: 선박 소유자의 주소지

2020 개정세법 (동력수상레저기구의 취득세 납세지 개선, 지방세법 제8조)

1. 개정사유
- (개정 전) 종전에는 선박의 취득세 납세지는 선적항 소재지로 규정하고 있으나, 동력수상레저기구의 경우 '주소지'에 등록을 하므로 혼선이 있었음
- (개정 후) 동력수상레저기구의 경우는 '주소지(등록지)', 그 밖에 선적항이 없는 선박의 경우에는 정계장(정계장이 일정하지 않은 경우 선박 소유자 소재지) 소재지로 납세지를 명확히 함

2. 적용시기
2020.1.1. 이후 납세의무 성립분부터 적용

3. 개정조문

현 행	개 정
제8조(납세지) ① 취득세의 납세지는 다음 각 호에서 정하는 바에 따른다. 1.~4. (생 략) 5. 선박: 선적항 소재지 〈단서 신설〉 6.~9. (생 략) ②·③ (생 략)	제8조(납세지) ①~~~~~~~~~~~~~~~~~~~~~~~~~~~~~~~~~~. 1.~4. (현행과 같음) 5.~~~~~~~~~~~~~~~~. 다만, 「수상레저안전법」 제30조제3항 각 호에 해당하는 동력수상레저기구의 경우에는 같은 조 제1항에 따른 등록지로 하고, 그 밖에 선적항이 없는 선박의 경우에는 정계장 소재지(정계장이 일정하지 아니한 경우에는 선박 소유자의 주소지)로 한다. 6.~9. (현행과 같음) ②·③ (현행과 같음)

(6) 입 목

입목의 취득세 소재지는 입목의 소재지로 한다.

(7) 광업권

광업권의 취득세 소재지는 광구 소재지로 한다.

(8) 어업권, 양식업권

어업권 및 양식업권의 취득세 소재지는 어장 소재지로 한다.

(9) 각종 회원권

골프회원권, 승마회원권, 콘도미니엄 회원권, 종합체육시설 이용회원권, 요트회원권의 취득세 소재지는 각각 골프장, 승마장, 콘도미니엄, 종합체육시설 및 요트 보관소의 소재지로 한다.

2. 납세지가 불분명한 경우

> **지방세법 제8조 [납세지]**
> ② 제1항에 따른 납세지가 분명하지 아니한 경우에는 해당 취득물건의 소재지를 그 납세지로 한다.

취득세의 납세지가 분명하지 않은 경우 해당 취득물건의 소재지를 그 납세지로 한다. (지방세법 제8조 제2항)

3. 둘 이상의 납세지에 걸쳐 있는 경우

> **지방세법 제8조 [납세지]**
> ③ 같은 취득물건이 둘 이상의 지방자치단체에 걸쳐 있는 경우에는 대통령령으로 정하는 바에 따라 소재지별로 안분(按分)한다.
>
> **지방세법 시행령 제12조 [취득세 안분 기준]**
> 법 제8조 제3항에 따라 같은 취득물건이 둘 이상의 시·군·구에 걸쳐 있는 경우 각 시·군·구에 납부할 취득세를 산출할 때 그 과세표준은 취득 당시의 가액을 취득물건의 소재지별 시가표준액 비율로 나누어 계산한다.

같은 취득물건이 둘 이상의 지방자치단체에 걸쳐 있는 경우에는 취득 당시의 가액을 취득물건의 소재지별 시가표준액 비율로 안분한다. (지방세법 제8조 제3항, 지방세법 시행령 제12조)

제5장 과점주주 간주취득세

제1절 과점주주 간주취득의 개요

> **지방세법 제7조 [납세의무자 등]**
> ⑤ 법인의 주식 또는 지분을 취득함으로써 「지방세기본법」 제46조 제2호에 따른 과점주주 중 대통령령으로 정하는 과점주주(이하 "과점주주"라 한다)가 되었을 때에는 그 과점주주가 해당 법인의 부동산등(법인이 「신탁법」에 따라 신탁한 재산으로서 수탁자 명의로 등기·등록이 되어 있는 부동산 등을 포함한다)을 취득(법인설립 시에 발행하는 주식 또는 지분을 취득함으로써 과점주주가 된 경우에는 취득으로 보지 아니한다)한 것으로 본다. 이 경우 과점주주의 연대납세의무에 관하여는 「지방세기본법」 제44조를 준용한다.

법인의 주식 또는 지분은 앞서 살펴본 부동산 등 14가지 취득세 과세물건에 포함되지 않는다. 하지만 법인의 주식 또는 지분을 취득함으로써 해당 법인의 과점주주가 되었을 때는, 해당 주식발행법인이 소유한 취득세 과세물건을 직접 취득한 것으로 간주하여 취득자에게 취득세를 부과한다. 지방세법 제7조 제5항에서 정의하고 있는 이 규정을 '과점주주의 간주취득'이라고 한다.

과점주주는 법인의 주식을 취득한 것이지 해당 주식발행법인의 취득세 과세물건을 직접 취득한 것은 아니다. 그러나 ① 과점주주가 되면 주식발행법인을 실질적으로 지배할 수 있는 위치에 있어 취득세 과세물건을 직접 취득한 것과 경제적 실질이 같고 ② 부동산등 취득세 과세물건을 직접 취득하지 않고 취득세 과세물건을 소유한 법인의 주식을 취득함으로써 취득세 납세의무를 회피하는 것을 방지하는 취지에 따라, 과점주주의 주식 취득에 대해 취득세 납세의무를 지우고 있다.

〈과점주주 간주취득의 개념〉

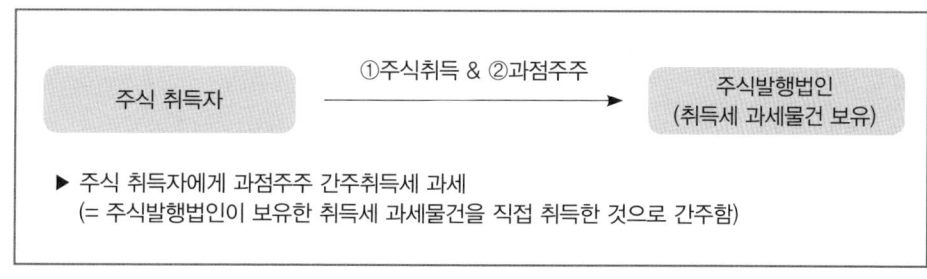

제2절 납세의무의 판단

1. 과점주주 요건

(1) 과점주주 범위 요건

> **지방세법 제7조 [납세의무자 등]**
> ⑤ 법인의 주식 또는 지분을 취득함으로써 「지방세기본법」 제46조 제2호에 따른 과점주주 중 대통령령으로 정하는 과점주주(이하 "과점주주"라 한다)가 되었을 때에는 그 과점주주가 해당 법인의 부동산등(법인이 「신탁법」에 따라 신탁한 재산으로서 수탁자 명의로 등기·등록이 되어 있는 부동산 등을 포함한다)을 취득(법인설립 시에 발행하는 주식 또는 지분을 취득함으로써 과점주주가 된 경우에는 취득으로 보지 아니한다)한 것으로 본다. 이 경우 과점주주의 연대납세의무에 관하여는 「지방세기본법」 제44조를 준용한다.

과점주주 간주취득 납세의무가 있는 '과점주주'는 ① 지방세기본법 제46조 제2호에 따른 과점주주 중 ② 대통령령(=지방세법 시행령 제10조의 2)으로 정하는 과점주주이다.

① 지방세기본법 제46조 제2호의 과점주주
② 과점주주 간주취득 납세의무자로서의 과점주주
(지방세법 시행령 제10조의 2의 과점주주)

1) 지방세기본법 제46조의 제2호에 따른 과점주주

> **지방세기본법 시행령 제24조[제2차 납세의무를 지는 특수관계인의 범위 등]**
> ② 법 제46조 제2호에서 "대통령령으로 정하는 자"란 해당 주주 또는 유한책임사원과 다음 각 호의 어느 하나에 해당하는 관계에 있는 자를 말한다.
> 1. 친족관계
> 2. 경제적 연관관계
> 3. 경영지배관계 중 제2조 제3항 제1호 가목, 같은 항 제2호 가목 및 나목의 관계. 이 경우 같은 조 제4항을 적용할 때 같은 항 제1호 가목 및 제2호 나목 중 "100분의 30"은 각각 "100분의 50"으로 본다.

지방세기본법 시행령 제2조 [특수관계인의 범위]

① 「지방세기본법」(이하 "법"이라 한다) 제2조 제1항 제34호 가목에서 "혈족·인척 등 대통령령으로 정하는 친족관계"란 다음 각 호의 어느 하나에 해당하는 관계(이하 "친족관계"라 한다)를 말한다.
1. 6촌 이내의 혈족
2. 4촌 이내의 인척
3. 배우자(사실상의 혼인관계에 있는 사람을 포함한다)
4. 친생자로서 다른 사람에게 친양자로 입양된 사람 및 그 배우자·직계비속

② 법 제2조 제1항 제34호 나목에서 "임원·사용인 등 대통령령으로 정하는 경제적 연관관계"란 다음 각 호의 어느 하나에 해당하는 관계(이하 "경제적 연관관계"라 한다)를 말한다.
1. 임원과 그 밖의 사용인
2. 본인의 금전이나 그 밖의 재산으로 생계를 유지하는 사람
3. 제1호 또는 제2호의 사람과 생계를 함께하는 친족

③ 법 제2조 제1항 제34호 다목에서 "주주·출자자 등 대통령령으로 정하는 경영지배관계"란 다음 각 호의 구분에 따른 관계(이하 "경영지배관계"라 한다)를 말한다.
1. 본인이 개인인 경우
   가. 본인이 직접 또는 그와 친족관계 또는 경제적 연관관계에 있는 자를 통하여 법인의 경영에 대하여 지배적인 영향력을 행사하고 있는 경우 그 법인
   나. 본인이 직접 또는 그와 친족관계, 경제적 연관관계 또는 가목의 관계에 있는 자를 통하여 법인의 경영에 대하여 지배적인 영향력을 행사하고 있는 경우 그 법인
2. 본인이 법인인 경우
   가. 개인 또는 법인이 직접 또는 그와 친족관계 또는 경제적 연관관계에 있는 자를 통하여 본인인 법인의 경영에 대하여 지배적인 영향력을 행사하고 있는 경우 그 개인 또는 법인
   나. 본인이 직접 또는 그와 경제적 연관관계 또는 가목의 관계에 있는 자를 통하여 어느 법인의 경영에 대하여 지배적인 영향력을 행사하고 있는 경우 그 법인
   다. 본인이 직접 또는 그와 경제적 연관관계, 가목 또는 나목의 관계에 있는 자를 통하여 어느 법인의 경영에 대하여 지배적인 영향력을 행사하고 있는 경우 그 법인
   라. 본인이 「독점규제 및 공정거래에 관한 법률」에 따른 기업집단에 속하는 경우 그 기업집단에 속하는 다른 계열회사 및 그 임원

④ 제3항 제1호 각 목, 같은 항 제2호 가목부터 다목까지의 규정을 적용할 때 다음 각 호의 구분에 따른 요건에 해당하는 경우 해당 법인의 경영에 대하여 지배적인 영향력을 행사하고 있는 것으로 본다.
1. 영리법인인 경우
   가. 법인의 발행주식 총수 또는 출자총액의 100분의 30 이상을 출자한 경우
   나. 임원의 임면권의 행사, 사업방침의 결정 등 법인의 경영에 대하여 사실상 영향력을 행사하고 있다고 인정되는 경우
2. 비영리법인인 경우
   가. 법인의 이사의 과반수를 차지하는 경우
   나. 법인의 출연재산(설립을 위한 출연재산만 해당한다)의 100분의 30 이상을 출연하고 그 중 1명이 설립자인 경우

지방세기본법 제46조 제2호에 따른 과점주주는 주주 또는 유한책임사원 1명과 그의 특수관계인 중 다음 (1) 친족관계 (2) 경제적 연관관계 (3) 경영지배관계 중 어느 하나에 해당하는 관계에 있는 자로서 그들의 소유주식의 합계 또는 출자액의 합계가 해당 법인의 발행주식 총수 또는 출자총액의 50%를 초과하면서 그에 관한 권리를 실질적으로 행사하는 자들을 말한다.

구 분	내용(지방세기본법 시행령 제2조)
(1) 친족관계	① 6촌 이내의 혈족 ② 4촌 이내의 인척 ③ 배우자(사실상의 혼인관계에 있는 사람을 포함) ④ 친생자로서 다른 사람에게 친양자로 입양된 사람 및 그 배우자 · 직계비속
(2) 경제적연관관계	① 임원과 그 밖의 사용인 ② 본인의 금전이나 그 밖의 재산으로 생계를 유지하는 사람 ③ 위 ① 또는 ②의 사람과 생계를 함께하는 친족
(3) 경영지배관계	1. 본인이 개인인 경우 ① 본인이 직접 또는 그와 친족관계 또는 경제적 연관관계에 있는 자를 통하여 법인의 경영에 대하여 지배적인 영향력을 행사하고 있는 경우 그 법인 ② 본인이 직접 또는 그와 친족관계, 경제적 연관관계 또는 위 ①의 관계에 있는 자를 통하여 법인의 경영에 대하여 지배적인 영향력을 행사하고 있는 경우 그 법인 2. 본인이 법인인 경우 ① 개인 또는 법인이 직접 또는 그와 친족관계 또는 경제적 연관관계에 있는 자를 통하여 본인인 법인의 경영에 대하여 지배적인 영향력을 행사하고 있는 경우 그 개인 또는 법인 ② 본인이 직접 또는 그와 경제적 연관관계 또는 위 ①의 관계에 있는 자를 통하여 어느 법인의 경영에 대하여 지배적인 영향력을 행사하고 있는 경우 그 법인 ③ 본인이 직접 또는 그와 경제적 연관관계, 위 ① 또는 ②의 관계에 있는 자를 통하여 어느 법인의 경영에 대하여 지배적인 영향력을 행사하고 있는 경우 그 법인 ④ 본인이 독점규제 및 공정거래에 관한 법률에 따른 기업집단에 속하는 경우 그 기업집단에 속하는 다른 계열회사 및 그 임원 위 규정을 적용할 때 다음 요건에 해당하는 경우 해당 법인의 경영에 대하여 지배적인 영향력을 행사하고 있는 것으로 본다. 1. 영리법인인 경우 ① 법인의 발행주식 총수 · 출자총액의 30% 이상을 출자한 경우 ② 임원의 임면권의 행사, 사업방침의 결정 등 법인의 경영에 대하여 사실상 영향력을 행사하고 있다고 인정되는 경우 2. 비영리법인인 경우 ① 법인의 이사의 과반수를 차지하는 경우 ② 법인의 출연재산(설립을 위한 출연재산만 해당)의 30% 이상을 출연하고 그 중 1명이 설립자인 경우

2) 지방세법 시행령 제10조의 2의 과점주주(과점주주 간주취득 납세의무자)

> **지방세법 시행령 제10조의 2 [과점주주의 범위]**
> ① 법 제7조 제5항 전단에서 "대통령령으로 정하는 과점주주"란 「지방세기본법」 제46조 제2호에 따른 과점주주 중 주주 또는 유한책임사원(이하 "본인"이라 한다) 1명과 그의 특수관계인 중 다음 각 호의 어느 하나에 해당하는 특수관계인을 말한다.
> 1. 「지방세기본법 시행령」 제2조 제1항 각 호의 사람
> 2. 「지방세기본법 시행령」 제2조 제2항 제1호의 사람으로서 다음 각 목의 어느 하나에 해당하는 사람
>   가. 주주
>   나. 유한책임사원
> 3. 「지방세기본법 시행령」 제2조 제3항 제1호 가목에 따른 법인 중 본인이 직접 해당 법인의 경영에 대하여 지배적인 영향력을 행사하고 있는 경우 그 법인
> 4. 「지방세기본법 시행령」 제2조 제3항 제2호 가목에 따른 개인·법인 중 해당 개인·법인이 직접 본인인 법인의 경영에 대하여 지배적인 영향력을 행사하고 있는 경우 그 개인·법인
> 5. 「지방세기본법 시행령」 제2조 제3항 제2호 나목에 따른 법인 중 본인이 직접 또는 제4호에 해당하는 자를 통해 어느 법인의 경영에 대하여 지배적인 영향력을 행사하고 있는 경우 그 법인
> ② 제1항 제3호부터 제5호까지에 따른 법인의 경영에 대한 지배적인 영향력의 기준에 관하여는 「지방세기본법 시행령」 제2조 제4항 제1호 가목 및 같은 항 제2호를 적용한다. 이 경우 같은 항 제1호 가목 및 제2호 나목 중 "100분의 30"은 각각 "100분의 50"으로 본다.

과점주주 간주취득 규정의 납세의무자가 되는 과점주주는 위 '(1) 지방세기본법 제46조 제2호에 따른 과점주주' 중 주주 또는 유한책임사원(이하 본인) 1명과 그의 특수관계인 중 다음 중 어느 하나에 해당하는 특수관계인을 말한다.

구 분	내 용
(1) 친족관계	① 6촌 이내의 혈족 ② 4촌 이내의 인척 ③ 배우자(사실상의 혼인관계에 있는 사람을 포함) ④ 친생자로서 다른 사람에게 친양자로 입양된 사람 및 그 배우자·직계비속
(2) 경제적연관관계	임원과 그 밖의 사용인으로서 다음 중 어느 하나에 해당하는 사람 ① 주주 ② 유한책임사원
(3) 경영지배관계	① 본인이 개인인 경우, 본인이 직접 해당 법인의 경영에 대하여 지배적인 영향력을 행사하고 있는 경우 그 법인 ② 본인이 법인인 경우, 개인·법인이 직접 본인인 법인의 경영에 대하여 지배적인 영향력을 행사하고 있는 경우 그 개인·법인 ③ 본인이 법인인 경우, 본인이 직접 또는 위 ②에 해당하는 자를 통해 어느 법인의 경영에 대하여 지배적인 영향력을 행사하고 있는 경우 그 법인

(위 ①~③의 규정과 관련하여 친족관계와 경제적 연관관계에 있는 자를 통하여 지배적인 영향력을 행사하는 경우는 제외) 이때 지배적인 영향력은 다음의 기준을 적용 1. 영리법인인 경우 　법인의 발행주식 총수 또는 출자총액의 50% 이상을 출자한 경우 2. 비영리법인인 경우 　① 법인의 이사의 과반수를 차지하는 경우 　② 법인의 출연재산(설립을 위한 출연재산만 해당)의 50% 이상을 출연하고 그 중 1명이 설립자인 경우

2023.3.14. 지방세법 시행령 개정시 과점주주 간주취득세 과세대상인 과점주주의 범위를 종전 지방세기본법을 인용하던 방식에서 지방세법 시행령에서 별도로 규정하는 방식으로 변경하였다. 또한 과점주주의 범위 중 경제적 연관관계, 경영지배관계에 있는 자의 범위를 종전보다 축소하였다.

(2) 과점주주 지분율 요건

지방세법 제7조 [납세의무자 등]
⑤ 법인의 주식 또는 지분을 취득함으로써 「지방세기본법」 제46조 제2호에 따른 과점주주 중 대통령령으로 정하는 과점주주(이하 "과점주주"라 한다)가 되었을 때에는 그 과점주주가 해당 법인의 부동산등(법인이 「신탁법」에 따라 신탁한 재산으로서 수탁자 명의로 등기·등록이 되어 있는 부동산 등을 포함한다)을 취득(법인설립 시에 발행하는 주식 또는 지분을 취득함으로써 과점주주가 된 경우에는 취득으로 보지 아니한다)한 것으로 본다. 이 경우 과점주주의 연대납세의무에 관하여는 「지방세기본법」 제44조를 준용한다.

지방세법 시행령 제11조 [과점주주의 취득 등]
① 법인의 과점주주(제10조의 2에 따른 과점주주를 말한다. 이하 이 조에서 같다)가 아닌 주주 또는 유한책임사원이 다른 주주 또는 유한책임사원의 주식 또는 지분(이하 "주식등"이라 한다)을 취득하거나 증자 등으로 최초로 과점주주가 된 경우에는 최초로 과점주주가 된 날 현재 해당 과점주주가 소유하고 있는 법인의 주식등을 모두 취득한 것으로 보아 법 제7조 제5항에 따라 취득세를 부과한다.
② 이미 과점주주가 된 주주 또는 유한책임사원이 해당 법인의 주식등을 취득하여 해당 법인의 주식등의 총액에 대한 과점주주가 가진 주식등의 비율(이하 이 조에서 "주식등의 비율"이라 한다)이 증가된 경우에는 그 증가분을 취득으로 보아 법 제7조 제5항에 따라 취득세를 부과한다. 다만, 증가된 후의 주식등의 비율이 해당 과점주주가 이전에 가지고 있던 주식등의 최고비율보다 증가되지 아니한 경우에는 취득세를 부과하지 아니한다.
③ 과점주주였으나 주식등의 양도, 해당 법인의 증자 등으로 과점주주에 해당되지 아니하는 주주 또는 유한책임사원이 된 자가 해당 법인의 주식등을 취득하여 다시 과점주주가 된 경우에는 다시 과점주주가 된 당시의 주식등의 비율이 그 이전에 과점주주가 된 당시의 주식등의 비율보다 증가된 경우에만 그 증가분만을 취득으로 보아 제2항의 예에 따라 취득세를 부과한다.

1) 최초로 과점주주가 된 경우

법인의 과점주주가 아닌 주주 또는 유한책임사원이 다른 주주 또는 유한책임사원의 주식 또는 지분(이하 '주식등')을 취득하거나 증자 등으로 최초로 과점주주가 된 경우에는 최초로 과점주주가 된 날 현재 해당 과점주주가 소유하고 있는 법인의 주식등을 모두 취득한 것으로 보아 취득세를 부과한다.(지방세법 시행령 제11조 제1항)

다만 법인설립 시에 발행하는 주식등을 취득함으로써 과점주주가 된 경우에는 취득으로 보지 아니하므로 과점주주 간주취득세 납세의무가 없다.(지방세법 제7조 제5항)

2) 기존 과점주주로서의 지분율이 증가한 경우

이미 과점주주가 된 주주 또는 유한책임사원이 해당 법인의 주식등을 취득하여 해당 법인의 주식등의 총액에 대한 과점주주가 가진 주식등의 비율(이하 '주식 등의 비율')이 증가된 경우에는 그 증가분을 취득으로 보아 취득세를 부과한다. 다만, 증가된 후의 주식등의 비율이 해당 과점주주가 이전에 가지고 있던 주식등의 최고비율보다 증가되지 않은 경우에는 취득세를 부과하지 않는다.(지방세법 시행령 제11조 제2항) **2016개정세법**

2016 개정세법 (과점주주 간주취득세 적용기준 명확화, 지방세법 시행령 제11조)

1. 개정사유

- (개정 전) 법인의 주식을 취득함으로써 과점주주가 되는 경우 그 과점주주가 해당 법인의 부동산등을 취득한 것으로 보아 간주취득세를 부과하되, 이미 과점주주 된 주주의 주식비율이 증가시는 그 증가분에 대하여만 취득세 과세. 다만, 주식비율이 증가된 날을 기준으로 5년 이내에 과점주주가 지닌 주식의 최고 비율이 증가되지 않은 경우에는 과세 제외하고, 주식양도로 과점주주가 아니었다가 다시 과점주주가 된 경우, 과점주주 당시 주식비율 보다 증가된 경우에만 증가분 과세. 한편, 과점주주 → 일반주주 → 과점주주가 된 경우 기간(5년)에 관계없이 과거 최고 지분비율 초과분만 과세토록 개선(2010.1.1. 개정)하면서, 제11조 제2항 규정에 따른 과점주주의 주식 증가분에 대한 5년 기간 제한 규정은 삭제하지 않아 해석상 혼란 유발(예: 주식비율이 80% → 40% → 70%(5년 경과) → 90%로 변경시 입법취지는 10%(9080)만 과세, 일부 지자체에서 20%(90-70) 과세로 해석)
- (개정 후) 과점주주 주식 증가분에 대한 5년 기간제한 규정을 삭제하여, 입법취지를 명확히 반영하고 해석상 다툼 방지

2. 적용시기

2016.1.1. 이후 납세의무 성립분부터 적용

3. 개정조문

현 행	개 정
제11조 [과점주주의 취득 등] ① (생 략) ② 이미 과점주주 된 주주 또는 유한책임사원이 해당 법인의 주식등을 취득하여 해당 법인의 주식등의 총액에 대한 과점주주가 가진 주식등의 비율(이하 이 조에서 "주식등의 비율"이라 한다)이 증가된 경우에는 그 증가분을 취득으로 보아 법 제7조 제5항에 따라 취득세를 부과한다. 다만, 증가된 후의 주식등의 비율이 그 증가된 날을 기준으로 그 이전 5년 이내에 해당 과점주주가 가지고 있던 주식등의 최고비율보다 증가되지 아니한 경우에는 취득세를 부과하지 아니한다. ③·④ (생 략)	제11조 [과점주주의 취득 등] ① (현행과 같음) ② ~~~~~~해당 과점주주가 이전에~~~~~~~~~~~~~~~~~~~~~~~~~~~. ③·④ (현행과 같음)

3) 재차과점주주가 된 경우

과점주주였으나 주식등의 양도, 해당 법인의 증자 등으로 과점주주에 해당되지 아니하는 주주 또는 유한책임사원이 된 자가 해당 법인의 주식등을 취득하여 다시 과점주주가 된 경우에는 다시 과점주주가 된 당시의 주식등의 비율이 그 이전에 과점주주가 된 당시의 주식등의 비율보다 증가된 경우에만 그 증가분만을 취득으로 보아 취득세를 부과한다. **2018개정세법**

2018 개정세법 (과점주주 간주취득세 적용기준 명확화, 지방세법 시행령 제11조)

1. 개정사유
- (개정 전) 과점주주였으나 주식의 양도 등으로 '과점주주에 해당되지 아니하는 주주'가 주식을 취득하여 다시 과점주주가 된 경우 그 이전에 과점주주가 된 당시의 주식 비율보다 증가된 경우에만 해당 증가분만을 취득으로 보아 간주취득세를 부과하는데, '과점주주에 해당되지 아니하는 주주'의 범위가 주식을 전부 양도하여 주주가 아닌 자가 된 경우도 포함되는지 명확하지 않음
- (개정 후) 과점주주에서 주주 지위를 상실하였다가 재차 과점주주가 된 경우는 제외하여 과점주주 취득세 과세대상 범위를 명확히 함

2. 적용시기
2018.1.1. 이후 납세의무 성립분부터 적용

3. 개정조문

현 행	개 정
제11조(과점주주의 취득 등) ①·② (생략) ③ 과점주주였으나 주식등의 양도, 해당 법인의 증자 등으로 과점주주에 해당하지 아니하게 되었다가 해당 법인의 주식등을 취득하여 다시 과점주주가 된 경우에는 다시 과점주주가 된 당시의 주식등의 비율이 그 이전에 과점주주가 된 당시의 주식등의 비율보다 증가된 경우에만 그 증가분만을 취득으로 보아 제2항의 예에 따라 취득세를 부과한다. ④ (생략)	제11조(과점주주의 취득 등) ①·② (현행과 같음) ③ ~~~~~~해당되지 아니하는 주주 또는 유한책임사원이 된 자가~~~~~~증가된 경우~~~~~~. ④ (현행과 같음)

4) 과점주주 간 지분율 변동

아래와 같이 과점주주 집단내부 및 특수관계자간의 주식거래가 발생하여 과점주주가 소유한 총주식의 비율에 변동이 없다면 과점주주 간주취득세의 납세의무는 없다.(지방세법 운영예규 7-3)

① 과점주주 집단 내부에서 주식이 이전되는 경우

② 당해 법인의 주주가 아니었던 자가 기존의 과점주주와 친족 기타 특수관계에 있거나 그러한 특수관계를 형성하면서 기존의 과점주주로부터 그 주식의 일부 또는 전부를 이전받아 새로이 과점주주가 되는 경우

> **지방세법 운영예규 7-3 [과점주주의 납세의무]**
> 3. 과점주주 집단내부 및 특수관계자간의 주식거래가 발생하여 과점주주가 소유한 총주식의 비율에 변동이 없다면 과점주주 간주취득세의 납세의무는 없다.
> 예시1. 과점주주 집단 내부에서 주식이 이전되는 경우
> 예시2. 당해 법인의 주주가 아니었던 자가 기존의 과점주주와 친족 기타 특수관계에 있거나 그러한 특수관계를 형성하면서 기존의 과점주주로부터 그 주식의 일부 또는 전부를 이전받아 새로이 과점주주가 되는 경우

<과점주주 간주취득세 적용 예시>

구분	사실관계		간주취득세 과세대상 지분율	
	상황	지분율 변동		
1	법인설립 시 과점주주	0% → 70%	0%(과세제외)	[주1]
	설립 이후 최초 취득	0% → 70%	70%	
	설립 이후 추가 취득	40% → 70%	70%	[주2]
2	과점주주의 추가취득 (가정-기존 과점주주 최고지분율: 80%)	70% → 90%	10%	[주3]
		70% → 80%	0%(과세제외)	[주4]
3	재차 과점주주 추가취득 (가정-이전에 과점주주가 된 지분율: 70%)	70% → 40% → 90%	20%	[주5]
		70% → 40% → 60%	0%(과세제외)	[주6]
추가설명	[주1]	설립 시 과점주주가 된 경우에는 간주취득세 과세대상 아님		
	[주2]	증가분 30%가 아닌 최초 과점주주가 된 때의 전체 지분율 70%를 과세		
	[주3]	과점주주 지분율이 20% 증가했으나, 증가된 후의 지분율이 90%로서 기존 과점주주 최고 지분율 80%보다는 10% 증가하여 그 지분율 증가분 10%를 과세(=90%-80%)		
	[주4]	과점주주 지분율이 10% 증가했으나, 증가된 후의 지분율이 80%로서 기존 과점주주 최고 지분율 80%보다 증가하지 않았으므로 간주취득세를 과세하지 않음		
	[주5]	다시 과점주주가 된 지분율이 90%이고 그 이전에 과점주주가 된 지분율이 70%이므로 그 지분율 증가분 20%를 과세(=90%-70%)		
	[주6]	60%로 다시 과점주주가 되었으나, 그 이전에 과점주주가 된 지분율 70%보다는 증가하지 않았으므로 간주취득세를 과세하지 않음		

2. 주식발행법인 요건

(1) 2023.3.14. 이후

> **지방세기본법 제46조[출자자의 제2차 납세의무]**
> 법인(주식을 「자본시장과 금융투자업에 관한 법률」에 따른 증권시장으로서 대통령령으로 정하는 증권시장에 상장한 법인은 제외한다)의 재산으로 그 법인에 부과되거나 그 법인이 납부할 지방자치단체의 징수금에 충당하여도 부족한 경우에는 그 지방자치단체의 징수금의 과세기준일 또는 납세의무성립일(이에 관한 규정이 없는 세목의 경우에는 납기개시일) 현재 다음 각 호의 어느 하나에 해당하는 자는 그 부족액에 대하여 제2차 납세의무를 진다. 다만, 제2호에 따른 과점주주의 경우에는 그 부족액을 그 법인의 발행주식총수(의결권이 없는 주식은 제외한다. 이하 이 조에서 같다) 또는 출자총액으로 나눈 금액에 해당 과점주주가 실질적으로 권리를 행사하는 소유주식수(의결권이 없는 주식은 제외한다) 또는 출자액을 곱하여 산출한 금액을 한도로 한다.
>
> **지방세기본법 시행령 제24조[제2차 납세의무를 지는 특수관계인의 범위 등]**
> ① 법 제46조 각 호 외의 부분 본문에서 "대통령령으로 정하는 증권시장"이란 다음 각 호의 증권시장을 말한다.
> 1. 「자본시장과 금융투자업에 관한 법률 시행령」 제176조의 9 제1항에 따른 유가증권시장
> 2. 대통령령 제24697호 자본시장과 금융투자업에 관한 법률 시행령 일부개정령 부칙 제8조에 따른 코스닥시장

과점주주의 정의는 지방세기본법 제46조 제2호에 규정된 바에 따르고 있으며 ① 유가증권시장(코스피시장)과 ② 코스닥시장에 상장된 법인은 과점주주의 범위에서 제외하고 있다. 따라서 유가증권시장과 코스닥시장에 상장된 법인이 발행한 주식을 취득하여 과점주주가 되더라도 과점주주 간주취득세 납세의무가 없다. 결국 비상장법인이 발행한 주식을 취득하여 과점주주가 된 경우에만 과점주주 간주취득세 납세의무가 존재한다.

(2) 2023.3.14. 이전

개정 전 지방세법에 따르면 유가증권시장(코스피)에 상장된 법인은 과점주주 간주취득세 적용 대상이 아니다. 코스닥시장에 상장된 법인은 적용 대상이나 지방세특례제한법에 따른 감면(2015년~2018년 100% 감면, 2019년~2022년 85% 감면)이 적용된다.

구 분	2023.3.14. 이전	2023.3.14. 이후
유가증권시장 상장법인(코스피)	과세제외	과세제외
협회등록 상장법인(코스닥)	과세대상이나 아래와 같이 감면 적용 2015년~2018년: 100% 감면 2019년~2022년: 85% 감면(감면최저한)	과세제외
비상장법인	과세대상	과세대상

지방세법 운영예규 7-3 [과점주주의 납세의무]

1. 과점주주에 대한 취득세를 과세함에 있어 대도시 내 법인 본점 또는 주사무소의 사업용부동산 등에 대하여는 중과세를 하지 아니한다.
2. 과점주주의 납세의무성립 당시 당해 법인의 취득시기가 도래되지 아니한 물건에 대하여는 과점주주에게 납세의무가 없으며, 연부취득 중인 물건에 대하여는 연부 취득시기가 도래된 부분에 한하여 납세의무가 있다.
3. 과점주주 집단내부 및 특수관계자간의 주식거래가 발생하여 과점주주가 소유한 총주식의 비율에 변동이 없다면 과점주주 간주취득세의 납세의무는 없다.

예시1. 과점주주 집단 내부에서 주식이 이전되는 경우
예시2. 당해 법인의 주주가 아니었던 자가 기존의 과점주주와 친족 기타 특수관계에 있거나 그러한 특수관계를 형성하면서 기존의 과점주주로부터 그 주식의 일부 또는 전부를 이전받아 새로이 과점주주가 되는 경우

제3절 과세표준 및 세율

1. 과세표준

> **지방세법 제10조의 6 [취득으로 보는 경우의 과세표준]**
> ④ 제7조 제5항 전단에 따라 과점주주가 취득한 것으로 보는 해당 법인의 부동산등의 취득당시가액은 해당 법인의 결산서와 그 밖의 장부 등에 따른 그 부동산등의 총가액을 그 법인의 주식 또는 출자의 총수로 나눈 가액에 과점주주가 취득한 주식 또는 출자의 수를 곱한 금액으로 한다. 이 경우 과점주주는 조례로 정하는 바에 따라 취득당시가액과 그 밖에 필요한 사항을 신고하여야 한다.

과점주주 간주취득에 관한 과세표준은 해당 법인의 결산서와 그 밖의 장부 등에 따른 그 부동산등의 총가액을 그 법인의 주식 또는 출자의 총수로 나눈 가액에 과점주주가 취득한 주식 또는 출자의 수를 곱한 금액으로 한다.(지방세법 제10조의 6 제4항)

> **과세표준 = 해당 법인 부동산등 총가액 × 과점주주 지분율**

과점주주 간주취득세 과세표준을 계산할 때 고려할 주요 사항은 다음과 같다.

(1) 신탁재산

주식발행법인의 취득세 과세물건에는 해당 법인이 신탁법에 따라 신탁한 재산으로서 수탁자 명의로 등기·등록이 되어 있는 부동산등 취득세 과세물건을 포함한다.(지방세법 제7조 제5항) 조세회피 목적의 신탁행위를 방지하기 위해 신탁한 재산의 경우에도 과점주주 간주취득세 납세의무가 있다. `2016개정세법`

> **지방세법 제7조 [납세의무자 등]**
> ⑤ 법인의 주식 또는 지분을 취득함으로써 「지방세기본법」 제46조 제2호에 따른 과점주주 중 대통령령으로 정하는 과점주주(이하 "과점주주"라 한다)가 되었을 때에는 그 과점주주가 해당 법인의 부동산등(법인이 「신탁법」에 따라 신탁한 재산으로서 수탁자 명의로 등기·등록이 되어 있는 부동산등을 포함한다)을 취득(법인설립 시에 발행하는 주식 또는 지분을 취득함으로써 과점주주가 된 경우에는 취득으로 보지 아니한다)한 것으로 본다. 이 경우 과점주주의 연대납세의무에 관하여는 「지방세기본법」 제44조를 준용한다.

> **2016 개정세법** (신탁재산 과점주주 간주취득세 납세의무자 규정 명확화, 지방세법 제7조)
>
> **1. 개정사유**
> - (개정 전) 법인의 주식을 취득하여 과점주주가 되는 경우 그 과점주주가 해당 법인의 부동산 등을 취득한 것으로 보아 간주취득세를 부과. 대법원에서 신탁재산을 위탁법인의 재산에 포함하여 과점주주 간주취득세를 부과할 수 없다고 판단. 이로 인해 조세회피 목적의 신탁행위를 조장할 가능성이 높아 관련 규정 개선 필요
> - (개정 후) 신탁법에 따른 신탁재산은 위탁자에게 귀속되는 것으로 보아 위탁법인의 과점주주에게 간주취득세를 부과토록 납세의무 규정 보완
>
> **2. 적용시기**
> 2016.1.1. 이후 납세의무 성립분부터 적용
>
> **3. 개정조문**
>
> | 현 행 | 개 정 |
> |---|---|
> | 제7조(납세의무자 등) ①~④ (생 략)
 ⑤ 법인의 주식 또는 지분을 취득함으로써 「지방세기본법」 제47조 제2호에 따른 과점주주(이하 "과점주주"라 한다)가 되었을 때에는 그 과점주주가 해당 법인의 부동산등을 취득(법인설립 시에 발행하는 주식 또는 지분을 취득함으로써 과점주주가 된 경우에는 취득으로 보지 아니한다)한 것으로 본다. 이 경우 과점주주의 연대납세의무에 관하여는 「지방세기본법」 제44조를 준용한다. | 제7조(납세의무자 등) ①~④ (현행과 같음)
 ⑤ ~~~~~~해당 법인의 부동산등(법인이 「신탁법」에 따라 신탁한 재산으로서 수탁자 명의로 등기·등록이 되어 있는 부동산 등을 포함한다)~~~~~~~~~~~~~~~~~~~~~~~~~~~~~. |

(2) 과세표준의 가액

과점주주가 간주취득의 과세표준은 해당 법인의 결산서와 그 밖의 장부에 따른 장부상 가액을 적용한다. 이때 건물, 차량 등 감가상각자산은 과점주주가 된 시점 또는 과점주주 지분율이 증가한 시점을 기준으로 계산한 감가상각누계액을 차감한 금액이다.

(3) 과세표준의 적용시점

과점주주가 된 시점 또는 지분율이 증가하는 시점(=과점주주 납세의무성립시점) 현재 주식발행법인이 취득세 과세물건을 보유하고 있지 않거나, 취득시기가 도래하지 않은 과세물건에 대해서는 과점주주 간주취득세 납세의무가 없다. 따라서 취득세 과세물건의 가액은 과점주주가 되는 시점 또는 과점주주로서의 지분율이 증가하는 시점에 주식발행법인이 소유하고 있거나 취득시기가 도래한 취득세 과세물건의 총가액이다. 또한 주식발행법인이 연부취득 중인 취득세 과세물건은 연부 취득시기가 도래한 부분에 한하여 과점주주 간주취득세가 과세된다.(지방세법 운영예규 7-3)

> **지방세법 운영예규 7-3 [과점주주의 납세의무]**
> 2. 과점주주의 납세의무성립 당시 당해 법인의 취득시기가 도래되지 아니한 물건에 대하여는 과점주주에게 납세의무가 없으며, 연부취득 중인 물건에 대하여는 연부 취득시기가 도래된 부분에 한하여 납세의무가 있다.

2. 세 율

과점주주의 간주취득에 대한 세율은 중과기준세율 2%를 적용한다.(지방세법 제15조 제2항 제3호) 다만 주식발행법인이 소유한 대도시 내 법인 본점 또는 주사무소의 사업용부동산 등에는 중과세를 적용하지 않는다.

> **지방세법 제15조 [세율의 특례]**
> ② 다음 각 호의 어느 하나에 해당하는 취득에 대한 취득세는 중과기준세율을 적용하여 계산한 금액을 그 세액으로 한다. 다만, 취득물건이 제13조 제1항에 해당하는 경우에는 중과기준세율의 100분의 300을, 같은 조 제5항에 해당하는 경우에는 중과기준세율의 100분의 500을 각각 적용한다.
> 3. 제7조 제5항에 따른 과점주주의 취득. 이 경우 과세표준은 제10조의 6 제4항에 따른다.

> **지방세법 운영예규 7-3 [과점주주의 납세의무]**
> 1. 과점주주에 대한 취득세를 과세함에 있어 대도시 내 법인 본점 또는 주사무소의 사업용부동산 등에 대하여는 중과세를 하지 아니한다.

부록

참고자료 1. 지방세법, 지방세법 시행령, 지방세법 시행규칙
참고자료 2. 취득세 신고서류

> **참고자료 1**　지방세법, 지방세법 시행령, 지방세법 시행규칙

지방세법

제1장. 총 칙(제1조~제5조)

제1조 【목적】
이 법은 지방자치단체가 과세하는 지방세 각 세목의 과세요건 및 부과·징수, 그 밖에 필요한 사항을 규정함을 목적으로 한다.(2010.3.31. 개정)

제2조 【정의】
이 법에서 사용하는 용어의 뜻은 별도의 규정이 없으면 「지방세기본법」 및 「지방세징수법」에서 정하는 바에 따른다.(2016.12.27. 개정; 지방세징수법 부칙)

제3조 【과세 주체】
이 법에 따른 지방세를 부과·징수하는 지방자치단체는 「지방세기본법」 제8조 및 제9조의 지방자치단체의 세목 구분에 따라 해당 지방세의 과세 주체가 된다.(2010.3.31. 개정)

제4조 【부동산 등의 시가표준액】
① 이 법에서 적용하는 토지 및 주택에 대한 시가표준액은 「부동산 가격공시에 관한 법률」에 따라 공시된 가액(價額)으로 한다. 다만, 개별공시지가 또는 개별주택가격이 공시되지 아니한 경우에는 특별자치시장·특별자치도지사·시장·군수 또는 구청장(자치구의 구청장을 말한다. 이하 같다)이 같은 법에 따라 국토교통부장관이 제공한 토지가격비준표 또는 주택가격비준표를 사용하여 산정한 가액으로 하고, 공동주택가격이 공시되지 아니한 경우에는 대통령령으로 정하는 기준에 따라 특별자치시장·특별자치도지사·시장·군수 또는 구청장이 산정한 가액으로 한다.(2016.12.27. 단서개정)
② 제1항 외의 건축물(새로 건축하여 건축 당시 개별주택가격 또는 공동주택가격이 공시되지 아니한 주택으로서 토지부분을 제외한 건축물을 포함한다), 선박, 항공기 및 그 밖의 과세대상에 대한 시가표준액은 거래가격, 수입가격, 신축·건조·제조가격 등을 고려하여 정한 기준가격에 종류, 구조, 용도, 경과연수 등 과세대상별 특성을 고려하여 대통령령으로 정하는 기준에 따라 지방자치단체의 장이 결정한 가액으로 한다.(2010.3.31. 개정)
③ 행정안전부장관은 제2항에 따른 시가표준액의 적정한 기준을 산정하기 위하여 조사·연구가 필요하다고 인정하는 경우에는 대통령령으로 정하는 관련 전문기관에 의뢰하여 이를 수행하게 할 수 있다.(2017.7.26. 직제개정; 정부조직법 부칙)
④ 제1항과 제2항에 따른 시가표준액의 결정은 「지방세기본법」 제147조에 따른 지방세심의위원회에서 심의한다.(2016.12.27. 개정; 지방세기본법 부칙)

제5조 【「지방세기본법」 및 「지방세징수법」의 적용】
지방세의 부과·징수에 관하여 이 법 및 다른 법령에서 규정한 것을 제외하고는 「지방세기본법」 및 「지방세징수법」을 적용한다.(2016.12.27. 개정; 지방세징수법 부칙)

제2장. 취득세(제6조~제22조의4)

제1절 통 칙(제6조~제9조)

제6조 【정의】
취득세에서 사용하는 용어의 뜻은 다음 각 호와 같다. (2010.3.31. 개정)
1. "취득"이란 매매, 교환, 상속, 증여, 기부, 법인에 대한 현물출자, 건축, 개수(改修), 공유수면의 매립, 간척에 의한 토지의 조성 등과 그 밖에 이와 유사한 취득으로서 원시취득(수용재결로 취득한 경우 등 과세대상이 이미 존재하는 상태에서 취득하는 경우는 제외한다), 승계취득 또는 유상·무상의 모든 취득을 말한다.(2016.12.27. 개정)
2. "부동산"이란 토지 및 건축물을 말한다.(2010.3.31. 개정)
3. "토지"란 「공간정보의 구축 및 관리 등에 관한 법률」에 따라 지적공부(地籍公簿)의 등록대상이 되는 토지와 그 밖에 사용되고 있는 사실상의 토지를 말한다.(2014.6.3. 개정 ; 측량·수로조사 및 지적에 관한 법률 부칙)
4. "건축물"이란 「건축법」 제2조 제1항 제2호에 따른 건축물(이와 유사한 형태의 건축물을 포함한다)과 토지에 정착하거나 지하 또는 다른 구조물에 설치하는 레저시설, 저장시설, 도크(dock)시설, 접안시설, 도관시설, 급수·배수시설, 에너지 공급시설 및 그 밖에 이와 유사한 시설(이에 딸린 시설을 포함한다)로서 대통령령으로 정하는 것을 말한다.(2010.3.31. 개정)
5. "건축"이란 「건축법」 제2조 제1항 제8호에 따른 건축을 말한다.(2010.3.31. 개정)
6. "개수"란 다음 각 목의 어느 하나에 해당하는 것을 말한다.(2014.1.1. 개정)
    가. 「건축법」 제2조 제1항 제9호에 따른 대수선(2014.1.1. 개정)
    나. 건축물 중 레저시설, 저장시설, 도크(dock)시설, 접안시설, 도관시설, 급수·배수시설, 에너지공급시설 및 그 밖에 이와 유사한 시설(이에 딸린 시설을 포함한다)로서 대통령령으로 정하는 것을 수선하는 것 (2014.1.1. 개정)
    다. 건축물에 딸린 시설물 중 대통령령으로 정하는 시설물을 한 종류 이상 설치하거나 수선하는 것 (2014.1.1. 개정)
7. "차량"이란 원동기를 장치한 모든 차량과 피견인차 및 궤도로 승객 또는 화물을 운반하는 모든 기구를 말한다.(2010.3.31. 개정)
8. "기계장비"란 건설공사용, 화물하역용 및 광업용으로 사용되는 기계장비로서 「건설기계관리법」에서 규정한 건설기계 및 이와 유사한 기계장비 중 행정안전부령으로 정하는 것을 말한다.(2017.7.26. 직제개정; 정부조직법 부칙)
9. "항공기"란 사람이 탑승·조종하여 항공에 사용하는 비행기, 비행선, 활공기(滑空機), 회전익(回轉翼) 항공기 및 그 밖에 이와 유사한 비행기구로서 대통령령으로 정하는 것을 말한다.(2010.3.31. 개정)
10. "선박"이란 기선, 범선, 부선(艀船) 및 그 밖에 명칭에 관계없이 모든 배를 말한다. (2013.1.1. 개정)
11. "입목"이란 지상의 과수, 임목과 죽목(竹木)을 말한다.(2010.3.31. 개정)

12. "광업권"이란 「광업법」에 따른 광업권을 말한다. (2010.3.31. 개정)
13. "어업권"이란 「수산업법」 또는 「내수면어업법」에 따른 어업권을 말한다. (2010.3.31. 개정)
13의 2. "양식업권"이란 「양식산업발전법」에 따른 양식업권을 말한다. (2019.8.27. 신설; 양식산업발전법 부칙)
14. "골프회원권"이란 「체육시설의 설치·이용에 관한 법률」에 따른 회원제 골프장의 회원으로서 골프장을 이용할 수 있는 권리를 말한다. (2010.3.31. 개정)
15. "승마회원권"이란 「체육시설의 설치·이용에 관한 법률」에 따른 회원제 승마장의 회원으로서 승마장을 이용할 수 있는 권리를 말한다. (2010.3.31. 개정)
16. "콘도미니엄 회원권"이란 「관광진흥법」에 따른 콘도미니엄과 이와 유사한 휴양시설로서 대통령령으로 정하는 시설을 이용할 수 있는 권리를 말한다. (2010.3.31. 개정)
17. "종합체육시설 이용회원권"이란 「체육시설의 설치·이용에 관한 법률」에 따른 회원제 종합 체육시설업에서 그 시설을 이용할 수 있는 회원의 권리를 말한다. (2010.3.31. 개정)
18. "요트회원권"이란 「체육시설의 설치·이용에 관한 법률」에 따른 회원제 요트장의 회원으로서 요트장을 이용할 수 있는 권리를 말한다. (2014.1.1. 신설)
19. "중과기준세율"이란 제11조 및 제12조에 따른 세율에 가감하거나 제15조 제2항에 따른 세율의 특례 적용 기준이 되는 세율로서 1천분의 20을 말한다. (2015.12.29. 신설)
20. "연부(年賦)"란 매매계약서상 연부계약 형식을 갖추고 일시에 완납할 수 없는 대금을 2년 이상에 걸쳐 일정액씩 분할하여 지급하는 것을 말한다. (2015.12.29. 신설)

제7조 【납세의무자 등】

① 취득세는 부동산, 차량, 기계장비, 항공기, 선박, 입목, 광업권, 어업권, 양식업권, 골프회원권, 승마회원권, 콘도미니엄 회원권, 종합체육시설 이용회원권 또는 요트회원권(이하 이 장에서 "부동산등"이라 한다)을 취득한 자에게 부과한다. (2019.8.27. 개정; 양식산업발전법 부칙)

② 부동산등의 취득은 「민법」, 「자동차관리법」, 「건설기계관리법」, 「항공안전법」, 「선박법」, 「입목에 관한 법률」, 「광업법」, 「수산업법」 또는 「양식산업발전법」 등 관계 법령에 따른 등기·등록 등을 하지 아니한 경우라도 사실상 취득하면 각각 취득한 것으로 보고 해당 취득물건의 소유자 또는 양수인을 각각 취득자로 한다. 다만, 차량, 기계장비, 항공기 및 주문을 받아 건조하는 선박은 승계취득인 경우에만 해당한다. (2019.8.27. 개정; 양식산업발전법 부칙)

③ 건축물 중 조작(造作) 설비, 그 밖의 부대설비에 속하는 부분으로서 그 주체구조부(主體構造部)와 하나가 되어 건축물로서의 효용가치를 이루고 있는 것에 대하여는 주체구조부 취득자 외의 자가 가설(加設)한 경우에도 주체구조부의 취득자가 함께 취득한 것으로 본다. (2013.1.1. 개정)

④ 선박, 차량과 기계장비의 종류를 변경하거나 토지의 지목을 사실상 변경함으로써 그 가액이 증가한 경우에는 취득으로 본다. 이 경우 「도시개발법」에 따른 도시개발사업(환지방식만 해당한다)의 시행으로 토지의 지목이 사실상 변경된 때에는 그 환지계획에 따라 공급되는 환지는 조합원이, 체비지 또는 보류지는 사업시행자가 각각 취득한 것으로 본다. (2023.3.14. 후단신설)

⑤ 법인의 주식 또는 지분을 취득함으로써 「지방세기본법」 제46조 제2호에 따른 과점주주 중 대통령령으로 정하는 과점주주(이하 "과점주주"라 한다)가 되었을 때에는 그 과점주주가 해당 법인의 부동산등(법인이 「신탁법」에 따라 신탁한 재산으로서 수탁자 명의로 등기·등록이 되어 있는 부동산등을 포함한다)을 취득(법인설립 시에 발행하는 주식 또는 지분을 취득함으로써 과점주주가 된 경우에는 취득으로 보지 아니한다)한 것으로 본다. 이 경우 과점주주의 연대납세의무에 관하여는 「지방세기본법」 제44조를 준용한다. (2023.3.14. 개정)

⑥ 외국인 소유의 취득세 과세대상 물건(차량, 기계장비, 항공기 및 선박만 해당한다)을 직접 사용하거나 국내

의 대여시설 이용자에게 대여하기 위하여 소유권을 이전 받는 조건으로 임차하여 수입하는 경우에는 수입하는 자가 취득한 것으로 본다.(2023.12.29. 개정)

⑦ 상속(피상속인이 상속인에게 한 유증 및 포괄유증과 신탁재산의 상속을 포함한다. 이하 이 장과 제3장에서 같다)으로 인하여 취득하는 경우에는 상속인 각자가 상속받는 취득물건(지분을 취득하는 경우에는 그 지분에 해당하는 취득물건을 말한다)을 취득한 것으로 본다. 이 경우 상속인의 납부의무에 관하여는 「지방세기본법」 제44조 제1항 및 제5항을 준용한다.(2010.12.27. 개정)

⑧ 「주택법」 제11조에 따른 주택조합과 「도시 및 주거환경정비법」 제35조 제3항 및 「빈집 및 소규모주택 정비에 관한 특례법」 제23조에 따른 재건축조합 및 소규모재건축조합(이하 이 장에서 "주택조합등"이라 한다)이 해당 조합원용으로 취득하는 조합주택용 부동산(공동주택과 부대시설·복리시설 및 그 부속토지를 말한다)은 그 조합원이 취득한 것으로 본다. 다만, 조합원에게 귀속되지 아니하는 부동산(이하 이 장에서 "비조합원용 부동산"이라 한다)은 제외한다.(2017.2.8. 개정; 빈집 및 소규모주택 정비에 관한 특례법 부칙)

⑨ 「여신전문금융업법」에 따른 시설대여업자가 건설기계나 차량의 시설대여를 하는 경우로서 같은 법 제33조 제1항에 따라 대여시설이용자의 명의로 등록하는 경우라도 그 건설기계나 차량은 시설대여업자가 취득한 것으로 본다.(2010.12.27. 신설)

⑩ 기계장비나 차량을 기계장비대여업체 또는 운수업체의 명의로 등록하는 경우(영업용으로 등록하는 경우로 한정한다)라도 해당 기계장비나 차량의 구매계약서, 세금계산서, 차주대장(車主臺帳) 등에 비추어 기계장비나 차량의 취득대금을 지급한 자가 따로 있음이 입증되는 경우 그 기계장비나 차량은 취득대금을 지급한 자가 취득한 것으로 본다.(2015.7.24. 개정)

⑪ 배우자 또는 직계존비속의 부동산등을 취득하는 경우에는 증여로 취득한 것으로 본다. 다만, 다음 각 호의 어느 하나에 해당하는 경우에는 유상으로 취득한 것으로 본다.(2014.1.1. 신설)
 1. 공매(경매를 포함한다. 이하 같다)를 통하여 부동산등을 취득한 경우(2014.1.1. 신설)
 2. 파산선고로 인하여 처분되는 부동산등을 취득한 경우(2014.1.1. 신설)
 3. 권리의 이전이나 행사에 등기 또는 등록이 필요한 부동산등을 서로 교환한 경우(2014.1.1. 신설)
 4. 해당 부동산등의 취득을 위하여 그 대가를 지급한 사실이 다음 각 목의 어느 하나에 의하여 증명되는 경우 (2015.12.29. 개정)
  가. 그 대가를 지급하기 위한 취득자의 소득이 증명되는 경우(2015.12.29. 신설)
  나. 소유재산을 처분 또는 담보한 금액으로 해당 부동산을 취득한 경우(2015.12.29. 신설)
  다. 이미 상속세 또는 증여세를 과세(비과세 또는 감면받은 경우를 포함한다)받았거나 신고한 경우로서 그 상속 또는 수증 재산의 가액으로 그 대가를 지급한 경우(2015.12.29. 신설)
  라. 가목부터 다목까지에 준하는 것으로서 취득자의 재산으로 그 대가를 지급한 사실이 입증되는 경우 (2015.12.29. 신설)

⑫ 증여자의 채무를 인수하는 부담부(負擔附) 증여의 경우에는 그 채무액에 상당하는 부분은 부동산등을 유상으로 취득하는 것으로 본다. 다만, 배우자 또는 직계존비속으로부터의 부동산등의 부담부 증여의 경우에는 제11항을 적용한다.(2017.12.26. 단서신설)

⑬ 상속개시 후 상속재산에 대하여 등기·등록·명의개서(名義改書) 등(이하 "등기등"이라 한다)에 의하여 각 상속인의 상속분이 확정되어 등기등이 된 후, 그 상속재산에 대하여 공동상속인이 협의하여 재분할한 결과 특정 상속인이 당초 상속분을 초과하여 취득하게 되는 재산가액은 그 재분할에 의하여 상속분이 감소한 상속인으로부터 증여받아 취득한 것으로 본다. 다만, 다음 각 호의 어느 하나에 해당하는 경우에는 그러하지 아니하다.(2014.1.1. 신설)
 1. 제20조 제1항에 따른 신고·납부기한 내에 재분할에 의한 취득과 등기등을 모두 마친 경우(2018.12.31.

개정)
2. 상속회복청구의 소에 의한 법원의 확정판결에 의하여 상속인 및 상속재산에 변동이 있는 경우(2014.1.1. 신설)
3. 「민법」 제404조에 따른 채권자대위권의 행사에 의하여 공동상속인들의 법정상속분대로 등기등이 된 상속재산을 상속인사이의 협의분할에 의하여 재분할하는 경우(2014.1.1. 신설)

⑭ 「공간정보의 구축 및 관리 등에 관한 법률」 제67조에 따른 대(垈) 중 「국토의 계획 및 이용에 관한 법률」 등 관계 법령에 따른 택지공사가 준공된 토지에 정원 또는 부속시설물 등을 조성·설치하는 경우에는 그 정원 또는 부속시설물 등은 토지에 포함되는 것으로서 토지의 지목을 사실상 변경하는 것으로 보아 토지의 소유자가 취득한 것으로 본다. 다만, 건축물을 건축하면서 그 건축물에 부수되는 정원 또는 부속시설물 등을 조성·설치하는 경우에는 그 정원 또는 부속시설물 등은 건축물에 포함되는 것으로 보아 건축물을 취득하는 자가 취득한 것으로 본다.(2019.12.31. 개정)

⑮ 「신탁법」 제10조에 따라 신탁재산의 위탁자 지위의 이전이 있는 경우에는 새로운 위탁자가 해당 신탁재산을 취득한 것으로 본다. 다만, 위탁자 지위의 이전에도 불구하고 신탁재산에 대한 실질적인 소유권 변동이 있다고 보기 어려운 경우로서 대통령령으로 정하는 경우에는 그러하지 아니하다.(2015.12.29. 신설)

⑯ 「도시개발법」에 따른 도시개발사업과 「도시 및 주거환경정비법」에 따른 정비사업의 시행으로 해당 사업의 대상이 되는 부동산의 소유자(상속인을 포함한다)가 환지계획 또는 관리처분계획에 따라 공급받거나 토지상환채권으로 상환받는 건축물은 그 소유자가 원시취득한 것으로 보며, 토지의 경우에는 그 소유자가 승계취득한 것으로 본다. 이 경우 토지는 당초 소유한 토지 면적을 초과하는 경우로서 그 초과한 면적에 해당하는 부분에 한정하여 취득한 것으로 본다.(2023.3.14. 신설)

제8조 【납세지】

① 취득세의 납세지는 다음 각 호에서 정하는 바에 따른다.(2010.3.31. 개정)
1. 부동산: 부동산 소재지(2010.3.31. 개정)
2. 차량: 「자동차관리법」에 따른 등록지. 다만, 등록지가 사용본거지와 다른 경우에는 사용본거지를 납세지로 하고, 철도차량의 경우에는 해당 철도차량의 청소, 유치(留置), 조성, 검사, 수선 등을 주로 수행하는 철도차량기지의 소재지를 납세지로 한다.(2016.12.27. 개정)
3. 기계장비: 「건설기계관리법」에 따른 등록지(2010.3.31. 개정)
4. 항공기: 항공기의 정치장(定置場) 소재지(2010.3.31. 개정)
5. 선박: 선적항 소재지. 다만, 「수상레저기구의 등록 및 검사에 관한 법률」 제3조 각 호에 해당하는 동력수상레저기구의 경우에는 같은 법 제6조 제1항에 따른 등록지로 하고, 그 밖에 선적항이 없는 선박의 경우에는 정계장 소재지(정계장이 일정하지 아니한 경우에는 선박 소유자의 주소지)로 한다.(2023.3.14. 단서개정)
6. 입목: 입목 소재지(2010.3.31. 개정)
7. 광업권: 광구 소재지(2010.3.31. 개정)
8. 어업권·양식업권: 어장 소재지(2019.8.27. 개정; 양식산업발전법 부칙)
9. 골프회원권, 승마회원권, 콘도미니엄 회원권, 종합체육시설 이용회원권 또는 요트회원권: 골프장·승마장·콘도미니엄·종합체육시설 및 요트 보관소의 소재지(2014.1.1. 개정)

② 제1항에 따른 납세지가 분명하지 아니한 경우에는 해당 취득물건의 소재지를 그 납세지로 한다.(2010.3.31. 개정)

③ 같은 취득물건이 둘 이상의 지방자치단체에 걸쳐 있는 경우에는 대통령령으로 정하는 바에 따라 소재지별로 안분(按分)한다.(2010.3.31. 개정)

제9조 【비과세】
① 국가 또는 지방자치단체(다른 법률에서 국가 또는 지방자치단체로 의제되는 법인은 제외한다. 이하 같다), 「지방자치법」 제176조 제1항에 따른 지방자치단체조합(이하 "지방자치단체조합"이라 한다), 외국정부 및 주한국제기구의 취득에 대해서는 취득세를 부과하지 아니한다. 다만, 대한민국 정부기관의 취득에 대하여 과세하는 외국정부의 취득에 대해서는 취득세를 부과한다.(2021.1.12. 개정; 지방자치법 부칙)
② 국가, 지방자치단체 또는 지방자치단체조합(이하 이 항에서 "국가등"이라 한다)에 귀속 또는 기부채납(「사회기반시설에 대한 민간투자법」 제4조 제3호에 따른 방식으로 귀속되는 경우를 포함한다. 이하 이 항에서 "귀속등"이라 한다)을 조건으로 취득하는 부동산 및 「사회기반시설에 대한 민간투자법」 제2조 제1호 각 목에 해당하는 사회기반시설에 대해서는 취득세를 부과하지 아니한다. 다만, 다음 각 호의 어느 하나에 해당하는 경우 그 해당 부분에 대해서는 취득세를 부과한다.(2015.12.29. 단서개정)
  1. 국가등에 귀속등의 조건을 이행하지 아니하고 타인에게 매각·증여하거나 귀속등을 이행하지 아니하는 것으로 조건이 변경된 경우(2015.12.29. 신설)
  2. 국가등에 귀속등의 반대급부로 국가등이 소유하고 있는 부동산 및 사회기반시설을 무상으로 양여받거나 기부채납 대상물의 무상사용권을 제공받는 경우(2015.12.29. 신설)
③ 신탁(「신탁법」에 따른 신탁으로서 신탁등기가 병행되는 것만 해당한다)으로 인한 신탁재산의 취득으로서 다음 각 호의 어느 하나에 해당하는 경우에는 취득세를 부과하지 아니한다. 다만, 신탁재산의 취득 중 주택조합등과 조합원 간의 부동산 취득 및 주택조합등의 비조합원용 부동산 취득은 제외한다.(2010.3.31. 개정)
  1. 위탁자로부터 수탁자에게 신탁재산을 이전하는 경우(2010.3.31. 개정)
  2. 신탁의 종료로 인하여 수탁자로부터 위탁자에게 신탁재산을 이전하는 경우(2011.7.25. 개정; 신탁법 부칙)
  3. 수탁자가 변경되어 신수탁자에게 신탁재산을 이전하는 경우(2010.3.31. 개정)
④ 「징발재산정리에 관한 특별조치법」 또는 「국가보위에 관한 특별조치법 폐지법률」 부칙 제2항에 따른 동원대상지역 내의 토지의 수용·사용에 관한 환매권의 행사로 매수하는 부동산의 취득에 대하여는 취득세를 부과하지 아니한다.(2010.3.31. 개정)
⑤ 임시흥행장, 공사현장사무소 등(제13조 제5항에 따른 과세대상은 제외한다) 임시건축물의 취득에 대하여는 취득세를 부과하지 아니한다. 다만, 존속기간이 1년을 초과하는 경우에는 취득세를 부과한다.(2010.12.27. 개정)
⑥ 「주택법」 제2조 제3호에 따른 공동주택의 개수(「건축법」 제2조 제1항 제9호에 따른 대수선은 제외한다)로 인한 취득 중 대통령령으로 정하는 가액 이하의 주택과 관련된 개수로 인한 취득에 대해서는 취득세를 부과하지 아니한다.(2016.1.19. 개정; 주택법 부칙)
⑦ 다음 각 호의 어느 하나에 해당하는 차량에 대해서는 상속에 따른 취득세를 부과하지 아니한다.(2021.12.28. 개정)
  1. 상속개시 이전에 천재지변·화재·교통사고·폐차·차령초과(車齡超過) 등으로 사용할 수 없게 된 차량으로서 대통령령으로 정하는 차량(2021.12.28. 개정)
  2. 차령초과로 사실상 차량을 사용할 수 없는 경우 등 대통령령으로 정하는 사유로 상속으로 인한 이전등록을 하지 아니한 상태에서 폐차함에 따라 상속개시일부터 3개월 이내에 말소등록된 차량(2021.12.28. 개정)

제2절 과세표준과 세율(제10조~제17조)

제10조 【과세표준의 기준】
취득세의 과세표준은 취득 당시의 가액으로 한다. 다만, 연부로 취득하는 경우 취득세의 과세표준은 연부금액(매회 사실상 지급되는 금액을 말하며, 취득금액에 포함되는 계약보증금을 포함한다. 이하 이 장에서 같다)으로

한다.(2021.12.28. 개정)

제10조의 2 【무상취득의 경우 과세표준】

① 부동산등을 무상취득하는 경우 제10조에 따른 취득 당시의 가액(이하 "취득당시가액"이라 한다)은 취득시기 현재 불특정 다수인 사이에 자유롭게 거래가 이루어지는 경우 통상적으로 성립된다고 인정되는 가액(매매사례가액, 감정가액, 공매가액 등 대통령령으로 정하는 바에 따라 시가로 인정되는 가액을 말하며, 이하 "시가인정액"이라 한다)으로 한다.(2021.12.28. 신설)

② 제1항에도 불구하고 다음 각 호의 경우에는 해당 호에서 정하는 가액을 취득당시가액으로 한다.(2021.12.28. 신설)
   1. 상속에 따른 무상취득의 경우: 제4조에 따른 시가표준액(2021.12.28. 신설)
   2. 대통령령으로 정하는 가액 이하의 부동산등을 무상취득(제1호의 경우는 제외한다)하는 경우: 시가인정액과 제4조에 따른 시가표준액 중에서 납세자가 정하는 가액(2021.12.28. 신설)
   3. 제1호 및 제2호에 해당하지 아니하는 경우: 시가인정액으로 하되, 시가인정액을 산정하기 어려운 경우에는 제4조에 따른 시가표준액(2021.12.28. 신설)

③ 납세자가 제20조 제1항에 따른 신고를 할 때 과세표준으로 제1항에 따른 감정가액을 신고하려는 경우에는 대통령령으로 정하는 바에 따라 둘 이상의 감정기관(대통령령으로 정하는 가액 이하의 부동산 등의 경우에는 하나의 감정기관으로 한다)에 감정을 의뢰하고 그 결과를 첨부하여야 한다.(2021.12.28. 신설)

④ 제3항에 따른 신고를 받은 지방자치단체의 장은 감정기관이 평가한 감정가액이 다른 감정기관이 평가한 감정가액의 100분의 80에 미달하는 등 대통령령으로 정하는 사유에 해당하는 경우에는 1년의 범위에서 기간을 정하여 해당 감정기관을 시가불인정 감정기관으로 지정할 수 있다.(2021.12.28. 신설)

⑤ 제4항에 따라 시가불인정 감정기관으로 지정된 감정기관이 평가한 감정가액은 그 지정된 기간 동안 시가인정액으로 보지 아니한다.(2021.12.28. 신설)

⑥ 제7조 제11항 및 제12항에 따라 증여자의 채무를 인수하는 부담부 증여의 경우 유상으로 취득한 것으로 보는 채무액에 상당하는 부분(이하 이 조에서 "채무부담액"이라 한다)에 대해서는 제10조의 3에서 정하는 유상승계취득에서의 과세표준을 적용하고, 취득물건의 시가인정액에서 채무부담액을 뺀 잔액에 대해서는 이 조에서 정하는 무상취득에서의 과세표준을 적용한다.(2021.12.28. 신설)

⑦ 제4항에 따른 시가불인정 감정기관의 지정기간·지정절차와 제6항에 따라 유상승계취득에서의 과세표준을 적용하는 채무부담액의 범위, 유상승계취득에서 과세표준이 되는 가액과 그 적용 등에 관하여 필요한 사항은 대통령령으로 정한다.(2021.12.28. 신설)

제10조의 3 【유상승계취득의 경우 과세표준】

① 부동산등을 유상거래(매매 또는 교환 등 취득에 대한 대가를 지급하는 거래를 말한다. 이하 이 장에서 같다)로 승계취득하는 경우 취득당시가액은 취득시기 이전에 해당 물건을 취득하기 위하여 다음 각 호의 자가 거래 상대방이나 제3자에게 지급하였거나 지급하여야 할 일체의 비용으로서 대통령령으로 정하는 사실상의 취득가격(이하 "사실상취득가격"이라 한다)으로 한다.(2023.12.29. 개정)
   1. 납세의무자(2023.12.29. 신설)
   2. 「신탁법」에 따른 신탁의 방식으로 해당 물건을 취득하는 경우에는 같은 법에 따른 위탁자(2023.12.29. 신설)
   3. 그 밖에 해당 물건을 취득하기 위하여 비용을 지급하였거나 지급하여야 할 자로서 대통령령으로 정하는 자(2023.12.29. 신설)

② 지방자치단체의 장은 특수관계인 간의 거래로 그 취득에 대한 조세부담을 부당하게 감소시키는 행위 또는

계산을 한 것으로 인정되는 경우(이하 이 장에서 "부당행위계산"이라 한다)에는 제1항에도 불구하고 시가인 정액을 취득당시가액으로 결정할 수 있다.(2021.12.28. 신설)
③ 부당행위계산의 유형은 대통령령으로 정한다.(2021.12.28. 신설)

제10조의 4 【원시취득의 경우 과세표준】
① 부동산등을 원시취득하는 경우 취득당시가액은 사실상취득가격으로 한다.(2021.12.28. 신설)
② 제1항에도 불구하고 법인이 아닌 자가 건축물을 건축하여 취득하는 경우로서 사실상취득가격을 확인할 수 없는 경우의 취득당시가액은 제4조에 따른 시가표준액으로 한다. (2021.12.28. 신설)

제10조의 5 【무상취득·유상승계취득·원시취득의 경우 과세표준에 대한 특례】
① 제10조의 2 및 제10조의 3에도 불구하고 차량 또는 기계장비를 취득하는 경우 취득당시가액은 다음 각 호의 구분에 따른 가격 또는 가액으로 한다.(2021.12.28. 신설)
  1. 차량 또는 기계장비를 무상취득하는 경우: 제4조 제2항에 따른 시가표준액(2021.12.28. 신설)
  2. 차량 또는 기계장비를 유상승계취득하는 경우: 사실상취득가격. 다만, 사실상취득가격에 대한 신고 또는 신고가액의 표시가 없거나 그 신고가액이 제4조 제2항에 따른 시가표준액보다 적은 경우 취득당시가액은 같은 항에 따른 시가표준액으로 한다.(2021.12.28. 신설)
  3. 차량 제조회사가 생산한 차량을 직접 사용하는 경우: 사실상취득가격(2021.12.28. 신설)
② 제1항에도 불구하고 천재지변으로 피해를 입은 차량 또는 기계장비를 취득하여 그 사실상취득가격이 제4조 제2항에 따른 시가표준액보다 낮은 경우 등 대통령령으로 정하는 경우 그 차량 또는 기계장비의 취득당시가 액은 대통령령으로 정하는 바에 따라 달리 산정할 수 있다.(2021.12.28. 신설)
③ 제10조의 2부터 제10조의 4까지의 규정에도 불구하고 다음 각 호의 경우 취득당시가액의 산정 및 적용 등은 대통령령으로 정한다.(2021.12.28. 신설)
  1. 대물변제, 교환, 양도담보 등 유상거래를 원인으로 취득하는 경우(2021.12.28. 신설)
  2. 법인의 합병·분할 및 조직변경을 원인으로 취득하는 경우(2021.12.28. 신설)
  3. 「도시 및 주거환경정비법」 제2조 제8호의 사업시행자, 「빈집 및 소규모주택 정비에 관한 특례법」 제2조 제1항 제5호의 사업시행자 및 「주택법」 제2조 제11호의 주택조합이 취득하는 경우(2021.12.28. 신설)
  4. 그 밖에 제1호부터 제3호까지의 규정에 준하는 경우로서 대통령령으로 정하는 취득에 해당하는 경우 (2021.12.28. 신설)

제10조의 6 【취득으로 보는 경우의 과세표준】
① 다음 각 호의 경우 취득 당시가액은 그 변경으로 증가한 가액에 해당하는 사실상취득가격으로 한다. (2021.12.28. 신설)
  1. 토지의 지목을 사실상 변경한 경우(2021.12.28. 신설)
  2. 선박, 차량 또는 기계장비의 용도 등 대통령령으로 정하는 사항을 변경한 경우(2021.12.28. 신설)
② 제1항에도 불구하고 법인이 아닌 자가 제1항 각 호의 어느 하나에 해당하는 경우로서 사실상취득가격을 확인할 수 없는 경우 취득당시가액은 제4조에 따른 시가표준액을 대통령령으로 정하는 방법에 따라 계산한 가액으로 한다.(2021.12.28. 신설)
③ 건축물을 개수하는 경우 취득당시가액은 제10조의 4에 따른다.(2021.12.28. 신설)
④ 제7조 제5항 전단에 따라 과점주주가 취득한 것으로 보는 해당 법인의 부동산등의 취득당시가액은 해당 법인의 결산서와 그 밖의 장부 등에 따른 그 부동산등의 총가액을 그 법인의 주식 또는 출자의 총수로 나눈 가

액에 과점주주가 취득한 주식 또는 출자의 수를 곱한 금액으로 한다. 이 경우 과점주주는 조례로 정하는 바에 따라 취득당시가액과 그 밖에 필요한 사항을 신고하여야 한다.(2021.12.28. 신설)

제10조의 7 【취득의 시기】

제10조의 2부터 제10조의 6까지의 규정을 적용하는 경우 취득물건의 취득유형별 취득시기 등에 관하여 필요한 사항은 대통령령으로 정한다.(2021.12.28. 신설)

제11조 【부동산 취득의 세율】

① 부동산에 대한 취득세는 제10조의 2부터 제10조의 6까지의 규정에 따른 과세표준에 다음 각 호에 해당하는 표준세율을 적용하여 계산한 금액을 그 세액으로 한다.(2021.12.28. 개정)

1. 상속으로 인한 취득(2010.12.27. 개정)
   가. 농지: 1천분의 23(2010.3.31. 개정)
   나. 농지 외의 것: 1천분의 28(2010.3.31. 개정)
2. 제1호 외의 무상취득: 1천분의 35. 다만, 대통령령으로 정하는 비영리사업자의 취득은 1천분의 28로 한다.(2010.12.27. 개정)
3. 원시취득: 1천분의 28(2010.3.31. 개정)
4. (삭제, 2014.1.1.)
5. 공유물의 분할 또는 「부동산 실권리자명의 등기에 관한 법률」 제2조 제1호 나목에서 규정하고 있는 부동산의 공유권 해소를 위한 지분이전으로 인한 취득(등기부등본상 본인 지분을 초과하는 부분의 경우에는 제외한다): 1천분의 23(2010.12.27. 신설)
6. 합유물 및 총유물의 분할로 인한 취득: 1천분의 23(2010.12.27. 개정)
7. 그 밖의 원인으로 인한 취득(2010.12.27. 호번개정)
   가. 농지: 1천분의 30(2010.3.31. 개정)
   나. 농지 외의 것: 1천분의 40(2010.3.31. 개정)
8. 제7호 나목에도 불구하고 유상거래를 원인으로 주택[「주택법」 제2조 제1호의 주택으로서 「건축법」에 따른 건축물대장・사용승인서・임시사용승인서나 「부동산등기법」에 따른 등기부에 주택으로 기재[「건축법」(법률 제7696호로 개정되기 전의 것을 말한다)에 따라 건축허가 또는 건축신고 없이 건축이 가능하였던 주택(법률 제7696호 건축법 일부개정법률 부칙 제3조에 따라 건축허가를 받거나 건축신고가 있는 것으로 보는 경우를 포함한다)으로서 건축물대장에 기재되어 있지 아니한 주택의 경우에도 건축물대장에 주택으로 기재된 것으로 본다]된 주거용 건축물과 그 부속토지를 말한다. 이하 이 조에서 같다]을 취득하는 경우에는 다음 각 목의 구분에 따른 세율을 적용한다. 이 경우 지분으로 취득한 주택의 취득당시가액(제10조의 3 및 제10조의 5 제3항에서 정하는 취득당시가액으로 한정한다. 이하 이 호에서 같다)은 다음 계산식에 따라 산출한 전체 주택의 취득당시가액으로 한다.(2023.3.14. 개정)

$$\text{전체 주택의 취득당시의 가액} = \text{취득 지분의 취득당시가액} \times \frac{\text{전체 주택의 시가표준액}}{\text{취득 지분의 시가표준액}}$$

   가. 취득당시가액이 6억원 이하인 주택: 1천분의 10(2019.12.31. 개정)

나. 취득당시가액이 6억원을 초과하고 9억원 이하인 주택: 다음 계산식에 따라 산출한 세율. 이 경우 소수점이하 다섯째자리에서 반올림하여 소수점 넷째자리까지 계산한다.(2019.12.31. 개정)

$$\text{해당 주택의 취득당시의 가액} \times \frac{2}{3억원} - 3) \times \frac{\text{전체 주택의 시가표준액}}{\text{취득 지분의 시가표준액}}$$

다. 취득당시가액이 9억원을 초과하는 주택: 1천분의 30(2019.12.31. 개정)
② 제1항 제1호·제2호·제7호 및 제8호의 부동산이 공유물일 때에는 그 취득지분의 가액을 과세표준으로 하여 각각의 세율을 적용한다.(2013.12.26. 개정)
③ 제10조의 4 및 제10조의 6 제3항에 따라 건축(신축과 재축은 제외한다) 또는 개수로 인하여 건축물 면적이 증가할 때에는 그 증가된 부분에 대하여 원시취득으로 보아 제1항 제3호의 세율을 적용한다.(2021.12.28. 개정)
④ 주택을 신축 또는 증축한 이후 해당 주거용 건축물의 소유자(배우자 및 직계존비속을 포함한다)가 해당 주택의 부속토지를 취득하는 경우에는 제1항 제8호를 적용하지 아니한다.(2020.8.12. 개정)
  1. (삭제, 2020.8.12.)
  2. (삭제, 2020.8.12.)
⑤ 법인이 합병 또는 분할에 따라 부동산을 취득하는 경우에는 제1항 제7호의 세율을 적용한다.(2023.3.14. 신설)

제12조【부동산 외 취득의 세율】
① 다음 각 호에 해당하는 부동산등에 대한 취득세는 제10조의 2부터 제10조의 6까지의 규정에 따른 과세표준에 다음 각 호의 표준세율을 적용하여 계산한 금액을 그 세액으로 한다.(2021.12.28. 개정)

제13조【과밀억제권역 안 취득 등 중과】
① 「수도권정비계획법」 제6조에 따른 과밀억제권역에서 대통령령으로 정하는 본점이나 주사무소의 사업용으로 신축하거나 증축하는 건축물(「신탁법」에 따른 수탁자가 취득한 신탁재산 중 위탁자가 신탁기간 중 또는 신탁 종료 후 위탁자의 본점이나 주사무소의 사업용으로 사용하기 위하여 신축하거나 증축하는 건축물을 포함한다)과 그 부속토지를 취득하는 경우와 같은 조에 따른 과밀억제권역(「산업집적활성화 및 공장설립에 관한 법률」을 적용받는 산업단지·유치지역 및 「국토의 계획 및 이용에 관한 법률」을 적용받는 공업지역은 제외한다)에서 공장을 신설하거나 증설하기 위하여 사업용 과세물건을 취득하는 경우의 취득세율은 제11조 및 제12조의 세율에 중과기준세율의 100분의 200을 합한 세율을 적용한다.(2019.12.31. 개정)
② 다음 각 호의 어느 하나에 해당하는 부동산(「신탁법」에 따른 수탁자가 취득한 신탁재산을 포함한다)을 취득하는 경우의 취득세는 제11조 제1항의 표준세율의 100분의 300에서 중과기준세율의 100분의 200을 뺀 세율(제11조 제1항 제8호에 해당하는 주택을 취득하는 경우에는 제13조의 2 제1항 제1호에 해당하는 세율)을 적용한다. 다만, 「수도권정비계획법」 제6조에 따른 과밀억제권역(「산업집적활성화 및 공장설립에 관한 법률」을 적용받는 산업단지는 제외한다. 이하 이 조 및 제28조에서 "대도시"라 한다)에 설치가 불가피하다고 인정되는 업종으로서 대통령령으로 정하는 업종(이하 이 조에서 "대도시 중과 제외 업종"이라 한다)에 직접 사용할 목적으로 부동산을 취득하는 경우의 취득세는 제11조에 따른 해당 세율을 적용한다.(2020.8.12. 개정)
  1. 대도시에서 법인을 설립[대통령령으로 정하는 휴면(休眠)법인(이하 "휴면법인"이라 한다)을 인수하는 경우를 포함한다. 이하 이 호에서 같다]하거나 지점 또는 분사무소를 설치하는 경우 및 법인의 본점·주사무소·지점 또는 분사무소를 대도시 밖에서 대도시로 전입(「수도권정비계획법」 제2조에 따른 수도권의 경우

에는 서울특별시 외의 지역에서 서울특별시로의 전입도 대도시로의 전입으로 본다. 이하 이 항 및 제28조 제2항에서 같다)함에 따라 대도시의 부동산을 취득(그 설립·설치·전입 이후의 부동산 취득을 포함한다)하는 경우(2016.12.27. 개정)

2. 대도시(「산업집적활성화 및 공장설립에 관한 법률」을 적용받는 유치지역 및 「국토의 계획 및 이용에 관한 법률」을 적용받는 공업지역은 제외한다)에서 공장을 신설하거나 증설함에 따라 부동산을 취득하는 경우(2010.3.31. 개정)

③ 제2항 각 호 외의 부분 단서에도 불구하고 다음 각 호의 어느 하나에 해당하는 경우 그 해당 부분에 대하여는 제2항 본문을 적용한다.(2010.12.27. 신설)

1. 제2항 각 호 외의 부분 단서에 따라 취득한 부동산이 다음 각 목의 어느 하나에 해당하는 경우. 다만, 대도시 중과 제외 업종 중 대통령령으로 정하는 업종에 대하여는 직접 사용하여야 하는 기한 또는 다른 업종이나 다른 용도에 사용·겸용이 금지되는 기간을 3년 이내의 범위에서 대통령령으로 달리 정할 수 있다.(2010.12.27. 신설)

    가. 정당한 사유 없이 부동산 취득일부터 1년이 경과할 때까지 대도시 중과 제외 업종에 직접 사용하지 아니하는 경우(2010.12.27. 신설)

    나. 부동산 취득일부터 1년 이내에 다른 업종이나 다른 용도에 사용·겸용하는 경우(2020.8.12. 목번개정)

2. 제2항 각 호 외의 부분 단서에 따라 취득한 부동산이 다음 각 목의 어느 하나에 해당하는 경우(2010.12.27. 신설)

    가. 부동산 취득일부터 2년 이상 해당 업종 또는 용도에 직접 사용하지 아니하고 매각하는 경우(2010.12.27. 신설)

    나. 부동산 취득일부터 2년 이상 해당 업종 또는 용도에 직접 사용하지 아니하고 다른 업종이나 다른 용도에 사용·겸용하는 경우(2010.12.27. 신설)

④ 제3항을 적용할 때 대통령령으로 정하는 임대가 불가피하다고 인정되는 업종에 대하여는 직접 사용하는 것으로 본다.(2010.12.27. 신설)

⑤ 다음 각 호의 어느 하나에 해당하는 부동산등을 취득하는 경우(고급주택 등을 구분하여 그 일부를 취득하는 경우를 포함한다)의 취득세는 제11조 및 제12조의 세율과 중과기준세율의 100분의 400을 합한 세율을 적용하여 계산한 금액을 그 세액으로 한다. 이 경우 골프장은 그 시설을 갖추어 「체육시설의 설치·이용에 관한 법률」에 따라 체육시설업의 등록(시설을 증설하여 변경등록하는 경우를 포함한다. 이하 이 항에서 같다)을 하는 경우뿐만 아니라 등록을 하지 아니하더라도 사실상 골프장으로 사용하는 경우에도 적용하며, 고급주택·고급오락장에 부속된 토지의 경계가 명확하지 아니할 때에는 그 건축물 바닥면적의 10배에 해당하는 토지를 그 부속토지로 본다.(2023.3.14. 개정)

1. (삭제, 2023.3.14.)

2. 골프장: 「체육시설의 설치·이용에 관한 법률」에 따른 회원제 골프장용 부동산 중 구분등록의 대상이 되는 토지와 건축물 및 그 토지 상(上)의 입목(2010.3.31. 개정)

3. 고급주택: 주거용 건축물 또는 그 부속토지의 면적과 가액이 대통령령으로 정하는 기준을 초과하거나 해당 건축물에 67 제곱미터 이상의 수영장 등 대통령령으로 정하는 부대시설을 설치한 주거용 건축물과 그 부속토지. 다만, 주거용 건축물을 취득한 날부터 60일[상속으로 인한 경우는 상속개시일이 속하는 달의 말일부터, 실종으로 인한 경우는 실종선고일이 속하는 달의 말일부터 각각 6개월(납세자가 외국에 주소를 둔 경우에는 각각 9개월)] 이내에 주거용이 아닌 용도로 사용하거나 고급주택이 아닌 용도로 사용하기 위하여 용도변경공사를 착공하는 경우는 제외한다.(2018.12.31. 단서개정)

4. 고급오락장: 도박장, 유흥주점영업장, 특수목욕장, 그 밖에 이와 유사한 용도에 사용되는 건축물 중 대통

령령으로 정하는 건축물과 그 부속토지. 다만, 고급오락장용 건축물을 취득한 날부터 60일[상속으로 인한 경우는 상속개시일이 속하는 달의 말일부터, 실종으로 인한 경우는 실종선고일이 속하는 달의 말일부터 각각 6개월(납세자가 외국에 주소를 둔 경우에는 각각 9개월)] 이내에 고급오락장이 아닌 용도로 사용하거나 고급오락장이 아닌 용도로 사용하기 위하여 용도변경공사를 착공하는 경우는 제외한다.(2018.12.31. 단서개정)

5. 고급선박: 비업무용 자가용 선박으로서 대통령령으로 정하는 기준을 초과하는 선박(2010.3.31. 개정)

⑥ 제1항과 제2항이 동시에 적용되는 과세물건에 대한 취득세율은 제16조 제5항에도 불구하고 제11조 제1항에 따른 표준세율의 100분의 300으로 한다.(2010.12.27. 항번개정)

⑦ 제2항과 제5항이 동시에 적용되는 과세물건에 대한 취득세율은 제16조 제5항에도 불구하고 제11조에 따른 표준세율의 100분의 300에 중과기준세율의 100분의 200을 합한 세율을 적용한다. 다만, 제11조 제1항 제8호에 따른 주택을 취득하는 경우에는 해당 세율에 중과기준세율의 100분의 600을 합한 세율을 적용한다.(2015.12.29. 단서신설)

⑧ 제2항에 따른 중과세의 범위와 적용기준, 그 밖에 필요한 사항은 대통령령으로 정하고, 제1항과 제2항에 따른 공장의 범위와 적용기준은 행정안전부령으로 정한다.(2017.7.26. 직제개정 ; 정부조직법 부칙)

제13조의 2 【법인의 주택 취득 등 중과】

① 주택(제11조 제1항 제8호에 따른 주택을 말한다. 이 경우 주택의 공유지분이나 부속토지만을 소유하거나 취득하는 경우에도 주택을 소유하거나 취득한 것으로 본다. 이하 이 조 및 제13조의 3에서 같다)을 유상거래를 원인으로 취득하는 경우로서 다음 각 호의 어느 하나에 해당하는 경우에는 제11조 제1항 제8호에도 불구하고 다음 각 호에 따른 세율을 적용한다.(2020.8.12. 신설)

1. 법인(「국세기본법」 제13조에 따른 법인으로 보는 단체, 「부동산등기법」 제49조 제1항 제3호에 따른 법인 아닌 사단·재단 등 개인이 아닌 자를 포함한다. 이하 이 조 및 제151조에서 같다)이 주택을 취득하는 경우: 제11조 제1항 제7호나목의 세율을 표준세율로 하여 해당 세율에 중과기준세율의 100분의 400을 합한 세율 (2020.8.12. 신설)

2. 1세대 2주택(대통령령으로 정하는 일시적 2주택은 제외한다)에 해당하는 주택으로서 「주택법」 제63조의 2 제1항 제1호에 따른 조정대상지역(이하 이 장에서 "조정대상지역"이라 한다)에 있는 주택을 취득하는 경우 또는 1세대 3주택에 해당하는 주택으로서 조정대상지역 외의 지역에 있는 주택을 취득하는 경우: 제11조 제1항 제7호나목의 세율을 표준세율로 하여 해당 세율에 중과기준세율의 100분의 200을 합한 세율 (2020.8.12. 신설)

3. 1세대 3주택 이상에 해당하는 주택으로서 조정대상지역에 있는 주택을 취득하는 경우 또는 1세대 4주택 이상에 해당하는 주택으로서 조정대상지역 외의 지역에 있는 주택을 취득하는 경우: 제11조 제1항 제7호나목의 세율을 표준세율로 하여 해당 세율에 중과기준세율의 100분의 400을 합한 세율(2020.8.12. 신설)

② 조정대상지역에 있는 주택으로서 대통령령으로 정하는 일정가액 이상의 주택을 제11조 제1항 제2호에 따른 무상취득(이하 이 조에서 "무상취득"이라 한다)을 원인으로 취득하는 경우에는 제11조 제1항 제2호에도 불구하고 같은 항 제7호나목의 세율을 표준세율로 하여 해당 세율에 중과기준세율의 100분의 400을 합한 세율을 적용한다. 다만, 1세대 1주택자가 소유한 주택을 배우자 또는 직계존비속이 무상취득하는 등 대통령령으로 정하는 경우는 제외한다.(2020.8.12. 신설)

③ 제1항 또는 제2항과 제13조 제5항이 동시에 적용되는 과세물건에 대한 취득세율은 제16조 제5항에도 불구하고 제1항 각 호의 세율 및 제2항의 세율에 중과기준세율의 100분의 400을 합한 세율을 적용한다.(2020.8.12. 신설)

④ 제1항부터 제3항까지를 적용할 때 조정대상지역 지정고시일 이전에 주택에 대한 매매계약(공동주택 분양계약을 포함한다)을 체결한 경우(다만, 계약금을 지급한 사실 등이 증빙서류에 의하여 확인되는 경우에 한정한다)에는 조정대상지역으로 지정되기 전에 주택을 취득한 것으로 본다.(2020.8.12. 신설)
⑤ 제1항부터 제4항까지 및 제13조의 3을 적용할 때 주택의 범위 포함 여부, 세대의 기준, 주택 수의 산정방법 등 필요한 세부 사항은 대통령령으로 정한다.(2020.8.12. 신설)

제13조의 3【주택 수의 판단 범위】
제13조의 2를 적용할 때 다음 각 호의 어느 하나에 해당하는 경우에는 다음 각 호에서 정하는 바에 따라 세대별 소유 주택 수에 가산한다.(2020.8.12. 신설)
1. 「신탁법」에 따라 신탁된 주택은 위탁자의 주택 수에 가산한다.(2020.8.12. 신설)
2. 「도시 및 주거환경정비법」 제74조에 따른 관리처분계획의 인가 및 「빈집 및 소규모주택 정비에 관한 특례법」 제29조에 따른 사업시행계획인가로 인하여 취득한 입주자로 선정된 지위(「도시 및 주거환경정비법」에 따른 재건축사업 또는 재개발사업, 「빈집 및 소규모주택 정비에 관한 특례법」에 따른 소규모재건축사업을 시행하는 정비사업조합의 조합원으로서 취득한 것(그 조합원으로부터 취득한 것을 포함한다)으로 한정하며, 이에 딸린 토지를 포함한다. 이하 이 조에서 "조합원입주권"이라 한다)는 해당 주거용 건축물이 멸실된 경우라도 해당 조합원입주권 소유자의 주택 수에 가산한다.(2020.8.12. 신설)
3. 「부동산 거래신고 등에 관한 법률」 제3조 제1항 제2호에 따른 "부동산에 대한 공급계약"을 통하여 주택을 공급받는 자로 선정된 지위(해당 지위를 매매 또는 증여 등의 방법으로 취득한 것을 포함한다. 이하 이 조에서 "주택분양권"이라 한다)는 해당 주택분양권을 소유한 자의 주택 수에 가산한다.(2020.8.12. 신설)
4. 제105조에 따라 주택으로 과세하는 오피스텔은 해당 오피스텔을 소유한 자의 주택 수에 가산한다.(2020.8.12. 신설)

제14조【조례에 따른 세율 조정】
지방자치단체의 장은 조례로 정하는 바에 따라 취득세의 세율을 제11조와 제12조에 따른 세율의 100분의 50의 범위에서 가감할 수 있다.(2010.3.31. 개정)

제15조【세율의 특례】
① 다음 각 호의 어느 하나에 해당하는 취득에 대한 취득세는 제11조 및 제12조에 따른 세율에서 중과기준세율을 뺀 세율로 산출한 금액을 그 세액으로 하되, 제11조 제1항 제8호에 따른 주택의 취득에 대한 취득세는 해당 세율에 100분의 50을 곱한 세율을 적용하여 산출한 금액을 그 세액으로 한다. 다만, 취득물건이 제13조 제2항에 해당하는 경우에는 이 항 각 호 외의 부분 본문의 계산방법으로 산출한 세율의 100분의 300을 적용한다.(2015.7.24. 개정)
  1. 환매등기를 병행하는 부동산의 매매로서 환매기간 내에 매도자가 환매한 경우의 그 매도자와 매수자의 취득(2010.3.31. 개정)
  2. 상속으로 인한 취득 중 다음 각 목의 어느 하나에 해당하는 취득(2010.3.31. 개정)
    가. 대통령령으로 정하는 1가구 1주택의 취득(2015.7.24. 개정)
    나. 「지방세특례제한법」 제6조 제1항에 따라 취득세의 감면대상이 되는 농지의 취득(2010.3.31. 개정)
  3. 「법인세법」 제44조 제2항 또는 제3항에 해당하는 법인의 합병으로 인한 취득. 다만, 법인의 합병으로 인하여 취득한 과세물건이 합병 후에 제16조에 따른 과세물건에 해당하게 되는 경우 또는 합병등기일부터 3년 이내에 「법인세법」 제44조의 3 제3항 각 호의 어느 하나에 해당하는 사유가 발생하는 경우(같은 항 각 호

외의 부분 단서에 해당하는 경우는 제외한다)에는 그러하지 아니하다.(2015.12.29. 개정)
  4. 공유물·합유물의 분할 또는「부동산 실권리자명의 등기에 관한 법률」제2조 제1호 나목에서 규정하고 있는 부동산의 공유권 해소를 위한 지분이전으로 인한 취득(등기부등본상 본인 지분을 초과하는 부분의 경우에는 제외한다)(2017.12.26. 개정)
  5. 건축물의 이전으로 인한 취득. 다만, 이전한 건축물의 가액이 종전 건축물의 가액을 초과하는 경우에 그 초과하는 가액에 대하여는 그러하지 아니하다.(2010.12.27. 호번개정)
  6.「민법」제834조, 제839조의 2 및 제840조에 따른 재산분할로 인한 취득(2015.7.24. 개정)
  7. 그 밖의 형식적인 취득 등 대통령령으로 정하는 취득(2010.12.27. 호번개정)
② 다음 각 호의 어느 하나에 해당하는 취득에 대한 취득세는 중과기준세율을 적용하여 계산한 금액을 그 세액으로 한다. 다만, 취득물건이 제13조 제1항에 해당하는 경우에는 중과기준세율의 100분의 300을, 같은 조 제5항에 해당하는 경우에는 중과기준세율의 100분의 500을 각각 적용한다.(2010.12.27. 단서개정)
  1. 개수로 인한 취득(제11조 제3항에 해당하는 경우는 제외한다). 이 경우 과세표준은 제10조의6 제3항에 따른다.(2021.12.28. 후단개정)
  2. 제7조 제4항에 따른 선박·차량과 기계장비 및 토지의 가액 증가. 이 경우 과세표준은 제10조의6 제1항에 따른다.(2021.12.28. 후단개정)
  3. 제7조 제5항에 따른 과점주주의 취득. 이 경우 과세표준은 제10조의 6 제4항에 따른다.(2021.12.28. 후단개정)
  4. 제7조 제6항에 따라 외국인 소유의 취득세 과세대상 물건(차량, 기계장비, 항공기 및 선박만 해당한다)의 소유권을 이전 받는 조건으로 임차하여 수입하는 경우의 취득(연부로 취득하는 경우로 한정한다)(2023.12.29. 개정)
  5. 제7조 제9항에 따른 시설대여업자의 건설기계 또는 차량 취득(2010.12.27. 신설)
  6. 제7조 제10항에 따른 취득대금을 지급한 자의 기계장비 또는 차량 취득. 다만, 기계장비 또는 차량을 취득하면서 기계장비대여업체 또는 운수업체의 명의로 등록하는 경우로 한정한다.(2015.7.24. 단서신설)
  7. 제7조 제14항 본문에 따른 토지의 소유자의 취득(2019.12.31. 신설)
  8. 그 밖에 레저시설의 취득 등 대통령령으로 정하는 취득(2019.12.31. 호번개정)

제16조【세율 적용】

① 토지나 건축물을 취득한 후 5년 이내에 해당 토지나 건축물이 다음 각 호의 어느 하나에 해당하게 된 경우에는 해당 각 호에서 인용한 조항에 규정된 세율을 적용하여 취득세를 추징한다.(2010.3.31. 개정)
  1. 제13조 제1항에 따른 본점이나 주사무소의 사업용 부동산(본점 또는 주사무소용 건축물을 신축하거나 증축하는 경우와 그 부속토지만 해당한다)(2010.3.31. 개정)
  2. 제13조 제1항에 따른 공장의 신설용 또는 증설용 부동산(2010.3.31. 개정)
  3. 제13조 제5항에 따른 골프장, 고급주택 또는 고급오락장(2023.3.14. 개정)
② 고급주택, 골프장 또는 고급오락장용 건축물을 증축·개축 또는 개수한 경우와 일반건축물을 증축·개축 또는 개수하여 고급주택 또는 고급오락장이 된 경우에 그 증가되는 건축물의 가액에 대하여 적용할 취득세의 세율은 제13조 제5항에 따른 세율로 한다.(2023.3.14. 개정)
③ 제13조 제1항에 따른 공장 신설 또는 증설의 경우에 사업용 과세물건의 소유자와 공장을 신설하거나 증설한 자가 다를 때에는 그 사업용 과세물건의 소유자가 공장을 신설하거나 증설한 것으로 보아 같은 항의 세율을 적용한다. 다만, 취득일부터 공장 신설 또는 증설을 시작한 날까지의 기간이 5년이 지난 사업용 과세물건은 제외한다.(2010.3.31. 개정)

④ 취득한 부동산이 대통령령으로 정하는 기간에 제13조 제2항에 따른 과세대상이 되는 경우에는 같은 항의 세율을 적용하여 취득세를 추징한다.(2010.3.31. 개정)
⑤ 같은 취득물건에 대하여 둘 이상의 세율이 해당되는 경우에는 그중 높은 세율을 적용한다.(2010.3.31. 개정)
⑥ 취득한 부동산이 다음 각 호의 어느 하나에 해당하는 경우에는 제5항에도 불구하고 다음 각 호의 세율을 적용하여 취득세를 추징한다.(2020.8.12. 개정)
　1. 제1항 제1호 또는 제2호와 제4항이 동시에 적용되는 경우: 제13조 제6항의 세율(2020.8.12. 개정)
　2. 제1항 제3호와 제13조의 2 제1항 또는 같은 조 제2항이 동시에 적용되는 경우: 제13조의 2 제3항의 세율 (2020.8.12. 개정)

제17조 【면세점】
① 취득가액이 50만원 이하일 때에는 취득세를 부과하지 아니한다.(2010.3.31. 개정)
② 토지나 건축물을 취득한 자가 그 취득한 날부터 1년 이내에 그에 인접한 토지나 건축물을 취득한 경우에는 각각 그 전후의 취득에 관한 토지나 건축물의 취득을 1건의 토지 취득 또는 1구의 건축물 취득으로 보아 제1항을 적용한다.(2010.3.31. 개정)

제3절 부과 · 징수(제18조~제22조의 4)

제18조 【징수방법】
취득세의 징수는 신고납부의 방법으로 한다.(2010.3.31. 개정)

제19조 【통보 등】
다음 각 호의 자는 취득세 과세물건을 매각(연부로 매각한 것을 포함한다)하면 매각일부터 30일 이내에 대통령령으로 정하는 바에 따라 그 물건 소재지를 관할하는 지방자치단체의 장에게 통보하거나 신고하여야 한다.(2010.3.31. 개정)
　1. 국가, 지방자치단체 또는 지방자치단체조합(2010. 3. 31. 개정)
　2. 국가 또는 지방자치단체의 투자기관(재투자기관을 포함한다)(2010.3.31. 개정)
　3. (삭제, 2015.7.24.)
　4. 그 밖에 제1호 및 제2호에 준하는 기관 및 단체로서 대통령령으로 정하는 자(2015.7.24. 개정)

제20조 【신고 및 납부】
① 취득세 과세물건을 취득한 자는 그 취득한 날(「부동산 거래신고 등에 관한 법률」 제10조 제1항에 따른 토지거래계약에 관한 허가구역에 있는 토지를 취득하는 경우로서 같은 법 제11조에 따른 토지거래계약에 관한 허가를 받기 전에 거래대금을 완납한 경우에는 그 허가일이나 허가구역의 지정 해제일 또는 축소일을 말한다)부터 60일[무상취득(상속은 제외한다) 또는 증여자의 채무를 인수하는 부담부 증여로 인한 취득의 경우는 취득일이 속하는 달의 말일부터 3개월, 상속으로 인한 경우는 상속개시일이 속하는 달의 말일부터, 실종으로 인한 경우는 실종선고일이 속하는 달의 말일부터 각각 6개월(외국에 주소를 둔 상속인이 있는 경우에는 각각 9개월)] 이내에 그 과세표준에 제11조부터 제13조까지, 제13조의 2, 제13조의 3, 제14조 및 제15조의 세율을 적용하여 산출한 세액을 대통령령으로 정하는 바에 따라 신고하고 납부하여야 한다.(2023.12.29. 개정)
② 취득세 과세물건을 취득한 후에 그 과세물건이 제13조 제1항부터 제7항까지의 세율의 적용대상이 되었을 때에는 대통령령으로 정하는 날부터 60일 이내에 제13조 제1항부터 제7항까지의 세율(제16조 제6항 제2호에

해당하는 경우에는 제13조의 2 제3항의 세율)을 적용하여 산출한 세액에서 이미 납부한 세액(가산세는 제외한다)을 공제한 금액을 세액으로 하여 대통령령으로 정하는 바에 따라 신고하고 납부하여야 한다.(2020.8.12. 개정)
③ 이 법 또는 다른 법령에 따라 취득세를 비과세, 과세면제 또는 경감받은 후에 해당 과세물건이 취득세 부과대상 또는 추징 대상이 되었을 때에는 제1항에도 불구하고 그 사유 발생일부터 60일 이내에 해당 과세표준에 제11조부터 제15조까지의 세율을 적용하여 산출한 세액[경감받은 경우에는 이미 납부한 세액(가산세는 제외한다)을 공제한 세액을 말한다]을 대통령령으로 정하는 바에 따라 신고하고 납부하여야 한다.(2018.12.31. 개정)
④ 제1항부터 제3항까지의 신고·납부기한 이내에 재산권과 그 밖의 권리의 취득·이전에 관한 사항을 공부(公簿)에 등기하거나 등록[등재(登載)를 포함한다. 이하 같다]하려는 경우에는 등기 또는 등록 신청서를 등기·등록관서에 접수하는 날까지 취득세를 신고·납부하여야 한다.(2018.12.31. 개정)
⑤ 「부동산등기법」 제28조에 따라 채권자대위권에 의한 등기신청을 하려는 채권자(이하 이 조 및 제30조에서 "채권자대위자"라 한다)는 납세의무자를 대위하여 부동산의 취득에 대한 취득세를 신고납부할 수 있다. 이 경우 채권자대위자는 행정안전부령으로 정하는 바에 따라 납부확인서를 발급받을 수 있다.(2020.12.29. 신설)
⑥ 지방자치단체의 장은 제5항에 따른 채권자대위자의 신고납부가 있는 경우 납세의무자에게 그 사실을 즉시 통보하여야 한다.(2020.12.29. 신설)

제21조【부족세액의 추징 및 가산세】
① 다음 각 호의 어느 하나에 해당하는 경우에는 제10조의 2부터 제10조의 7까지, 제11조부터 제13조까지, 제13조의 2, 제13조의 3, 제14조 및 제15조의 규정에 따라 산출한 세액(이하 이 장에서 "산출세액"이라 한다) 또는 그 부족세액에 「지방세기본법」 제53조부터 제55조까지의 규정에 따라 산출한 가산세를 합한 금액을 세액으로 하여 보통징수의 방법으로 징수한다.(2021.12.28. 개정)
  1. 취득세 납세의무자가 제20조에 따른 신고 또는 납부의무를 다하지 아니한 경우(2019.12.31. 신설)
  2. (삭제, 2021.12.28.)
  3. 제13조의 2 제1항 제2호에 따라 일시적 2주택으로 신고하였으나 그 취득일로부터 대통령령으로 정하는 기간 내에 대통령령으로 정하는 종전 주택을 처분하지 못하여 1주택으로 되지 아니한 경우(2020.8.12. 신설)
② 납세의무자가 취득세 과세물건을 사실상 취득한 후 제20조에 따른 신고를 하지 아니하고 매각하는 경우에는 제1항 및 「지방세기본법」 제53조, 제55조에도 불구하고 산출세액에 100분의 80을 가산한 금액을 세액으로 하여 보통징수의 방법으로 징수한다. 다만, 등기·등록이 필요하지 아니한 과세물건 등 대통령령으로 정하는 과세물건에 대하여는 그러하지 아니하다.(2016.12.27. 개정; 지방세기본법 부칙)
③ 제1항에도 불구하고 납세의무자가 제20조에 따른 신고기한까지 취득세를 시가인정액으로 신고한 후 지방자치단체의 장이 세액을 경정하기 전에 그 시가인정액을 수정신고한 경우에는 「지방세기본법」 제53조 및 제54조에 따른 가산세를 부과하지 아니한다.(2021.12.28. 신설)

제22조【등기자료의 통보】
① 등기·등록관서의 장은 취득세가 납부되지 아니하였거나 납부부족액을 발견하였을 때에는 대통령령으로 정하는 바에 따라 납세지를 관할하는 지방자치단체의 장에게 통보하여야 한다.(2010.3.31. 개정)
② 등기·등록관서의 장이 등기·등록을 마친 경우에는 취득세의 납세지를 관할하는 지방자치단체의 장에게 그 등기·등록의 신청서 부본(副本)에 접수연월일 및 접수번호를 기재하여 등기·등록일부터 7일 내에 통보하여야 한다. 다만, 등기·등록사업을 전산처리하는 경우에는 전산처리된 등기·등록자료를 행정안전부령으로 정하는 바에 따라 통보하여야 한다.(2017.7.26. 직제개정; 정부조직법 부칙)

③ 「자동차관리법」 제5조에 따라 자동차의 사용본거지를 관할하지 아니하는 지방자치단체의 장이 자동차의 등록사무(신규등록, 변경등록 및 이전등록을 말한다)를 처리한 경우에는 자동차의 취득가격 등 행정안전부령으로 정하는 사항을 다음 달 10일까지 자동차의 사용본거지를 관할하는 지방자치단체의 장에게 통보하여야 한다. (2017.7.26. 직제개정; 정부조직법 부칙)

제22조의 2 【장부 등의 작성과 보존】
① 취득세 납세의무가 있는 법인은 대통령령으로 정하는 바에 따라 취득당시가액을 증명할 수 있는 장부와 관련 증거서류를 작성하여 갖춰 두어야 한다. 이 경우 다음 각 호의 장부 및 증거서류를 포함하여야 한다. (2023.12.29. 개정)
  1. 사업의 재산 상태와 그 거래내용의 변동을 기록한 장부 및 증거서류 (2023.12.29. 신설)
  2. 「신탁법」에 따른 수탁자가 위탁자로부터 취득세 과세대상 물건의 취득과 관련하여 지급받은 신탁수수료와 그 밖의 대가가 있는 경우 이를 종류·목적·용도별로 구분하여 기록한 장부 및 증거서류 (2023.12.29. 신설)
② 지방자치단체의 장은 취득세 납세의무가 있는 법인이 제1항에 따른 의무를 이행하지 아니하는 경우에는 산출된 세액 또는 부족세액의 100분의 10에 상당하는 금액을 징수하여야 할 세액에 가산한다. (2013.1.1. 신설)

제22조의 3 【가족관계등록 전산정보 등의 공동이용】
① 행정안전부장관 또는 지방자치단체의 장은 주택소유관계 확인 및 취득세 납세의무자의 세대원 확인 등의 업무처리를 위하여 필요한 경우에는 전산매체를 이용하여 법원행정처장에게 「가족관계의 등록 등에 관한 법률」 제11조 제6항에 따른 가족관계 등록사항에 대한 등록전산정보자료의 제공을 요청할 수 있다. 이 경우 요청을 받은 법원행정처장은 특별한 사유가 없으면 이에 협조하여야 한다. (2020.8.12. 신설)
② 행정안전부장관 또는 지방자치단체의 장은 취득세 납세의무자의 주택 수 확인 등의 업무를 처리하기 위하여 대통령령으로 정하는 바에 따라 국가기관 또는 다른 지방자치단체에게 정보제공 등의 협조를 요청할 수 있다. 이 경우 요청을 받은 자는 정당한 사유가 없으면 협조하여야 한다. (2020.8.12. 신설)
③ 행정안전부장관은 제1항 및 제2항에 따라 제공받은 등록전산정보자료를 대통령령으로 정하는 바에 따라 지방자치단체의 장에게 제공할 수 있다. (2020.8.12. 신설)

제22조의 4 【증여세 관련 자료의 통보】
세무서장 또는 지방국세청장은 「국세기본법」 또는 「상속세 및 증여세법」에 따른 부동산에 대한 증여세의 부과·징수 등에 관한 자료를 대통령령으로 정하는 바에 따라 행정안전부장관 또는 지방자치단체의 장에게 통보하여야 한다. (2021.12.28. 신설)

지방세법 시행령

제1장 총 칙(제1조~제4조의 5)

제1조【목적】
이 영은 「지방세법」에서 위임된 사항과 그 시행에 필요한 사항을 규정함을 목적으로 한다.(2010.9.20. 개정)

제2조【토지 및 주택의 시가표준액】
「지방세법」(이하 "법"이라 한다) 제4조 제1항 본문에 따른 토지 및 주택의 시가표준액은 「지방세기본법」 제34조에 따른 세목별 납세의무의 성립시기 당시에 「부동산 가격공시에 관한 법률」에 따라 공시된 개별공시지가, 개별주택가격 또는 공동주택가격으로 한다.(2016. 8. 31. 개정; 부동산 가격공시 및 감정평가에 관한 법률 시행령 부칙)

제3조【공시되지 아니한 공동주택가격의 산정가액】
법 제4조 제1항 단서에서 "대통령령으로 정하는 기준"이란 지역별·단지별·면적별·층별 특성 및 거래가격 등을 고려하여 행정안전부장관이 정하는 기준을 말한다. 이 경우 행정안전부장관은 미리 관계 전문가의 의견을 들어야 한다.(2017.7.26. 직제개정 ; 행정안전부와 그 소속기관 직제 부칙)

제4조【건축물 등의 시가표준액 산정기준】
① 법 제4조 제2항에서 "대통령령으로 정하는 기준"이란 매년 1월 1일 현재를 기준으로 과세대상별 구체적 특성을 고려하여 다음 각 호의 방식에 따라 행정안전부장관이 정하는 기준을 말한다.(2021.12.31. 개정)
  1. 오피스텔: 행정안전부장관이 고시하는 표준가격기준액에 다음 각 목의 사항을 적용한다.(2020.12.31. 신설)
    가. 오피스텔의 용도별·층별 지수(2020.12.31. 신설)
    나. 오피스텔의 규모·형태·특수한 부대설비 등의 유무 및 그 밖의 여건에 따른 가감산율(加減算率)(2020.12.31. 신설)
  1의 2. 제1호 외의 건축물: 건설원가 등을 고려하여 행정안전부장관이 산정·고시하는 건물신축가격기준액에 다음 각 목의 사항을 적용한다.(2021.12.31. 개정)
    가. 건물의 구조별·용도별·위치별 지수(2010.9.20. 개정)
    나. 건물의 경과연수별 잔존가치율(2010.9.20. 개정)
    다. 건물의 규모·형태·특수한 부대설비 등의 유무 및 그 밖의 여건에 따른 가감산율(2020.12.31. 개정)
  2. 선박: 선박의 종류·용도 및 건조가격을 고려하여 톤수 간에 차등을 둔 단계별 기준가격에 해당 톤수를 차례대로 적용하여 산출한 가액의 합계액에 다음 각 목의 사항을 적용한다.(2010.9.20. 개정)
    가. 선박의 경과연수별 잔존가치율(2010.9.20. 개정)
    나. 급랭시설 등의 유무에 따른 가감산율(2010.9.20. 개정)
  3. 차량: 차량의 종류별·승차정원별·최대적재량별·제조연도별 제조가격(수입하는 경우에는 수입가격을 말한다) 및 거래가격 등을 고려하여 정한 기준가격에 차량의 경과연수별 잔존가치율을 적용한다.(2010.9.20. 개정)
  4. 기계장비: 기계장비의 종류별·톤수별·형식별·제조연도별 제조가격(수입하는 경우에는 수입가격을 말한다) 및 거래가격 등을 고려하여 정한 기준가격에 기계장비의 경과연수별 잔존가치율을 적용한다.(2010.9.20. 개정)

5. 입목(立木): 입목의 종류별·수령별 거래가격 등을 고려하여 정한 기준가격에 입목의 목재 부피, 그루 수 등을 적용한다.(2010.9.20. 개정)
6. 항공기: 항공기의 종류별·형식별·제작회사별·정원별·최대이륙중량별·제조연도별 제조가격 및 거래가격(수입하는 경우에는 수입가격을 말한다)을 고려하여 정한 기준가격에 항공기의 경과연수별 잔존가치율을 적용한다.(2010.9.20. 개정)
7. 광업권: 광구의 광물매장량, 광물의 톤당 순 수입가격, 광업권 설정비, 광산시설비 및 인근 광구의 거래가격 등을 고려하여 정한 기준가격에서 해당 광산의 기계 및 시설취득비, 기계설비이전비 등을 뺀다.(2010.9.20. 개정)
8. 어업권·양식업권: 인근 같은 종류의 어장·양식장의 거래가격과 어구 설치비 등을 고려하여 정한 기준가격에 어업·양식업의 종류, 어장·양식장의 위치, 어구 또는 장치, 어업·양식업의 방법, 채취물 또는 양식물 및 면허의 유효기간 등을 고려한다.(2020.12.31. 개정)
9. 골프회원권, 승마회원권, 콘도미니엄 회원권, 종합체육시설 이용회원권 및 요트회원권: 분양 및 거래가격을 고려하여 정한 기준가격에「소득세법」에 따른 기준시가 등을 고려한다.(2014.3.14. 개정)
10. 토지에 정착하거나 지하 또는 다른 구조물에 설치하는 시설: 종류별 신축가격 등을 고려하여 정한 기준가격에 시설의 용도·구조 및 규모 등을 고려하여 가액을 산출한 후, 그 가액에 다시 시설의 경과연수별 잔존가치율을 적용한다.(2010.9.20. 개정)
11. 건축물에 딸린 시설물: 종류별 제조가격(수입하는 경우에는 수입가격을 말한다), 거래가격 및 설치가격 등을 고려하여 정한 기준가격에 시설물의 용도·형태·성능 및 규모 등을 고려하여 가액을 산출한 후, 그 가액에 다시 시설물의 경과연수별 잔존가치율을 적용한다.(2010.9.20. 개정)

② 제1항 제11호에 따른 건축물에 딸린 시설물(이하 이 항에서 "시설물"이라 한다)의 시가표준액을 적용할 때 그 시설물이 주거와 주거 외의 용도로 함께 쓰이고 있는 건축물의 시설물인 경우에는 그 건축물의 연면적 중 주거와 주거 외의 용도 부분의 점유비율에 따라 제1항 제11호에 따른 시가표준액을 나누어 적용한다.(2010.9.20. 개정)

제4조의 2 【건축물의 시가표준액 결정 절차 등】

① 특별자치시장·특별자치도지사·시장·군수 또는 구청장(구청장은 자치구의 구청장을 말하며, 이하 "시장·군수·구청장"이라 한다)은 제4조 제1항 제1호 및 제1호의 2의 방식에 따라 관할 구역 내 건축물의 시가표준액을 산정한다.(2021.12.31. 신설)
② 시장·군수·구청장은 제1항에 따라 산정한 건축물의 시가표준액에 대하여 행정안전부령으로 정하는 절차에 따라 10일 이상 건축물의 소유자와 이해관계인(이하 이 조에서 "소유자등"이라 한다)의 의견을 들어야 한다.(2023.12.29. 개정)
③ 시장·군수·구청장은 다음 각 호의 어느 하나에 해당하는 경우에는 제1항에 따라 산정한 시가표준액을 행정안전부장관이 정하는 기준에 따라 변경할 수 있다. 이 경우 시장·군수·구청장(특별자치시장 및 특별자치도지사는 제외한다)은 그 변경 전에 특별시장·광역시장 또는 도지사(이하 이 조 및 제4조의3에서 "시·도지사"라 한다)의 승인을 받아야 한다.(2023.6.30. 개정)
  1. 제2항에 따라 소유자등이 제출한 의견에 상당한 이유가 있다고 인정되는 경우(2023.6.30. 신설)
  2. 시가의 변동이나 그 밖의 사유로 해당 시가표준액을 그대로 적용하는 것이 불합리하다고 인정되는 경우(2023.6.30. 신설)
④ 시장·군수·구청장은 제3항에도 불구하고 이미 산정된 시가표준액의 100분의 20을 초과하여 시가표준액을 변경하려는 경우에는 다음 각 호의 구분에 따른 절차를 거쳐야 한다.(2021.12.31. 신설)

1. 특별자치시장 및 특별자치도지사: 행정안전부장관과 협의(2021.12.31. 신설)
　　2. 시장·군수·구청장(특별자치시장 및 특별자치도지사는 제외한다): 시·도지사의 승인. 이 경우 시·도지사는 그 승인 전에 미리 행정안전부장관과 협의해야 한다.(2021.12.31. 신설)
⑤ 시장·군수·구청장은 제1항, 제3항 및 제4항에 따라 산정(변경산정을 포함한다)한 시가표준액을 결정하여 매년 6월 1일까지 고시해야 한다. 이 경우 시장·군수·구청장(특별자치시장 및 특별자치도지사는 제외한다)은 그 결정 전에 시·도지사의 승인을 받아야 한다.(2021.12.31. 신설)
⑥ 시장·군수·구청장(특별자치시장 및 특별자치도지사는 제외한다)은 제5항에 따라 결정한 시가표준액을 시·도지사에게 제출해야 한다.(2021.12.31. 신설)
⑦ 특별자치시장, 특별자치도지사나 시·도지사는 제5항에 따라 결정한 시가표준액이나 제6항에 따라 제출받은 시가표준액을 관할 지방법원장에게 통보해야 한다.(2021.12.31. 신설)

제4조의 3 【건축물 외 물건의 시가표준액 결정 절차 등】
① 시장·군수·구청장은 제4조 제1항 제2호부터 제11호까지에서 규정한 방식에 따라 건축물 외 물건의 시가표준액을 산정하여 결정·고시해야 한다.(2021.12.31. 신설)
② 시장·군수·구청장은 해당 연도 1월 1일 이후 제4조 제1항 각 호에서 규정한 사항 외에 신규 물건이 발생하거나 같은 조 제1항 제2호부터 제11호까지에서 규정한 시가표준액 산정방식에 변경이 필요하다고 인정되는 경우에는 행정안전부장관에게 시가표준액 산정기준의 신설 또는 변경을 요청할 수 있다.
③ 행정안전부장관은 제2항에 따른 요청이 있는 경우 시가표준액 산정기준의 신설 또는 변경 필요성을 검토한 후 검토결과에 따라 제4조 제1항 제2호부터 제11호까지에서 규정한 시가표준액의 산정방식을 신설하거나 변경할 수 있다.(2021.12.31. 신설)
④ 행정안전부장관은 제3항에 따라 시가표준액의 산정기준을 신설하거나 변경하려는 경우에는 미리 관계 전문가의 의견을 들어야 한다.(2021.12.31. 신설)
⑤ 시장·군수·구청장은 제3항에 따라 변경 산정한 시가표준액을 변경 결정·고시해야 한다.(2021.12.31. 신설)
⑥ 시장·군수·구청장(특별자치시장 및 특별자치도지사는 제외한다)은 제1항 또는 제5항에 따라 결정하거나 변경 결정한 시가표준액을 시·도지사에게 제출해야 한다.(2021.12.31. 신설)
⑦ 특별자치시장, 특별자치도지사나 시·도지사는 제1항 또는 제5항에 따라 결정하거나 변경 결정한 시가표준액이나 제6항에 따라 제출받은 시가표준액을 관할 지방법원장에게 통보해야 한다.(2021.12.31. 신설)

제4조의 4 【시가표준액 조사·연구 전문기관】
법 제4조 제3항에서 "대통령령으로 정하는 관련 전문기관"이란 다음 각 호의 기관을 말한다.(2021.12.31. 신설)
1. 「지방세기본법」 제151조 제1항에 따른 지방세연구원(2021.12.31. 신설)
2. 그 밖에 시가표준액의 기준 산정에 관한 전문성이 있는 것으로 행정안전부장관이 인정하여 고시하는 기관(2021.12.31. 신설)

제4조의 5 【시가표준액심의위원회의 설치 등】
① 다음 각 호의 사항을 심의하기 위하여 행정안전부장관 소속으로 시가표준액심의위원회(이하 "시가표준액심의위원회"라 한다)를 둔다.(2021.12.31. 신설)
　　1. 제4조 제1항 각 호의 시가표준액 산정방식(2021.12.31. 신설)
　　2. 제4조의 2 제4항에 따른 건축물의 시가표준액 변경 협의(2021.12.31. 신설)
　　3. 제4조의 3 제3항에 따른 시가표준액 산정기준의 신설(2021.12.31. 신설)

4. 그 밖에 시가표준액의 산정기준 마련과 관련하여 시가표준액심의위원회의 심의가 필요하다고 행정안전부장관이 인정하는 사항

② 시가표준액심의위원회는 위원장 1명과 부위원장 1명을 포함하여 10명 이내의 위원으로 구성한다.(2021.12.31. 신설)

③ 시가표준액심의위원회의 위원장은 행정안전부에서 지방세 관련 업무를 담당하는 고위공무원단에 속하는 일반직공무원 중에서 행정안전부장관이 지명한다.(2021.12.31. 신설)

④ 시가표준액심의위원회의 위원은 다음 각 호의 사람 중에서 행정안전부장관이 임명하거나 위촉한다.(2021.12.31. 신설)

1. 행정안전부 소속 4급 이상 공무원 또는 고위공무원단에 속하는 공무원(2021.12.31. 신설)
2. 변호사, 공인회계사, 세무사 또는 감정평가사의 직(職)에 5년 이상 종사한 사람(2021.12.31. 신설)
3. 「고등교육법」에 따른 대학에서 법률·회계·조세·부동산 등을 가르치는 부교수 이상으로 재직하고 있거나 재직했던 사람
4. 그 밖에 지방세에 관하여 전문지식과 경험이 풍부한 사람(2021.12.31. 신설)

⑤ 제4항 제2호부터 제4호까지의 규정에 따른 위원의 임기는 2년으로 한다.(2021.12.31. 신설)

⑥ 시가표준액심의위원회 회의는 재적위원 과반수 출석으로 개의(開議)하고, 출석위원 과반수 찬성으로 의결한다.(2021.12.31. 신설)

⑦ 제1항부터 제6항까지에서 규정한 사항 외에 시가표준액심의위원회의 구성 및 운영에 필요한 사항은 행정안전부장관이 정한다.(2021.1231. 신설)

제2장 취득세 (제5조~제38조의 3)

제1절 통칙 (제5조~제12조의 3)

제5조 【시설의 범위】

① 법 제6조 제4호 및 같은 조 제6호 나목에 따른 레저시설, 저장시설, 독(dock)시설, 접안시설, 도관시설, 급수·배수시설 및 에너지 공급시설은 다음 각 호에서 정하는 시설로 한다.(2021.1.5. 개정; 어려운 법령용어 정비를 위한 473개 법령의 일부개정에 관한 대통령령)

1. 레저시설: 수영장, 스케이트장, 골프연습장(「체육시설의 설치·이용에 관한 법률」에 따라 골프연습장업으로 신고된 20타석 이상의 골프연습장만 해당한다), 전망대, 옥외스탠드, 유원지의 옥외오락시설(유원지의 옥외오락시설과 비슷한 오락시설로서 건물 안 또는 옥상에 설치하여 사용하는 것을 포함한다)(2010.9.20. 개정)
2. 저장시설: 수조, 저유조, 저장창고, 저장조(저장용량이 1톤 이하인 액화석유가스 저장조는 제외한다) 등의 옥외저장시설(다른 시설과 유기적으로 관련되어 있고 일시적으로 저장기능을 하는 시설을 포함한다)(2021.12.31. 개정)
3. 독시설 및 접안시설: 독, 조선대(造船臺)(2021.1.5. 개정; 어려운 법령용어 정비를 위한 473개 법령의 일부개정에 관한 대통령령)
4. 도관시설(연결시설을 포함한다): 송유관, 가스관, 열수송관(2010.9.20. 개정)
5. 급수·배수시설: 송수관(연결시설을 포함한다), 급수·배수시설, 복개설비(2010.9.20. 개정)
6. 에너지 공급시설: 주유시설, 가스충전시설, 환경친화적 자동차 충전시설, 송전철탑(전압 20만 볼트 미만을 송

전하는 것과 주민들의 요구로 「전기사업법」 제72조에 따라 이전·설치하는 것은 제외한다)(2019.12.31. 개정)
② 법 제6조 제4호 및 같은 조 제6호 나목에서 "대통령령으로 정하는 것"이란 각각 잔교(棧橋)(이와 유사한 구조물을 포함한다), 기계식 또는 철골조립식 주차장, 차량 또는 기계장비 등을 자동으로 세차 또는 세척하는 시설, 방송중계탑(「방송법」 제54조 제1항 제5호에 따라 국가가 필요로 하는 대외방송 및 사회교육방송 중계탑은 제외한다) 및 무선통신기지국용 철탑을 말한다.(2014.8.12. 개정)

제6조【시설물의 종류와 범위】
법 제6조 제6호 다목에서 "대통령령으로 정하는 시설물"이란 다음 각 호의 어느 하나에 해당하는 시설물을 말한다.(2014.1.1. 개정)
1. 승강기(엘리베이터, 에스컬레이터, 그 밖의 승강시설)(2010.9.20. 개정)
2. 시간당 20킬로와트 이상의 발전시설(2010.9.20. 개정)
3. 난방용·욕탕용 온수 및 열 공급시설(2014.8.12. 개정)
4. 시간당 7천560킬로칼로리급 이상의 에어컨(중앙조절식만 해당한다)(2010.9.20. 개정)
5. 부착된 금고(2010.9.20. 개정)
6. 교환시설(2010.9.20. 개정)
7. 건물의 냉난방, 급수·배수, 방화, 방범 등의 자동관리를 위하여 설치하는 인텔리전트 빌딩시스템 시설(2010.9.20. 개정)
8. 구내의 변전·배전시설(2010.9.20. 개정)

제7조【원동기를 장치한 차량의 범위】
① 법 제6조 제7호에서 "원동기를 장치한 모든 차량"이란 원동기로 육상을 이동할 목적으로 제작된 모든 용구(총 배기량 50시시 미만이거나 최고정격출력 4킬로와트 이하인 이륜자동차는 제외한다)를 말한다.(2019.12.31. 개정)
② 법 제6조 제7호에서 "궤도"란 「궤도운송법」 제2조 제1호에 따른 궤도를 말한다.(2010.9.20. 개정)

제8조【콘도미니엄과 유사한 휴양시설의 범위】
법 제6조 제16호에서 "대통령령으로 정하는 시설"이란 「관광진흥법 시행령」 제23조 제1항에 따라 휴양·피서·위락·관광 등의 용도로 사용되는 것으로서 회원제로 운영하는 시설을 말한다.(2010.9.20. 개정)

제10조【재산세 과세대장에의 등재】
법 제7조 제4항에 따라 토지의 지목변경에 대하여 취득세를 과세한 시장·군수·구청장은 재산세 과세대장에 지목변경 내용을 등재하고 관계인에게 통지하여야 한다.(2016.12.30. 개정)

제10조의 2【과점주주의 범위】
① 법 제7조 제5항 전단에서 "대통령령으로 정하는 과점주주"란 「지방세기본법」 제46조 제2호에 따른 과점주주 중 주주 또는 유한책임사원(이하 "본인"이라 한다) 1명과 그의 특수관계인 중 다음 각 호의 어느 하나에 해당하는 특수관계인을 말한다.(2023.3.14. 신설)
 1. 「지방세기본법 시행령」 제2조 제1항 각 호의 사람(2023.3.14. 신설)
 2. 「지방세기본법 시행령」 제2조 제2항 제1호의 사람으로서 다음 각 목의 어느 하나에 해당하는 사람(2023.3.14. 신설)

가. 주주(2023.3.14. 신설)
　　나. 유한책임사원(2023.3.14. 신설)
3. 「지방세기본법 시행령」 제2조 제3항 제1호 가목에 따른 법인 중 본인이 직접 해당 법인의 경영에 대하여 지배적인 영향력을 행사하고 있는 경우 그 법인(2023.3.14. 신설)
4. 「지방세기본법 시행령」 제2조 제3항 제2호 가목에 따른 개인·법인 중 해당 개인·법인이 직접 본인인 법인의 경영에 대하여 지배적인 영향력을 행사하고 있는 경우 그 개인·법인(2023.3.14. 신설)
5. 「지방세기본법 시행령」 제2조 제3항 제2호 나목에 따른 법인 중 본인이 직접 또는 제4호에 해당하는 자를 통해 어느 법인의 경영에 대하여 지배적인 영향력을 행사하고 있는 경우 그 법인(2023.3.14. 신설)

② 제1항 제3호부터 제5호까지에 따른 법인의 경영에 대한 지배적인 영향력의 기준에 관하여는 「지방세기본법 시행령」 제2조 제4항 제1호 가목 및 같은 항 제2호를 적용한다. 이 경우 같은 항 제1호 가목 및 제2호 나목 중 "100분의 30"은 각각 "100분의 50"으로 본다.(2023.3.14. 신설)

제11조 【과점주주의 취득 등】

① 법인의 과점주주(제10조의 2에 따른 과점주주를 말한다. 이하 이 조에서 같다)가 아닌 주주 또는 유한책임사원이 다른 주주 또는 유한책임사원의 주식 또는 지분(이하 "주식등"이라 한다)을 취득하거나 증자 등으로 최초로 과점주주가 된 경우에는 최초로 과점주주가 된 날 현재 해당 과점주주가 소유하고 있는 법인의 주식등을 모두 취득한 것으로 보아 법 제7조 제5항에 따라 취득세를 부과한다.(2023.3.14. 개정)

② 이미 과점주주가 된 주주 또는 유한책임사원이 해당 법인의 주식등을 취득하여 해당 법인의 주식등의 총액에 대한 과점주주가 가진 주식등의 비율(이하 이 조에서 "주식등의 비율"이라 한다)이 증가된 경우에는 그 증가분을 취득으로 보아 법 제7조 제5항에 따라 취득세를 부과한다. 다만, 증가된 후의 주식등의 비율이 해당 과점주주가 이전에 가지고 있던 주식등의 최고비율보다 증가되지 아니한 경우에는 취득세를 부과하지 아니한다.(2015.12.31. 단서개정)

③ 과점주주였으나 주식등의 양도, 해당 법인의 증자 등으로 과점주주에 해당되지 아니하는 주주 또는 유한책임사원이 된 자가 해당 법인의 주식등을 취득하여 다시 과점주주가 된 경우에는 다시 과점주주가 된 당시의 주식등의 비율이 그 이전에 과점주주가 된 당시의 주식등의 비율보다 증가된 경우에만 그 증가분만을 취득으로 보아 제2항의 예에 따라 취득세를 부과한다. (2017.12.29. 개정)

④ 법 제7조 제5항에 따른 과점주주의 취득세 과세자료를 확인한 시장·군수·구청장은 그 과점주주에게 과세할 과세물건이 다른 특별자치시·특별자치도·시·군 또는 구(자치구를 말한다. 이하 "시·군·구"라 한다)에 있을 경우에는 지체 없이 그 과세물건을 관할하는 시장·군수·구청장에게 과점주주의 주식등의 비율, 과세물건, 가격명세 및 그 밖에 취득세 부과에 필요한 자료를 통보하여야 한다.(2016.12.30. 개정)

제11조의 2 【비조합원용 부동산의 취득】

법 제7조 제8항 단서에 따른 비조합원용 부동산의 취득 면적은 다음 계산식에 따라 산출한 면적으로 한다. (2021.12.31. 신설)

$$\text{일반분양분토지의 면적} \times \frac{\text{법 제7조 제8항에 따른 주택조합등이 사업추진 중에 조합원으로부터 신탁받은 토지의 면적}}{\text{전체 토지의 면적}}$$

제11조의 3 【소유권 변동이 없는 위탁자 지위의 이전 범위】
법 제7조 제15항 단서에서 "대통령령으로 정하는 경우"란 다음 각 호의 어느 하나에 해당하는 경우를 말한다.(2015.12.31. 신설)
1. 「자본시장과 금융투자업에 관한 법률」에 따른 부동산집합투자기구의 집합투자업자가 그 위탁자의 지위를 다른 집합투자업자에게 이전하는 경우(2015.12.31. 신설)

제12조 【취득세 안분 기준】
법 제8조 제3항에 따라 같은 취득물건이 둘 이상의 시·군·구에 걸쳐 있는 경우 각 시·군·구에 납부할 취득세를 산출할 때 그 과세표준은 취득 당시의 가액을 취득물건의 소재지별 시가표준액 비율로 나누어 계산한다.(2016.12.30. 개정)

제12조의 2 【공동주택 개수에 대한 취득세의 면제 범위】
법 제9조 제6항에서 "대통령령으로 정하는 가액 이하의 주택"이란 개수로 인한 취득 당시 법 제4조에 따른 주택의 시가표준액이 9억원 이하인 주택을 말한다.(2013.1.1. 개정)

제12조의 3 【취득세 비과세 대상 차량의 범위】
① 법 제9조 제7항 제1호에서 "대통령령으로 정하는 차량"이란 제121조 제2항 제4호·제5호 또는 제8호에 해당하는 자동차를 말한다.(2021.12.31. 개정)
② 법 제9조 제7항 제2호에서 "차령초과로 사실상 차량을 사용할 수 없는 경우 등 대통령령으로 정하는 사유"란 상속개시일 현재 「자동차등록령」 제31조 제2항 각 호의 사유를 말한다.(2021.12.31. 신설)
③ 법 제9조 제7항에 따라 비과세를 받으려는 자는 그 사유를 증명할 수 있는 서류를 갖추어 시장·군수·구청장에게 신청하여야 한다.(2021.12.31. 항번개정)

제2절 과세표준과 세율(제13조~제31조)

제13조 【취득 당시의 현황에 따른 부과】
부동산, 차량, 기계장비 또는 항공기는 이 영에서 특별한 규정이 있는 경우를 제외하고는 해당 물건을 취득하였을 때의 사실상의 현황에 따라 부과한다. 다만, 취득하였을 때의 사실상 현황이 분명하지 아니한 경우에는 공부(公簿)상의 등재 현황에 따라 부과한다.(2010.9.20. 개정)

제14조 【시가인정액의 산정 및 평가기간의 판단 등】
① 법 제10조의 2 제1항에서 "매매사례가액, 감정가액, 공매가액 등 대통령령으로 정하는 바에 따라 시가로 인정되는 가액"(이하 "시가인정액"이라 한다)이란 취득일 전 6개월부터 취득일 후 3개월 이내의 기간(이하 이 절에서 "평가기간"이라 한다)에 취득 대상이 된 법 제7조 제1항에 따른 부동산 등(이하 이 장에서 "부동산등"이라 한다)에 대하여 매매, 감정, 경매(「민사집행법」에 따른 경매를 말한다. 이하 이 장에서 같다) 또는 공매(이하 이 조에서 "매매등"이라 한다)한 사실이 있는 경우의 가액으로서 다음 각 호의 구분에 따라 해당 호에서 정하는 가액을 말한다.(2023.6.30. 개정)
1. 취득한 부동산등의 매매사실이 있는 경우: 그 거래가액. 다만, 「소득세법」 제101조 제1항 또는 「법인세법」에 따른 특수관계인(이하 "특수관계인"이라 한다)과의 거래 등으로 그 거래가액이 객관적으로 부당하다고

인정되는 경우는 제외한다.(2021.12.31. 신설)
2. 취득한 부동산등에 대하여 둘 이상의 감정기관(행정안전부령으로 정하는 공신력 있는 감정기관을 말한다. 이하 같다)이 평가한 감정가액이 있는 경우: 그 감정가액의 평균액. 다만, 다음 각 목의 가액은 제외하며, 해당 감정가액이 법 제4조에 따른 시가표준액에 미달하는 경우나 시가표준액 이상인 경우에도 「지방세기본법」 제147조 제1항에 따른 지방세심의위원회(이하 "지방세심의위원회"라 한다)의 심의를 거쳐 감정평가 목적 등을 고려하여 해당 감정가액이 부적정하다고 인정되는 경우에는 지방자치단체의 장이 다른 감정기관에 의뢰하여 감정한 가액으로 하며, 그 가액이 납세자가 제시한 감정가액보다 낮은 경우에는 납세자가 제시한 감정가액으로 한다.(2023.12.29. 개정)
    가. 일정한 조건이 충족될 것을 전제로 해당 부동산등을 평가하는 등 취득세의 납부 목적에 적합하지 않은 감정가액(2021.12.31. 신설)
    나. 취득일 현재 해당 부동산등의 원형대로 감정하지 않은 경우 그 감정가액(2021.12.31. 신설)
3. 취득한 부동산등의 경매 또는 공매 사실이 있는 경우: 그 경매가액 또는 공매가액(2021.1231. 신설)
② 제1항 각 호의 가액이 평가기간 이내의 가액인지에 대한 판단은 다음 각 호의 구분에 따른 날을 기준으로 하며, 시가인정액이 둘 이상인 경우에는 취득일 전후로 가장 가까운 날의 가액(그 가액이 둘 이상인 경우에는 평균액을 말한다)을 적용한다.(2021.12.31. 신설)
  1. 제1항 제1호의 경우: 매매계약일(2021.12.31. 신설)
  2. 제1항 제2호의 경우: 가격산정기준일과 감정가액평가서 작성일(2021.12.31. 신설)
  3. 제1항 제3호의 경우: 경매가액 또는 공매가액이 결정된 날(2021.12.31. 신설)
③ 제1항에도 불구하고 납세자 또는 지방자치단체의 장은 취득일 전 2년 이내의 기간 중 평가기간에 해당하지 않는 기간에 매매등이 있거나 평가기간이 지난 후에도 법 제20조 제1항에 따른 신고ㆍ납부기한의 만료일부터 6개월 이내의 기간 중에 매매등이 있는 경우에는 행정안전부령으로 정하는 바에 따라 지방세심의위원회에 해당 매매등의 가액을 제1항 각 호의 가액으로 인정하여 줄 것을 심의요청할 수 있다. (2023.3.14. 개정)
④ 제3항에 따른 심의요청을 받은 지방세심의위원회는 취득일부터 제2항 각 호의 날까지의 기간 중에 시간의 경과와 주위환경의 변화 등을 고려할 때 가격변동의 특별한 사정이 없다고 인정하는 경우에는 제3항에 따른 기간 중의 매매등의 가액을 제1항 각 호의 가액으로 심의ㆍ의결할 수 있다.(2023.3.14. 개정)
⑤ 제1항부터 제4항까지의 규정에 따라 시가인정액으로 인정된 가액이 없는 경우에는 취득한 부동산등의 면적, 위치, 종류 및 용도와 법 제4조에 따른 시가표준액이 동일하거나 유사하다고 인정되는 다른 부동산등의 제1항 각 호에 따른 가액(취득일 전 1년부터 법 제20조 제1항에 따른 신고ㆍ납부기한의 만료일까지의 가액으로 한정한다)을 해당 부동산등의 시가인정액으로 본다.(2023.12.29. 개정)
⑥ 제5항에 따른 동일하거나 유사하다고 인정되는 다른 부동산등에 대한 판단기준은 행정안전부령으로 정한다.(2023.3.14. 신설)
⑦ 시가인정액을 산정할 때 제2항 각 호의 날이 부동산등의 취득일 전인 경우로서 같은 항 같은 호의 날부터 취득일까지 해당 부동산등에 대한 자본적지출액(「소득세법 시행령」 제163조 제3항에 따른 자본적지출액을 말한다. 이하 이 조에서 같다)이 확인되는 경우에는 그 자본적지출액을 제1항 각 호의 가액에 더할 수 있다.(2021.12.31. 신설)

제14조의 2 【시가인정액 적용 예외 부동산등】
법 제10조의 2 제2항 제2호에서 "대통령령으로 정하는 가액 이하의 부동산등"이란 취득물건에 대한 시가표준액이 1억원 이하인 부동산등을 말한다.(2021.12.31. 신설)

제14조의 3 【시가불인정 감정기관의 지정절차 등】

① 법 제10조의 2 제3항에서 "대통령령으로 정하는 가액 이하의 부동산 등"이란 다음 각 호의 부동산등을 말한다.(2021.12.31. 신설)
  1. 시가표준액이 10억원 이하인 부동산등(2021.12.31. 신설)
  2. 법 제10조의 5 제3항 제2호의 법인 합병·분할 및 조직 변경을 원인으로 취득하는 부동산등(2021.12. 31. 신설)
② 법 제10조의 2 제4항에서 "감정기관이 평가한 감정가액이 다른 감정기관이 평가한 감정가액의 100분의 80에 미달하는 등 대통령령으로 정하는 사유에 해당하는 경우"란 납세자가 제시한 감정가액(이하 이 조에서 "원감정가액"이라 한다)이 지방자치단체의 장이 다른 감정기관에 의뢰하여 평가한 감정가액(이하 이 조에서 "재감정가액"이라 한다)의 100분의 80에 미달하는 경우를 말한다.(2021.12.31. 신설)
③ 지방자치단체의 장은 감정가액이 제2항의 사유에 해당하는 경우에는 부실감정의 고의성과 원감정가액이 재감정가액에 미달하는 정도 등을 고려하여 1년의 범위에서 행정안전부령으로 정하는 기간 동안 원감정가액을 평가한 감정기관을 법 제10조의 2 제4항에 따른 시가불인정 감정기관(이하 이 장에서 "시가불인정감정기관"이라 한다)으로 지정할 수 있다. 이 경우 지방세심의위원회의 심의를 거쳐야 한다.(2021.12.31. 신설)
④ 제3항에 따른 지정 기간은 지방자치단체의 장으로부터 시가불인정감정기관 지정 결과를 통지받은 날부터 기산한다.(2021.12.31. 신설)
⑤ 지방자치단체의 장은 제3항 후단에 따라 지방세심의위원회의 회의를 개최하기 전에 다음 각 호의 내용을 해당 감정기관에 통지하고, 의견을 청취해야 한다.(2021.12.31. 신설)
  1. 시가불인정감정기관 지정 내용 및 법적 근거(2021.12.31. 신설)
  2. 제1호에 대하여 의견을 제출할 수 있다는 뜻과 의견을 제출하지 않는 경우의 처리 방법(2021.12.31. 신설)
  3. 의견제출기한(2021.12.31. 신설)
  4. 그 밖에 의견제출에 필요한 사항(2021.12.31. 신설)
⑥ 법 제10조의 2 제7항에 따라 지방자치단체의 장은 시가불인정감정기관을 지정하는 경우에는 다음 각 호의 사항을 행정안전부령으로 정하는 바에 따라 지방세통합정보통신망에 게재해야 한다.(2021.12.31. 신설)
  1. 시가불인정감정기관의 명칭(상호), 성명(법인인 경우 대표자 성명과 법인등록번호) 및 사업자등록번호(2021.12.31. 신설)
  2. 시가불인정감정기관 지정 기간(2021.12.31. 신설)
  3. 시가불인정감정기관 지정 사유(2021.12.31. 신설)
  4. 시가불인정감정기관 지정 처분이 해제된 경우 그 해제 사실(2021.12.31. 신설)
⑦ 제3항부터 제6항까지에서 규정한 사항 외에 시가불인정감정기관의 지정 및 통지 등에 필요한 사항은 행정안전부령으로 정한다.(2021.12.31. 신설)

제14조의 4 【부담부증여시 취득가격】

① 법 제10조의 2 제6항에 따른 부담부증여의 경우 유상으로 취득한 것으로 보는 채무액에 상당하는 부분(이하 이 조에서 "채무부담액"이라 한다)의 범위는 시가인정액을 그 한도로 한다.(2021.12.31. 신설)
② 채무부담액은 취득자가 부동산등의 취득일이 속하는 달의 말일부터 3개월 이내에 인수한 것을 입증한 채무액으로서 다음 각 호의 금액으로 한다.(2021.12.31. 신설)
  1. 등기부 등본으로 확인되는 부동산등에 대한 저당권, 가압류, 가처분 등에 따른 채무부담액(2021.12.31. 신설)
  2. 금융기관이 발급한 채무자 변경 확인서 등으로 확인되는 금융기관의 금융채무액(2021.12.31. 신설)
  3. 임대차계약서 등으로 확인되는 부동산등에 대한 임대보증금액(2021.12.31. 신설)
  4. 그 밖에 판결문, 공정증서 등 객관적 입증자료로 확인되는 취득자의 채무부담액(2021.12.31. 신설)

제18조【사실상취득가격의 범위 등】
① 법 제10조의 3 제1항에서 "대통령령으로 정하는 사실상의 취득가격"(이하 "사실상취득가격"이라 한다)이란 해당 물건을 취득하기 위하여 거래 상대방 또는 제3자에게 지급했거나 지급해야 할 직접비용과 다음 각 호의 어느 하나에 해당하는 간접비용의 합계액을 말한다. 다만, 취득대금을 일시급 등으로 지급하여 일정액을 할인받은 경우에는 그 할인된 금액으로 하고, 법인이 아닌 자가 취득한 경우에는 제1호, 제2호 또는 제7호의 금액을 제외한 금액으로 한다.(2021.12.31. 개정)
   1. 건설자금에 충당한 차입금의 이자 또는 이와 유사한 금융비용(2010.9.20. 개정)
   2. 할부 또는 연부(年賦) 계약에 따른 이자 상당액 및 연체료(2021.12.31. 단서삭제)
   3. 「농지법」에 따른 농지보전부담금, 「문화예술진흥법」 제9조 제3항에 따른 미술작품의 설치 또는 문화예술진흥기금에 출연하는 금액, 「산지관리법」에 따른 대체산림자원조성비 등 관계 법령에 따라 의무적으로 부담하는 비용(2019.12.31. 개정)
   4. 취득에 필요한 용역을 제공받은 대가로 지급하는 용역비·수수료(건축 및 토지조성공사로 수탁자가 취득하는 경우 위탁자가 수탁자에게 지급하는 신탁수수료를 포함한다)(2021.12.31. 개정)
   5. 취득대금 외에 당사자의 약정에 따른 취득자 조건 부담액과 채무인수액(2010.9.20. 개정)
   6. 부동산을 취득하는 경우 「주택도시기금법」 제8조에 따라 매입한 국민주택채권을 해당 부동산의 취득 이전에 양도함으로써 발생하는 매각차손. 이 경우 행정안전부령으로 정하는 금융회사 등(이하 이 조에서 "금융회사등"이라 한다) 외의 자에게 양도한 경우에는 동일한 날에 금융회사등에 양도하였을 경우 발생하는 매각차손을 한도로 한다.(2017.7.26. 직제개정; 행정안전부와 그 소속기관 직제 부칙)
   7. 「공인중개사법」에 따른 공인중개사에게 지급한 중개보수(2021.12.31. 단서삭제)
   8. 붙박이 가구·가전제품 등 건축물에 부착되거나 일체를 이루면서 건축물의 효용을 유지 또는 증대시키기 위한 설비·시설 등의 설치비용 (2019.12.31. 신설)
   9. 정원 또는 부속시설물 등을 조성·설치하는 비용(2019.12.31. 신설)
   10. 제1호부터 제9호까지의 비용에 준하는 비용(2019.12.31. 개정)
② 제1항에도 불구하고 다음 각 호의 어느 하나에 해당하는 비용은 사실상취득가격에 포함하지 않는다. (2021.12.31. 개정)
   1. 취득하는 물건의 판매를 위한 광고선전비 등의 판매비용과 그와 관련한 부대비용(2010.9.20. 개정)
   2. 「전기사업법」, 「도시가스사업법」, 「집단에너지사업법」, 그 밖의 법률에 따라 전기·가스·열 등을 이용하는 자가 분담하는 비용(2010.9.20. 개정)
   3. 이주비, 지장물 보상금 등 취득물건과는 별개의 권리에 관한 보상 성격으로 지급되는 비용(2010.9.20. 개정)
   4. 부가가치세(2010.9.20. 개정)
   5. 제1호부터 제4호까지의 비용에 준하는 비용(2010.9.20. 개정)

제18조의 2 【부당행위계산의 유형】
법 제10조의 3 제2항에 따른 부당행위계산은 특수관계인으로부터 시가인정액보다 낮은 가격으로 부동산을 취득한 경우로서 시가인정액과 사실상취득가격의 차액이 3억원 이상이거나 시가인정액의 100분의 5에 상당하는 금액 이상인 경우로 한다.(2021.12.31. 신설)

제18조의 3 【차량 등의 취득가격】
① 법 제10조의 5 제2항에서 "천재지변으로 피해를 입은 차량 또는 기계장비를 취득하여 그 사실상취득가격이 제4조 제2항에 따른 시가표준액보다 낮은 경우 등 대통령령으로 정하는 경우"란 다음 각 호의 어느 하나에

해당하는 경우를 말한다.(2023.6.30. 개정)
1. 천재지변, 화재, 교통사고 등으로 중고 차량이나 중고 기계장비의 가액이 시가표준액보다 낮은 것으로 시장·군수·구청장이 인정하는 경우(2023.6.30. 신설)
2. 국가, 지방자치단체 또는 지방자치단체조합으로부터 취득하는 경우(2023.6.30. 신설)
3. 수입으로 취득하는 경우(2023.6.30. 신설)
4. 민사소송 및 행정소송의 확정 판결(화해·포기·인낙 또는 자백간주에 의한 것은 제외한다)에 따라 취득가격이 증명되는 경우(2023.6.30. 신설)
5. 법인장부(금융회사의 금융거래 내역서 또는 「감정평가 및 감정평가사에 관한 법률」 제6조에 따른 감정평가서 등 객관적 증거서류에 따라 법인이 작성한 원장·보조장·출납전표 또는 결산서를 말한다)에 따라 취득가격이 증명되는 경우(2023.6.30. 신설)
6. 경매 또는 공매로 취득하는 경우(2023.6.30. 신설)

② 차량 또는 기계장비의 취득이 제1항에 해당하는 경우 법 제10조에 따른 취득 당시의 가액(이하 "취득당시가액"이라 한다)은 사실상취득가액으로 한다. 다만, 제1항 제5호에 따른 중고 차량 또는 중고 기계장비로서 그 취득가격이 시가표준액보다 낮은 경우(제1호의 경우는 제외한다)에는 해당 시가표준액을 취득당시가액으로 한다.(2023.6.30. 단서신설)

제18조의 4 【유상·무상·원시취득의 경우 과세표준에 대한 특례】

① 법 제10조의 5 제3항 각 호에 따른 취득의 경우 취득당시가액은 다음 각 호의 구분에 따른 가액으로 한다.(2023.3.14. 항번개정)
1. 법 제10조의 5 제3항 제1호의 경우: 다음 각 목의 구분에 따른 가액. 다만, 특수관계인으로부터 부동산등을 취득하는 경우로서 법 제10조의 3 제2항에 따른 부당행위계산을 한 것으로 인정되는 경우 취득당시가액은 시가인정액으로 한다.(2021.12.31. 신설)
   가. 대물변제: 대물변제액(대물변제액 외에 추가로 지급한 금액이 있는 경우에는 그 금액을 포함한다). 다만, 대물변제액이 시가인정액보다 적은 경우 취득당시가액은 시가인정액으로 한다.(2023.12.29. 개정)
   나. 교환: 교환을 원인으로 이전받는 부동산등의 시가인정액과 이전하는 부동산등의 시가인정액(상대방에게 추가로 지급하는 금액과 상대방으로부터 승계받는 채무액이 있는 경우 그 금액을 더하고, 상대방으로부터 추가로 지급받는 금액과 상대방에게 승계하는 채무액이 있는 경우 그 금액을 차감한다) 중 높은 가액 (2021.12.31. 신설)
   다. 양도담보: 양도담보에 따른 채무액(채무액 외에 추가로 지급한 금액이 있는 경우 그 금액을 포함한다). 다만, 그 채무액이 시가인정액보다 적은 경우 취득당시가액은 시가인정액으로 한다.(2023.12.29. 개정)
2. 법 제10조의 5 제3항 제2호의 경우: 시가인정액. 다만, 시가인정액을 산정하기 어려운 경우 취득당시가액은 시가표준액으로 한다.(2021.12.31. 신설)
3. 법 제10조의 5 제3항 제3호에 따른 사업시행자 또는 주택조합이 법 제7조 제8항 단서에 따른 비조합원용 부동산 또는 체비지·보류지를 취득한 경우: 다음 계산식에 따라 산출한 가액(2023.3.14. 개정)

$$\text{가액} = A \times [B-(C \times B/D)]$$

A : 해당 토지의 제곱미터당 분양가액
B : 해당 토지의 면적
C : 사업시행자 또는 주택조합이 해당 사업 진행 중 취득한 토지면적(조합원으로부터 신탁받은 토지는 제외한다)
D : 해당 사업 대상 토지의 전체 면적

4. 법 제10조의 5 제3항 제4호의 경우: 다음 각 목의 구분에 따른 가액(2023.3.14. 신설)

$$\text{가액} = A \times [B-(C \times B/D)] - E$$

A : 해당 토지의 제곱미터당 분양가액
B : 해당 토지의 면적
C : 사업시행자가 해당 사업 진행 중 취득한 토지면적
D : 해당 사업 대상 토지의 전체 면적
E : 법 제7조 제4항 후단에 따른 토지의 지목 변경에 따른 취득가액

나. 제2항 제2호에 해당하는 경우: 다음 계산식에 따라 산출한 가액(2023.3.14. 신설)

$$\text{가액} = (A \times B) - C$$

A : 해당 토지의 제곱미터당 분양가액
B : 해당 토지 면적
C : 법 제7조 제4항 후단에 따른 토지의 지목 변경에 따른 취득가액

② 법 제10조의 5 제3항 제4호에서 "대통령령으로 정하는 취득"이란 다음 각 호의 취득을 말한다.(2023.3.14. 신설)
  1. 「도시개발법」에 따른 도시개발사업의 시행으로 인한 사업시행자의 체비지 또는 보류지의 취득(2023.3.14. 신설)
  2. 법 제7조 제16항 후단에 따른 조합원의 토지 취득(2023.3.14. 신설)

제18조의 5 【선박 · 차량 등의 종류 변경】
법 제10조의 6 제1항 제2호에서 "선박, 차량 또는 기계장비의 용도 등 대통령령으로 정하는 사항"이란 선박의 선질(船質) · 용도 · 기관 · 정원 또는 최대적재량이나 차량 또는 기계장비의 원동기 · 승차정원 · 최대적재량 · 차체를 말한다.(2021.12.31. 신설)

제18조의 6 【취득으로 보는 경우의 과세표준】
법 제10조의 6 제1항 각 호의 어느 하나에 해당하는 경우로서 사실상취득가격을 확인할 수 없는 경우의 취득당시가액은 다음 각 호의 구분에 따른 가액으로 한다.(2021.12.31. 신설)
  1. 법 제10조의 6 제1항 제1호의 경우: 토지의 지목이 사실상 변경된 때를 기준으로 가목의 가액에서 나목의 가액을 뺀 가액(2021.12.31. 신설)

가. 지목변경 이후의 토지에 대한 시가표준액(해당 토지에 대한 개별공시지가의 공시기준일이 지목변경으로 인한 취득일 전인 경우에는 인근 유사토지의 가액을 기준으로 「부동산 가격공시에 관한 법률」에 따라 국토교통부장관이 제공한 토지가격비준표를 사용하여 시장·군수·구청장이 산정한 가액을 말한다)(2021.12.31. 신설)

나. 지목변경 전의 토지에 대한 시가표준액(지목변경으로 인한 취득일 현재 해당 토지의 변경 전 지목에 대한 개별공시지가를 말한다. 다만, 변경 전 지목에 대한 개별공시지가가 없는 경우에는 인근 유사토지의 가액을 기준으로 「부동산 가격공시에 관한 법률」에 따라 국토교통부장관이 제공한 토지가격비준표를 사용하여 시장·군수·구청장이 산정한 가액을 말한다)(2021.12.31. 신설)

2. 법 제10조의 6 제1항 제2호의 경우: 법 제4조 제2항에 따른 시가표준액(2021.12.31. 신설)

제19조【부동산등의 일괄취득】

① 부동산등을 한꺼번에 취득하여 각 과세물건의 취득 당시의 가액이 구분되지 않는 경우에는 한꺼번에 취득한 가격을 각 과세물건별 시가표준액 비율로 나눈 금액을 각각의 취득 당시의 가액으로 한다.(2021.12.31. 개정)

② 제1항에도 불구하고 주택, 건축물과 그 부속토지를 한꺼번에 취득한 경우에는 다음 각 호의 계산식에 따라 주택 부분과 주택 외 부분의 취득 당시의 가액을 구분하여 산정한다.(2021.12.31. 개정)

1. 주택 부분: (2021.12.31. 개정)

$$\text{전체 취득당시의 가액} \times \frac{[\text{건축물 중 주택 부분의 시가표준액(법 제4조 제2항에 따른 시가표준액을 말한다. 이하 이 항에서 같다.)}] + [\text{부속토지 중 주택 부분의 시가표준액(법 제4조 제1항에 따른 토지 시가표준액을 말한다. 이하 이 항에서 같다.)}]}{\text{건축물과 부속토지 전체의 시가표준액}}$$

2. 주택 외 부분: (2021.12.31. 개정)

③ 제1항 및 제2항에도 불구하고 신축 또는 증축으로 주택과 주택 외의 건축물을 한꺼번에 취득한 경우에는 다음 각 호의 계산식에 따라 주택 부분과 주택 외 부분의 취득 당시의 가액을 구분하여 산정한다. (2021.12.31. 개정)

$$\text{전체 취득당시의 가액} \times \frac{(\text{건축물 중 주택 외 부분의 시가표준액}) + (\text{부속토지 중 주택 외 부분의 시가표준액})}{\text{건축물과 부속토지 전체의 시가표준액}}$$

1. 주택 부분: (2021.12.31. 개정)

$$\text{전체 취득당시의 가액} \times \frac{\text{건축물 중 주택 부분의 연면적}}{\text{건축물 전체의 연면적}}$$

2. 주택 외 부분: (2021.12.31. 개정)

$$\text{전체 취득당시의 가액} \times \frac{\text{건축물 중 주택 부분의 연면적}}{\text{건축물 전체의 연면적}}$$

④ 제1항의 경우에 시가표준액이 없는 과세물건이 포함되어 있으면 부동산등의 감정가액 등을 고려하여 시장·군수·구청장이 결정한 비율로 나눈 금액을 각각의 취득 당시의 가액으로 한다.(2021.12.31. 개정)

제20조【취득의 시기 등】

① 무상취득의 경우에는 그 계약일(상속 또는 유증으로 인한 취득의 경우에는 상속 또는 유증 개시일을 말한다)에 취득한 것으로 본다. 다만, 해당 취득물건을 등기·등록하지 않고 다음 각 호의 어느 하나에 해당하는 서류로 계약이 해제된 사실이 입증되는 경우에는 취득한 것으로 보지 않는다.(2021.12.31. 개정)
  1. 화해조서·인낙조서(해당 조서에서 취득일부터 취득일이 속하는 달의 말일부터 3개월 이내에 계약이 해제된 사실이 입증되는 경우만 해당한다)(2023.12.29. 개정)
  2. 공정증서(공증인이 인증한 사서증서를 포함하되, 취득일부터 취득일이 속하는 달의 말일부터 3개월 이내에 공증받은 것만 해당한다)(2023.12.29. 개정)
  3. 행정안전부령으로 정하는 계약해제신고서(취득일부터 취득일이 속하는 달의 말일부터 3개월 이내에 제출된 것만 해당한다)(2023.12.29. 개정)

② 유상승계취득의 경우에는 사실상의 잔금지급일(신고인이 제출한 자료로 사실상의 잔금지급일을 확인할 수 없는 경우에는 계약상의 잔금지급일을 말하고, 계약상 잔금 지급일이 명시되지 않은 경우에는 계약일부터 60일이 경과한 날을 말한다)에 취득한 것으로 본다. 다만, 해당 취득물건을 등기·등록하지 않고 다음 각 호의 어느 하나에 해당하는 서류로 계약이 해제된 사실이 입증되는 경우에는 취득한 것으로 보지 않는다.(2023.12.29. 개정)
  1. 화해조서·인낙조서(해당 조서에서 취득일부터 60일 이내에 계약이 해제된 사실이 입증되는 경우만 해당한다)(2023.12.29. 개정)
  2. 공정증서(공증인이 인증한 사서증서를 포함하되, 취득일부터 60일 이내에 공증받은 것만 해당한다)(2023.12.29. 개정)
  3. 행정안전부령으로 정하는 계약해제신고서(취득일부터 60일 이내에 제출된 것만 해당한다)(2023.12.29. 개정)
  4. 부동산 거래신고 관련 법령에 따른 부동산거래계약 해제등 신고서(취득일부터 60일 이내에 등록관청에 제출한 경우만 해당한다)(2023.12.29. 개정)

③ 차량·기계장비·항공기 및 선박(이하 이 조에서 "차량등"이라 한다)의 경우에는 다음 각 호에 따른 날을 최초의 취득일로 본다.(2021.12.31. 개정)
  1. 주문을 받거나 판매하기 위하여 차량등을 제조·조립·건조하는 경우: 실수요자가 차량등을 인도받는 날과 계약서 상의 잔금지급일 중 **빠른 날**(2021.12.31. 개정)
  2. 차량등을 제조·조립·건조하는 자가 그 차량등을 직접 사용하는 경우: 차량등의 등기 또는 등록일과 사실상의 사용일 중 **빠른 날**(2021.12.31. 개정)

④ 수입에 따른 취득은 해당 물건을 우리나라에 반입하는 날(보세구역을 경유하는 것은 수입신고필증 교부일을 말한다)을 취득일로 본다. 다만, 차량등의 실수요자가 따로 있는 경우에는 실수요자가 차량등을 인도받는 날과 계약상의 잔금지급일 중 **빠른 날**을 승계취득일로 보며, 취득자의 편의에 따라 수입물건을 우리나라에 반입하지 않거나 보세구역을 경유하지 않고 외국에서 직접 사용하는 경우에는 그 수입물건의 등기 또는 등록

일을 취득일로 본다.(2021.12.31. 단서개정)
⑤ 연부로 취득하는 것(취득가액의 총액이 법 제17조의 적용을 받는 것은 제외한다)은 그 사실상의 연부금 지급일을 취득일로 본다.(2010.9.20. 개정)
⑥ 건축물을 건축 또는 개수하여 취득하는 경우에는 사용승인서(「도시개발법」 제51조 제1항에 따른 준공검사 증명서, 「도시 및 주거환경정비법 시행령」 제74조에 따른 준공인가증 및 그 밖에 건축 관계 법령에 따른 사용승인서에 준하는 서류를 포함한다. 이하 이 항에서 같다)를 내주는 날(사용승인서를 내주기 전에 임시사용승인을 받은 경우에는 그 임시사용승인일을 말하고, 사용승인서 또는 임시사용승인서를 받을 수 없는 건축물의 경우에는 사실상 사용이 가능한 날을 말한다)과 사실상의 사용일 중 빠른 날을 취득일로 본다.(2019.5.31. 개정)
⑦ 「주택법」 제11조에 따른 주택조합이 주택건설사업을 하면서 조합원으로부터 취득하는 토지 중 조합원에게 귀속되지 아니하는 토지를 취득하는 경우에는 「주택법」 제49조에 따른 사용검사를 받은 날에 그 토지를 취득한 것으로 보고, 「도시 및 주거환경정비법」 제35조 제3항에 따른 재건축조합이 재건축사업을 하거나 「빈집 및 소규모주택 정비에 관한 특례법」 제23조 제2항에 따른 소규모재건축조합이 소규모재건축사업을 하면서 조합원으로부터 취득하는 토지 중 조합원에게 귀속되지 아니하는 토지를 취득하는 경우에는 「도시 및 주거환경정비법」 제86조 제2항 또는 「빈집 및 소규모주택 정비에 관한 특례법」 제40조 제2항에 따른 소유권이전 고시일의 다음 날에 그 토지를 취득한 것으로 본다.(2018.2.9. 개정; 빈집 및 소규모주택 정비에 관한 특례법 시행령 부칙)
⑧ 관계 법령에 따라 매립·간척 등으로 토지를 원시취득하는 경우에는 공사준공인가일을 취득일로 본다. 다만, 공사준공인가일 전에 사용승낙·허가를 받거나 사실상 사용하는 경우에는 사용승낙일·허가일 또는 사실상 사용일 중 빠른 날을 취득일로 본다.(2014.8.12. 단서개정)
⑨ 차량·기계장비 또는 선박의 종류변경에 따른 취득은 사실상 변경한 날과 공부상 변경한 날 중 빠른 날을 취득일로 본다.(2010.9.20. 개정)
⑩ 토지의 지목변경에 따른 취득은 토지의 지목이 사실상 변경된 날과 공부상 변경된 날 중 빠른 날을 취득일로 본다. 다만, 토지의 지목변경일 이전에 사용하는 부분에 대해서는 그 사실상의 사용일을 취득일로 본다.(2010.9.20. 개정)
⑪ (삭제, 2017.12.29.)
⑫ 「민법」 제245조 및 제247조에 따른 점유로 인한 취득의 경우에는 취득물건의 등기일 또는 등록일을 취득일로 본다.(2021.12.31. 신설)
⑬ 「민법」 제839조의 2 및 제843조에 따른 재산분할로 인한 취득의 경우에는 취득물건의 등기일 또는 등록일을 취득일로 본다.(2021.12.31. 항번개정)
⑭ 제1항, 제2항 및 제5항에 따른 취득일 전에 등기 또는 등록을 한 경우에는 그 등기일 또는 등록일에 취득한 것으로 본다.(2021.12.31. 항번개정)

제21조 【농지의 범위】

법 제11조 제1항 제1호 각 목 및 같은 항 제7호 각 목에 따른 농지는 각각 다음 각 호의 토지로 한다. (2010. 12. 30. 개정)

1. 취득 당시 공부상 지목이 논, 밭 또는 과수원인 토지로서 실제 농작물의 경작이나 다년생식물의 재배지로 이용되는 토지. 이 경우 농지 경영에 직접 필요한 농막(農幕)·두엄간·양수장·못·늪·농도(農道)·수로 등이 차지하는 토지 부분을 포함한다.(2010.9.20. 개정)
2. 취득 당시 공부상 지목이 논, 밭, 과수원 또는 목장용지인 토지로서 실제 축산용으로 사용되는 축사와 그 부대시설로 사용되는 토지, 초지 및 사료밭(2013.1.1. 개정)

제22조【비영리사업자의 범위】
법 제11조 제1항 제2호 단서에서 "대통령령으로 정하는 비영리사업자"란 각각 다음 각 호의 어느 하나에 해당하는 자를 말한다.(2014.1.1. 개정)
1. 종교 및 제사를 목적으로 하는 단체(2010.9.20. 개정)
2. 「초·중등교육법」 및 「고등교육법」에 따른 학교, 「경제자유구역 및 제주국제자유도시의 외국교육기관 설립·운영에 관한 특별법」 또는 「기업도시개발 특별법」에 따른 외국교육기관을 경영하는 자 및 「평생교육법」에 따른 교육시설을 운영하는 평생교육단체(2010.9.20. 개정)
3. 「사회복지사업법」에 따라 설립된 사회복지법인(2010.9.20. 개정)
4. 「지방세특례제한법」 제22조 제1항에 따른 사회복지법인등(2019.12.31. 개정)
5. 「정당법」에 따라 설립된 정당(2010.9.20. 개정)

제23조【비영업용 승용자동차 등의 범위】
① 법 제12조 제1항 제2호 가목에서 "대통령령으로 정하는 비영업용 승용자동차"란 개인 또는 법인이 「여객자동차 운수사업법」에 따라 면허를 받거나 등록을 하고 일반의 수요에 제공하는 것 외의 용도에 제공하는 「자동차관리법」 제3조 제1항 제1호에 따른 승용자동차를 말한다. 다만, 「자동차관리법 시행령」 제7조 제1항 제11호 또는 제12호에 따라 임시운행허가를 받은 승용자동차는 제외한다.(2020.12.31. 개정)
② 법 제12조 제1항 제2호 가목 단서에서 "대통령령으로 정하는 경자동차"란 「자동차관리법」 제3조에 따른 자동차의 종류 중 경형자동차를 말한다.(2020.12.31. 개정)
③ 법 제12조 제1항 제2호 나목에서 "대통령령으로 정하는 자동차"란 총 배기량 125시시 이하이거나 최고정격출력 12킬로와트 이하인 이륜자동차를 말한다.(2019.12.31. 개정)
④ 법 제12조 제1항 제2호 다목 1)에 따른 비영업용 자동차는 개인 또는 법인이 「여객자동차 운수사업법」 또는 「화물자동차 운수사업법」에 따라 면허를 받거나 등록을 하고 일반의 수요에 제공하는 것 외의 용도에 제공하는 「자동차관리법」 제2조 제1호에 따른 자동차로 한다. 다만, 「자동차관리법 시행령」 제7조 제1항 제11호 또는 제12호에 따라 임시운행허가를 받은 자동차는 제외한다.(2020.12.31. 신설)
⑤ 법 제12조 제1항 제2호 다목 2)에 따른 영업용 자동차는 개인 또는 법인이 「여객자동차 운수사업법」 또는 「화물자동차 운수사업법」에 따라 면허를 받거나 등록을 하고 일반의 수요에 제공하는 용도에 제공되는 「자동차관리법」 제2조 제1호에 따른 자동차로 한다.(2020.12.31. 개정)

제25조【본점 또는 주사무소의 사업용 부동산】
법 제13조 제1항에서 "대통령령으로 정하는 본점이나 주사무소의 사업용 부동산"이란 법인의 본점 또는 주사무소의 사무소로 사용하는 부동산과 그 부대시설용 부동산(기숙사, 합숙소, 사택, 연수시설, 체육시설 등 복지후생시설과 예비군 병기고 및 탄약고는 제외한다)을 말한다.(2016.11.29. 개정; 향토예비군 설치법 시행령 부칙)

제26조【대도시 법인 중과세의 예외】
① 법 제13조 제2항 각 호 외의 부분 단서에서 "대통령령으로 정하는 업종"이란 다음 각 호에 해당하는 업종을 말한다.(2010.9.20. 개정)
  1. 「사회기반시설에 대한 민간투자법」 제2조 제3호에 따른 사회기반시설사업(같은 조 제9호에 따른 부대사업을 포함한다)(2020.12.31. 개정)
  2. 「한국은행법」 및 「한국수출입은행법」에 따른 은행업(2010.9.20. 개정)
  3. 「해외건설촉진법」에 따라 신고된 해외건설업(해당 연도에 해외건설 실적이 있는 경우로서 해외건설에 직

접 사용하는 사무실용 부동산만 해당한다) 및 「주택법」 제4조에 따라 국토교통부에 등록된 주택건설사업(주택건설용으로 취득한 후 3년 이내에 주택건설에 착공하는 부동산만 해당한다)(2016.8.11. 개정; 주택법 시행령 부칙)
4. 「전기통신사업법」 제5조에 따른 전기통신사업(2010.9.20. 개정)
5. 「산업발전법」에 따라 산업통상자원부장관이 고시하는 첨단기술산업과 「산업집적활성화 및 공장설립에 관한 법률 시행령」별표 1의 2 제2호 마목에 따른 첨단업종(2020.5.12. 개정 ; 산업집적활성화 및 공장설립에 관한 법률 시행령 부칙)
6. 「유통산업발전법」에 따른 유통산업, 「농수산물유통 및 가격안정에 관한 법률」에 따른 농수산물도매시장·농수산물공판장·농수산물종합유통센터·유통자회사 및 「축산법」에 따른 가축시장.(2010.12.30. 후단삭제)
7. 「여객자동차 운수사업법」에 따른 여객자동차운송사업 및 「화물자동차 운수사업법」에 따른 화물자동차운송사업과 「물류시설의 개발 및 운영에 관한 법률」 제2조 제3호에 따른 물류터미널사업 및 「물류정책기본법 시행령」 제3조 및 별표 1에 따른 창고업(2010.12.30. 개정)
8. 정부출자법인 또는 정부출연법인(국가나 지방자치단체가 납입자본금 또는 기본재산의 100분의 20 이상을 직접 출자 또는 출연한 법인만 해당한다)이 경영하는 사업(2013.1.1. 개정)
9. 「의료법」 제3조에 따른 의료업(2010.9.20. 개정)
10. 개인이 경영하던 제조업(「소득세법」 제19조 제1항 제3호에 따른 제조업을 말한다). 다만, 행정안전부령으로 정하는 바에 따라 법인으로 전환하는 기업만 해당하며, 법인전환에 따라 취득한 부동산의 가액(법 제4조에 따른 시가표준액을 말한다)이 법인 전환 전의 부동산가액을 초과하는 경우에 그 초과부분과 법인으로 전환한 날 이후에 취득한 부동산은 법 제13조 제2항 각 호 외의 부분 본문을 적용한다.(2017.7.26. 직제개정; 행정안전부와 그 소속기관 직제 부칙)
11. 「산업집적활성화 및 공장설립에 관한 법률 시행령」별표 1의 2 제3호 가목에 따른 자원재활용업종(2020.5.12. 개정; 산업집적활성화 및 공장설립에 관한 법률 시행령 부칙)
12. 「소프트웨어 진흥법」 제2조 제3호에 따른 소프트웨어사업 및 같은 법 제61조에 따라 설립된 소프트웨어공제조합이 소프트웨어산업을 위하여 수행하는 사업(2020.12.8. 개정; 소프트웨어산업 진흥법 시행령 부칙)
13. 「공연법」에 따른 공연장 등 문화예술시설운영사업(2010.9.20. 개정)
14. 「방송법」 제2조 제2호·제5호·제8호·제11호 및 제13호에 따른 방송사업·중계유선방송사업·음악유선방송사업·전광판방송사업 및 전송망사업(2010.9.20. 개정)
15. 「과학관의 설립·운영 및 육성에 관한 법률」에 따른 과학관시설운영사업(2013.4.22. 개정; 과학관육성법 시행령 부칙)
16. 「산업집적활성화 및 공장설립에 관한 법률」 제28조에 따른 도시형공장을 경영하는 사업(2011.12.31. 개정)
17. 「벤처투자 촉진에 관한 법률」 제37조에 따라 등록한 중소기업창업투자회사가 중소기업창업 지원을 위하여 수행하는 사업. 다만, 법인설립 후 1개월 이내에 같은 법에 따라 등록하는 경우만 해당한다. (2020.8.11. 개정 ; 벤처투자 촉진에 관한 법률 시행령 부칙)
18. 「한국광해광업공단법」에 따른 한국광해광업공단이 석탄산업합리화를 위하여 수행하는 사업(2021.8.31. 개정; 한국광해광업공단법 시행령 부칙)
19. 「소비자기본법」 제33조에 따라 설립된 한국소비자원이 소비자 보호를 위하여 수행하는 사업(2010.9.20. 개정)
20. 「건설산업기본법」 제54조에 따라 설립된 공제조합이 건설업을 위하여 수행하는 사업(2010.9.20. 개정)
21. 「엔지니어링산업 진흥법」 제34조에 따라 설립된 공제조합이 그 설립 목적을 위하여 수행하는 사업(2010.9.20. 개정)

22. 「주택도시기금법」에 따른 주택도시보증공사가 주택건설업을 위하여 수행하는 사업(2015.6.30. 개정; 주택도시기금법 시행령 부칙)
23. 「여신전문금융업법」 제2조 제12호에 따른 할부금융업(2010.9.20. 개정)
24. 「통계법」 제22조에 따라 통계청장이 고시하는 한국표준산업분류(이하 "한국표준산업분류"라 한다)에 따른 실내경기장·운동장 및 야구장 운영업(2021.4.27. 개정)
25. 「산업발전법」(법률 제9584호 산업발전법 전부개정법률로 개정되기 전의 것을 말한다) 제14조에 따라 등록된 기업구조조정전문회사가 그 설립 목적을 위하여 수행하는 사업. 다만, 법인 설립 후 1개월 이내에 같은 법에 따라 등록하는 경우만 해당한다.(2010.9.20. 개정)
26. 「지방세특례제한법」 제21조 제1항에 따른 청소년단체, 같은 법 제45조에 따른 학술단체·장학법인 및 같은 법 제52조에 따른 문화예술단체·체육단체가 그 설립 목적을 위하여 수행하는 사업(2019.12.31. 개정)
27. 「중소기업진흥에 관한 법률」 제69조에 따라 설립된 회사가 경영하는 사업(2010.9.20. 개정)
28. 「도시 및 주거환경정비법」 제35조 또는 「빈집 및 소규모주택 정비에 관한 특례법」 제23조에 따라 설립된 조합이 시행하는 「도시 및 주거환경정비법」 제2조 제2호의 정비사업 또는 「빈집 및 소규모주택 정비에 관한 특례법」 제2조 제1항 제3호의 소규모주택정비사업(2018.2.9. 개정; 빈집 및 소규모주택 정비에 관한 특례법 시행령 부칙)
29. 「방문판매 등에 관한 법률」 제38조에 따라 설립된 공제조합이 경영하는 보상금지급책임의 보험사업 등 같은 법 제37조 제1항 제3호에 따른 공제사업(2012.7.10. 개정; 방문판매 등에 관한 법률 시행령 부칙)
30. 「한국주택금융공사법」에 따라 설립된 한국주택금융공사가 같은 법 제22조에 따라 경영하는 사업(2010.9.20. 개정)
31. 「민간임대주택에 관한 특별법」 제5조에 따라 등록을 한 임대사업자 또는 「공공주택 특별법」 제4조에 따라 지정된 공공주택사업자가 경영하는 주택임대사업.(2016.8.11. 단서삭제; 주택법 시행령 부칙)
32. 「전기공사공제조합법」에 따라 설립된 전기공사공제조합이 전기공사업을 위하여 수행하는 사업(2010.9.20. 개정)
33. 「소방산업의 진흥에 관한 법률」 제23조에 따른 소방산업공제조합이 소방산업을 위하여 수행하는 사업(2010.9.20. 개정)
34. 「중소기업 기술혁신 촉진법」 제15조 및 같은 법 시행령 제13조에 따라 기술혁신형 중소기업으로 선정된 기업이 경영하는 사업. 다만, 법인의 본점·주사무소·지점·분사무소를 대도시 밖에서 대도시로 전입하는 경우는 제외한다.(2017.12.29. 신설)
35. 「주택법」에 따른 리모델링주택조합이 시행하는 같은 법 제66조 제1항 및 제2항에 따른 리모델링사업(2021.12.31. 신설)
36. 「공공주택 특별법」에 따른 공공매입임대주택(같은 법 제4조 제1항 제2호 및 제3호에 따른 공공주택사업자와 공공매입임대주택을 건설하는 사업자가 공공매입임대주택을 건설하여 양도하기로 2022년 12월 31일까지 약정을 체결하고 약정일부터 3년 이내에 건설에 착공하는 주거용 오피스텔로 한정한다)을 건설하는 사업(2021.12.31. 신설)
37. 「공공주택 특별법」 제4조 제1항에 따라 지정된 공공주택사업자가 같은 법에 따른 지분적립형 분양주택이나 이익공유형 분양주택을 공급·관리하는 사업(2022.2.28. 신설)

② (삭제, 2020.8.12.)

③ 법 제13조 제3항 제1호 각 목 외의 부분 단서에서 "대통령령으로 정하는 업종"이란 제1항 제3호의 주택건설사업을 말하고, 법 제13조 제3항 제1호 각 목에도 불구하고 직접 사용하여야 하는 기한 또는 다른 업종이나 다른 용도에 사용·겸용이 금지되는 기간은 3년으로 한다.(2010.12.30. 개정)

④ 법 제13조 제4항에서 "대통령령으로 정하는 임대가 불가피하다고 인정되는 업종"이란 다음 각 호의 어느 하나에 해당하는 업종을 말한다.(2010.12.30. 신설)
  1. 제1항 제4호의 전기통신사업(「전기통신사업법」에 따른 전기통신사업자가 같은 법 제41조에 따라 전기통신설비 또는 시설을 다른 전기통신사업자와 공동으로 사용하기 위하여 임대하는 경우로 한정한다) (2010.12.30. 신설)
  2. 제1항 제6호의 유통산업, 농수산물도매시장·농수산물공판장·농수산물종합유통센터·유통자회사 및 가축시장(「유통산업발전법」 등 관계 법령에 따라 임대가 허용되는 매장 등의 전부 또는 일부를 임대하는 경우 임대하는 부분에 한정한다)(2010.12.30. 신설)

제27조【대도시 부동산 취득의 중과세 범위와 적용기준】
① 법 제13조 제2항 제1호에서 "대통령령으로 정하는 휴면(休眠)법인"이란 다음 각 호의 어느 하나에 해당하는 법인을 말한다.(2010.9.20. 개정)
  1. 「상법」에 따라 해산한 법인(이하 "해산법인"이라 한다)(2010.9.20. 개정)
  2. 「상법」에 따라 해산한 것으로 보는 법인(이하 "해산간주법인"이라 한다)(2010.9.20. 개정)
  3. 「부가가치세법 시행령」 제13조에 따라 폐업한 법인(이하 "폐업법인"이라 한다)(2013.6.28. 개정; 부가가치세법 시행령 부칙)
  4. 법인 인수일 이전 1년 이내에 「상법」 제229조, 제285조, 제521조의 2 및 제611조에 따른 계속등기를 한 해산법인 또는 해산간주법인(2010.9.20. 개정)
  5. 법인 인수일 이전 1년 이내에 다시 사업자등록을 한 폐업법인(2010.9.20. 개정)
  6. 법인 인수일 이전 2년 이상 사업 실적이 없고, 인수일 전후 1년 이내에 인수법인 임원의 100분의 50 이상을 교체한 법인 (2010. 9. 20. 개정)
② 법 제13조 제2항 제1호에 따른 휴면법인의 인수는 제1항 각 호의 어느 하나에 해당하는 법인에서 최초로 그 법인의 과점주주(「지방세기본법」 제46조 제2호에 따른 과점주주를 말한다)가 된 때 이루어진 것으로 본다.(2023.3.14. 개정)
③ 법 제13조 제2항 제1호에 따른 대도시에서의 법인 설립, 지점·분사무소 설치 및 법인의 본점·주사무소·지점·분사무소의 대도시 전입에 따른 부동산 취득은 해당 법인 또는 행정안전부령으로 정하는 사무소 또는 사업장(이하 이 조에서 "사무소등"이라 한다)이 그 설립·설치·전입 이전에 법인의 본점·주사무소·지점 또는 분사무소의 용도로 직접 사용하기 위한 부동산 취득(채권을 보전하거나 행사할 목적으로 하는 부동산 취득은 제외한다. 이하 이 조에서 같다)으로 하고, 같은 호에 따른 그 설립·설치·전입 이후의 부동산 취득은 법인 또는 사무소등이 설립·설치·전입 이후 5년 이내에 하는 업무용·비업무용 또는 사업용·비사업용의 모든 부동산 취득으로 한다. 이 경우 부동산 취득에는 공장의 신설·증설, 공장의 승계취득, 해당 대도시에서의 공장 이전 및 공장의 업종변경에 따르는 부동산 취득을 포함한다.(2019.12.31. 개정)
④ 법 제13조 제2항 제1호를 적용할 때 분할등기일 현재 5년 이상 계속하여 사업을 한 대도시의 내국법인이 법인의 분할(「법인세법」 제46조 제2항 제1호 가목부터 다목까지의 요건을 갖춘 경우만 해당한다)로 법인을 설립하는 경우에는 중과세 대상으로 보지 아니한다.(2013.1.1. 개정)
⑤ 법 제13조 제2항 제1호를 적용할 때 대도시에서 설립 후 5년이 경과한 법인(이하 이 항에서 "기존법인"이라 한다)이 다른 기존법인과 합병하는 경우에는 중과세 대상으로 보지 아니하며, 기존법인이 대도시에서 설립 후 5년이 경과되지 아니한 법인과 합병하여 기존법인 외의 법인이 합병 후 존속하는 법인이 되거나 새로운 법인을 신설하는 경우에는 합병 당시 기존법인에 대한 자산비율에 해당하는 부분을 중과세 대상으로 보지 아니한다. 이 경우 자산비율은 자산을 평가하는 때에는 평가액을 기준으로 계산한 비율로 하고, 자산을 평가

하지 아니하는 때에는 합병 당시의 장부가액을 기준으로 계산한 비율로 한다. (2010.9.20. 개정)
⑥ 법 제13조 제2항을 적용할 때 「신탁법」에 따른 수탁자가 취득한 신탁재산의 경우 취득 목적, 법인 또는 사무소등의 설립·설치·전입 시기 등은 같은 법에 따른 위탁자를 기준으로 판단한다.(2019.12.31. 신설)

제28조 【골프장 등의 범위와 적용기준】 (2023. 12. 29. 제목개정)

① 법 제13조 제5항 각 호 외의 부분 전단에 따른 골프장 등을 구분하여 그 일부를 취득하는 경우는 골프장·고급주택·고급오락장 또는 고급선박을 2명 이상이 구분하여 취득하거나 1명 또는 여러 명이 시차를 두고 구분하여 취득하는 경우로 한다.(2023.12.29. 개정)

② (삭제, 2023.12.29.)

③ (삭제, 2023.12.29.)

④ 법 제13조 제5항 제3호에 따라 고급주택으로 보는 주거용 건축물과 그 부속토지는 다음 각 호의 어느 하나에 해당하는 것으로 한다. 다만, 제1호·제2호·제2호의 2 및 제4호에서 정하는 주거용 건축물과 그 부속토지 또는 공동주택과 그 부속토지는 법 제4조 제1항에 따른 취득 당시의 시가표준액이 9억원을 초과하는 경우만 해당한다.(2020.12.31. 단서개정)

1. 1구(1세대가 독립하여 구분 사용할 수 있도록 구획된 부분을 말한다. 이하 같다)의 건축물의 연면적(주차장면적은 제외한다)이 331제곱미터를 초과하는 주거용 건축물과 그 부속토지(2020.12.31. 개정)

2. 1구의 건축물의 대지면적이 662제곱미터를 초과하는 주거용 건축물과 그 부속토지(2020.12.31. 개정)

2의 2. 1구의 건축물에 엘리베이터(적재하중 200킬로그램 이하의 소형엘리베이터는 제외한다)가 설치된 주거용 건축물과 그 부속토지(공동주택과 그 부속토지는 제외한다)(2011.12.31. 신설)

3. 1구의 건축물에 에스컬레이터 또는 67제곱미터 이상의 수영장 중 1개 이상의 시설이 설치된 주거용 건축물과 그 부속토지(공동주택과 그 부속토지는 제외한다)(2011.12.31. 개정)

4. 1구의 공동주택(여러 가구가 한 건축물에 거주할 수 있도록 건축된 다가구용 주택을 포함하되, 이 경우 한 가구가 독립하여 거주할 수 있도록 구획된 부분을 각각 1구의 건축물로 본다)의 건축물 연면적(공용면적은 제외한다)이 245제곱미터(복층형은 274제곱미터로 하되, 한 층의 면적이 245제곱미터를 초과하는 것은 제외한다)를 초과하는 공동주택과 그 부속토지(2010.9.20. 개정)

⑤ 법 제13조 제5항 제4호 본문에서 "대통령령으로 정하는 건축물과 그 부속토지"란 다음 각 호의 어느 하나에 해당하는 용도에 사용되는 건축물과 그 부속토지를 말한다. 이 경우 고급오락장이 건축물의 일부에 시설되었을 때에는 해당 건축물에 부속된 토지 중 그 건축물의 연면적에 대한 고급오락장용 건축물의 연면적 비율에 해당하는 토지를 고급오락장의 부속토지로 본다.(2010.12.30. 개정)

1. 당사자 상호간에 재물을 걸고 우연한 결과에 따라 재물의 득실을 결정하는 카지노장(「관광진흥법」에 따라 허가된 외국인전용 카지노장은 제외한다)(2010.9.20. 개정)

2. 사행행위 또는 도박행위에 제공될 수 있도록 자동도박기[파친코, 슬롯머신(slot machine), 아케이드 이퀴프먼트(arcade equipment) 등을 말한다]를 설치한 장소(2010.9.20. 개정)

3. 머리와 얼굴에 대한 미용시설 외에 욕실 등을 부설한 장소로서 그 설비를 이용하기 위하여 정해진 요금을 지급하도록 시설된 미용실(2010.9.20. 개정)

4. 「식품위생법」 제37조에 따른 허가 대상인 유흥주점영업으로서 다음 각 목의 어느 하나에 해당하는 영업장소(공용면적을 포함한 영업장의 면적이 100제곱미터를 초과하는 것만 해당한다)(2014.12.30. 개정)

　가. 손님이 춤을 출 수 있도록 객석과 구분된 무도장을 설치한 영업장소(카바레·나이트클럽·디스코클럽 등을 말한다)(2010.9.20. 개정)

　나. 유흥접객원(남녀를 불문하며, 임시로 고용된 사람을 포함한다)을 두는 경우로, 별도로 반영구적으로

구획된 객실의 면적이 영업장 전용면적의 100분의 50 이상이거나 객실 수가 5개 이상인 영업장소(룸살롱, 요정 등을 말한다)(2017.12.29. 개정)
⑥ 법 제13조 제5항 제5호에서 "대통령령으로 정하는 기준을 초과하는 선박"이란 시가표준액이 3억원을 초과하는 선박을 말한다. 다만, 실험·실습 등의 용도에 사용할 목적으로 취득하는 것은 제외한다. (2016.12.30. 개정)

제28조의 2 【주택 유상거래 취득 중과세의 예외】

법 제13조의 2 제1항을 적용할 때 같은 항 각 호 외의 부분에 따른 주택(이하 이 조 및 제28조의 3부터 제28조의 6까지에서 "주택"이라 한다)으로서 다음 각 호의 어느 하나에 해당하는 주택은 중과세 대상으로 보지 않는다. (2020. 8. 12. 신설)

1. 다음 각 목의 구분에 따른 주택. 다만, 「도시 및 주거환경정비법」 제2조제1호에 따른 정비구역(종전의 「주택건설촉진법」에 따라 설립인가를 받은 재건축조합의 사업부지를 포함한다)으로 지정·고시된 지역 또는 「빈집 및 소규모주택 정비에 관한 특례법」 제2조제1항제4호에 따른 사업시행구역에 소재하는 주택은 제외한다.
    가. 「수도권정비계획법」 제2조제1호에 따른 수도권(이하 이 호에서 "수도권"이라 한다)에 소재하는 경우: 법 제4조에 따른 시가표준액(지분이나 부속토지만을 취득한 경우에는 전체 주택의 시가표준액을 말한다. 이하 이 호에서 "시가표준액"이라 한다)이 1억원 이하인 주택
    나. 수도권 외의 지역에 소재하는 경우: 시가표준액이 2억원 이하인 주택
2. 「공공주택 특별법」 제4조 제1항에 따라 지정된 공공주택사업자가 다음 각 목의 어느 하나에 해당하는 주택을 공급(가목의 경우 신축·개축하여 공급하는 경우를 포함한다)하기 위하여 취득하는 주택 (2022. 2. 28. 개정)
    가. 「공공주택 특별법」 제43조 제1항에 따라 공급하는 공공매입임대주택. 다만, 정당한 사유 없이 그 취득일부터 2년이 경과할 때까지 공공매입임대주택으로 공급하지 않거나 공공매입임대주택으로 공급한 기간이 3년 미만인 상태에서 매각·증여하거나 다른 용도로 사용하는 경우는 제외한다. (2022. 2. 28. 개정)
    나. 「공공주택 특별법」에 따른 지분적립형 분양주택이나 이익공유형 분양주택 (2022. 2. 28. 개정)
2의 2. 「공공주택 특별법」 제4조 제1항에 따라 지정된 공공주택사업자가 제2호 나목의 주택을 분양받은 자로부터 환매하여 취득하는 주택 (2022. 2. 28. 신설)
2의 3. 「공공주택 특별법」 제40조의 7 제2항 제2호에 따른 토지등소유자가 같은 법 제40조의 10 제3항에 따라 공공주택사업자로부터 현물보상으로 공급받아 취득하는 주택 (2022. 2. 28. 신설)
3. 「노인복지법」 제32조 제1항 제3호에 따른 노인복지주택으로 운영하기 위하여 취득하는 주택. 다만, 정당한 사유 없이 그 취득일부터 1년이 경과할 때까지 해당 용도에 직접 사용하지 않거나 해당 용도로 직접 사용한 기간이 3년 미만인 상태에서 매각·증여하거나 다른 용도로 사용하는 경우는 제외한다. (2020. 8. 12. 신설)
3의 2. 「도시재생 활성화 및 지원에 관한 특별법」 제55조의 3에 따른 토지등소유자가 같은 법 제45조 제1호에 따른 혁신지구사업시행자로부터 현물보상으로 공급받아 취득하는 주택 (2022. 2. 28. 신설)
4. 다음 각 목의 어느 하나에 해당하는 주택 (2024. 5. 7. 개정 ; 문화재보호법 시행령 부칙)
    가. 「문화유산의 보존 및 활용에 관한 법률」에 따른 지정문화유산 (2024. 5. 7. 개정 ; 문화재보호법 시행령 부칙)
    나. 「근현대문화유산의 보존 및 활용에 관한 법률」에 따른 등록문화유산 (2024. 9. 10. 개정 ; 근현대문화유산의 보존 및 활용에 관한 법률 시행령 부칙)
    다. 「자연유산의 보존 및 활용에 관한 법률」에 따른 천연기념물등 (2024. 5. 7. 개정 ; 문화재보호법 시행령 부칙)
5. 「민간임대주택에 관한 특별법」 제2조 제7호에 따른 임대사업자가 같은 조 제4호에 따른 공공지원민간임대주택으로 공급하기 위하여 취득하는 주택. 다만, 정당한 사유 없이 그 취득일부터 2년이 경과할 때까지 공공지원민간임대주택으로 공급하지 않거나 공공지원민간임대주택으로 공급한 기간이 3년 미만인 상태에서 매각·증여하거나 다른 용도로 사용하는 경우는 제외한다. (2020. 8. 12. 신설)

6. 「영유아보육법」 제10조 제5호에 따른 가정어린이집으로 운영하기 위하여 취득하는 주택. 다만, 정당한 사유 없이 그 취득일부터 1년이 경과할 때까지 해당 용도에 직접 사용하지 않거나 해당 용도로 직접 사용한 기간이 3년 미만인 상태에서 매각·증여하거나 다른 용도로 사용하는 경우는 제외하되, 가정어린이집을 「영유아보육법」 제10조 제1호에 따른 국공립어린이집으로 전환한 경우는 당초 용도대로 직접 사용하는 것으로 본다. (2021. 12. 31. 단서개정)

7. 「주택도시기금법」 제3조에 따른 주택도시기금과 「한국토지주택공사법」에 따라 설립된 한국토지주택공사가 공동으로 출자하여 설립한 부동산투자회사 또는 「한국자산관리공사 설립 등에 관한 법률」에 따라 설립된 한국자산관리공사가 출자하여 설립한 부동산투자회사가 취득하는 주택으로서 취득 당시 다음 각 목의 요건을 모두 갖춘 주택 (2020. 8. 12. 신설)

    가. 해당 주택의 매도자(이하 이 호에서 "매도자"라 한다)가 거주하고 있는 주택으로서 해당 주택 외에 매도자가 속한 세대가 보유하고 있는 주택이 없을 것 (2020. 8. 12. 신설)

    나. 매도자로부터 취득한 주택을 5년 이상 매도자에게 임대하고 임대기간 종료 후에 그 주택을 재매입할 수 있는 권리를 매도자에게 부여할 것 (2020. 8. 12. 신설)

    다. 법 제4조에 따른 시가표준액(지분이나 부속토지만을 취득한 경우에는 전체 주택의 시가표준액을 말한다)이 5억원 이하인 주택일 것 (2020. 8. 12. 신설)

8. 다음 각 목의 어느 하나에 해당하는 주택으로서 멸실시킬 목적으로 취득하는 주택. 다만, 나목 5)의 경우에는 정당한 사유 없이 그 취득일부터 2년이 경과할 때까지 해당 주택을 멸실시키지 않거나 그 취득일부터 6년이 경과할 때까지 주택을 신축하지 않은 경우는 제외하고, 나목 6)의 경우에는 정당한 사유 없이 그 취득일부터 1년이 경과할 때까지 해당 주택을 멸실시키지 않거나 그 취득일부터 3년이 경과할 때까지 주택을 신축하여 판매하지 않은 경우는 제외하며, 나목 5) 및 6) 외의 경우에는 정당한 사유 없이 그 취득일부터 3년이 경과할 때까지 해당 주택을 멸실시키지 않거나 그 취득일부터 7년이 경과할 때까지 주택을 신축하지 않은 경우는 제외한다. (2023. 12. 29. 단서개정)

    영 28조의 2 제8호 각 목 외의 부분 단서의 개정규정[같은 호 나목 6) 외의 개정사항만 해당함]은 2024. 1. 1. 이후 멸실시킬 목적으로 주택을 취득하는 경우부터 적용함. (영 부칙(2023. 12. 29.) 5조)

    가. 「공공기관의 운영에 관한 법률」 제4조에 따른 공공기관 또는 「지방공기업법」 제3조에 따른 지방공기업이 「공익사업을 위한 토지 등의 취득 및 보상에 관한 법률」 제4조에 따른 공익사업을 위하여 취득하는 주택 (2020. 8. 12. 신설)

    나. 다음 중 어느 하나에 해당하는 자가 주택건설사업을 위하여 취득하는 주택. 다만, 해당 주택건설사업이 주택과 주택이 아닌 건축물을 한꺼번에 신축하는 사업인 경우에는 신축하는 주택의 건축면적 등을 고려하여 행정안전부령으로 정하는 바에 따라 산정한 부분으로 한정한다. (2021. 4. 27. 개정)

    1) 「도시 및 주거환경정비법」 제2조 제8호에 따른 사업시행자 (2021. 4. 27. 개정)
    2) 「빈집 및 소규모주택 정비에 관한 특례법」 제2조 제1항 제5호에 따른 사업시행자 (2021. 4. 27. 개정)
    3) 「주택법」 제2조 제11호에 따른 주택조합(같은 법 제11조 제2항에 따른 "주택조합설립인가를 받으려는 자"를 포함한다) (2021. 4. 27. 개정)
    4) 「주택법」 제4조에 따라 등록한 주택건설사업자 (2021. 4. 27. 개정)
    5) 「민간임대주택에 관한 특별법」 제23조에 따른 공공지원민간임대주택 개발사업 시행자 (2021. 4. 27. 개정)
    6) 주택신축판매업[한국표준산업분류에 따른 주거용 건물 개발 및 공급업과 주거용 건물 건설업(자영건설업으로 한정한다)을 말한다]을 영위할 목적으로 「부가가치세법」 제8조 제1항에 따라 사업자 등록을 한 자 (2021. 4. 27. 개정)

9. 주택의 시공자(「주택법」 제33조 제2항에 따른 시공자 및 「건축법」 제2조 제16호에 따른 공사시공자를 말한다)

가 다음 각 목의 어느 하나에 해당하는 자로부터 해당 주택의 공사대금으로 취득한 미분양 주택(「주택법」 제54조에 따른 사업주체가 같은 조에 따라 공급하는 주택으로서 입주자모집공고에 따른 입주자의 계약일이 지난 주택단지에서 취득일 현재까지 분양계약이 체결되지 않아 선착순의 방법으로 공급하는 주택을 말한다. 이하 이 조 및 제28조의 6에서 같다). 다만, 가목의 자로부터 취득한 주택으로서 자기 또는 임대계약 등 권원을 불문하고 타인이 거주한 기간이 1년 이상인 경우는 제외한다. (2020. 12. 31. 개정)

    가. 「건축법」 제11조에 따른 허가를 받은 자 (2020. 8. 12. 신설)

    나. 「주택법」 제15조에 따른 사업계획승인을 받은 자 (2020. 8. 12. 신설)

10. 다음 각 목의 어느 하나에 해당하는 자가 저당권의 실행 또는 채권변제로 취득하는 주택. 다만, 취득일부터 3년이 경과할 때까지 해당 주택을 처분하지 않은 경우는 제외한다. (2020. 8. 12. 신설)

    가. 「농업협동조합법」에 따라 설립된 조합 (2020. 8. 12. 신설)

    나. 「산림조합법」에 따라 설립된 산림조합 및 그 중앙회 (2020. 8. 12. 신설)

    다. 「상호저축은행법」에 따른 상호저축은행 (2020. 8. 12. 신설)

    라. 「새마을금고법」에 따라 설립된 새마을금고 및 그 중앙회 (2020. 8. 12. 신설)

    마. 「수산업협동조합법」에 따라 설립된 조합 (2020. 8. 12. 신설)

    바. 「신용협동조합법」에 따라 설립된 신용협동조합 및 그 중앙회 (2020. 8. 12. 신설)

    사. 「은행법」에 따른 은행 (2020. 8. 12. 신설)

11. 다음 각 목의 요건을 갖춘 농어촌주택 (2023. 12. 29. 개정)

    가. 「지방자치법」 제3조 제3항 및 제4항에 따른 읍 또는 면에 있을 것 (2023. 12. 29. 개정)

    나. 대지면적이 660제곱미터 이내이고 건축물의 연면적이 150제곱미터 이내일 것 (2023. 12. 29. 개정)

    다. 건축물의 가액(제4조 제1항 제1호의 2를 준용하여 산출한 가액을 말한다)이 6천500만원 이내일 것 (2023. 12. 29. 개정)

    라. 다음의 어느 하나에 해당하는 지역에 있지 아니할 것 (2023. 12. 29. 개정)

        1) 광역시에 소속된 군지역 또는 「수도권정비계획법」 제2조 제1호에 따른 수도권지역. 다만, 「접경지역 지원 특별법」 제2조 제1호에 따른 접경지역과 「수도권정비계획법」에 따른 자연보전권역 중 행정안전부령으로 정하는 지역은 제외한다. (2023. 12. 29. 개정)

        2) 「국토의 계획 및 이용에 관한 법률」 제6조에 따른 도시지역 및 「부동산 거래신고 등에 관한 법률」 제10조에 따른 허가구역 (2023. 12. 29. 개정)

        3) 「소득세법」 제104조의 2 제1항에 따라 기획재정부장관이 지정하는 지역 (2023. 12. 29. 개정)

        4) 「조세특례제한법」 제99조의 4 제1항 제1호 가목 5)에 따라 정하는 지역 (2023. 12. 29. 개정)

12. 사원에 대한 임대용으로 직접 사용할 목적으로 취득하는 주택으로서 1구의 건축물의 연면적(전용면적을 말한다)이 60제곱미터 이하인 공동주택(「건축법 시행령」 별표 1 제1호 다목에 따른 다가구주택으로서 「건축법」 제38조에 따른 건축물대장에 호수별로 전용면적이 구분되어 기재되어 있는 다가구주택을 포함한다). 다만, 다음 각 목의 어느 하나에 해당하는 주택은 제외한다. (2023. 3. 14. 개정)

영 28조의 2의 개정규정은 2023. 3. 14. 이후 납세의무가 성립하는 분부터 적용함. (영 부칙(2023. 3. 14.) 2조)

    가. 취득하는 자가 개인인 경우로서 「지방세기본법 시행령」 제2조 제1항 각 호의 어느 하나에 해당하는 관계인 사람에게 제공하는 주택 (2020. 8. 12. 신설)

    나. 취득하는 자가 법인인 경우로서 「지방세기본법」 제46조 제2호에 따른 과점주주에게 제공하는 주택 (2020. 8. 12. 신설)

    다. 정당한 사유 없이 그 취득일부터 1년이 경과할 때까지 해당 용도에 직접 사용하지 않거나 해당 용도로 직접 사용한 기간이 3년 미만인 상태에서 매각·증여하거나 다른 용도로 사용하는 주택 (2020. 8. 12. 신설)

13. 물적분할[「법인세법」 제46조 제2항 각 호의 요건(같은 항 제2호의 경우 전액이 주식등이어야 한다)을 갖춘 경우로 한정한다]로 인하여 분할신설법인이 분할법인으로부터 취득하는 미분양 주택. 다만, 분할등기일부터 3년 이내에 「법인세법」 제47조 제3항 각 호의 어느 하나에 해당하는 사유가 발생한 경우(같은 항 각 호 외의 부분 단서에 해당하는 경우는 제외한다)는 제외한다. (2020. 12. 31. 신설)
14. 「주택법」에 따른 리모델링주택조합이 같은 법 제22조 제2항에 따라 취득하는 주택 (2021. 12. 31. 신설)
15. 「주택법」 제2조 제10호 나목의 사업주체가 취득하는 다음 각 목의 주택 (2022. 2. 28. 신설)
    가. 「주택법」에 따른 토지임대부 분양주택을 공급하기 위하여 취득하는 주택 (2022. 2. 28. 신설)
    나. 「주택법」에 따른 토지임대부 분양주택을 분양받은 자로부터 환매하여 취득하는 주택 (2022. 2. 28. 신설)
16. 「부동산투자회사법」 제2조 제1호 다목에 따른 기업구조조정 부동산투자회사가 2024년 3월 28일부터 2025년 12월 31일까지 최초로 유상승계취득하는 「주택법 시행령」 제3조 제1항 제1호에 따른 아파트(이하 이 조 및 제28조의 4에서 "아파트"라 한다)로서 다음 각 목의 요건을 모두 갖춘 아파트 (2024. 5. 28. 신설)
    가. 「수도권정비계획법」 제2조 제1호에 따른 수도권 외의 지역에 있을 것 (2024. 5. 28. 신설)
    나. 「주택법」 제54조 제1항에 따른 사업주체가 같은 법 제49조에 따른 사용검사 또는 「건축법」 제22조에 따른 사용승인(임시사용승인을 포함한다)을 받은 후 분양되지 않은 아파트일 것 (2024. 5. 28. 신설)

제28조의 3 【세대의 기준】

① 법 제13조의 2 제1항부터 제4항까지의 규정을 적용할 때 1세대란 주택을 취득하는 사람과 「주민등록법」 제7조에 따른 세대별 주민등록표(이하 이 조에서 "세대별 주민등록표"라 한다) 또는 「출입국관리법」 제34조 제1항에 따른 등록외국인기록표 및 외국인등록표(이하 이 조에서 "등록외국인기록표등"이라 한다)에 함께 기재되어 있는 가족(동거인은 제외한다)으로 구성된 세대를 말하며 주택을 취득하는 사람의 배우자(사실혼은 제외하며, 법률상 이혼을 했으나 생계를 같이 하는 등 사실상 이혼한 것으로 보기 어려운 관계에 있는 사람을 포함한다. 이하 제28조의 6에서 같다), 취득일 현재 미혼인 30세 미만의 자녀 또는 부모(주택을 취득하는 사람이 미혼이고 30세 미만인 경우로 한정한다)는 주택을 취득하는 사람과 같은 세대별 주민등록표 또는 등록외국인기록표등에 기재되어 있지 않더라도 1세대에 속한 것으로 본다.(2020.8.12. 신설)

② 제1항에도 불구하고 다음 각 호의 어느 하나에 해당하는 경우에는 각각 별도의 세대로 본다.(2020.8.12. 신설)
    1. 부모와 같은 세대별 주민등록표에 기재되어 있지 않은 30세 미만의 자녀로서 주택 취득일이 속하는 달의 직전 12개월 동안 발생한 소득으로서 행정안전부장관이 정하는 소득이 「국민기초생활 보장법」에 따른 기준 중위소득을 12개월로 환산한 금액의 100분의 40 이상이고, 소유하고 있는 주택을 관리·유지하면서 독립된 생계를 유지할 수 있는 경우. 다만, 미성년자인 경우는 제외한다.(2021.12.31. 개정)
    2. 취득일 현재 65세 이상의 직계존속(배우자의 직계존속을 포함하며, 직계존속 중 어느 한 사람이 65세 미만인 경우를 포함한다)을 동거봉양(同居奉養)하기 위하여 30세 이상의 직계비속, 혼인한 직계비속 또는 제1호에 따른 소득요건을 충족하는 성년인 직계비속이 합가(合家)한 경우(2023.3.14. 개정)
    3. 취학 또는 근무상의 형편 등으로 세대전원이 90일 이상 출국하는 경우로서 「주민등록법」 제10조의 3 제1항 본문에 따라 해당 세대가 출국 후에 속할 거주지를 다른 가족의 주소로 신고한 경우(2020.8.12. 신설)
    4. 별도의 세대를 구성할 수 있는 사람이 주택을 취득한 날부터 60일 이내에 세대를 분리하기 위하여 그 취득한 주택으로 주소지를 이전하는 경우(2021.12.31. 신설)

제28조의 4 【주택 수의 산정방법】

① 법 제13조의 2 제1항 제2호 및 제3호를 적용할 때 세율 적용의 기준이 되는 1세대의 주택 수는 주택 취득일 현재 취득하는 주택을 포함하여 1세대가 국내에 소유하는 주택, 법 제13조의 3 제2호에 따른 조합원입주권

(이하 "조합원입주권"이라 한다), 같은 조 제3호에 따른 주택분양권(이하 "주택분양권"이라 한다) 및 같은 조 제4호에 따른 오피스텔(이하 "오피스텔"이라 한다)의 수를 말한다. 이 경우 조합원입주권 또는 주택분양권에 의하여 취득하는 주택의 경우에는 조합원입주권 또는 주택분양권의 취득일(분양사업자로부터 주택분양권을 취득하는 경우에는 분양계약일)을 기준으로 해당 주택 취득 시의 세대별 주택 수를 산정한다. (2020. 8. 12. 신설)

② 제1항 전단에도 불구하고 법 제13조의 2 제1항 제2호 및 제3호를 적용할 때 다음 각 호의 어느 하나에 해당하는 주택을 취득하는 경우 세율 적용의 기준이 되는 1세대의 주택 수는 주택 취득일 현재 취득하는 주택을 제외하고 1세대가 국내에 소유하는 주택, 조합원입주권, 주택분양권 및 오피스텔의 수를 말한다. (2024. 3. 26. 신설)

1. 2024년 1월 10일부터 2025년 12월 31일까지 「주택법」 제49조에 따른 사용검사 또는 「건축법」 제22조에 따른 사용승인(임시사용승인을 포함한다)을 받은 신축 주택을 같은 기간 내에 최초로 유상승계취득하는 주택으로서 다음 각 목의 요건을 모두 갖춘 주택 (2024. 3. 26. 신설)

   가. 「주택법 시행령」 제2조 제3호에 따른 다가구주택(「건축법」 제38조에 따른 건축물대장에 호수별로 전용면적이 구분되어 기재되어 있는 다가구주택으로 한정한다. 이하 이 조에서 "다가구주택"이라 한다), 같은 영 제3조 제1항 제2호에 따른 연립주택(이하 이 조에서 "연립주택"이라 한다), 같은 항 제3호에 따른 다세대주택(이하 이 조에서 "다세대주택"이라 한다) 또는 「주택법」 제2조 제20호에 따른 도시형 생활주택(이하 이 조에서 "도시형 생활주택"이라 한다) 중 어느 하나에 해당할 것 (2024. 3. 26. 신설)

   나. 전용면적이 60제곱미터 이하이고 취득당시가액이 3억원(「수도권정비계획법」 제2조 제1호에 따른 수도권에 소재하는 경우에는 6억원으로 한다) 이하일 것 (2024. 3. 26. 신설)

2. 2024년 1월 10일부터 2025년 12월 31일까지 유상승계취득하는 주택(신축 후 최초로 유상승계취득한 주택은 제외한다)으로서 다음 각 목의 요건을 모두 갖춘 주택. 다만, 「민간임대주택에 관한 특별법」 제2조 제7호에 따른 임대사업자(이하 이 조에서 "임대사업자"라 한다)가 같은 법 제43조 제1항에 따른 임대의무기간에 가목에 해당하는 주택을 임대 외의 용도로 사용하는 경우 또는 매각·증여하는 경우나 같은 조 제4항 각 호의 경우가 아닌 사유로 같은 법 제6조에 따라 임대사업자 등록이 말소된 경우 해당 주택은 본문에 따른 다음 각 목의 요건을 모두 갖춘 주택에서 제외한다. (2024. 3. 26. 신설)

   가. 다가구주택, 연립주택, 다세대주택 또는 도시형 생활주택 중 어느 하나에 해당할 것 (2024. 3. 26. 신설)

   나. 전용면적이 60제곱미터 이하이고 취득당시가액이 3억원(「수도권정비계획법」 제2조 제1호에 따른 수도권에 소재하는 경우에는 6억원으로 한다) 이하일 것 (2024. 3. 26. 신설)

   다. 임대사업자가 해당 주택을 취득한 날부터 60일 이내에 「민간임대주택에 관한 특별법」 제5조에 따라 임대주택으로 등록하거나 임대사업자가 아닌 자가 해당 주택을 취득한 날부터 60일 이내에 같은 조에 따라 임대사업자로 등록하고 그 주택을 임대주택으로 등록할 것 (2024. 3. 26. 신설)

3. 「주택법」 제54조 제1항에 따른 사업주체가 같은 법 제49조에 따른 사용검사 또는 「건축법」 제22조에 따른 사용승인(임시사용승인을 포함한다)을 받은 후 분양되지 않은 아파트를 2024년 1월 10일부터 2025년 12월 31일까지 최초로 유상승계취득하는 아파트로서 다음 각 목의 요건을 모두 갖춘 아파트 (2024. 5. 28. 개정)

   가. 「수도권정비계획법」 제2조 제1호에 따른 수도권 외의 지역에 있을 것 (2024. 3. 26. 신설)

   나. 전용면적 85제곱미터 이하이고 취득당시가액이 6억원 이하일 것 (2024. 3. 26. 신설)

③ 제1항 및 제2항을 적용할 때 주택, 조합원입주권, 주택분양권 또는 오피스텔을 동시에 2개 이상 취득하는 경우에는 납세의무자가 정하는 바에 따라 순차적으로 취득하는 것으로 본다. (2024. 3. 26. 개정)

④ 제1항 및 제2항을 적용할 때 1세대 내에서 1개의 주택, 조합원입주권, 주택분양권 또는 오피스텔을 세대원이 공동으로 소유하는 경우에는 1개의 주택, 조합원입주권, 주택분양권 또는 오피스텔을 소유한 것으로 본다.

(2024. 3. 26. 개정)

⑤ 제1항 및 제2항을 적용할 때 상속으로 여러 사람이 공동으로 1개의 주택, 조합원입주권, 주택분양권 또는 오피스텔을 소유하는 경우 지분이 가장 큰 상속인을 그 주택, 조합원입주권, 주택분양권 또는 오피스텔의 소유자로 보고, 지분이 가장 큰 상속인이 두 명 이상인 경우에는 그 중 다음 각 호의 순서에 따라 그 주택, 조합원입주권, 주택분양권 또는 오피스텔의 소유자를 판정한다. 이 경우, 미등기 상속 주택 또는 오피스텔의 소유지분이 종전의 소유지분과 변경되어 등기되는 경우에는 등기상 소유지분을 상속개시일에 취득한 것으로 본다. (2024. 3. 26. 개정)

1. 그 주택 또는 오피스텔에 거주하는 사람 (2020. 8. 12. 신설)
2. 나이가 가장 많은 사람 (2020. 8. 12. 신설)

⑥ 제1항부터 제5항까지의 규정에 따라 1세대의 주택 수를 산정할 때 다음 각 호의 어느 하나에 해당하는 주택, 조합원입주권, 주택분양권 또는 오피스텔은 소유주택(주택 취득일 현재 취득하는 주택을 포함하지 아니한 소유주택을 말한다) 수에서 제외한다. (2024. 3. 26. 개정)

1. 다음 각 목의 어느 하나에 해당하는 주택 (2020. 8. 12. 신설)
   가. 제28조의 2 제1호에 해당하는 주택으로서 주택 수 산정일 현재 같은 호에 따른 해당 주택의 시가표준액 기준을 충족하는 주택 (2020. 8. 12. 신설)
   나. 제28조의 2 제3호·제5호·제6호 및 제12호에 해당하는 주택으로서 주택 수 산정일 현재 해당 용도에 직접 사용하고 있는 주택 (2020. 8. 12. 신설)
   다. 제28조의 2 제4호에 해당하는 주택 (2020. 8. 12. 신설)
   라. 제28조의 2 제8호 및 제9호에 해당하는 주택. 다만, 제28조의 2 제9호에 해당하는 주택의 경우에는 그 주택의 취득일부터 3년 이내의 기간으로 한정한다. (2020. 8. 12. 신설)
   마. 제28조의 2 제11호에 해당하는 주택으로서 주택 수 산정일 현재 같은 호 다목의 요건을 충족하는 주택 (2024. 3. 26. 개정)
2. 「통계법」 제22조에 따라 통계청장이 고시하는 산업에 관한 표준분류에 따른 주거용 건물 건설업을 영위하는 자가 신축하여 보유하는 주택. 다만, 자기 또는 임대계약 등 권원을 불문하고 타인이 거주한 기간이 1년 이상인 주택은 제외한다. (2020. 8. 12. 신설)
3. 상속을 원인으로 취득한 주택, 조합원입주권, 주택분양권 또는 오피스텔로서 상속개시일부터 5년이 지나지 않은 주택, 조합원입주권, 주택분양권 또는 오피스텔 (2020. 8. 12. 신설)
4. 주택 수 산정일 현재 법 제4조에 따른 시가표준액(지분이나 부속토지만을 취득한 경우에는 전체 건축물과 그 부속토지의 시가표준액을 말한다)이 1억원 이하인 오피스텔 (2020. 8. 12. 신설)
5. 주택 수 산정일 현재 법 제4조에 따른 시가표준액이 1억원 이하인 부속토지만을 소유한 경우 해당 부속토지 (2023. 3. 14. 신설)
6. 혼인한 사람이 혼인 전 소유한 주택분양권으로 주택을 취득하는 경우 다른 배우자가 혼인 전부터 소유하고 있는 주택 (2023. 3. 14. 신설)
7. 제2항 제1호부터 제3호까지의 규정에 해당하는 주택 (2024. 3. 26. 신설)
8. 2024년 1월 10일부터 2025년 12월 31일까지 「건축법」 제22조에 따른 사용승인(임시사용승인을 포함한다)을 받은 신축 오피스텔을 같은 기간 내에 최초로 유상승계취득하는 오피스텔로서 전용면적이 60제곱미터 이하이고 취득당시가액이 3억원(「수도권정비계획법」 제2조 제1호에 따른 수도권에 소재하는 경우에는 6억원으로 한다) 이하에 해당하는 오피스텔 (2024. 3. 26. 신설)
9. 2024년 1월 10일부터 2025년 12월 31일까지 유상승계취득하는 오피스텔(신축 후 최초로 유상승계취득한 오피스텔은 제외한다)로서 다음 각 목의 요건을 모두 갖춘 오피스텔. 다만, 임대사업자가 「민간임대주택에

관한 특별법」 제43조 제1항에 따른 임대의무기간에 가목에 해당하는 오피스텔을 임대 외의 용도로 사용하는 경우 또는 매각·증여하는 경우나 같은 조 제4항 각 호의 경우가 아닌 사유로 같은 법 제6조에 따라 임대사업자 등록이 말소된 경우 해당 오피스텔은 본문에 따른 다음 각 목의 요건을 모두 갖춘 오피스텔에서 제외한다. (2024. 3. 26. 신설)

가. 전용면적이 60제곱미터 이하이고 취득당시가액이 3억원(「수도권정비계획법」 제2조 제1호에 따른 수도권에 소재하는 경우에는 6억원으로 한다) 이하일 것 (2024. 3. 26. 신설)

나. 임대사업자가 해당 오피스텔을 취득한 날부터 60일 이내에 「민간임대주택에 관한 특별법」 제5조에 따라 임대주택으로 등록하거나 임대사업자가 아닌 자가 해당 오피스텔을 취득한 날부터 60일 이내에 같은 조에 따라 임대사업자로 등록하고 그 오피스텔을 임대주택으로 등록할 것 (2024. 3. 26. 신설)

제28조의 5 【일시적 2주택】

① 법 제13조의 2 제1항 제2호에 따른 "대통령령으로 정하는 일시적 2주택"이란 국내에 주택, 조합원입주권, 주택분양권 또는 오피스텔을 1개 소유한 1세대가 그 주택, 조합원입주권, 주택분양권 또는 오피스텔(이하 이 조 및 제36조의 3에서 "종전 주택등"이라 한다)을 소유한 상태에서 이사·학업·취업·직장이전 및 이와 유사한 사유로 다른 1주택(이하 이 조 및 제36조의 3에서 "신규 주택"이라 한다)을 추가로 취득한 후 3년(이하 이 조에서 "일시적 2주택 기간"이라 한다) 이내에 종전 주택등(신규 주택이 조합원입주권 또는 주택분양권에 의한 주택이거나 종전 주택등이 조합원입주권 또는 주택분양권인 경우에는 신규 주택을 포함한다)을 처분하는 경우 해당 신규 주택을 말한다. (2023.2.28. 개정)

② 제1항을 적용할 때 조합원입주권 또는 주택분양권을 1개 소유한 1세대가 그 조합원입주권 또는 주택분양권을 소유한 상태에서 신규 주택을 취득한 경우에는 해당 조합원입주권 또는 주택분양권에 의한 주택을 취득한 날부터 일시적 2주택 기간을 기산한다. (2020.8.12. 신설)

③ 제1항을 적용할 때 종전 주택등이 「도시 및 주거환경정비법」 제74조 제1항에 따른 관리처분계획의 인가 또는 「빈집 및 소규모주택 정비에 관한 특례법」 제29조 제1항에 따른 사업시행계획인가를 받은 주택인 경우로서 관리처분계획인가 또는 사업시행계획인가 당시 해당 사업구역에 거주하는 세대가 신규 주택을 취득하여 그 신규 주택으로 이주한 경우에는 그 이주한 날에 종전 주택등을 처분한 것으로 본다. (2020.12.31. 신설)

제28조의 6 【중과세 대상 무상취득 등】

① 법 제13조의 2 제2항에서 "대통령령으로 정하는 일정가액 이상의 주택"이란 취득 당시 법 제4조에 따른 시가표준액(지분이나 부속토지만을 취득한 경우에는 전체 주택의 시가표준액을 말한다)이 3억원 이상인 주택을 말한다. (2020.8.12. 신설)

② 법 제13조의 2 제2항 단서에서 "1세대 1주택자가 소유한 주택을 배우자 또는 직계존비속이 무상취득하는 등 대통령령으로 정하는 경우"란 다음 각 호의 어느 하나에 해당하는 경우를 말한다. (2020.8.12. 신설)

1. 1세대 1주택을 소유한 사람으로부터 해당 주택을 배우자 또는 직계존비속이 법 제11조 제1항 제2호에 따른 무상취득을 원인으로 취득하는 경우 (2020.8.12. 신설)

2. 법 제15조 제1항 제3호 및 제6호에 따른 세율의 특례 적용대상에 해당하는 경우 (2020.8.12. 신설)

3. 「법인세법」 제46조 제2항에 따른 적격분할로 인하여 분할신설법인이 분할법인으로부터 취득하는 미분양 주택. 다만, 분할등기일부터 3년 이내에 「법인세법」 제46조의 3 제3항 각 호의 어느 하나에 해당하는 사유가 발생하는 경우(같은 항 각 호 외의 부분 단서에 해당하는 경우는 제외한다)는 제외한다. (2020.12. 31. 신설)

제29조 【1가구 1주택의 범위】

① 법 제15조 제1항 제2호 가목에서 "대통령령으로 정하는 1가구 1주택"이란 상속인(「주민등록법」 제6조 제1항 제3호에 따른 재외국민은 제외한다. 이하 이 조에서 같다)과 같은 법에 따른 세대별 주민등록표(이하 이 조에서 "세대별 주민등록표"라 한다)에 함께 기재되어 있는 가족(동거인은 제외한다)으로 구성된 1가구(상속인의 배우자, 상속인의 미혼인 30세 미만의 직계비속 또는 상속인이 미혼이고 30세 미만인 경우 그 부모는 각각 상속인과 같은 세대별 주민등록표에 기재되어 있지 아니하더라도 같은 가구에 속한 것으로 본다)가 국내에 1개의 주택[주택(법 제11조 제1항 제8호에 따른 주택을 말한다)으로 사용하는 건축물과 그 부속토지를 말하되, 제28조 제4항에 따른 고급주택은 제외한다)]을 소유하는 경우를 말한다.(2018.12.31. 개정)

② 제1항을 적용할 때 1주택을 여러 사람이 공동으로 소유하는 경우에도 공동소유자 각각 1주택을 소유하는 것으로 보고, 주택의 부속토지만을 소유하는 경우에도 주택을 소유하는 것으로 본다.(2015.7.24. 신설)

③ 제1항 및 제2항을 적용할 때 1주택을 여러 사람이 공동으로 상속받는 경우에는 지분이 가장 큰 상속인을 그 주택의 소유자로 본다. 이 경우 지분이 가장 큰 상속인이 두 명 이상일 때에는 지분이 가장 큰 상속인 중 다음 각 호의 순서에 따라 그 주택의 소유자를 판정한다.(2015.7.24. 개정)

  1. 그 주택에 거주하는 사람(2010.9.20. 개정)
  2. 나이가 가장 많은 사람(2010.9.20. 개정)

제29조의 2 【분할된 부동산에 대한 과세표준】

법 제15조 제1항 제4호를 적용할 때 공유물을 분할한 후 분할된 부동산에 대한 단독 소유권을 취득하는 경우의 과세표준은 단독 소유권을 취득한 그 분할된 부동산 전체의 시가표준액으로 한다.(2017.12.29. 신설)

제30조 【세율의 특례 대상】

① 법 제15조 제1항 제7호에서 "그 밖의 형식적인 취득 등 대통령령으로 정하는 취득"이란 벌채하여 원목을 생산하기 위한 입목의 취득을 말한다.(2015.12.31. 신설)

② 법 제15조 제2항 제8호에서 "레저시설의 취득 등 대통령령으로 정하는 취득"이란 다음 각 호의 어느 하나에 해당하는 취득을 말한다.(2019.12.31. 개정)

  1. 제5조에서 정하는 시설의 취득(2010.9.20. 개정)
  2. 무덤과 이에 접속된 부속시설물의 부지로 사용되는 토지로서 지적공부상 지목이 묘지인 토지의 취득(2010.9.20. 개정)
  3. 법 제9조 제5항 단서에 해당하는 임시건축물의 취득(2010.9.20. 개정)
  4. 「여신전문금융업법」 제33조 제1항에 따라 건설기계나 차량을 등록한 대여시설이용자가 그 시설대여업자로부터 취득하는 건설기계 또는 차량의 취득(2010.12.30. 신설)
  5. 건축물을 건축하여 취득하는 경우로서 그 건축물에 대하여 법 제28조 제1항 제1호 가목 또는 나목에 따른 소유권의 보존 등기 또는 소유권의 이전 등기에 대한 등록면허세 납세의무가 성립한 후 제20조에 따른 취득시기가 도래하는 건축물의 취득(2010.12.30. 신설)

제31조 【대도시 부동산 취득의 중과세 추징기간】

법 제16조 제4항에서 "대통령령으로 정하는 기간"이란 부동산을 취득한 날부터 5년 이내를 말한다.(2010. 9.20. 개정)

제3절 부과 · 징수 (제32조~제38조의 3)

제32조 【매각 통보 등】
① 법 제19조에 따른 매각 통보 또는 신고는 행정안전부령으로 정하는 서식에 따라 물건의 소재지를 관할하는 시장·군수·구청장에게 통보하거나 신고하여야 한다.(2017.7.26. 직제개정; 행정안전부와 그 소속기관 직제 부칙)
② 시장·군수·구청장이 제10조의 2에 따른 과점주주에 대한 취득세를 부과하기 위하여 관할 세무서장에게 「법인세법 시행령」 제161조 제6항에 따른 법인의 주식등변동상황명세서에 관한 자료의 열람을 요청하거나 구체적으로 그 대상을 밝혀 관련 자료를 요청하는 경우에는 관할 세무서장은 특별한 사유가 없으면 그 요청에 따라야 한다.(2023.3.14. 개정)
③ 시장·군수·구청장이 법 제13조 제2항에 따라 취득세를 중과하기 위하여 관할 세무서장에게 「부가가치세법 시행령」 제11조에 따른 법인의 지점 또는 분사무소의 사업자등록신청 관련 자료의 열람을 요청하거나 구체적으로 그 대상을 밝혀 관련 자료를 요청하는 경우에는 관할 세무서장은 특별한 사유가 없으면 그 요청에 따라야 한다.(2016.12.30. 개정)

제33조 【신고 및 납부】
① 법 제20조 제1항부터 제3항까지의 규정에 따라 취득세를 신고하려는 자는 행정안전부령으로 정하는 신고서에 취득물건, 취득일 및 용도 등을 적어 납세지를 관할하는 시장·군수·구청장에게 신고하여야 한다.(2017.7.26. 직제개정; 행정안전부와 그 소속기관 직제 부칙)
② (삭제, 2011.12.31.)
③ 지방자치단체의 금고 또는 지방세수납대행기관(「지방회계법 시행령」 제49조 제1항 및 제2항에 따라 지방자치단체 금고업무의 일부를 대행하는 금융회사 등을 말한다. 이하 같다)은 취득세를 납부받으면 납세자 보관용 영수필 통지서, 취득세 영수필 통지서(등기·등록관서의 시·군·구 통보용) 및 취득세 영수필 확인서 각 1부를 납세자에게 내주고, 지체 없이 취득세 영수필 통지서(시·군·구 보관용) 1부를 해당 시·군·구의 세입징수관에게 송부하여야 한다. 다만, 「전자정부법」 제36조 제1항에 따라 행정기관 간에 취득세 납부사실을 전자적으로 확인할 수 있는 경우에는 납세자에게 납세자 보관용 영수필 통지서를 교부하는 것으로 갈음할 수 있다.(2016.12.30. 개정)

제34조 【중과세 대상 재산의 신고 및 납부】
법 제20조 제2항에서 "대통령령으로 정하는 날"이란 다음 각 호의 구분에 따른 날을 말한다.(2010.9.20. 개정)
1. 법 제13조 제1항에 따른 본점 또는 주사무소의 사업용 부동산을 취득한 경우: 사무소로 최초로 사용한 날 (2010.9.20. 개정)
2. 법 제13조 제1항에 따른 공장의 신설 또는 증설을 위하여 사업용 과세물건을 취득하거나 같은 조 제2항 제2호에 따른 공장의 신설 또는 증설에 따라 부동산을 취득한 경우: 그 생산설비를 설치한 날. 다만, 그 이전에 영업허가·인가 등을 받은 경우에는 영업허가·인가 등을 받은 날로 한다.(2010.9.20. 개정)
3. 법 제13조 제2항 제1호에 따른 부동산 취득이 다음 각 목의 어느 하나에 해당하는 경우: 해당 사무소 또는 사업장을 사실상 설치한 날(2010.9.20. 개정)
　가. 대도시에서 법인을 설립하는 경우(2010.9.20. 개정)
　나. 대도시에서 법인의 지점 또는 분사무소를 설치하는 경우(2010.9.20. 개정)
　다. 대도시 밖에서 법인의 본점·주사무소·지점 또는 분사무소를 대도시로 전입하는 경우(2010.9.20. 개정)

4. 법 제13조 제2항 각 호 외의 부분 단서에 따라 대도시 중과 제외 업종에 직접 사용할 목적으로 부동산을 취득하거나, 법인이 사원에 대한 분양 또는 임대용으로 직접 사용할 목적으로 사원 주거용 목적 부동산을 취득한 후 법 제13조 제3항 각 호의 어느 하나에 해당하는 사유가 발생하여 법 제13조 제2항 각 호 외의 부분 본문을 적용받게 되는 경우에는 그 사유가 발생한 날(2010.12.30. 개정)
5. 법 제13조 제5항에 따른 별장·골프장·고급주택·고급오락장 및 고급선박을 취득한 경우: 다음 각 목의 구분에 따른 날(2010.12.30. 개정)
   가. 건축물을 증축하거나 개축하여 별장 또는 고급주택이 된 경우: 그 증축 또는 개축의 사용승인서 발급일. 다만, 그 밖의 사유로 별장이나 고급주택이 된 경우에는 그 사유가 발생한 날로 한다.(2010.9.20. 개정)
   나. 골프장: 「체육시설의 설치·이용에 관한 법률」에 따라 체육시설업으로 등록(변경등록을 포함한다)한 날. 다만, 등록을 하기 전에 사실상 골프장으로 사용하는 경우 그 부분에 대해서는 사실상 사용한 날로 한다.(2010.9.20. 개정)
   다. 건축물의 사용승인서 발급일 이후에 관계 법령에 따라 고급오락장이 된 경우: 그 대상 업종의 영업허가·인가 등을 받은 날. 다만, 영업허가·인가 등을 받지 아니하고 고급오락장이 된 경우에는 고급오락장 영업을 사실상 시작한 날로 한다.(2010.9.20. 개정)
   라. 선박의 종류를 변경하여 고급선박이 된 경우: 사실상 선박의 종류를 변경한 날(2010.9.20. 개정)

제36조【취득세 납부 확인 등】

① 납세자는 취득세 과세물건을 등기 또는 등록하려는 때에는 등기 또는 등록 신청서에 취득세 영수필 통지서(등기·등록관서의 시·군·구 통보용) 1부와 취득세 영수필 확인서 1부를 첨부하여야 한다. 다만, 「전자정부법」 제36조 제1항에 따라 행정기관 간에 취득세 납부사실을 전자적으로 확인할 수 있는 경우에는 그러하지 아니하다.(2016.12.30. 개정)
② 제1항에도 불구하고 「부동산등기법」 제24조 제1항 제2호에 따라 전산정보처리조직을 이용하여 등기를 하려는 때에는 취득세 영수필 통지서(등기·등록관서의 시·군·구 통보용)와 취득세 영수필 확인서를 전자적 이미지 정보로 변환한 자료를 첨부하여야 한다. 다만, 「전자정부법」 제36조 제1항에 따라 행정기관 간에 취득세 납부사실을 전자적으로 확인할 수 있는 경우에는 그러하지 아니하다.(2016.12.30. 개정)
③ 납세자는 선박의 취득에 따른 등기 또는 등록을 신청하려는 때에는 등기 또는 등록 신청서에 제1항에 따른 취득세 영수필 통지서(등기·등록관서의 시·군·구 통보용) 1부와 취득세 영수필 확인서 1부를 첨부하여야 한다. 이 경우 등기·등록관서는 「전자정부법」 제36조 제1항에 따른 행정정보의 공동이용을 통하여 선박국적증서를 확인하여야 하며, 신청인이 확인에 동의하지 아니하면 그 사본을 첨부하도록 하여야 한다.(2016.12.30. 개정)
④ 등기·등록관서는 등기·등록을 마친 때에는 제1항부터 제3항까지의 규정에 따른 취득세 영수필 확인서 금액란에 반드시 확인도장을 찍어야 하며, 첨부된 취득세 영수필 통지서(등기·등록관서의 시·군·구 통보용)를 등기 또는 등록에 관한 서류와 대조하여 기재내용을 확인하고 접수인을 날인하여 접수번호를 붙인 다음 납세지를 관할하는 시·군·구의 세입징수관에게 7일 이내에 송부해야 한다.(2021.12.31. 개정)
⑤ 등기·등록관서는 제4항에도 불구하고 취득세 영수필 통지서(등기·등록관서의 시·군·구 통보용)를 시·군·구의 세입징수관에게 송부하려는 경우 시·군·구의 세입징수관이 「전자정부법」 제36조 제1항에 따른 행정정보의 공동이용을 통하여 취득세 영수필 통지서(등기·등록관서의 시·군·구 통보용)에 해당하는 정보를 확인할 수 있는 때에는 전자적 방법으로 그 정보를 송부할 수 있다.(2016.12.30. 개정)
⑥ 시장·군수·구청장은 제4항 및 제5항에 따라 등기·등록관서로부터 취득세 영수필 통지서(등기·등록관서의 시·군·구 통보용) 또는 그에 해당하는 정보를 송부받은 때에는 취득세 신고 및 수납사항 처리부를 작성

하고, 취득세의 과오납 및 누락 여부를 확인하여야 한다.(2016.12.30. 개정)

제36조의 2【촉탁등기에 따른 취득세 납부영수증서의 처리】
① 국가기관 또는 지방자치단체는 등기·가등기 또는 등록·가등록을 등기·등록관서에 촉탁하려는 경우에는 취득세를 납부하여야 할 납세자에게 제33조 제3항에 따른 취득세 영수필 통지서(등기·등록관서의 시·군·구 통보용) 1부와 취득세 영수필 확인서 1부를 제출하게 하고, 촉탁서에 이를 첨부하여 등기·등록관서에 송부하여야 한다. 다만, 「전자정부법」 제36조 제1항에 따라 행정기관 간에 취득세 납부사실을 전자적으로 확인할 수 있는 경우에는 그러하지 아니하다.(2016.12.30. 개정)
② 제1항에도 불구하고 「부동산등기법」 제24조 제1항 제2호에 따른 전산정보처리조직을 이용하여 등기를 촉탁하려는 때에는 취득세를 납부하여야 할 납세자로부터 제출받은 취득세 영수필 통지서(등기·등록관서의 시·군·구 통보용)와 취득세 영수필 확인서를 전자적 이미지 정보로 변환한 자료를 첨부하여야 한다. 다만, 「전자정부법」 제36조 제1항에 따라 행정기관 간에 취득세 납부사실을 전자적으로 확인할 수 있는 경우에는 그러하지 아니하다.(2016.12.30. 개정)

제36조의 3【일시적 2주택에 해당하는 기간 등】
① 법 제21조 제1항 제3호에 따른 "그 취득일로부터 대통령령으로 정하는 기간"이란 신규 주택(종전 주택등이 조합원입주권 또는 주택분양권인 경우에는 해당 입주권 또는 주택분양권에 의한 주택)을 취득한 날부터 3년을 말한다.(2023.2.28. 개정)
② 법 제21조 제1항 제3호에 따른 "대통령령으로 정하는 종전 주택"이란 종전 주택등을 말한다. 이 경우 신규 주택이 조합원입주권 또는 주택분양권에 의한 주택이거나 종전 주택등이 조합원입주권 또는 주택분양권인 경우에는 신규 주택을 포함한다.(2020.8.12. 신설)

제37조【중가산세에서 제외되는 재산】
법 제21조 제2항 단서에서 "등기·등록이 필요하지 아니한 과세물건 등 대통령령으로 정하는 과세물건"이란 다음 각 호의 어느 하나에 해당하는 것을 말한다.(2010.9.20. 개정)
1. (삭제, 2013.1.1.)
2. 취득세 과세물건 중 등기 또는 등록이 필요하지 아니하는 과세물건(골프회원권, 승마회원권, 콘도미니엄 회원권, 종합체육시설 이용회원권 및 요트회원권은 제외한다)(2014.3.14. 개정)
3. 지목변경, 차량·기계장비 또는 선박의 종류 변경, 주식등의 취득 등 취득으로 보는 과세물건(2010.9.20. 개정)

제38조【취득세 미납부 및 납부부족액에 대한 통보】
등기·등록관서의 장은 등기 또는 등록 후에 취득세가 납부되지 아니하였거나 납부부족액을 발견하였을 때에는 다음 달 10일까지 납세지를 관할하는 시장·군수·구청장에게 통보하여야 한다.(2016.12.30. 개정)

제38조의 2【정보 제공 요청 등】
① 행정안전부장관 또는 지방자치단체의 장은 법 제22조의 3 제2항에 따라 세대별 보유하고 있는 주택, 조합원입주권, 주택분양권 또는 오피스텔 수의 확인 등을 위하여 필요한 경우에는 국토교통부장관에게 「민간임대주택에 관한 특별법」 제60조에 따른 임대주택정보체계에 포함된 자료, 「부동산 거래신고 등에 관한 법률」 제24조에 따른 정보 및 「주택법」 제88조에 따른 주택 관련 정보의 제공을 요청할 수 있다. (2020.8.12. 신설)

② 행정안전부장관은 법 제22조의 3 제3항에 따라 자료를 지방자치단체의 장에게 제공하는 경우에는 「지방세기본법」 제135조 제2항에 따른 지방세정보통신망을 통하여 제공해야 한다.(2020.8.12. 신설)

제38조의 3 【증여세 관련 자료의 통보】
세무서장 또는 지방국세청장은 법 제22조의 4에 따라 행정안전부령으로 정하는 통보서에 「상속세 및 증여세법」 제76조에 따른 부동산 증여세 결정 또는 경정에 관한 자료를 첨부하여 결정 또는 경정한 날이 속하는 달의 다음 달 말일까지 행정안전부장관 또는 지방자치단체의 장에게 통보해야 한다.(2021.12.31. 신설)

지방세법 시행규칙

제1장 총 칙(제1조~제2조)

제1조 【목적】
이 규칙은 「지방세법」 및 같은 법 시행령에서 위임된 사항과 그 시행에 필요한 사항을 규정함을 목적으로 한다.(2010.12.23. 개정)

제2조 【건축물의 시가표준액 결정 절차】
① 특별자치시장·특별자치도지사·시장·군수 또는 구청장(구청장은 자치구의 구청장을 말하며, 이하 "시장·군수·구청장"이라 한다)은 「지방세법 시행령」(이하 "영"이라 한다) 제4조의 2 제1항에 따라 산정된 건축물 시가표준액에 대해 그 소유자와 이해관계인(이하 이 조에서 "소유자등"이라 한다)의 의견을 들으려는 경우에는 다음 각 호의 사항을 「지방세기본법」에 따른 지방세통합정보통신망(이하 "지방세통합정보통신망"이라 한다)에 게재해야 한다.(2023.3.28. 개정)
 1. 건축물의 시가표준액(2023.3.28. 개정)
 2. 의견제출 방법(2023.3.28. 개정)
 3. 의견제출 기한(2023.3.28. 개정)
 4. 의견제출 서식(2023.3.28. 개정)
 5. 그 밖에 소유자등의 의견청취를 위해 행정안전부장관이 필요하다고 인정하는 사항(2023.3.28. 개정)
② 시장·군수·구청장(특별자치시장 및 특별자치도지사는 제외한다)은 영 제4조의 2 제3항·제4항 및 제5항 후단에 따라 특별시장·광역시장 또는 도지사(이하 이 조에서 "시·도지사"라 한다)의 시가표준액 승인을 받으려는 경우에는 행정안전부장관이 정하는 바에 따라 승인에 필요한 자료를 시·도지사에게 제출해야 한다.(2023.3.28. 개정)
③ 시·도지사는 정당한 사유가 없는 한 제2항에 따라 승인 신청을 받은 날부터 50일 이내에 시장·군수·구청장(특별자치시장 및 특별자치도지사는 제외한다)에게 그 결과를 통보해야 한다.(2023.3.28. 개정)
④ 제1항부터 제3항까지에서 규정한 사항 외에 소유자등의 의견청취 및 시가표준액 승인의 절차·방법 등에 필요한 사항은 행정안전부장관이 정한다.(2023.3.28. 개정)

제2장 취득세(제3조~제12조의 2)

제1절 통 칙(제3조)

제3조 【기계장비의 범위】
「지방세법」(이하 "법"이라 한다) 제6조 제8호에서 "행정안전부령으로 정하는 것"이란 별표 1에 규정된 것을 말한다.(2023.3.28. 개정)

제2절 과세표준과 세율(제4조~제7조의 2)

제4조 【과점주주 과세자료의 통보】
영 제11조 제4항에 따른 과점주주의 취득세 부과에 필요한 자료의 통보는 별지 제1호 서식에 따른다. (2010.12.23. 개정)

제4조의 2 【비과세 신청】
영 제12조의 3 제3항에 따른 비과세 신청은 별지 제1호의 2서식의 자동차 상속 취득세 비과세 신청서에 따른다. (2021.12.31. 개정)

제4조의 3 【시가인정액의 산정 기준 및 절차 등】
① 영 제14조 제1항 제2호 각 목 외의 부분 본문에서 "행정안전부령으로 정하는 공신력 있는 감정기관"이란 「감정평가 및 감정평가사에 관한 법률」에 따른 감정평가법인등을 말한다.(2023.3.14. 신설)
② 납세자 또는 지방자치단체의 장은 영 제14조 제3항에 따라 「지방세기본법」 제147조 제1항에 따른 지방세심의위원회(이하 "지방세심의위원회"라 한다)에 시가인정액(법 제10조의 2 제1항에 따른 시가인정액을 말한다. 이하 같다)에 대해 심의요청하는 경우 다음 각 호의 구분에 따른 기한까지 심의요청해야 한다. (2023.3.14. 신설)
  1. 취득일 전 2년 이내의 기간 중 평가기간(영 제14조 제1항 각 호 외의 부분에 따른 평가기간을 말한다. 이하 같다)에 해당하지 않는 기간 동안의 매매, 감정, 경매 또는 공매(이하 이 조에서 "매매등"이라 한다)의 가액에 대해 심의요청하는 경우: 법 제20조 제1항의 무상취득에 따른 취득세 신고·납부기한 만료일 전 70일까지(2023.3.14. 신설)
  2. 평가기간이 지난 후로서 법 제20조 제1항에 따른 신고·납부기한의 만료일부터 6개월 이내의 기간 중의 매매등의 가액에 대해 심의요청하는 경우: 해당 매매등이 있은 날부터 6개월 이내(2023.3.14. 신설)
③ 지방세심의위원회는 영 제14조 제3항에 따라 시가인정액에 대해 심의요청을 받은 경우 다음 각 호의 구분에 따른 기한까지 그 심의 결과를 서면으로 통지해야 한다.(2023.3.14. 신설)
  1. 제2항 제1호에 따른 심의요청의 경우: 심의요청을 받은 날부터 50일 이내(2023.3.14. 신설)
  2. 제2항 제2호에 따른 심의요청의 경우: 심의요청을 받은 날부터 3개월 이내(2023.3.14. 신설)
④ 영 제14조 제5항에 따라 법 제4조에 따른 시가표준액이 동일하거나 유사하다고 인정되는 다른 부동산등에 대한 판단기준은 다음 각 호의 구분에 따른다.(2023.3.14. 신설)
  1. 「부동산 가격공시에 관한 법률」에 따른 공동주택가격(새로운 공동주택가격이 고시되기 전에는 직전의 공동주택가격을 말한다. 이하 이 항에서 같다)이 있는 공동주택의 경우: 다음 각 목의 요건을 모두 충족하는 다른 공동주택. 다만, 다음 각 목의 요건을 모두 충족하는 다른 공동주택이 둘 이상인 경우에는 산정대상 공동주택과 공동주택가격 차이가 가장 적은 다른 공동주택으로 한다.(2023.3.14. 신설)
    가. 산정대상 공동주택과 동일한 공동주택단지(「공동주택관리법」에 따른 공동주택단지를 말한다) 내에 있을 것(2023.3.14. 신설)
    나. 산정대상 공동주택과의 주거전용면적(「주택법」에 따른 주거전용면적을 말한다. 이하 이 항에서 같다) 차이가 산정대상 공동주택의 주거전용면적을 기준으로 100분의 5 이내일 것(2023.3.14. 신설)
    다. 산정대상 공동주택과의 공동주택가격 차이가 산정대상 공동주택의 공동주택가격을 기준으로 100분의 5 이내일 것(2023.3.14. 신설)
  2. 제1호에 따른 공동주택 외의 부동산등의 경우: 다음 각 목의 요건을 모두 충족하는 다른 부동산등 (2023.3.14. 신설)

　　　　가. 산정대상 부동산등과 면적 · 위치 · 용도가 동일 또는 유사할 것(2023.3.14. 신설)
　　　　나. 산정대상 부동산등과의 시가표준액 차이가 산정대상 부동산등의 시가표준액을 기준으로 100분의 5 이내일 것(2023.3.14. 신설)
⑤ 제1항부터 제4항까지에서 규정한 사항 외에 시가인정액의 산정 기준 및 절차 등에 필요한 세부사항은 행정안전부장관이 정하여 고시한다.(2023.3.14. 신설)

제4조의 4【시가불인정 감정기관의 지정 기간 등】
① 영 제14조의 3 제3항 전단에서 "행정안전부령으로 정하는 기간"이란 다음 각 호의 구분에 따른 기간을 말한다. 이 경우 감정기관이 제1호 및 제2호에 모두 해당할 때에는 해당 기간 중 가장 긴 기간으로 한다.(2023.3.14. 신설)
　　1. 고의 또는 중대한 과실로 다음 각 목의 어느 하나에 해당하는 부실감정을 한 경우: 1년(2023.3.14. 신설)
　　　　가. 산정대상 부동산의 위치 · 지형 · 이용상황 · 주변환경 등 객관적 가치에 영향을 미치는 요인을 사실과 다르게 조사한 경우(2023.3.14. 신설)
　　　　나. 「감정평가 및 감정평가사에 관한 법률」 제2조 및 제25조 제2항을 위반한 경우(2023.3.14. 신설)
　　　　다. 납세자와 담합하여 취득세를 부당하게 감소시킬 목적으로 감정가액을 평가한 경우(2023.3.14. 신설)
　　2. 납세자가 제시한 감정가액이 지방자치단체의 장이 다른 감정기관에 의뢰하여 평가한 감정가액과 비교해서 다음 각 목의 수준으로 미달하는 경우: 해당 각 목에서 정하는 기간(2023.3.14. 신설)
　　　　가. 100분의 70 이상 100분의 80 미만인 경우: 6개월(2023.3.14. 신설)
　　　　나. 100분의 60 이상 100분의 70 미만인 경우: 9개월(2023.3.14. 신설)
　　　　다. 100분의 60 미만인 경우: 1년(2023.3.14. 신설)
② 지방자치단체의 장은 영 제14조의 3 제6항에 따라 시가불인정 감정기관의 지정에 관한 사항을 지방세통합정보통신망에 지체 없이 게재해야 한다.(2023.3.14. 신설)
③ 제1항 및 제2항에서 규정한 사항 외에 시가불인정감정기관의 지정 절차 및 방법 등에 필요한 세부 사항은 행정안전부장관이 정하여 고시한다.(2023.3.14. 신설)

제4조의 5【금융회사 등】
영 제18조 제1항 제6호 후단에서 "행정안전부령으로 정하는 금융회사 등"이란 「자본시장과 금융투자업에 관한 법률」에 따른 투자매매업자 또는 투자중개업자 및 「은행법」에 따른 인가를 받아 설립된 은행을 말한다.(2017.7.26. 직제개정; 행정안전부와 그 소속기관 직제 시행규칙 부칙)

제4조의 6【계약해제 신고】
영 제20조 제1항 제3호 및 같은 조 제2항 제2호 다목에서 "행정안전부령으로 정하는 계약해제신고서"란 별지 제1호의 3서식의 계약해제신고서를 말한다.(2017.7.26. 직제개정; 행정안전부와 그 소속기관 직제 시행규칙 부칙)

제5조【법인전환 기업】
영 제26조 제1항 제10호 단서에서 "행정안전부령으로 정하는 바에 따라 법인으로 전환하는 기업"이란 법 제13조 제2항 각 호 외의 부분 단서에 따른 대도시(이하 이 조에서 "대도시"라 한다)에서 「부가가치세법」 또는 「소득세법」에 따른 사업자등록을 하고 5년 이상 제조업을 경영한 개인기업이 그 대도시에서 법인으로 전환하는 경우의 해당 기업을 말한다.(2017.7.26. 직제개정; 행정안전부와 그 소속기관 직제 시행규칙 부칙)

제6조【사무소 등의 범위】
영 제27조 제3항 전단에서 "행정안전부령으로 정하는 사무소 또는 사업장"이란 「법인세법」 제111조 · 「부가가치세법」 제8조 또는 「소득세법」 제168조에 따른 등록대상 사업장(「법인세법」 · 「부가가치세법」 또는 「소득세법」에 따른 비과세 또는 과세면제 대상 사업장과 「부가가치세법 시행령」 제11조 제2항에 따라 등록된 사업자단위 과세 적용 사업장의 종된 사업장을 포함한다)으로서 인적 및 물적 설비를 갖추고 계속하여 사무 또는 사업이 행하여 지는 장소를 말한다. 다만, 다음 각 호의 장소는 제외한다.(2017.7.26. 직제개정; 행정안전부와 그 소속기관 직제 시행규칙 부칙)
1. 영업행위가 없는 단순한 제조 · 가공장소(2010.12.23. 개정)
2. 물품의 보관만을 하는 보관창고(2010.12.23. 개정)
3. 물품의 적재와 반출만을 하는 하치장(2010.12.23. 개정)

제7조【공장의 범위와 적용기준】
① 법 제13조 제8항에 따른 공장의 범위는 별표 2에 규정된 업종의 공장(「산업집적활성화 및 공장설립에 관한 법률」 제28조에 따른 도시형 공장은 제외한다)으로서 생산설비를 갖춘 건축물의 연면적(옥외에 기계장치 또는 저장시설이 있는 경우에는 그 시설의 수평투영면적을 포함한다)이 500제곱미터 이상인 것을 말한다. 이 경우 건축물의 연면적에는 해당 공장의 제조시설을 지원하기 위하여 공장 경계 구역 안에 설치되는 부대시설(식당, 휴게실, 목욕실, 세탁장, 의료실, 옥외 체육시설 및 기숙사 등 종업원의 후생복지증진에 제공되는 시설과 대피소, 무기고, 탄약고 및 교육시설은 제외한다)의 연면적을 포함한다.(2011.5.30. 개정)
② 법 제13조 제8항에 따른 공장의 중과세 적용기준은 다음 각 호와 같다.(2011.5.30. 개정)
  1. 공장을 신설하거나 증설하는 경우 중과세할 과세물건은 다음 각 목의 어느 하나에 해당하는 것으로 한다.(2010.12.23. 개정)
    가. 「수도권정비계획법」 제6조 제1항 제1호에 따른 과밀억제권역(「산업집적활성화 및 공장설립에 관한 법률」의 적용을 받는 산업단지 및 유치지역과 「국토의 계획 및 이용에 관한 법률」의 적용을 받는 공업지역은 제외한다. 이하 이 항에서 "과밀억제권역"이라 한다)에서 공장을 신설하거나 증설하는 경우에는 신설하거나 증설하는 공장용 건축물과 그 부속토지(2010.12.23. 개정)
    나. 과밀억제권역에서 공장을 신설하거나 증설(건축물 연면적의 100분의 20 이상을 증설하거나 건축물 연면적 330제곱미터를 초과하여 증설하는 경우만 해당한다)한 날부터 5년 이내에 취득하는 공장용 차량 및 기계장비(2010.12.23. 개정)
  2. 다음 각 목의 어느 하나에 해당하는 경우에는 제1호에도 불구하고 중과세 대상에서 제외한다.(2010.12.23. 개정)
    가. 기존 공장의 기계설비 및 동력장치를 포함한 모든 생산설비를 포괄적으로 승계취득하는 경우(2010.12.23. 개정)
    나. 해당 과밀억제권역에 있는 기존 공장을 폐쇄하고 해당 과밀억제권역의 다른 장소로 이전한 후 해당 사업을 계속 하는 경우. 다만, 타인 소유의 공장을 임차하여 경영하던 자가 그 공장을 신설한 날부터 2년 이내에 이전하는 경우 및 서울특별시 외의 지역에서 서울특별시로 이전하는 경우에는 그러하지 아니하다.(2010.12.23. 개정)
    다. 기존 공장(승계취득한 공장을 포함한다)의 업종을 변경하는 경우(2010.12.23. 개정)
    라. 기존 공장을 철거한 후 1년 이내에 같은 규모로 재축(건축공사에 착공한 경우를 포함한다)하는 경우(2010.12.23. 개정)
    마. 행정구역변경 등으로 새로 과밀억제권역으로 편입되는 지역은 편입되기 전에 「산업집적활성화 및 공

장설립에 관한 법률」 제13조에 따른 공장설립 승인 또는 건축허가를 받은 경우(2010.12.23. 개정)
    바. 부동산을 취득한 날부터 5년 이상 경과한 후 공장을 신설하거나 증설하는 경우(2010.12.23. 개정)
    사. 차량 또는 기계장비를 노후 등의 사유로 대체취득하는 경우. 다만, 기존의 차량 또는 기계장비를 매각하거나 폐기처분하는 날을 기준으로 그 전후 30일 이내에 취득하는 경우만 해당한다.(2010.12.23. 개정)
  3. 제1호 및 제2호를 적용할 때 공장의 증설이란 다음 각 목의 어느 하나에 해당하는 경우를 말한다. (2010.12.23. 개정)
    가. 공장용으로 쓰는 건축물의 연면적 또는 그 공장의 부속토지 면적을 확장하는 경우(2010.12.23. 개정)
    나. 해당 과밀억제권역 안에서 공장을 이전하는 경우에는 종전의 규모를 초과하여 시설하는 경우 (2010.12.23. 개정)
    다. 레미콘제조공장 등 차량 또는 기계장비 등을 주로 사용하는 특수업종은 기존 차량 및 기계장비의 100분의 20 이상을 증가하는 경우 (2010.12.23. 개정)
③ 시장·군수·구청장은 공장의 신설 또는 증설에 따른 중과세 상황부를 갖추어 두어야 한다.(2016.12.30. 개정)

제7조의 2 【주택 유상거래 취득 중과세의 예외】

영 제28조의 2 제8호 나목 본문에 따른 주택건설사업이 주택과 주택이 아닌 건축물을 한꺼번에 신축하는 사업인 경우 다음 각 호의 구분에 따라 산정한 부분에 대해서는 중과세 대상으로 보지 않는다.(2020.12.31. 신설)
  1. 「도시 및 주거환경정비법」 제2조 제2호에 따른 정비사업 중 주거환경을 개선하기 위한 사업, 「주택법」 제2조 제11호 가목에 따른 지역주택조합 및 같은 호 나목에 따른 직장주택조합이 시행하는 사업: 해당 주택건설사업을 위하여 취득하는 주택의 100분의 100에 해당하는 부분(2020.12.31. 신설)
  2. 「도시 및 주거환경정비법」 제2조 제2호 나목에 따른 재개발사업 중 도시환경을 개선하기 위한 사업: 해당 주택건설사업을 위하여 취득하는 주택 중 다음의 비율에 해당하는 부분(2020.12.31. 신설)

$$\frac{\text{신축하는 주택의 연면적}}{\text{신축하는 주택 및 주택이 아닌 건축물 전체의 연면적}}$$

  3. 그 밖의 주택건설사업: 다음 각 목의 구분에 따라 산정한 부분(2020.12.31. 신설)
    가. 신축하는 주택의 연면적이 신축하는 주택 및 주택이 아닌 건축물 전체 연면적의 100분의 50 이상인 경우: 해당 주택건설사업을 위하여 취득하는 주택의 100분의 100에 해당하는 부분(2020.12.31. 신설)
    나. 신축하는 주택의 연면적이 신축하는 주택 및 주택이 아닌 건축물 전체 연면적의 100분의 50 미만인 경우: 해당 주택건설사업을 위하여 취득하는 주택 중 제2호의 비율에 해당하는 부분(2020.12.31. 신설)

제3절 부과·징수 (제8조~제12조의 2)

제8조 【매각통보】
영 제32조 제1항에 따른 취득세 과세물건의 매각 통보 또는 신고는 별지 제2호 서식에 따른다.(2010.12.23. 개정)

제9조 【신고 및 납부】
① 영 제33조 제1항에 따라 취득세를 신고하려는 자는 별지 제3호서식의 취득세신고서(주택 취득을 원인으로 신고하려는 경우에는 부표를 포함한다)에 제1호의 서류 및 제2호부터 제5호까지의 서류 중 해당되는 서류를

첨부하여 납세지를 관할하는 시장·군수·구청장에게 신고해야 한다.(2020.8.18. 개정)
1. 매매계약서, 증여계약서, 부동산거래계약 신고필증 또는 법인 장부 등 취득가액 및 취득일 등을 증명할 수 있는 서류 사본 1부(2020.8.18. 개정)
2. 「지방세특례제한법 시행규칙」 별지 제1호 서식의 지방세 감면 신청서 1부(2020.8.18. 개정)
3. 별지 제4호서식의 취득세 납부서 납세자 보관용 영수증 사본 1부(2020.8.18. 개정)
4. 별지 제8호서식의 취득세 비과세 확인서 1부(2020.8.18. 개정)
5. 근로소득 원천징수영수증 또는 소득금액증명원 1부(2020.8.18. 개정)

② 법 제20조 제1항에 따른 취득세의 납부는 별지 제4호 서식에 따른다.(2011.12.31. 개정)

③ 「부동산등기법」 제28조에 따라 채권자대위권에 의한 등기신청을 하려는 채권자가 법 제20조 제5항 전단에 따라 납세의무자를 대위하여 부동산의 취득에 대한 취득세를 신고납부한 경우에는 「지방세징수법 시행규칙」 별지 제20호서식의 취득세(등록면허세) 납부확인서를 발급받을 수 있다.(2020.12.31. 신설)

제10조 【취득세 신고 및 수납사항 처리부】

영 제36조 제6항에 따른 취득세 신고 및 수납사항 처리부는 별지 제6호 서식에 따른다.(2016.12.30. 개정)

제11조 【취득세 미납부 및 납부부족액에 대한 통보】

영 제38조에 따른 취득세 미납부 및 납부부족액에 대한 통보는 별지 제7호 서식에 따른다.(2010.12.23. 개정)

제11조의 2 【차량 취득세 과세자료의 통보】

① 법 제22조 제3항에서 "행정안전부령으로 정하는 사항"이란 다음 각 호의 사항을 말한다.(2017.7.26. 직제개정; 행정안전부와 그 소속기관 직제 시행규칙 부칙)
1. 취득자의 인적사항(2014.1.1. 신설)
2. 차량번호(2014.1.1. 신설)
3. 취득일 및 취득가격(2014.1.1. 신설)
4. 그 밖에 차량 취득세 과세내역을 파악하는데 필요한 사항(2014.1.1. 신설)

② 법 제22조 제3항에 따른 차량 취득세 과세자료의 통보는 별지 제7호의 2 서식에 따른다.(2014.1.1. 신설)

제12조 【취득세 비과세 등 확인】

① 법, 「지방세특례제한법」 또는 「조세특례제한법」에 따라 취득세의 비과세 또는 감면으로 법 제7조에 따른 부동산등을 취득하여 등기하거나 등록하려는 경우에는 그 부동산등의 납세지를 관할하는 시장·군수·구청장의 취득세 비과세 또는 감면 확인을 받아야 한다.(2016.12.30. 개정)

② 제1항에 따른 취득세 비과세 또는 감면에 대한 시장·군수·구청장의 확인은 별지 제8호 서식에 따른다.(2016.12.30. 개정)

제12조의 2 【부동산 증여 납부 및 징수에 관한 자료】

영 제38조의 3에서 "행정안전부령으로 정하는 통보서"란 별지 제7호의 3서식에 따른 통보서를 말한다.(2023.3.14. 신설)

참고자료 2 취득세 신고서류

[별지 제3호서식] (2024. 3. 26.개정)

취득세 ([ ]기한 내 / [ ]기한 후]) 신고서

(앞쪽)

관리번호		접수 일자		처리기간	즉시
신고인	취득자 (신고자)	성명(법인명)		주민등록번호(외국인등록번호, 법인등록번호)	
		주소		전화번호	
	전 소유자	성명(법인명)		주민등록번호(외국인등록번호, 법인등록번호)	
		주소		전화번호	
매도자와의 관계	「지방세기본법」 제2조제34호가목에 따른 친족관계에 있는 자인 경우 (배우자 [ ] 직계존비속 [ ] 그 밖의 친족관계) 「지방세기본법」 제2조제34호나목에 따른 경제적 연관관계에 있는 자(임원・사용인 등)인 경우 [ ] 「지방세기본법」 제2조제34호다목에 따른 경영지배관계에 있는 자(주주・출자자 등)인 경우 [ ] 「지방세기본법」 제2조제34호에 따른 특수관계인이 아닌 경우 [ ]				

취 득 물 건 내 역

소재지						
취득물건	취득일	면적	종류(지목/차종)	용도	취득 원인	취득가액

세목	과세표준액	세율	① 산출세액	② 감면세액	③ 기납부세액	가산세		계 ④	신고세액 합 계 (①-②-③+④)
						무신고 또는 과소신고	납부지연		
합계									
신고세액	취득세		%						
	지방교육세		%						
	농어촌특별세	부과분	%						
		감면분	%						

「지방세법」 제20조제1항, 제152조제1항, 같은 법 시행령 제33조제1항, 「농어촌특별세법」 제7조에 따라 위와 같이 신고합니다.

년   월   일

신고인
대리인   (서명 또는 인)
                                                        (서명 또는 인)

접수(영수)일자
(인)

특별자치시장・특별자치도지사・
시장・군수・구청장 귀하

첨부 서류	1. 매매계약서, 증여계약서, 부동산거래계약 신고필증 또는 법인 장부 등 취득가액 및 취득일 등을 증명할 수 있는 서류 사본 1부 2. 「지방세특례제한법 시행규칙」 별지 제1호서식의 지방세 감면 신청서 1부 3. 별지 제4호서식의 취득세 납부서 납세자 보관용 영수증 사본 1부 4. 별지 제8호서식의 취득세 비과세 확인서 1부 5. 근로소득 원천징수영수증 또는 소득금액증명원 1부 6. 사실상의 잔금지급일을 확인할 수 있는 서류(사실상의 잔금지급일과 계약상의 잔금지급일이 다른 경우만 해당합니다) 1부	수수료 없음

위임장

위의 신고인 본인은 위임받는 사람에게 취득세 신고에 관한 일체의 권리와 의무를 위임합니다.

위임자(신고인)   (서명 또는 인)

위임받는 사람	성명	위임자와의 관계
	주민등록번호	전화번호
	주소	

*위임장은 별도 서식을 사용할 수 있습니다.

―――――――――――――――――― 자르는 선 ――――――――――――――――――

접수증(취득세 신고서)

신고인(대리인)	취득물건 신고내용	접수 일자	접수번호	
「지방세법」 제20조제1항, 제152조제1항, 같은 법 시행령 제33조제1항, 「농어촌특별세법」 제7조에 따라 신고한 신고서의 접수증입니다.			접수자	(서명 또는 인)

210mm×297mm[백상지 80g/㎡(재활용품)]

(뒤쪽)

작성방법

1. ▨▨▨▨▨ 란은 과세관청에서 적는 사항이므로 신고인은 적지 않습니다.
2. "기한 내 신고"란에는 취득일(잔금지급일 등)부터 60일 이내에 신고하는 경우에 표기[√]하고, "기한 후 신고"란은 기한 내 신고기간이 경과한 후에 신고하는 경우에 표기[√]합니다.
3. "신고인"란에는 납세의무자를 적고, "전 소유자"란에는 취득하는 과세대상인 부동산(토지·건축물), 차량, 기계장비, 입목, 항공기, 선박, 광업권, 어업권, 회원권의 전 소유자를 적습니다.
4. 매도자와의 관계는 반드시 적어야 하며, 사실과 달리 적은 경우에는 「지방세기본법」 제53조 등에 따라 가산세를 포함하여 추징될 수 있습니다.
5. "취득물건 내역"란에는 취득세 과세대상이 되는 물건의 내역 등을 적습니다.
   가. "소재지"란은 부동산(토지·건축물)은 토지·건축물의 소재지, 선박은 선적항, 골프회원권은 골프장 소재지, 차량(기계장비)은 등록지 등을 적습니다.
   나. "취득물건"란에는 취득세 과세대상이 되는 부동산(토지·건축물), 선박, 차량, 기계장비, 항공기, 어업권, 광업권, 골프회원권, 종합체육시설이용회원권 등을 물건별로 적습니다.
   다. "취득일자"란에는 잔금지급일(잔금지급일 전에 등기·등록 또는 사실상 사용하거나 사용·수익하는 경우에는 등기·등록일 또는 사용·수익일 등 「지방세법 시행령」 제20조에 따른 취득시기에 해당되는 취득일자를 말합니다) 등을 적습니다.
   라. "면적"란에는 부동산의 경우에는 ○○㎡(지분의 경우 ○○분의 ○)으로, 차량의 경우에는 ○○cc·적재정량으로, 선박의 경우에는 ○○톤으로, 어업권의 경우에는 어업권 설정 면적 등을 적습니다.
   마. "종류(차종)"란에는 부동산의 경우에는 주거용·영업용·주상복합용 등 사용형태를 적고, 차량(항공기)의 경우에는 차종(항공기 종류)·연식 및 차량번호(항공기는 제외합니다)를 적으며, 선박의 경우에는 선박종류 및 구조를 적고, 골프회원권의 경우에는 회원의 종류인 법인·개인 등을 적습니다.
   바. "용도"란에는 취득한 물건의 사용용도(주거용, 상업용, 공장용, 자가용, 영업용, 법인용, 개인용 등)를 적습니다.
   사. "취득원인"란에는 매매로 취득하여 소유권이 이전되는 경우에는 매매로, 상속 또는 증여의 경우에는 상속 또는 증여로 각각 적으며, 소유권 보존(신축 등)으로 인한 취득은 원시취득 등을 적습니다.
   아. "취득가액"란에는 취득당시의 가액을 말하는 것이므로 매매계약서 또는 취득에 소요된 사실상 비용(법인의 경우 장부가액 등)을 입증할 수 있는 서류에 의하여 확인되는 금액과 일치해야 합니다.
   ※ 취득가액이 입증되는 매매계약서(부동산검인계약서 등)를 이중으로 작성하거나, 허위로 작성하여 취득가액을 허위·과소 신고하는 경우 불이익을 받을 수 있습니다.
6. "세율"란에는 「지방세법」 제11조, 제12조 및 제15조에 따른 세율을 적되, 「지방세법」 제13조 및 제13조의2에 해당하는 경우에는 해당 중과세율을 적습니다.
7. "산출세액"란에는 취득가액에 세율을 곱하여 산출된 세액을 적습니다.
8. "감면세액"란에는 「지방세특례제한법」, 「조세특례제한법」 및 지방자치단체 감면조례에 따라 지방세가 감면되는 대상을 말하며 해당되는 감면율을 적용하여 산출한 감면세액을 적습니다.
9. "기납부세액"란에는 동일한 과세물건에 대하여 취득가액의 변동, 경감취소 등으로 과소납부한 세액 또는 납부해야 할 세액을 기한 후 신고하는 경우 두로서 이미 납부한 세액을 적습니다.
10. "가산세"란에는 「지방세기본법」 제53조 또는 제54조에 따른 무신고가산세 또는 과소신고가산세의 금액 및 같은 법 제55조에 따른 납부지연가산세의 금액과 그 합계금액을 각각 적습니다. 다만, 「지방세기본법」 제57조에 따른 가산세의 감면 사유에 해당하는 경우에는 감면 후의 금액을 적습니다.
11. "신고세액 합계"란에는 신고인이 납부해야 할 세액(①-②-③+④)을 적습니다.
12. "농어촌특별세신고세액"란에는 취득세와 동시에 신고·납부해야 하는 농어촌특별세를 말하는 것으로서 「농어촌특별세법」 제3조 및 제5조에 따라 산출한 세액을 적고, "지방교육세 신고세액"란에는 「지방세법」 제151조에 따라 산출한 세액을 적습니다.
13. 첨부 서류
    가. 「지방세특례제한법 시행규칙」 별지 제1호서식의 지방세 감면 신청서는 취득세 감면을 받으려는 경우에 첨부합니다.
    나. 별지 제4호서식의 취득세 납부서 납세자 보관용 영수증 사본은 기납부세액이 있는 경우에 첨부합니다.
    다. 별지 제8호서식의 취득세 비과세 확인서는 비과세 또는 감면된 취득세가 있는 경우에 첨부합니다.
    라. 근로소득 원천징수영수증 또는 소득금액증명원은 세대 분리 등의 증명이 필요한 경우에 첨부합니다.
    마. 사실상의 잔금지급일과 계약상의 잔금지급일이 다를 경우 사실상의 잔금지급일을 확인할 수 있는 서류의 사본을 첨부합니다.
14. 신고인을 대리하여 취득신고를 하는 경우에는 반드시 위임장을 제출해야 합니다. 다만, 「부동산등기법」 제28조에 따라 채권자대위권에 의한 등기신청을 하려는 채권자는 위임장을 제출하지 않을 수 있습니다.
15. 신고인은 납세의무자를 말하며, 서명 또는 날인이 없는 경우에는 신고서가 무효가 되며, 대리인이 신고하는 경우에도 서명 또는 날인이 없거나 위임장이 없으면 무효가 됩니다.
16. 신고인은 반드시 접수증을 수령해야 하고, 접수증의 간인 및 접수자의 서명 또는 날인을 확인해야 합니다.
17. 주택을 무상 또는 유상거래로 취득하는 경우에는 주택 취득 상세명세서(부표)를 제출해야 합니다.

(2) 주택 취득 상세 명세서

[별지 제3호 서식 부표] (2020. 8. 18. 개정) (앞쪽)

주택 ([ ]무상 / [ ]유상거래) 취득 상세 명세서

① 주택 (증여자[ ] / 취득자[ ]) 세대 현황

① 취득자 구분		☐ 개인		☐ 법인 또는 단체	
② 세대 현황 ※ 무상취득은 증여자 기준으로, 유상거래는 취득자 기준으로 적습니다.	구 분	세대주와의 관계	성명	주민등록번호(외국인등록번호)	1세대 포함 여부
	세대주				☐ 포함 ☐ 제외
	세대원				☐ 포함 ☐ 제외
					☐ 포함 ☐ 제외
					☐ 포함 ☐ 제외

② 신규 취득 주택 현황

③ 취득 주택 소재지 및 별장·고급주택 여부	주 소				
	조정대상지역	☐ 여 ☐ 부		별장·고급주택	☐ 여 ☐ 부
④ 중과세 제외 주택 여부	☐ 해당 없음	☐ 해당 (「지방세법 시행령」 제28조의2제( )호의 주택)			
⑤ 취득 원인	☐ 무상취득 / 유상거래 (☐ 매매 ☐ 분양권에 의한 취득)				
⑥ 계약일			⑦ 취득일		
⑧ 취득 가격					
⑨ 취득주택 면적(㎡)	총면적	토 지	취득지분	%	취득면적	토 지
		건 물		%		건 물
⑩ 일시적 2주택 여부	☐ 일시적 2주택	☐ 해당 없음			

③ 1세대 소유주택 현황   ※ 신규로 취득하는 주택을 포함합니다.

	소유주택 수	☐ 1주택	☐ 일시적 2주택	☐ 2주택	☐ 3주택	☐ 4주택 이상
⑪ 1세대 소유주택 현황	유 형	소유자	소재지 주소		취득일	주택 수 산정 포함 여부*
	단독·공동주택					☐ 포함 ☐ 제외
						☐ 포함 ☐ 제외
소유주택 현황 ※ 기재사항이 많을 경우 별지로 작성할 수 있습니다.	'20.8.12. 이후 계약 주택분양권					☐ 포함 ☐ 제외
						☐ 포함 ☐ 제외
	'20.8.12. 이후 취득 주거용 오피스텔					☐ 포함 ☐ 제외
						☐ 포함 ☐ 제외
	조합원 입주권					☐ 포함 ☐ 제외
						☐ 포함 ☐ 제외

* 「지방세법 시행령」 제28조의4제5항 각 호의 어느 하나에 해당하는 주택은 주택 수 산정 시 제외합니다.

④ 신규 주택 적용 취득세율

취득구분	중과세 제외 주택		무상취득		유상거래					
					법인 및 단체	개인				
규제구분	무상취득	유상거래	조정대상 지역	조정대상 지역 외 지역		조정대상지역			조정대상지역 외 지역	
총 소유주택 수 (신규 주택 포함)			3억 이상	3억 미만			1주택 일시적2주택	2주택	3주택 이상	2주택 이하	3주택	4주택 이상
⑫ 취득세율	3.5% ☐	1~3% ☐	12% ☐	3.5% ☐	12% ☐	1~3% ☐	8% ☐	12% ☐	1~3% ☐	8% ☐	12% ☐
별장·고급주택			☐ ⑫ 취득세율에 8% 가산							

※ 향후 세대별 주택 수 확인 결과 신고내용과 다르거나 일시적 2주택으로 신고했으나 종전 주택을 기한 내에 처분하지 않은 경우 가산세를 포함하여 추가로 취득세가 부과될 수 있음을 확인합니다.

작성방법

1. "① 취득자 구분"란에는 신고 대상 주택 취득자가 개인인지 법인(「지방세법」 제13조의2제1항제1호에 따른 법인을 말합니다)인지 구분하여 표기합니다.
2. "② 세대 현황"란에는 신고 대상 주택 취득일 현재를 기준으로 신고 대상 주택을 취득하는 사람과 「주민등록법」 제7조에 따른 세대별 주민등록표 또는 「출입국관리법」 제34조제1항에 따른 등록외국인기록표 및 외국인등록표에 함께 기재되어 있는 가족(동거인은 제외합니다)으로 구성된 세대의 현황을 적습니다. 이 경우 다음 기준에 유의하여 적어야 합니다.
   가. 주택을 취득하는 사람과 같은 세대별 주민등록표 또는 등록외국인기록표등에 기재되어 있지 않더라도 1세대에 포함되는 것으로 보아, 세대원란에 적어야 하는 대상
      1) 주택을 취득하는 사람이 혼인했거나 30세 이상인 경우: 배우자, 취득일 현재 미혼인 30세 미만의 자녀. 다만, 미성년자가 아니면서 소득이 「국민기초생활 보장법」 제2조제11호에 따른 기준 중위소득의 100분의 40 이상이고, 소유하고 있는 주택을 관리·유지하면서 독립된 생계를 유지할 수 있는 자녀는 제외합니다.
      2) 주택을 취득하는 사람이 미혼이고 30세 미만인 경우: 주택을 취득하는 사람의 부모
   나. 주택을 취득하는 사람과 같은 세대별 주민등록표 또는 등록외국인기록표등에 기재되어 있더라도 1세대에 포함되지 않는 것으로 보지 않아, 세대원란에는 적지만 1세대 포함 여부에는 제외하는 경우
      1) 취득일 현재 65세 이상의 부모(부모 중 어느 한 사람이 65세 미만인 경우를 포함합니다)를 동거봉양(同居奉養)하기 위하여 30세 이상의 자녀, 혼인한 자녀 또는 소득이 「국민기초생활 보장법」 제2조제11호에 따른 기준 중위소득의 40퍼센트 이상인 성년인 자녀가 합가(合家)한 경우
      2) 취학 또는 근무상의 형편 등으로 세대전원이 90일 이상 출국하는 경우로서 「주민등록법」 제10조의3제1항 본문에 따라 해당 세대가 출국 후에 속할 거주지를 다른 가족의 주소로 신고한 경우
3. "③ 취득 주택 소재지 및 별장·고급주택 여부"란에는 신고 대상 주택의 주소와 조정대상지역 여부, 별장·고급주택 여부를 적습니다.
4. "④ 중과세 제외 주택"이란 「지방세법 시행령」 제28조의2 각 호의 어느 하나에 해당하여 중과세 대상으로 보지 않는 주택을 말하는 것으로, 중과세 제외 주택으로 표시한 경우 해당 규정의 몇 호에 해당하는지를 적습니다.
5. "⑤ 취득 원인"란에는 신고 대상 주택의 취득 원인이 무상취득 또는 유상거래(매매 또는 분양권에 의한 취득)인지를 구분하여 표기합니다.
6. "⑥ 계약일"란에는 신고 대상 주택의 증여계약일, 매매계약일 또는 분양권 계약일을 적습니다.
7. "⑦ 취득일"란에는 무상취득의 경우에는 신고 대상 주택의 계약일을, 유상거래의 경우에는 신고 대상 주택의 계약서상 잔금지급일 또는 부동산 등기일 중 빠른 날을 적습니다.
8. "⑧ 취득 가격"란에는 무상취득의 경우에는 신고 대상 주택의 시가표준액을, 유상거래의 경우에는 신고 대상 주택의 구입가격을 적습니다.
9. "⑨ 취득주택 면적"란에는 신고 대상 주택의 토지·건물의 총면적, 취득지분 및 취득면적을 적습니다.
10. "⑩ 일시적 2주택 여부"란에는 「지방세법 시행령」 제28조의5에 따라 국내에 주택, 조합원입주권, 주택분양권 또는 오피스텔을 1개 소유한 1세대로서 그 주택, 조합원입주권, 주택분양권 또는 오피스텔을 소유한 상태에서 이사·학업·취업·직장이전 및 이와 유사한 사유로 신고 대상 주택을 추가로 취득한 후 3년(이미 소유하고 있는 주택, 조합원입주권, 주택분양권 또는 오피스텔과 신고 대상 주택이 모두 조정대상지역에 있는 경우에는 1년) 이내에 이미 소유하고 있는 주택, 조합원입주권, 주택분양권 또는 오피스텔을 처분하려는 경우에는 일시적 2주택란에 표기합니다.
11. "⑪ 1세대 소유주택 현황"란에는 신고 대상 주택을 포함하여 신고 대상 주택 취득일 현재 1세대가 소유하고 있는 단독·공동주택, 2020.8.12. 이후 계약한 주택분양권, 2020.8.12. 이후 취득한 조합원입주권 또는 주거용 오피스텔의 소유자, 소재지 주소 및 취득일을 적습니다. 이 경우 주택의 공유지분이나 부속토지만을 소유하는 경우도 주택을 소유한 것으로 보고, 「지방세법 시행령」 제28조의4제5항 각 호의 어느 하나에 해당하는 주택은 주택 수 산정에서 제외합니다.
    ※ 소유주택 현황을 별지로 작성할 경우 유형, 소유자, 소재지 주소, 취득일 및 주택 수 포함 여부 등을 명시해야 합니다.
12. "⑫ 취득세율"란에는 신고 대상 주택의 중과세 제외 여부, 취득 원인, 소재지(조정 대상 지역 여부) 및 1세대 소유주택 수 등을 확인하여 해당 세율을 표기합니다.

(3) 지방세 감면 신청서

[지방세특례제한법 별지 제1호서식] (2020. 12. 31. 개정)

지방세 감면 신청서

※ 뒤쪽의 작성방법을 참고하시기 바라며, 색상이 어두운 난은 신청인이 적지 않습니다. (앞쪽)

접수번호		접수일		처리기간	5일
신청인	성명(대표자)			주민(법인)등록번호	
	상호(법인명)			사업자등록번호	
	주소 또는 영업소				
	전자우편주소			전화번호 (휴대전화번호)	
감면대상	종류			면적(수량)	
	소재지				
감면세액	감면세목		과세연도		기분
	과세표준액		감면구분		
	당초 산출세액		감면받으려는 세액		
감면 신청 사유					
감면 근거규정	「지방세특례제한법」 제 조 및 같은 법 시행령 제 조				
관계 증명 서류					
감면 안내 방법	직접교부[ ] 등기우편[ ] 전자우편 [ ]				

신청인은 본 신청서의 유의사항 등을 충분히 검토했고, 향후에 신청인이 기재한 사항과 사실이 다른 경우에는 감면된 세액이 추징되며 별도의 이자상당액 및 가산세가 부과됨을 확인했습니다.

「지방세특례제한법」 제4조 및 제183조, 같은 법 시행령 제2조제6항 및 제126조제1항, 같은 법 시행규칙 제2조에 따라 위와 같이 지방세 감면을 신청합니다.

년   월   일

신청인   (서명 또는 인)

**특별자치시장·특별자치도지사·
시장·군수·구청장** 귀하

첨부서류	감면받을 사유를 증명하는 서류	수수료 없음

210mm×297mm [백상지(80g/㎡) 또는 중질지(80g/㎡)]

(뒤쪽)

작성방법

1. 성명(대표자): 개인은 성명, 법인은 법인 대표자의 성명을 적습니다.
2. 주민(법인)등록번호: 개인(내국인)은 주민등록번호, 법인은 법인등록번호, 외국인은 외국인등록번호를 적습니다.
3. 상호(법인명): 개인사업자는 상호명, 법인은 법인 등기사항증명서상의 법인명을 적습니다.
4. 사업자등록번호: 「부가가치세법」에 따라 등록된 사업장의 등록번호를 적고, 사업자가 아닌 개인은 빈칸으로 둡니다.
5. 주소 또는 영업소
  - 개인: 주민등록표상의 주소를 원칙으로 하되, 주소가 사실상의 거주지와 다른 경우 거주지를 적을 수 있습니다.
  - 법인 또는 개인사업자: 법인은 주사무소 소재지, 개인사업자는 주된 사업장 소재지를 적습니다. 다만, 주사무소 또는 주된 사업장 소재지와 분사무소 또는 해당 사업장의 소재지가 다를 경우 분사무소 또는 해당 사업장의 소재지를 적을 수 있습니다.
6. 전자우편주소: 수신이 가능한 전자우편주소(E-mail 주소)를 적습니다.
7. 전화번호: 연락이 가능한 일반전화와 휴대전화번호를 적습니다.
8. 감면대상: 감면신청 대상 물건의 종류, 면적(수량) 및 소재지를 적습니다.
9. 감면세액: 감면대상이 되는 세목, 연도, 기분(期分), 과세표준액 등을 적습니다.
10. 감면구분: 100% 과세면제, 50% 세액경감 등 감면비율을 적습니다.
11. 당초 산출세액: 감면 적용 전의 산출세액을 적습니다.
12. 감면받으려는 세액: 감면을 받으려는 금액을 적습니다.
13. 감면 신청 사유: 감면 신청 사유를 적습니다.
14. 감면 근거규정: 감면 신청의 근거 법령 조문을 적습니다.
15. 관계 증명 서류: 관련된 증명 서류의 제출 목록을 적습니다.
16. 감면 안내 방법: 직접교부, 등기우편, 전자우편 중 하나를 선택합니다.

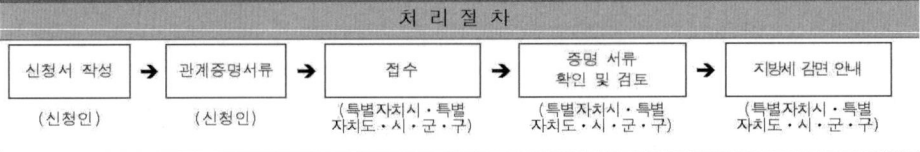

처 리 절 차

신청서 작성 → 관계증명서류 → 접수 → 증명 서류 확인 및 검토 → 지방세 감면 안내

(신청인)　(신청인)　(특별자치시·특별자치도·시·군·구)　(특별자치시·특별자치도·시·군·구)　(특별자치시·특별자치도·시·군·구)

(4) 취득세 비과세 확인서

[별지 제8호서식] (2022. 3. 31. 개정)   정부24(www.gov.kr)에서도 신청할 수 있습니다.

취득세(등록면허세) 비과세(감면) 확인서

신청인	성명(법인명)		생년월일(법인등록번호)	
	주소(소재지)			

취득 또는 등기·등록 목적	
취득 또는 등기·등록의 표시	

과세표준	취득세율(등록면허세율)	산출세액	감면세율	비과세 또는 감면액

결정사유	

년 월 일 취득세(등록면허세) 납부명세서에 따라 위의 취득세(등록면허세)가 [ ]비과세 [ ]감면 됨을 확인합니다.

년 월 일

시장·군수·구청장 (직인)

210mm×297mm[미색모조지 80g/m²]

저자약력

장상록(張相錄)

경력
- 법학박사, 경영학박사, 부동산학박사
- 대구광역시청 지방세업무 30년(서기관 퇴임)
- 계명대학교 대학원 조세법 강의
- 밀양대학교 세무회계학과 조세법 강의
- 지방행정연수원 세무조사 강의
  - 現) 한국세무사회 세무연수원 교수
  - 現) 한국지방세정책학회 학회장
  - 現) 한국세무회계학회 부회장
  - 現) 한국조세정책학회 부회장
  - 現) 한국지방세학회 부회장
  - 現) 대한세무학회 부회장
  - 現) 법제처 국민법제관
  - 現) 안진세무법인 부대표

저서
- 개발부담금이해와실무 (도서출판 탐진, 2023)
- 취득세 이해와 중과세해설 (도서출판 탐진, 2020 ~ 2025)
- 산업단지 입주기업 지방세감면실무 (북랩, 2020)
- 부동산개발 세무실무 (도서출판 탐진, 2022)
- 재개발재건축도시개발 세무실무 (도서출판 더존테크월, 2019 ~ 2021)
- 지방세 세무조사 실무 (삼일인포마인, 2017 2019)
- 지방세 체납정리 실무 (삼일인포마인, 2015 2017)
- 사회복지법인의 세무와회계실무 (세연 T&A, 2013)

수상내역
- 한국세무회계학회 세무회계대상(2022)
- 대한민국 자치발전 대상(2017)
- 지방공무원 정책연구 최우수상(2016)
- 대한민국 신지식인(2016)
- 한국세무회계학회 우수논문상(2012, 2020)
- 대통령표창(2010)

윤진석(尹振碩)

학력 및 경력
- 세무사
- 계명대학교 회계학과 학사
- 경북대학교 경영학 석사
  - 現) 경상북도 지방세심의위원
  - 現) 포항시 외부전문감사관
  - 現) 영덕세무서 국선세무대리인
  - 現) 세무법인포유 포항·영덕지점 대표

송철한(宋哲漢)

학력 및 경력
- 세무사
- 대구대학교 경제학과 학사
  - 前) 한영세무회계 송철한세무사사무실
  - 前) 대구지방세무사회 감리위원
  - 現) 포항세무서 체납정리위원
  - 現) 세무법인포유 포항지점 대표

전배승(田配承)

학력 및 경력
- 세무사
- 부경대학교 경영학부 회계 · 재무학 학사
  前) 세무법인 올림
  現) 세무법인포유 포항지점

주요 수행업무
- 세무조사 대응, 조세불복
- 부동산 양도, 상속, 증여

성창민(成昶旼)

학력 및 경력
- 세무사
- 부산대학교 학사
  現) 세무법인포유 포항지점

주요 수행업무
- 세무조사 대응, 조세불복
- 부동산 양도, 상속, 증여

신축건물 취득세 신고 실무

초판발행 / 2025년 7월 25일

글쓴이 / 장상록 · 윤진석 · 송철한 · 전배승 · 성창민
펴낸이 / 박준성
펴낸곳 / 준커뮤니케이션즈
등록일 / 2004년 1월 9일 제25100-2004-1호
주   소 / 대구광역시 중구 명륜로 129 삼협빌딩 3층
홈페이지 / www.jbooks.co.kr
전   화 / (053)425-1325
팩   스 / (053)425-1326

ISBN 979-11-6296-063-9 93360

값 24,000원

※파본은 바꿔 드립니다. 본서의 무단복제행위를 금합니다.